国家科学技术学术著作出版基金资助出版

“十二五”国家重点图书出版规划项目

21 世纪先进制造技术丛书

复杂产品的解耦设计与开发

肖人彬　陈庭贵　程贤福　蔡池兰　著

科学出版社

北　京

内 容 简 介

本书围绕产品的耦合复杂性进行系统研究，阐述复杂产品的解耦设计与开发的有关理论和方法。第 1 章绪论和第 2 章公理设计理论与设计结构矩阵原理构成本书的基础知识。第 3～6 章是本书的主体内容，分别针对可完全解耦和无法完全解耦的情况，提出相应的完全解耦、显式解耦、隐式解耦、混合解耦处理方法，形成产品解耦设计与开发的方法体系。第 7、8 章进行拓展性研究，其中第 7 章阐述产品族设计中的耦合问题分析与处理方法，第 8 章讨论不确定条件下基于内部迭代的耦合任务集求解问题。

本书适合从事设计科学和产品开发研究的科技工作者阅读，也可作为高等院校机械工程、工业工程、制造系统工程、项目管理等相关专业研究生和高年级本科生的教学参考书。

图书在版编目(CIP)数据

复杂产品的解耦设计与开发 / 肖人彬等著. —北京：科学出版社，2020.1

(21世纪先进制造技术丛书)

ISBN 978-7-03-062933-3

Ⅰ. ①复… Ⅱ. ①肖… Ⅲ. ①企业管理—产品开发—研究 Ⅳ. ①F273.2

中国版本图书馆CIP数据核字(2019)第242729号

责任编辑：刘宝莉 / 责任校对：郭瑞芝

责任印制：赵 博 / 封面设计：陈 敬

科 学 出 版 社 出版

北京东黄城根北街 16 号

邮政编码：100717

http://www.sciencep.com

北京厚诚则铭印刷科技有限公司印刷

科学出版社发行 各地新华书店经销

*

2020 年 1 月第 一 版 开本：720 × 1000 1/16

2025 年 1 月第四次印刷 印张：22 1/4

字数：448 000

定价：198.00 元

(如有印装质量问题，我社负责调换)

《21世纪先进制造技术丛书》编委会

《21世纪先进制造技术丛书》序

21世纪，先进制造技术呈现出精微化、数字化、信息化、智能化和网络化的显著特点，同时也代表了技术科学综合交叉融合的发展趋势。高技术领域如光电子、纳电子、机器视觉、控制理论、生物医学、航空航天等学科的发展，为先进制造技术提供了更多更好的新理论、新方法和新技术，出现了微纳制造、生物制造和电子制造等先进制造新领域。随着制造学科与信息科学、生命科学、材料科学、管理科学、纳米科技的交叉融合，产生了仿生机械学、纳米摩擦学、制造信息学、制造管理学等新兴交叉科学。21世纪地球资源和环境面临空前的严峻挑战，要求制造技术比以往任何时候都更重视环境保护、节能减排、循环制造和可持续发展，激发了产品的安全性和绿色度、产品的可拆卸性和再利用、机电装备的再制造等基础研究的开展。

《21世纪先进制造技术丛书》旨在展示先进制造领域的最新研究成果，促进多学科多领域的交叉融合，推动国际间的学术交流与合作，提升制造学科的学术水平。我们相信，有广大先进制造领域的专家、学者的积极参与和大力支持，以及编委们的共同努力，本丛书将为发展制造科学，推广先进制造技术，增强企业创新能力做出应有的贡献。

先进机器人和先进制造技术一样是多学科交叉融合的产物，在制造业中的应用范围很广，从喷漆、焊接到装配、抛光和修理，成为重要的先进制造装备。机器人操作是将机器人本体及其作业任务整合为一体的学科，已成为智能机器人和智能制造研究的焦点之一，并在机械装配、多指抓取、协调操作和工件夹持等方面取得显著进展，因此，本系列丛书也包含先进机器人的有关著作。

最后，我们衷心地感谢所有关心本丛书并为丛书出版尽力的专家们，感谢科学出版社及有关学术机构的大力支持和资助，感谢广大读者对丛书的厚爱。

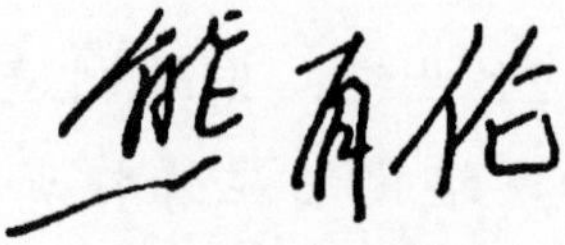

华中科技大学

2008 年 4 月

前　言

产品设计与开发是产品生命周期的主要阶段，是企业赢得竞争优势的关键环节。在现代企业竞争的环境下，由于活动间的耦合关系及其引发的过程迭代，产品设计与开发日趋复杂，其复杂性主要表现为耦合复杂性。迭代和耦合是复杂产品设计与开发的主要特征。

按照公理设计理论中独立公理的要求，当要同时满足同一产品的多个功能需求时，必须设法得到无耦合设计或者准耦合设计。但是对于复杂产品系统，由于设计对象的复杂性，要想得到无耦合设计或者准耦合设计往往非常困难，经常会不可避免地出现耦合设计。因此，复杂产品的解耦设计与开发成为现代产品竞争中亟待解决的难题。

近十几年来，作者先后获批了若干与解耦设计和开发有关的国家自然科学基金项目及其他基金项目，在这些科研项目的支持下，取得了自成体系的研究成果，本书就是上述研究成果的结晶。本书从产品耦合复杂性的视角出发，围绕面向复杂产品设计与开发的解耦理论和方法进行系统深入的研究，全书覆盖诸多方面的内容，主要包括公理设计理论概要、基于公理设计理论的产品设计、设计结构矩阵的基本原理、基于设计结构矩阵的产品开发迭代重叠问题研究；公理设计与系统性创造思维的关系分析、基于系统性创造思维的结构化解耦方法；基于独立公理的结构化耦合设计处理方法；串行迭代模型与并行迭代模型及其多阶段模型、基于遗传算法的多阶段耦合迭代模型求解；基于混合解耦策略的产品开发耦合任务集求解模型及其人工蜂群算法；产品族设计中的耦合问题分析、产品族平台参数与非平台参数的耦合处理方法；产品开发过程的不确定性分析、不确定条件下基于反馈控制的设计迭代模型等。此外，由于产品设计与开发的耦合复杂性正处在不断的研究和探索之中，本书也评述了国内外相关领域的研究进展。

本书内容系统完整，既涵盖产品设计解耦和产品开发解耦方法，又包括不同情况下的多种解耦处理策略(完全解耦、显式解耦、隐式解耦、混合解耦)研究，还探索了产品族设计中的解耦、不确定条件下产品开发解耦等前沿课题。书中既有原理、模型、方法的理论探讨，又有仿真计算和应用实例，将两者紧密结合起来。它的出版旨在弥补国内在产品复杂性研究著述上存在的空缺。

本书由华中科技大学肖人彬规划整体结构和全书内容，由肖人彬与浙江工商大学陈庭贵、华东交通大学程贤福、上海第二工业大学蔡池兰合著完成。

需要说明的是，其他三位作者都是在本人指导下获得博士学位的，他们从华中科技大学博士毕业后继续从事相关研究工作并获得国家自然科学基金资助。本书反映了四位作者所承担的多项国家自然科学基金(51875220、51765019、50575083、51305251、71401156)和高等学校博士学科点专项科研基金(20130142110051、200804870070)等基金项目的学术成果。上述科研项目的支持为作者创造了宽松的学术氛围和研究环境，在此表示深深的感谢并致以敬意。本书的出版还得到国家科学技术学术著作出版基金的资助，也在此致以谢意。同时感谢本人指导的多位博士生及硕士生为本书所做出的贡献，感谢科学出版社编辑所付出的辛勤劳动。

产品设计与开发的耦合复杂性是工程设计科学与复杂性科学交叉的前沿领域课题，涉及众多跨学科的知识，既富有吸引力，又颇具挑战性，正处在不断的探索之中。鉴于此，本书对这一前沿课题的研究和探索难免存在某些欠缺和不足，希望读者不吝赐教，对书中不当之处给予指正。

2019 年 6 月于华中科技大学

目　录

第1章　绪　　论

本章从产品设计与开发的特性描述入手，指出产品设计与开发的复杂性主要表现为耦合复杂性，迭代和耦合是复杂产品设计与开发的主要特征。此外，本章对公理设计(axiomatic design, AD)理论的研究现状进行分析，综述 AD 在产品设计、制造系统设计、材料及材料加工和设计评价与决策领域的应用情况；阐述设计结构矩阵(design structure matrix, DSM)的基本概念，讨论 DSM 的研究进展并加以分析说明。

1.1　产品设计与开发及其复杂性

随着市场经济的发展和世界一体化时代的到来，企业面临越来越严峻的挑战，为了在激烈的市场竞争中占有一席之地，企业必须不断地改变其经营策略。从 20 世纪 70 年代以前的企业规模和产品成本的竞争，80 年代的用户需求和上市时间、产品质量、产品成本和售后服务的竞争，90 年代的市场响应速度的竞争，发展到 21 世纪“产品品牌”的竞争。今天的企业只有不断地缩短产品设计开发时间、提高产品质量、降低成本、改进服务，才能在激烈的市场竞争中立于不败之地[1]，而快速设计开发新产品响应市场的需求已成为企业提高市场竞争能力的关键。图 1.1 是企业对市场需求的响应时间与潜在利润之间的关系。可以看出，在企业的全面竞争中，速度竞争对于企业的生存至关重要。此外，有研究表明：产品设计与开发过程花费的成本占总成本的 18%，而对产品价值的影响程度却高达 90%[2]。从这个意义上看，企业的竞争又是产品设计与开发模式、方法和过程的竞争。因此，对产品设计与开发的研究是十分必要的。

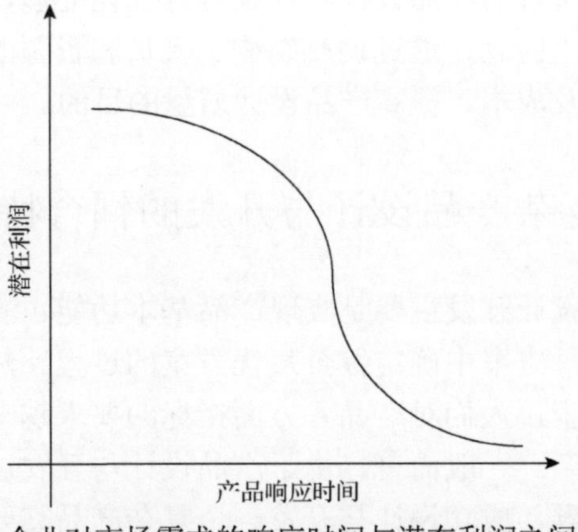

图 1.1　企业对市场需求的响应时间与潜在利润之间的关系

通常，产品设计与开发是指从产品定义到产品批量生产之前这一段时间，包括与产品设计开发有关的所有研发技术活动和管理活动，代表了特定组织进行产品设计开发的行为，具有较高的复杂性。其中组织复杂性体现在其为满足某一需求利用各种资源、工具和方法而需要进行的创造性活动，过程复杂性则表现在其涵盖产品设计开发整个阶段相关文档和数据的分析与整理等[3]。总之，产品设计与开发是一个包含技术和管理的过程，通过融合各种工程技术、方法、工具和人员将产品开发付诸实践。而传统的产品设计开发模式采用功能部门串行制产品设计开发模式，虽然它有一套严格的开发程序，将设计开发过程分为概念设计、详细设计、工艺设计、原型测试与制造、产品制造等几个阶段，明确地划定了各阶段的界面，但是这种开发模式存在其自身无法克服的一些弊端：

(1)产品设计信息在不同部门设计开发人员间的交流不顺畅，且这种信息交流的不顺畅通常会进一步导致设计后期的更改与迭代。

(2)抛过墙式的产品设计开发方式难以为设计人员提供有效的手段，使他们在产品设计与开发的上游阶段就考虑下游过程的各种因素，如产品可制造性、可装配性等；此外，由于产品信息大多是从前向后单向流动，产品存在的问题只能在产品设计与开发的最后阶段，甚至到客户手中才会被发现。当发现这种缺陷时，通常只能采用重新设计的方法，从而导致了在整个产品设计与开发中从设计到制造的大循环过程。

(3)设计任务之间信息的交互使得产品设计与开发中必然会产生大容量耦合任务集。一方面，耦合任务集的存在使得团队的管理更加困难，增加了开发成本，延长了开发周期。另一方面，由于任务间耦合关系的存在，任何任务的执行均需要对由其他任务提供的输入信息进行估计和评价；当这种估计和评价过程存在失误时，设计人员必须对已完成的部分进行重新设计，由此产生了设计过程的迭代求解现象。

因此，有必要对传统的产品设计与开发进行优化处理，解决相应过程中出现的耦合引起的迭代返工问题，通过调整结构、人员和资源的配置，以达到缩短产品开发周期、降低开发成本、提高产品设计质量的目的。

1.2 复杂产品设计与开发的耦合特性分析

如前所述，产品设计开发主要是实现产品基本功能、满足各种技术和经济指标并从可能存在的各种方案中确定综合最优方案的过程。然而，随着人类社会的发展和科学技术的进步，人们对产品各方面指标的要求越来越高，产品的设计与开发过程也越来越复杂。一般而言，由于产品设计与开发过程涉及各部件功能之间的协调以及关联问题，成功设计与开发一个复杂产品需要多个领域的信息，这也使得产品设计越来越复杂[4]。此外，复杂产品内不仅各组成模块之间可能存在耦合关联关系，且组成模块的零件参数之间往往也存在主从关联关系，进而增加设计与开发的复杂度，因此设计耦合应尽量予以避免。但是在实际的复杂产品设计与开发过程中，由于技术或其他条件的限制，要想得到无耦合或者准耦合设计有时是很困难的。因此，复杂产品设计与开发的耦合关联问题已成为工程和工业界亟待解决的关键问题。

对于耦合问题的处理，一些研究者引入 AD 理论中的独立公理，作为判断设计是否耦合的基本依据及设计的改进方向，其中具有代表性的思想包括应用创新思维激励技术将关联的功能需求完全解耦方法[5]、利用发明问题解决理论(teoriya resheniya izobretatelskikh zadatch, TRIZ)为产品创新设计中的耦合冲突进行消解[6]以及使用启发式算法消除产品虚构复杂性[7]等。以上方法多是针对产品设计开发中可能存在的设计冗余现象进行的冲突消解处理方式，但由于产品设计开发本身具有的高度复杂性，而这种复杂性不但体现为设计变量的数量多，还体现为设计变量之间本身就存在着大量错综复杂的互联关系，即耦合。因此，要想完全利用独立公理、TRIZ、创新思维激励技术等方法对设计进行改进，实现完全意义上的解耦基本上难以实现，且此类研究一般都存在理论机理研究不足、工程实用化困难等方面的问题，因此急需处理耦合问题的新技术或新方法。

实际上对于复杂产品设计与开发过程中存在的无法完全耦合的情况，目前主要有两类处理方法，一类是显式割裂操作，另一类是隐式内部迭代方法。前者通过人为去除参数间的弱连接联系从而达到去耦合效果，这种方法高度依赖于解决问题的特征和领域专家的经验，通常以产品部分质量损失为代价，适用于耦合关系较弱的约束关系，代表性的成果包括基于独立公理的结构化耦合设计处理方法[8]，它是一种典型的显式割裂方法；而后者强调通过耦合设计集内部任务的不断迭代过程来改进设计质量，它作为一种处理耦合问题的新方法，近年来引起了研究者的关注，其中基于 DSM 的并行迭代模型应用广泛[9]，它假设所有耦合任务同时并行执行且迭代工作量为一常数，通过建立扩展的 DSM 形式——工作转移矩阵(work transformation matrix, WTM)[10]模型来识别产品设计与开发过程中的迭代驱动任务及其特性和收敛速率。

综上所述，在产品设计与开发过程中，按照 AD 中独立公理的要求，任何一种产品的设计与开发，无耦合是最易于处理的[11]。然而，在实际的产品设计与开发中，完全无耦合的情况较少见，绝大多数或多或少存在耦合，只是耦合强弱程度不同。但根据其含义和特点，相应的处理方式大体可以分为两种情况，即可完全解耦情况与不可完全解耦情况，而后者则可进一步细分为显式割裂方式、隐式迭代方式以及混合解耦方式，其中显式割裂方式主要利用 AD 中独立公理理论找出最弱耦合连接关系，从而使损失最小；隐式迭代方式借助 DSM 构建 WTM

模型来处理；而混合解耦方式则融合显式割裂与隐式迭代方式进行分析，使用更为灵活。

1.3 公理设计理论研究进展

目前，设计学领域的公理化研究在实际应用需求和理论发展需求的双重推动下正在兴起。具体来说，在实际应用需求方面，快速开发新产品是企业生存与发展的关键，而有效的设计理论与方法的应用则是其支撑；在理论发展需求方面，设计理论体系的公理化意味着设计学逐渐由经验基础向符合科学规范性和逻辑严密性的阶段迈进，故其遵循了科学界和工程界历史发展趋势。已有的公理化方法代表性成果中美国麻省理工学院(Massachusetts Institute of Technology, MIT)教授Suh[11,12]的AD理论影响最大，并得到了普遍认可。

20世纪70年代末Suh提出AD概念，并于1990年在*The Principles of Design*[11]一书中正式提出AD理论。AD理论建立在“存在可归纳的控制设计过程的原理和法则——设计公理”基础之上。文献[11]和[12]详细阐述了AD理论，其最终目标是为设计建立一种科学基础，通过为设计人员提供基于逻辑和理性思维过程及工具的理论基础来改进设计活动，使得原先从经验甚至直觉发展而来的设计准则有了科学依据[13]。AD理论的核心——独立公理和信息公理为好的设计提供了评判标准。基于两条公理，推导出一系列的定理、推论和相应的方法论。20多年来，AD已被应用于产品、过程、系统、软件、组织机构、材料和商业计划设计等领域。

已有的研究成果表明，AD不仅为新产品设计和已有产品的改进提供原理指导，同时也为其他一些设计方法和工具提供概念框架[14]。因此，AD理论的研究、扩展和应用得到了大学、研究机构和工业界的广泛关注和重视。MIT的帕克复杂系统中心(Park Center for Complex Systems, PCCS)在完善AD理论的基础上研究复杂性科学，并探讨其在成本工程、系统生物学和内燃机设计等方面的应用[15]；美国的公理设计方案公司(Axiomatic Design Solutions Corporation)致力于AD研究成果的传播，提供AD的相关资料、咨询、培训和一系列AD应用软件[16]；定期召开的AD国际会议为AD研究成果的及时交流提供平台；众多公司和机构也开始引入AD方法[17]；北美、欧洲和亚洲的许多工程技术学校已着手向学生讲授AD理论；国内研究者也逐步开始关注和探讨AD及其工程应用[18-24]。

鉴于此，本节从AD指导设计开发活动的角度出发，力图对其研究进展状况、典型工程应用加以系统的综述，并由此对目前存在的问题和局限性进行分析，继而展望其今后的研究重点和发展趋势。

1.3.1 公理设计理论研究进展及其分析

目前，关于 AD 理论的扩展研究已不鲜见，学术论文不断涌现，下面进行归纳论述。

1. AD 理论的扩展和完善

自从 AD 理论正式提出以来，不少研究者从不同层面和角度来探讨其理论根源和实际效用，极大地丰富了该理论的内容，并有效促进其完善。

1) 对两条公理的扩展

对信息公理进行扩展主要包含 3 个方面：①寻求新的信息量计算方法，如采用 Shannon 信道和熵定义及 Kullback 信息测度计算信息量[25]，但该计算方法在计算简洁性上有所不足。②拓展信息量内涵[26,27]，如前所述，信息公理是建立在 Fisher 和 Shannon 理论基础上且仅度量概率重复事件，因此建立一个囊括概率和非概率重复事件的扩展的信息公理是必要的，Pappalardo 等[26]的工作实现了这一点。③扩大信息量的应用范围，如 Naidu 等[28]将信息量作为智能的判断尺度。

在独立公理的延伸方面，Gu 等[29]从理论上证明满足独立公理的设计是稳健设计(robust design，RD)，而 RD 不必非要满足功能需求(functional requirement, FR)间的独立性；而针对独立公理的严格性质疑提出的广义独立公理则可适应不可忽略的交互作用和界面接口的设计[30]；此外，文献[27]提出计算具有多个 FRs 和设计参数(design parameter, DP)的解耦设计信息量的方法，并将其有效扩展到耦合设计情况。

2) AD 模型的扩展

产品设计过程中，行为通常被作为功能和物理模块之间的转换桥梁，因此在功能域和物理域间引入行为域，建立域结构模板的研究有效推动了概念设计方案的生成[23]。鉴于 AD 理论指导复杂制造系统设计时的局限性，即 DPs 和过程变量(process variable, PV)之间一对一的映射很难实现的问题，文献[31]提出增加一个过程需求域来处理该问题。而文献[30]则进一步增加了制造域和市场域等。以上这些对 AD 模型的扩展使相邻域间的映射过程更加符合设计人员的思维习惯，有效加快设计进程。

3) 决策方法理论的扩展

设计是一个不断进行决策的过程，AD 以一种易懂的模式形式化设计决策，Lindholm 等[32]对 AD 指导下设计决策的相关内容进行了深入探讨。而对 AD 的决策有效性进行分析方面，Olewnik 等[33]在提出评价设计决策方法有效性标准的基础上，通过一个简单的设计问题对目前流行的两种决策支持方法即质量屋和 AD 进行了鉴定实证研究。

4)其他理论方面的扩展

人类专家进行设计的过程实质上是一个对知识的掌握、处理和应用的过程。鉴于良构功能知识对于指导功能设计的必要性和对创新设计的支持，Meijer 等[34]通过对设计实例的探讨指出独立公理依赖于良构功能知识，好的设计结果不是由 FRs 的独立性产生的，而是来源于良构功能知识，这是对 AD 基础理论源泉的进一步探讨。而 Jung 等[35]提出功能几何特征概念，并用遗传算法来求解装配规划问题，这实质上也是将计算智能融入 AD 框架中。

可用图 1.2 简要说明 AD 理论的扩展和完善内容。

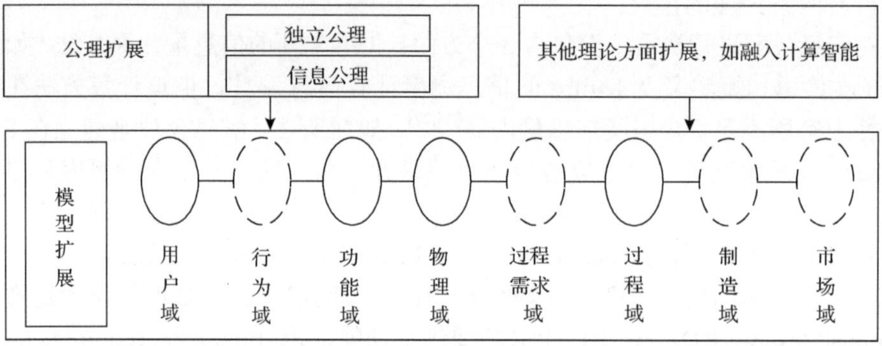

图 1.2　AD 理论的扩展和完善

2. AD 与其他设计方法和工具的关系

现有的设计理论、方法和工具从不同角度对解决设计问题的进程进行研究，由于侧重点不同而具有不同的特点和优势。因此，综合多种方法取长补短，并进行延伸和扩展无疑是加快设计学发展的一条有效途径。关于 AD 与其他方法和工具的联系及综合的研究成果颇多，包括 AD 与 RD、六西格玛设计(design for six sigma, DFSS)、质量功能配置(quality function deployment, QFD)、优化设计(optimization design, OD)、TRIZ、并行工程(concurrent engineering, CE)、面向 x 的设计(design for x, DFx)、失效模式及后果分析(failure modes and effects analysis, FMEA)等。下面对较典型的研究加以归纳分析。

1)AD 与 RD 和 DFSS

AD 与 RD 在保证设计质量上具有一致性，故可进行融合来延伸 AD 改善设计质量的功效和扩展 RD 的通用性。为促进设计前期思维的稳健性，可利用 AD 原理和 TRIZ 探讨有效选择适当系统输出响应的方法来提高 RD，并进一步建立概念设计和参数设计之间的桥梁[36,37]。另外，在对 AD 与 RD 之间关系定性分析的基础上研究两条公理与 RD 的联系，并针对质量特性常用的几种统计分布类型，建立信息量描述和计算与质量损失函数/信噪比之间的数学关系[38]，从机理上揭示了两者的内在联系。当前已经有结合 AD 和 RD 处理产品设计的成功实例，如在解耦的振动陀螺仪的设计中[39]，根据独立公理将 DPs 分组后决定其实现顺序，田口方法则加强其稳健性。众多的研究成果表明 AD 与 RD 之间存在很大的相似性和内在联系，RD 是信息公理的结论，而信息公理则为 RD 提供了理论基础。

DFSS 是按照合理的流程、运用科学的方法准确理解和把握用户属性(customer attribute, CA)，对新产品/流程进行 RD，从而在低成本下实现六西格玛质量水平，其内涵与 AD 存在一致性，已有的研究成果表明两者可有效集成[40,41]。例如，Arcidiacono 等[40]论证了将 AD 引入 DFSS 框架中的相关问题，阐述了在应用 DFSS 进行产品优化的过程中如何有效地使用 AD，同时也证明了 AD 不仅可用于产品提高阶段，也可用于六西格玛工程的其他阶段。另外，应用软件 Acclaro DFSS[16]则是两者成功结合的范例。总的来说，AD 和 DFSS 的结合及应用已比较成熟。

2) AD 与 QFD

QFD 从质量保证角度出发，通过市场调查获取 CAs，采用矩阵图解法将 CAs 的实现过程分解到产品开发的各个过程和各职能部门，并协调各部门工作。作为一种 CAs 驱动的方法，QFD 建立质量屋的过程与 AD 的域间映射密切联系，可将其作为映射工具，结合两者有效支持设计过程的进行。这方面国内外都已有相关文献，例如，通过分析 QFD 和 AD 之间的矛盾，应用独立公理来加强 QFD[42]，该研究同时也为如何结合两者来优化概念设计过程提供了启发；利用 AD 的独立公理和 Z 字形分解来改进 QFD 在 CE 中的使用[43]，结果表明 AD 可有效避免 QFD 的多级迭代过程，显著节约设计成本和时间。实际上，AD 与 QFD 的关系探讨也从另一侧面说明了 AD 作为设计框架可有效集成其他设计工具。

3) AD 与 OD 和可靠性设计

OD 是根据数学模型搜索目标函数优化值的方法，目标函数实际上就是一个 FR，而目标函数的参数则为 DPs。在设计上层，设计问题较抽象，不能用精确的数学模型来表达，但当设计到达较低层可用数学模型表达时，设计问题就可转化为优化问题。按照 AD 理论，设计变量与设计目标(FRs)的数目应相同，而 OD 中前者的数目往往多于后者。针对这种情况，程贤福等[44]提出基于 AD 的 OD 方法，利用正交试验和方差分析确定设计变量对各设计目标的影响程度，从而确定主要设计参数，并将其按无耦合设计形式分组，依照特定次序优化各目标，从而有效避免多个目标间的迭代。

在用 AD 处理可靠性设计问题方面，Arcidiacono 等[45]综合了 AD 和 FMEA 等方法提出最优化产品可靠性的方法，即失效模式与影响树分析(failure mode and effect tree analysis, FMETA)，并用柴油机设计验证其有效性。实际上，可靠性也可视为 AD 的一个 FR。因此，一方面，OD 和可靠性设计的要求可转化为 AD 中的 FRs 或约束；另一方面，AD 也可减少优化所需的大量分析和建模过程。

4) AD 与创新设计

设计的本质是创造和革新，但工程设计中的创造性过程至今仍未被充分理解，如何产生创新性概念这个问题一直以来都特别引人注意。旨在使设计过程更具创新性的 AD 提出后，有研究者便从其与创新设计的联系角度来探讨该问题[46-49]。其中，最值得关注的便是 AD 与 TRIZ 的联系研究[46-48]，内容涵括两者的区别、不相容性、在方法和工具层的联系和兼容性，以及两者集成的可能性，并进一步利用这些内在联系有效解决实际设计问题。尤其值得一提的是，基于 AD 的解耦与 TRIZ 的消除冲突的概念类似，利用冲突矩阵解决功能耦合问题。而文献[21]则分析了 AD 与系统性创造思维(systematic inventive thinking，SIT)在理论层面上的关联和一致性，构造出结构化解耦方法。

5) AD 与并行设计

CE 要求从设计开始就考虑产品的整个生命周期，强调功能和过程上的集成，而 AD 的功能域/物理域/过程域间映射形成 FR/DP/PV 的过程与 CE 是统一的。Albano 等[50]讨论了 AD 作为 CE 的框架问题；其他研究者也作了相关工作，如 Jung 等[51]为了提高生产率用 AD 支持 CE，开发专家系统检验 AD 在 CE 中的适用性。而 Guenov 等[52]则结合 DSM 和 AD 并应用在工程系统分解方面，提出一个用于复杂产品开发规划的设计分解-综合模型，用 DM 表达 FRs/DPs 的映射，而 DSM 为系统开发相关过程和内容提供结构化表达，DM 和 DSM 共进化，协同考虑了设计决策过程以及体系结构相关的系统知识的应用，从而更好地描述了复杂产品设计过程。另外，作为 CE 支持工具的 DFx 与 AD 的结合关系，文献[14]给出了较详细的论述，指出采用 AD 的映射、分解和两条公理可得到 DFx 的设计指导方针。实际上，从 AD 角度看，x 可视为 AD 中的 FR，故有研究者称其为 Design for FRs。

6) AD 与多种设计方法集成

多种设计方法集成研究是一个热点，主要是将 AD 作为基本框架，其他方法和工具则应用于各个设计阶段来加速设计过程，提高质量并降低成本。例如，旨在加强大系统可靠性的大系统概念设计混合方法[53]，成功集成了 AD、RD 和 TRIZ 方法的特征以及传统的可靠性分析等；AD、DOE 和有限元分析技术的结合也已成功应用于监视器减振包装自动化设计系统[54]；Chen[14]较系统地分析了多种设计方法及其相互间的联系，阐述了 AD 作为设计框架综合集成其他方法的可能性；国内研究者也开始关注此方面问题[21]。众多研究从不同侧面说明 AD 是阐明设计过程和方法的方法，不是取代其他方法，而其他方法和工具则是 AD 域间映射过程中搜索解的某种特定方法，在恰当的设计层次和决策节点发挥效用，促进 CAs 向 FRs 的转化、创新概念的产生及设计参数的优化。该方面的研究成果可结合 AD 的设计流程用图 1.3 来简单说明。

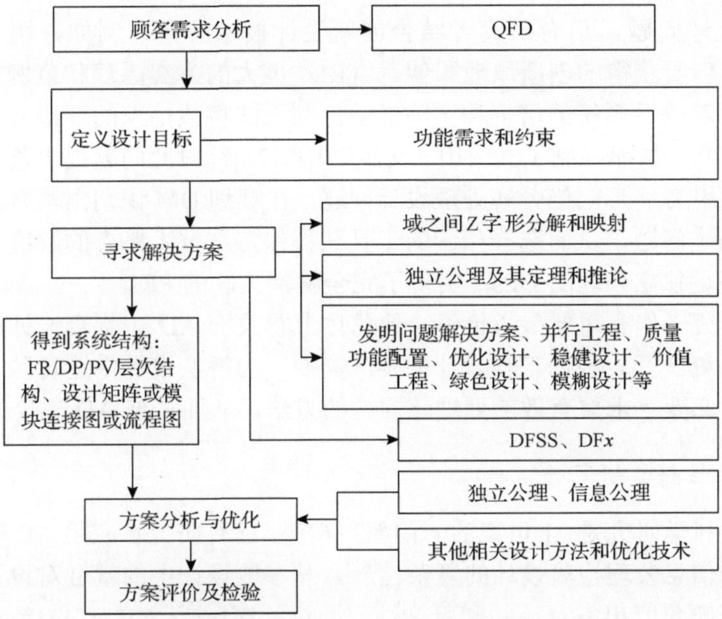

图 1.3 多种方法和工具与 AD 的集成

3. 耦合设计问题的处理研究

随着产品日益复杂而导致耦合设计的频繁出现，国内外研究者已逐渐开始探讨不满足独立公理的耦合设计问题。①研究耦合对求解过程和时间的影响。通过 DPs 之间的耦合程度和问题规模对参数设计问题求解的影响试验得出如下结论：耦合因素对于两个输入/输出的设计仅有中度影响，随着变量数目的增加，耦合对求解过程和任务完成时间的影响急剧变大[55]，从而消除耦合可显著加快设计进程。②针对具体实例的解耦，如定制的汽车悬架反馈控制系统的解耦设计方案和实现[56]。③耦合设计任务的协调和折中[7,18,19,22,51-59]。例如，定义功能耦合为两个子系统的解在实现一个 FR 时否定的相互作用，探讨特定的功能解对其他 FRs 的影响[58]；综合考虑消除 DM 的非对角线元素的成本和获益，识别出最小序列非对角线元素实现解耦并消除假想复杂性[7]；基于独立公理的结构化耦合设计处理方法[22]；另外，基于模糊逻辑和层次分析法度量功能耦合度，将耦合问题转化为旅行商问题(traveling salesman problem, TSP)，从而寻求耦合功能的最优初始迭代顺序[18,19,57]；在软件设计领域用协作图来定义 FRs 和 DPs 间的耦合度[59]。

总的来看，工程设计人员通常依靠直觉和经验处理耦合问题，耦合参数的调整和寻求替代技术是两个主要措施，上述研究均属于这两个范畴。采用这些常规方法往往不能获得满意解，因此应寻求更具创造性和指导性的方法。

针对上述问题，已有研究者结合创新设计技术解耦，例如，用 TRIZ 方法解耦[46,47]，但所获得的创新原理即使有 TRIZ 庞大的方案原理和范例数据库的指导和借鉴，若缺乏系统的培训和实际经验，则无法将该抽象的解决方案转化为实际可行的方案，从而限制了其应用。文献[20]和[21]针对此问题提出基于 SIT 的解耦方法，采用 Z 字形层级分解处理设计问题，在规划 DM 识别出耦合功能后应用 SIT 模式描述问题，从而选择相应的工具获得保持原技术概念的解决方案，最后选择新的满足独立公理的 DPs，实现了完全解耦关联的 FRs。

上述研究工作有重要参考价值，但总体上看关于 AD 中耦合设计问题的处理研究尚未系统展开。根据工程设计的实际需要，为解决设计中违背独立公理的耦合问题，有必要寻求更有效的处理该问题的方法，从而扩展 AD 理论的应用。

4. 复杂性科学研究

复杂性科学研究是 21 世纪的一门新兴学科，已有研究者应用 AD 研究复杂性科学，如用信息公理检验设计的复杂性[41]，从参数设计中的耦合对设计者解决问题能力的影响角度出发对认知和复杂性问题进行探讨[55]，文献[13]是对复杂性科学的系统研究成果。另外，值得关注的是 MIT 的帕克复杂系统中心[15]，其研究重点聚焦于 AD 基础上发展起来的复杂性科学及其应用，包括：①复杂系统的成本工程，基于 AD 提出合理框架和系统过程从而获得有效的成本工程和变革管理；②应用 AD 和复杂性理论研究系统生物学；③AD 应用于定制的汽车悬架和内燃机设计；④将微结构效应从流体领域扩展到生化领域。

1.3.2 公理设计理论的典型应用

随着研究的深入，AD 正逐步被应用于各个领域并显示出其效用。

1. 产品设计

产品设计是将 CAs 尽量以最佳方案变为产品实现的过程。该过程中设计人员依据两条公理和定理、推论在各设计节点做出正确决策；其他工具如 DM 则用于沟通设计目标和方案从而进行分析和优化。产品设计包括硬件和软件系统的设计。

(1)在硬件设计方面，AD 可贯穿于设计所有阶段处理相关问题[39,54,56,59-62]，例如，Hirani 等[60]结合多目标遗传算法和 AD 进行轴承设计，有效提高了稳定载荷径向轴承润滑油膜的工作特性，其中遗传算法处理液体动压轴承的多重模态性质，AD 提供目标函数和设计变量(如径向游隙等)，该应用也说明进化算法可融入 AD。总的来说，AD 在汽车工业上的应用较多[15,17]，且该方面应用仍在升温。从大量成功应用来看，AD 在硬件设计方面主要是利用其框架指导整个设计过程，包括概念设计和详细设计，同时在不同的设计阶段，有效融合其他方法和工具。

(2)在软件系统设计方面，AD提供的软件设计框架不考虑编程语言，可处理纯软件或硬/软件组成的系统。①结合AD与面向对象编程技术指导软件系统的开发[16,54,63]。Suh以面向对象技术和AD的兼容为目的改进纯软件系统，建立面向对象软件的AD基础，其最成功的应用是美国公理设计方案公司的辅助设计人员在交互式环境下进行设计和决策的系列软件[16]。②AD指导下的计算机辅助设计，包括CAD模型建立的方法和重用、几何体拓扑结构设计等，如Chen等[64]在AD指导下提出的异质材料构成的组件的计算机辅助设计方法。③AD指导软/硬件实时控制系统设计。Schreyer等[65]将AD和状态切换表示法结合用于可编程控制器的软件设计，应用AD得到等价状态切换表示法，由于状态表不允许状态交叠，可得到无耦合或解耦设计，从而简化编程、调试和测试。

2. 制造系统设计

制造是把原材料变成产品的过程，制造系统设计则指合理组织机器、材料、人员和信息等要素，以最小化运输时间和资金，高产品质量和生产率，达到提高客户满意度的目的。①在制造系统设计基础方面的研究较多[66,67]，例如，结合AD和系统设计方法研究制造系统设计方法，阐述设计公理在不同设计阶段如何使用，从而在设计阶段强调增强其柔性、适应性和响应速度以满足产品需求的快速变化对制造系统提出的要求[67]。②在实际制造系统设计方面，利用AD简化设计问题从而对汽车车身装配线重新设计便是一个成功案例[68]。③Kulak等[69]基于AD提出策略来指导设计人员从传统过程导向的制造系统转向单元导向的制造系统，并给出连续改进的反馈机制，根据事先确定的性能标准来评价和提高制造单元的设计。总的来说，AD在此方面的应用主要是针对目前制造系统面临的新挑战，即效率、柔性、适应性、响应速度和分布式等，侧重于在AD框架下探讨适应新要求的制造系统设计的模型和系统化方法，改进和提高制造系统的各节点和要素，完善其性能分析、评价方法，以及集成产品/工艺设计和制造系统的设计。

3. 材料及材料加工

AD已被应用于新材料设计和材料加工工艺的制定[12,64,70,71]，如金属成形加工过程设计[70]；在聚合物基复合材料零件叠层制造过程中验证所选的过程试验设计[71]；基于AD的计算机辅助材料设计[64]；而最典型的应用则是Suh[12]发明的已商业化的混合合金和微孔塑料，设计人员首先将用户域内客户期望的材料性能转化为功能域中材料应具备的性质FRs，然后将其映射为物理域中的微观结构DPs，最后映射到过程域中的加工技术 PVs，使用 AD 显著缩短了新材料开发的昂贵迭代设计过程。目前材料设计方法主要是在经验规律基础上进行归纳或从第一性原理出发进行演绎，AD 从另一侧面为材料设计和加工提供结构化过程指导，同时 AD 在该方面的应用还有待进一步深入和丰富。

4. 设计评价与决策

设计工作的核心是在设计中不断地综合和反复决策，AD 实质上关注的是设计过程如何决策的问题，其应用可总结为 3 类：①在设计过程决策方面，文献[18]～[20]就是对设计过程的规划决策，即决定下一步做什么和如何做。②在技术方案决策方面，AD 已被用于安排具体的技术问题，如 Kulak 等[72]将 AD 的多属性综合评价决策扩展为简洁 AD 和模糊 AD 方法后进行制造系统的多属性比较，分别处理完整和不完整信息情况。③在可接受性决策方面，主要是确定候选方案是否满足设计需求，并从多个满意解中选择最优解，例如，基于 AD 评价产品族根据 CAs 产生产品变化的固有柔性，从解耦设计和模块化设计两种情况研究基产品的柔性指标[73]。另外，应用 AD 进行设计评价和决策时常常结合其他综合评价方法，如结合模糊数学方法而提出的基于模糊信息公理的设计方案评价法[74]。

1.3.3 问题分析与研究展望

1. 问题分析

从上述对 AD 的基本理论、研究现状和应用的讨论可知，AD 已广泛应用于各个领域，并被越来越多的研究者和技术人员所重视。然而，AD 的研究无论是从理论深化还是从应用扩展的角度来说，仍是一个值得关注的领域，面临着许多问题亟待解决。

1) AD 框架

在 AD 的发展过程中，Suh[12]致力于设计的理论和方法而不是算法和工具，通过对大量的成功设计实例进行分析归纳，抽象出设计过程本质而形成该理论框架。AD 已被应用于众多领域，其中产品开发领域的大量成功应用有力地说明了其效用。

正如前面所述，AD 更侧重于理论框架的建立，对于具体实现和解决问题的方法涉及相对较少，即在指导设计的过程中，AD 的公理、定理和推论更多的是被用来进行决策，它告诉设计者什么样的设计方案是一个好的方案，但在指导设计人员如何产生一个好的方案，或者如何具体改进不满意方案方面相对较弱，从而导致实际应用 AD 指导设计的过程并不如预想的顺利，还遇到不少障碍。

2) 独立公理和信息公理

首先，独立公理要求保持FRs间的独立性，它为设计者是否实现满意的设计结果提供评判准则，要求对于多个FRs情况时必须设法得到无耦合或准耦合设计，这对于减少设计迭代、缩短研发时间和降低成本具有重要意义。其次，作为选择最佳设计准则的信息公理为OD和RD提供了基础，它采用最大成功概率作为信息量评价准则，并用设计范围和系统范围来计算。结果表明，该信息量计算方法在设计知识比较充分且准确时，简单而有效。

但对复杂系统而言，由于设计对象的复杂性或目前知识的局限性，耦合设计经常会不可避免地出现。现有的AD是建立在独立公理成立基础之上的，虽然给出了计算FRs耦合度的度量指标，但并未提供系统化的分析和处理耦合设计的方法，尤其是结构化的解耦方法以及当耦合设计不可避免时减少迭代使设计继续进行的措施。此外，在设计初期，当设计知识缺乏准确性和充分性时，将会影响AD提供的信息量的计算方法的有效性，而且信息公理仅度量概率和重复事件。因此，适合于不同设计情况的信息量计算方法的寻求、信息量内涵的进一步拓展等问题是增强信息公理实用性的关键技术。

3) 多种设计方法和工具的集成

AD理论主要着重于设计过程的控制及其相关节点的决策，缺乏对设计中的知识的获取和获取知识所依赖的智力资源的关注，对设计过程中可能遇到的某些问题缺乏理论的指导和方法工具的提供，因此AD可作为其他设计方法和工具的框架，充分利用其他方法和工具的优势，进行域间映射，并以AD的公理、定理和推论作为设计准则来获得满意解。

现有研究成果总的来说还比较零散，缺乏系统性，要使AD作为一个框架有效而完善地集成其他相关方法和工具来支撑设计的各层次和节点，仍有许多问题亟待解决，如基于AD融合其他设计方法的研究大多集中于理论上的探讨，实际应用扩展较少，尤其缺乏相关的计算机辅助设计软件，因此多种方法集成的智能设计系统就是其中之一。

4) 计算智能技术的融入

计算智能将模糊逻辑同智能化技术手段(如神经网络和进化算法等)和概率推理有机结合，在计算机环境下模仿人类推理行为，解决复杂系统中带有不确定因素问题的建模和优化求解，使模型建立更接近客观事物，优化求解过程更具操作智能和自适应性。计算智能的广泛应用显示出其强大的信息处理和问题求解能力以及广阔的应用前景。但在前面已有的AD相关研究成果的分析中，计算智能与AD技术的结合研究极少。

2. 研究展望

根据上述分析，预计今后AD的研究将围绕下面几个方面展开。

(1)AD理论研究的深入及实用性的加强。在理论方面，针对复杂产品设计的实际需求应进一步建立更为完整的范式，并在AD基础上进一步展开复杂性科学的相关问题研究；另外，虽然AD已成功应用于各个领域，但该理论的工程实用性加强方面的研究还要继续开展，主要是如何解决设计各个不同阶段的AD实际应用问题及实用工具的研究，达到AD框架模型和系统工具的更加实用化。

(2)独立公理和信息公理的扩展。独立公理要求保持FRs的独立性，因此要进一步探讨对于耦合问题处理的策略，包括对耦合设计的解耦方法和在现有条件限制下无法得到解耦设计时的耦合设计的迭代寻优。而信息公理的扩展主要指寻求新的信息量计算方法、拓展信息量内涵及应用范围。

(3)AD与其他设计方法和工具的集成。首先，继续AD与其他设计方法和工具的联系研究；其次，根据各种方法的不同侧重点，研究利用AD提供的框架有效集成各种方法的策略；再次，将集成成果有效应用于生产实践中仍是值得关注的重要内容；最后，开发相关集成成果的计算机辅助设计软件。

(4)计算智能与AD的结合。探讨将计算智能融入AD框架中，充分利用其智能控制、并行运算、模糊处理、机器学习和自适应性等特点，为解决复杂系统设计问题提供新的方法和可行而有效的手段。主要包括研究如何利用计算智能的原理和方法解决应用AD过程中遇到的复杂系统分解、综合及迭代寻优等问题。

1.4 设计结构矩阵研究进展

作为一种复杂系统建模和分析工具，由Steward[75]提出的DSM提供了简单、紧凑和形象化的描述方法用于支持设计、开发方案的集成和分解问题[76]。近几十年来，在Eppinger[77]和Browning[78]的积极推动下，DSM研究与应用发展迅速。实践证明，DSM方法具有以下显著优势：①DSM对产品并行开发的表达能力比较强，也比较直观；②由于采用矩阵的形式，克服了许多基于图形技术如计划评审技术(program evaluation and review technique, PERT)和关键路径法(critical path method, CPM)等的尺寸和可视化的难度；③矩阵易于用计算机操作与存储；④DSM模型已经被许多研究者证明是一个有效的项目规划和过程管理工具[79]。目前，该方法被广泛应用于产品开发、项目规划和成本计算、时间优化等。

1.4.1　设计结构矩阵概述

DSM 以直观、形象的分析形式表示系统各成分之间的关系，用具有相同行列标志的矩阵表示，其中非对角线标记表示行列对应单元之间的某种信息依赖关系，这种关系可以是结构上的也可以是功能上的。矩阵的行表示其他单元对所在行单元的信息输入；而矩阵的列表示所在列单元对其他单元的信息输出[80]。

当前，应用于产品开发、工程计划、项目管理、系统工程和组织设计等众多生产实践中的 DSM 主要有四种类型，即基于组成或结构的 DSM(component-based DSM)、基于团队或组织的 DSM(team-based DSM)、基于任务的 DSM(activity-based DSM)以及基于参数的 DSM(parameter-based DSM)。其中基于组成或结构的 DSM 用于描述各组成部分之间的依赖关系，典型的应用领域包括集成平台设计[81]、产品需求表达[82]、模块划分[83]等。基于团队或组织的 DSM 用于确定合理的开发团队规模、功能、关系等。基于任务的 DSM 用于寻找最优的任务执行顺序，减少反馈以避免不必要的返工，目前该模型应用广泛，典型应用包括流程优化、任务排序、进度安排等。基于参数的 DSM 用于建立设计过程中低层次的零部件参数之间相互作用关系的模型，其主要目的是：①压缩开发周期；②减少设计“质量损失”——上游的决策过分限制下游的选择。该方法广泛应用于产品情感设计、配置设计[84]等。

DSM 在产品开发过程的建模中，通常使用多种矩阵运算，并通过这些运算，使得基于 DSM 的设计任务能够完成分析、显示需求、实现任务排序优化和对循环进行分解和控制。目前，基于 DSM 的矩阵运算主要包括 4 种，即划分、割裂、联合、聚类等。其中划分运算是巧妙处理矩阵行列顺序的运算过程(重新排序)，所得到的重新排序理论上应不包含任何一个反馈标记(对角线上方的标记)，故它应能将 DSM 转换成下三角形式，典型方法包括可达矩阵法和三角形法等。割裂运算是为了消除耦合任务集的这种闭合依赖特性，必须对其进行解耦或者合并操作。故解耦又称割裂，就是人为地解除耦合任务集中某两个相邻节点之间的依赖约束关系，使原先的闭合特性消失[85]。典型的割裂方法为显式方法，其本质是基于任务间关联强度对任务执行优先级的综合评价，如文献[86]所设计的方法。此外，Xiao 等[87,88]进一步提出了一种隐式割裂方法，即通过任务间内部的迭代实现解耦。联合运算是交替改变 DSM 中的明暗带以显示任务的独立性，如平行性或并行性。聚类运算用于当矩阵元素代表的是那些不随时间变化、同时存在的系统单元，即产品零部件或开发团队时，矩阵运算的目的相对于划分运算发生了重大变化。其目的变为寻找那些相互独立或影响最小的 DSM 元素子集，这个过程称为聚类。换句话说，这些子集应该包含几乎所有的相互作用关系，并且各个不同块之间的相互作用或联系应没有或减小到最少。典型聚类算法包括协调成本函数法[89]、聚类识别法[90]、Kansei 聚类[91]等。

1.4.2 设计结构矩阵研究现状及其分析

目前，关于 DSM 理论与方法的研究已有较多成果，下面进行归纳论述。

1. 不同 DSM 类型间的内在关系研究

首先，基于组成或结构的 DSM 描述的是产品结构体系；而基于团队或组织的 DSM 描述的是组织结构体系。因为不同的团队具有不同的开发能力，所以将不同的产品部件分配给不同的团队进行开发会带来不同的效果，并且一个已建立的组织结构体系能够约束产品结构方案的选择。此外，由于它们之间相互影响，对产品结构及开发组织构成之间关系的深入研究是产品设计开发能否取得成功的关键。而基于组成或结构、团队或组织的 DSM 恰恰从这两方面描述产品设计开发过程，为设计开发人员提供强有力的帮助。

其次，由于产品结构包含了产品功能、组成及其相互作用关系，决定了整个设计开发过程的主要活动[92]。通过比较基于组成和任务(或参数)的 DSM，可以发现产品结构与设计开发任务之间的关系，并将重要的、变化的信息及时传递出去，为设计目标的实现提供重要保障。

再次，基于任务和基于参数的 DSM 分别描述的是设计开发过程中高级与低级设计活动。高级设计活动往往包括对产品的分析、测试、评价等过程，通过基于任务的 DSM 来描述，并采用划分、割裂算法找出多余的输出信息并将其移除；而低级设计活动仅仅考虑零部件的尺寸、材料、公差等参数设计过程，通过基于参数的 DSM 来描述，能帮助设计者识别参数间不易发现的耦合、反馈关系。虽然这两种 DSM 各自描述的内容不尽相同，但是它们之间并不是彼此独立无关的，因为产品设计开发过程包含了从高级设计阶段(分析、测试、评价等)到低级设计阶段(尺寸、材料、公差等)的分解过程，每一阶段设计的准确性直接影响后一阶段表达的精确性，只有将基于任务和参数的 DSM 综合应用才能使设计开发过程变得更加合理、可靠。

最后，这 4 种 DSM 虽然建立的方式不尽相同，但是描述的都是整个设计过程的不同方面，因此可以混合应用。例如，乔虎等[93]将模块中的参数表示为有向图的顶点，参数间的关系对应有向图的边，建立邻接矩阵(基于参数的 DSM)描述模块中各参数的关联性，通过 DSM 聚类(基于任务的 DSM)来分析其关联关系，预测模块的可能变更路径。

2. 布尔型DSM向数值型DSM的扩展研究

最初的DSM用“1”或“X”表示两任务间存在的依赖关系，“0”或“空”表示相互独立关系，用这种方法表示的DSM称为二元布尔型DSM。目前，DSM发展到数值型DSM(numerical design structure matrix, NDSM)阶段，相对于二元布尔型DSM，NDSM可以为分析决策提供更多的信息。例如，任务B需要任务A的信息，但是A提供的信息对B的影响很小，通常为了简化问题，A和B的依赖关系在布尔型DSM中就被忽略掉了，而在NDSM中就可以方便、清楚地表示两者之间这种微弱的依赖关系。

根据处理的问题和使用方法的不同，NDSM中的数字一般具有特定的含义。下面对几种应用较广且具有典型意义的NDSM进行说明：

(1) 依赖强度。用具体的数字表示任务间的依赖性强弱。例如，殷卫伟等[94]用0～3的整数表示武器装备各部件之间的依赖关系。

(2) 信息交换的可变性。反映了任务之间信息交换的不确定性。这种信息交换的可变性具体由两个指标衡量，即上游任务信息的进展度和下游任务的敏感度。前者指上游信息收敛到最终形式的速率，这一概念由上一阶段在快完成时传递到下一阶段的信息量的大小决定；后者指当上游任务传来的交换信息发生变化时下游任务对此变化反应的大小。如果下游任务对上游任务敏感度较大，则上游任务发生微小的变化就会造成下游任务的大量返工。

(3) 返工概率。指下游任务完成后，会使上游任务重做的概率。Smith 等[95]利用返工概率建立马尔可夫链模型对串行迭代问题进行了分析，求出完全串行开发活动所需的时间。

(4) 返工量。指原来的工作有多少需要重做，通常以与原工作量相比的百分比结果表示。Chen等[96]利用返工量构造的WTM模型并结合数理统计方法求出开发周期的时间、成本分布曲线，并对开发活动进行风险管理与评估。

目前NDSM的研究主要集中在用1～9的正整数或0～1的小数来表示两个单元间的依赖关系，然而在工程实际中，单元之间往往存在一些负的影响关系，例如，在基于任务的DSM中，任务A的执行对任务B的完成起阻碍作用，这时任务A、B之间就存在负的信息依赖关系；另外，在基于参数的DSM中，每一个参数应该都有一个取值范围，并且众多的参数相互影响、相互制约，负值能够更准确地表达这种关系。例如，考虑冰箱的三个参数：压缩机功率、冷藏室体积、冷藏室最低温度，这三个参数是相互关联的。当冷藏室体积一定时，压缩机功率越大，冷藏室最低温度越低，两者之间是正相关关系；当压缩机功率一定时，冷藏室体积越大，冷藏室最低温度越高，两者之间是负相关关系。用“●”表示正相关，代表正值，“×”表示负相关，代表负值，“●”或“×”越多表示相关的程度越大，3 个参数构成的 DSM 如图 1.4 所示。而且当压缩机功率一定时，冷藏室体积大小对冷藏室最低温度的影响与冷藏室最低温度对冷藏室体积大小的影响是有区别的，在取值上是不同的。此外，还可以根据需要给予负值其他的含义，如表示两任务之间具有重叠关系，负数的绝对值可以反映两任务的重叠时间等。负相关关系的存在，对开发活动的规划和对开发团队的组建都产生了重要的影响。

	压缩机功率	冷藏室体积	冷藏室 最低温度
压缩机功率		•	•
冷藏室体积	•		×
冷藏室 最低温度	•	××	

图 1.4　带负依赖关系的 DSM

3. DSM 与其他方法的集成研究

一般产品设计开发过程包括产品结构、过程结构、组织结构等领域，其复杂性不仅来源于同一领域的相互依赖关系，而且也来源于不同领域之间单元的相互依赖关系。DSM 方法关注的仅是某一领域中信息的依赖性，无法反映包含多个领域的动态产品开发过程和不同领域之间的信息传递过程；此外，市场变化的不确定性以及产品开发过程中经常存在的技术矛盾问题，使其应用受到极大的限制。考虑到 QFD、AD、领域映射矩阵(domain mapping matrix, DMM)、TRIZ、案例式推理(case-based reasoning, CBR)等方法能够实现不同领域间信息的描述和传递且都采用矩阵的形式，故存在与 DSM 集成应用的可能。

关于 DSM 与其他方法的集成，学术界已进行了大量研究。例如，Danilovic 等[97]针对多项目环境下复杂产品开发过程中存在的信息变化的不确定性，提出应用 DSM 与 DMM 来识别项目内部、项目之间的依赖性，以便合理组建开发团队、分配开发任务，同时把产品开发过程划分为相互影响的多个领域，将 DSM 与 DMM 模型应用于其中，用 DSM 来表示某个领域内部元素之间的关系，用 DMM 来表示不同领域间元素之间的相互关系，并使用聚类算法找出 DMM 矩阵的聚类块。这种方法更多的是提出了一种思想，对于项目之间存在的冲突及解决方案都缺少具体的描述。

产品设计开发过程的复杂性和不确定性，单靠某一种技术或方法很难达到令客户满意的效果，因此有效的技术方法集成，必将是未来的发展趋势。例如，首先在产品概念设计阶段用 QFD 提取客户需求确定设计方案；其次，用 AD 中的独立公理和信息公理对备选方案进行评价；再次，在详细设计阶段采用 CBR 方法，以检索到最相似实例为基础，并借助 TRIZ 理论及创造性思维进行改进；此外，结合 DMM 与 DSM 方法分析领域之间、领域内部的信息依赖与传递关系，从而加速产品开发过程。可见，将现有各种技术方法集成将使新产品具有更大的竞争优势。图 1.5 给出了 DSM 与其他方法集成的框架。

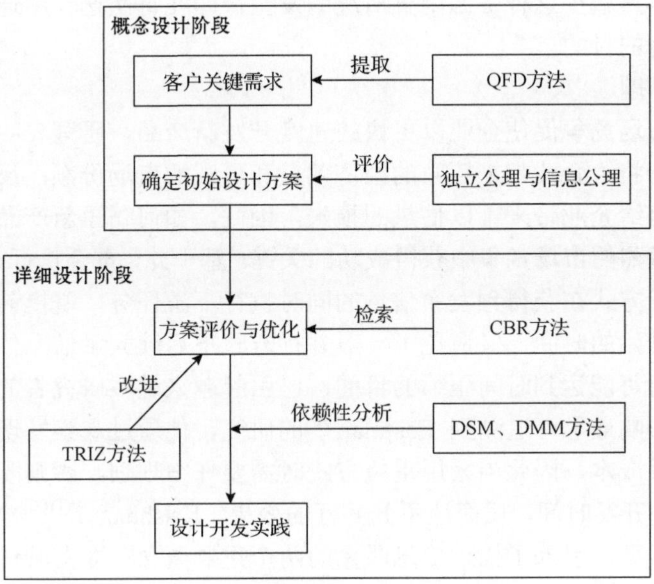

图 1.5　DSM 与其他方法集成的框架

4. 迭代、重叠、分解与集成问题的处理研究

复杂产品开发、工程优化过程中的管理工作面临的主要挑战包括迭代、重叠、分解与集成三个方面的问题，而 DSM 方法已广泛应用于描述复杂任务间的依赖关系，能更好地计划与管理以上这些问题，下面分别进行论述。

1) 迭代问题

复杂系统的设计与开发的最基本特征就是迭代。此过程产生的原因是上游任务的更新与错误的发现等。其中某些迭代是可以预测的且能被预先计划；而其他迭代过程却是非预期的。目前较多研究者采用 DSM 方法来管理以上这些迭代过程，代表性成果有 Smith 等[95,98]建立的两种迭代模型，即顺序迭代模型和并行迭代模型。顺序迭代模型假设所有耦合任务都顺序执行并且任务的重做概率和周期为一常数，然后用马尔可夫链方法对过程进行分析建模并计算串行情况下任务开发工期，但由于该模型建立在随机统计分析基础上，实际应用起来比较困难；而并行迭代模型假设所有耦合任务同时并行执行且迭代工作量为一常数，并通过建立 WTM 模型来识别设计过程中迭代驱动任务，应用较广。事实上，WTM 模型执行过程中具有以下两个特点：①每次迭代过程中，所有任务同时并行执行一次后进入下一轮迭代；②只要每个耦合任务的执行时间不相等，那么任务完成时间总会有先有后，先完成的任务必须等待后完成的任务，这就造成了资源的闲置。因此，应当尽量减少这种资源闲置情况的发生，即在每次迭代中通过适当的调整达到资源均衡的目的。

2）重叠问题

激烈的市场竞争促使企业以更快的速度开发新产品，研究表明：一个新产品较早进入市场将给企业带来巨大的经济效益和可观的市场份额；反之，推迟新产品上市时间将给企业带来难以估量的损失。因此，如何缩短新产品开发时间成为企业能否在激烈的市场竞争中获得成功的关键。基于此，重叠执行方式孕育而生。由于重叠执行方式在获得预发布信息的同时执行下游任务，既提前了传统串行方式下游任务开始的时间，又避免了一般并行方式下后续大量信息传递所导致的大返工，因而有可能达到时间压缩的目的，已引起越来越多研究者的关注。重叠对产品开发的影响最早可追溯到 Eastman[99]的研究，他通过观察发现：重叠过程一般会增加开发成本，因此当采用重叠方式时需要仔细规划，否则既会增加开发成本，又会增加开发时间，反而达不到并行的效果。Krishnan 等[100]建立了基于任务重叠的数学模型，引入了描述信息联系的两个重要概念，即上游任务的信息进展度和下游任务的信息敏感度。他认为：由于接收信息的不完备性，下游任务只有经过反复的迭代才能最终达到令客户满意的结果，因此该重叠模型一般都包含了反复迭代的过程，但是 Krishnan 的模型并没有考虑上游信息到达的不确定性影响。而 Loch 等[101]认为上游信息是变化的，因此可以用一个非齐次泊松分布随机过程来表示上游任务更改信息的到达，并给出了由于信息的更改到达而引起的下游任务返工量，但是仅考虑了一次下游任务的迭代过程，这显然是不合理的。Xiao 等[102]结合了两者的优点，既考虑了下游任务的多次迭代过程，又综合了上游信息的不确定性引起的返工量和信息交换所耗费的时间量，建立了合理的数学模型，但是由于引入了较多的决策变量，且该模型仅仅讨论了简单的单输入单输出情况，因此第2章将结合已有的研究成果并针对以上模型中的不足之处，建立基于上游任务信息进展度与下游任务信息敏感度的迭代回顾模型，并求解得到最优重叠时间；另外，通过将简单的单输入单输出任务关系扩展到更为一般的多输入多输出情况，使该模型的应用范围得到有效扩展。

3) 分解与集成问题

复杂产品设计与开发项目中，开发工作经常分配给不同的开发团队以降低开发的复杂性。然而，工作的分解会产生一系列管理的挑战，如团队的协调、信息的传递等。因此，有必要在各子开发团队基础之上建立一个系统团队总领全局，一方面协调各子团队间的工作进度，另一方面识别各子团队间的相互依赖关系。这正是分解与集成的意义。目前有关这方面的研究，以DSM方法为代表，各国科研工作者已做了较为深入的研究。其核心思路是：基于组成的DSM通过描述各组成部分间的物理关系来表达系统分解与集成的可能结构形态；而基于团队或组织的DSM则指明了不同团队间的联系以便更好地确定团队的组成。

1.4.3 设计结构矩阵的典型应用

本节将对DSM的典型应用进行分析和讨论，包括DSM在CE中的应用、DSM在虚拟企业中的应用、DSM在项目进度管理中的应用和DSM在产品配置中的应用4个方面进行分析。

1. DSM在CE中的应用

传统的产品开发模式沿用顺序、串行的方式，这种方法在产品设计中各个部门总是独立地进行，很少考虑到其他部门的要求。各部门彼此孤立开发、信息不通、难以交流，通常只能在出现问题时，返回设计阶段解决问题。采用顺序工作方式的结果使设计时间延长，设计费用大，使产品设计开发过程与制造过程构成大的循环。这种方法存在以下缺点：①产品开发周期长；②由于信息的单向流动，下游的设计结果不能及时反馈给上游进行设计评价和修改，功能集成性差；③产品设计和过程设计的好坏直接反映在最终产品上，这种大的循环不易控制产品质量，不适合现代产品快速发展的需要。而CE作为一种工程管理理念用于加速产品开发过程，并依据上游任务提前吸收下游任务的信息，从而获得更短的开发时间、改进的产品质量和更低的开发成本。但是在运用CE实践时经常会面对巨大的挑战，这主要是由于产品开发过程的复杂性以及缺乏相应的CE模型和工具。Yassine等[103]研究发现：在CE实施过程中有时会得不到满意的结果，造成这种情况的根本原因是在以时间为目标的产品开发过程中由于信息流的复杂性与滞后性而引起的迭代、重叠、分解与集成以及收敛性问题。

CE 站在产品设计、制造全过程的高度，打破传统的部门分割、封闭的组织模型，强调多功能团队的协同工作，重视产品开发创新过程的重组和优化。但是没有任何一个团队能够单独处理整个开发过程，因此对开发过程进行分解并将相对简单的子任务分配给不同的开发团队以降低开发的技术复杂性成为一种必然的选择。而基于组成与基于团队的 DSM 正好从这两个方面反映了产品开发过程：一方面，基于组成的 DSM 能够生成组件之间物理联系来表示系统分解和集成的结构；另一方面，基于团队的 DSM 能够获取不同团队间的信息交流，使成员与团队之间的关系得到更好的映射，并协调各团队之间的信息变更和传递，使系统能够有效地分解和集成以便找到合理的设计过程、最优的组织结构及高效的协调方式。然而，多功能团队组建的方法大多依赖于成员个人的能力、兴趣等因素[104]，而割裂了开发团队与设计活动之间的内在联系，特别是对于存在大范围、强耦合的开发过程，如何建立恰当规模的开发团队以实现 CE 中用小循环代替大循环的思想，是一个需要进一步研究的问题。

此外，由于重叠、耦合任务中普遍存在迭代现象，需要考虑设计任务停止迭代条件，即收敛性问题。虽有研究者[96,99]对迭代的收敛性问题进行了相关分析，但都没有指出造成任务不收敛和收敛缓慢的本质原因，因此需要做进一步研究。

事实上，CE 实施过程中存在的迭代问题、重叠问题、分解与集成问题以及收敛性问题是相互关联的。采用重叠方法是 CE 中为实现时间压缩而采取的技术手段，但是实际过程中并不是所有任务都能与上游任务进行重叠，此时可以将某些任务分解成一些小的、互不相关的子任务，将其中某一个或某几个任务进行重叠处理，其他任务按照传统的串行方式执行[105]，因此任务的分解与集成为更好地采用重叠执行方式提供了帮助；耦合任务集的处理方法是影响产品开发过程的关键因素，由于信息传递的不完备性，必将引起设计过程的迭代，并由此需要考虑设计任务的收敛性问题，因此对设计任务进行合理的分解与集成，有利于将设计过程中大循环用小循环代替，从而有效减少迭代的次数。可见，以上四个问题都是实施 CE 的产物，正确处理这些问题是 CE 取得成功的关键。

2. DSM 在虚拟企业中的应用

随着经济全球化和计算机网络技术的迅猛发展，产品开发中某些设计活动往往要由不同地点的设计机构、不同专业的设计人员、协作单位和部门共同承担。因此，面向复杂产品开发的虚拟企业运营模式应运而生[106]。但是由于虚拟企业中的各盟友企业在地域上分布广，且管理模式不尽相同，所以如何协调各虚拟企业间的任务调度、信息传递、资源共享等问题成为制约虚拟企业发展的瓶颈。陈希等[107]通过引入DSM和扩展WTM建立了虚拟企业环境下复杂产品开发框架模型。在此框架中，DSM用来对开发过程中的信息流进行建模；然后通过扩展WTM来预测产品开发过程中所耗费的时间和成本；最后采用遗传算法求出开发活动的优化调度方案并通过网络将开发活动分发到不同地域盟友企业的开发小组。文献[107]的模型实质上反映了虚拟企业与DSM特性之间的互补关系。因为虚拟企业虽然名为“虚拟”，但是均由各不同的“实体组织”构成，只不过这些“实体组织”并不从属于一个完整化的、内部化的组织实体，从而超越了一般意义上实体企业的地理空间、组织边界上的界限，大大扩展了实体的功能范围和能力，使之能够快速响应市场变化，把握市场机遇；而DSM作为有效的产品开发建模工具，对复杂任务管理和规划具有非常强大的功能。作为虚拟企业的盟主可以利用DSM这种特性结合虚拟企业中各实体的功能强弱实现合理的任务调度和资源整合，充分发挥两者的优势，有效达到产品开发中时间压缩的目的，以便产品能够快速响应市场的变化，增强企业的竞争能力。

3. DSM在项目进度管理中的应用

在项目进度管理领域中，进度管理与成本、质量、风险等密切相关，占有较重要的地位，国内外相关研究也比较多。目前，除甘特图与传统网络图外，大部分研究融入了模糊数学、动态规划、遗传算法等其他学科工具和方法。近年来，基于DSM来分析项目进度计划的方法中，具有代表性的是WTM模型与问题求解矩阵(problem solving matrix, PSM)模型。运用PSM模型将项目执行过程分解成多个迭代子过程；运用WTM则能预测在一个项目中迭代收敛的快慢，并能预测设计项目中的耦合特性。此外，国内研究者则重点研究了项目进度管理过程中的任务表达方式、分析算法等。较具代表性成果如下：杨宝森等[108]根据复杂产品研发过程随机因素多的特点，建立了面向复杂产品研发项目的DSM过程模型，该模型采用多维DSM方式表示复杂产品研发项目活动之间的信息依赖关系、返工概率及返工影响、学习曲线改进率、并行重叠程度、约束情况等；张春生等[109]提出了一个基于DSM的项目进度计划模型，模型中充分考虑了任务的搭接关系对项目进度的影响，通过实例说明了该模型可以有效地缩短项目周期。相对而言，DSM应用主要集中于产品设计与开发领域的建模与优化，而将其应用于项目管理中的研究还相对较少，特别是影响项目进度安排的耦合问题研究还鲜见于各类文献。

4. DSM在产品配置中的应用

产品配置是实现大批量定制生产模式的核心技术之一，通过配置设计可快速响应客户的个性化需求，对提高产品设计效率和质量有重要作用[110]。近年来，国内外研究者主要从知识表达、配置模型、配置求解方法等方面对产品配置技术进行了大量研究，如 Li 等[111]在配置设计实例单元的基础上提出了产品配置过程层次管理模型；Barbosa 等[112]则基于造型文法规则来调节零部件几何特征与功能结构的映射关系，从而实现产品的重新配置设计。以上研究对提高产品配置设计的准确性和适用范围等起到了重要作用，但是由于配置产品的复杂化，增加了配置过程的迭代次数，使产品配置设计过程延长，影响了企业快速响应客户需求的能力。另外，网络化协同设计技术的兴起，对协同配置设计过程中的任务分配，要求任务外部弱耦合，内部强耦合，以减少配置协同交互产生的资源消耗，优化产品配置设计过程。针对上述问题，结合 DSM 的优点，相关研究者提出用 DSM 方法分析、处理产品配置问题，如韩海荣等[113]根据产品配置参数的耦合规则，构建了产品静态的潜在矛盾 DSM，然后通过矩阵动态变换建立配置需求模型；郭传龙等[114]提出一种基于耦合强度 DSM 的复杂产品配置模型优化技术，通过对配置模型进行耦合分析，计算配置模型约束强度，建立反映配置模型结构体关系的耦合强度 DSM，并重组结构体，优化配置模型，提高配置设计效率。

综上，DSM 方法在产品配置中的应用，为产品的协同配置设计提供了便利，然而实际产品配置过程中往往存在复杂性与多样性的特点，采用单一技术难以取得较完善的方案，因此多种方案的集成应用将是该领域未来的重要研究方向。

1.4.4 未来工作展望

通过上述分析，DSM 未来的研究将重点围绕以下几个方面展开：

(1) DSM 理论方法研究与应用实践的进一步深入。在理论方面，针对现代产品设计与开发的复杂性，二维矩阵结构难以有效地描述系统各部件、组成的复杂关系，有必要将其进一步扩展为三维、四维矩阵结构；而在应用实践方面，虽然 DSM 已应用于产品设计与开发的各个方面，但对于动态变更的工程设计项目则存在一定局限性，因此如何进一步完善 DSM 方法体系研究，并增强其工程实用性是需要进一步研究的地方。

(2) DSM 与其他方法、工具的集成。如前所述，虽然 DSM 在信息流识别、计算机表达等方面存在优势，但由于实际工程项目的复杂性，单靠一种方法难以实现复杂问题的求解，因此多种方法与工具的集成应用必是未来的发展趋势，而根据各种方法、工具之间内在联系，制定相应的集成策略是今后又一个需要重点关注的领域。

(3) DSM 软件系统的搭建与应用实践。DSM 基本理论方法较为完善，然而与之相适应的、能够方便应用于生产实践的 DSM 软件平台则发展较为落后。而随着信息技术的飞速发展，基于互联网的 DSM 软件平台无论在分布式产品开发、联盟式复杂项目管理等领域中均可发挥巨大的作用，因此如何将 DSM 理论与方法融入软件系统中并应用于生产实践是又一个需要进一步研究的领域。

1.5 本书主要内容

为了使本书脉络清晰，全书按照循序渐进的方式，分为以下 8 章内容。

作为绪论的第 1 章描述了全书的概貌。该章首先从产品设计与开发的特性描述入手，阐述了其复杂性特征，指出产品设计与开发的复杂性主要表现为耦合复杂性，迭代和耦合是复杂产品设计与开发的主要特征；其次对 AD 理论的研究现状进行了分析，综述了 AD 在产品设计、制造系统设计、材料及材料加工和设计评价与决策领域的应用情况；然后阐述了 DSM 的基本概念，讨论了 DSM 的研究进展并加以分析说明；最后对本书的主要内容进行了说明，并给出了全书的篇章结构。

第 2 章论述 AD 理论和 DSM 原理，旨在为第 3～6 章的研究工作提供相关的理论基础。该章首先详细介绍 AD 理论的基础知识，分析设计域中元素的分解过程和相邻域之间的 Z 字形映射过程及两条设计公理，给出 AD 的实施流程；其次分别介绍对独立公理和信息公理的应用研究和改进研究，提出基于 AD 的 OD 方法和基于模糊信息公理的设计评价方法；最后针对 DSM 在产品开发中的应用，详细介绍 DSM 的基本形式，给出 4 种不同类型的 DSM 类型，阐述 DSM 的基本类型，开展基于 DSM 的产品开发迭代重叠问题研究。该章重点展示作者开展的相关研究工作，以加深对 AD 和 DSM 有关知识的理解。

第 3 章在 AD 框架下，讨论基于 SIT 的解耦，相应的处理方法是针对可完全解耦的情况提出来的。该章首先对 SIT 进行介绍，在此基础上，通过 SIT 方法的发展历史和工具、原理层系统地分析 SIT 方法和 TRIZ 方法的关系；其次分别从 AD 的独立公理与 SIT 的性质变化(qualitative change, QC)原理的关系、AD 与 SIT 的封闭世界(closed world, CW)原理的关系、层次结构与 SIT 的关系、信息公理与 SIT 的关系 4 个方面分析 AD 与 SIT 之间的内在联系，并根据 AD 和 SIT 之间的联系和一致性的分析结果提出 AD 下基于 SIT 的解耦方法；最后通过解决冲水装置的振动和噪声问题实例证明该解耦方法为消除耦合 FRs 之间的联系提供了更加符合逻辑的过程，其解决方案很好地满足了独立公理的要求。

第 4 章从独立公理出发，探讨在无法完全解耦的情况下，如何处理耦合设计问题，提出基于独立公理的结构化耦合设计处理方法。该方法以 AD 框架的相邻域之间的 Z 字形映射过程为指导，对设计问题进行功能分解及设计矩阵的调整，并揭示 FRs-DPs 的交互作用来辨识独立设计任务以及耦合设计任务集，在此基础上对耦合 FRs-DPs 进行解耦，解耦可分为两种情况来处理：①实质解耦方法进行解耦；②基于满意度的解耦方法解耦。若经过解耦处理后的耦合任务集进行调整后仍然不满足独立公理，则对余下不能解耦的耦合任务块，引入指标 Q_i 来表示耦合块中由于交互作用而造成的质量损失，依据质量损失 Q_i 确定其中的耦合 FRs-DPs 任务的最佳初始迭代顺序。通过对金属基/陶瓷复合涂层柱塞杆设计问题的求解和讨论以及求解卧式壳管式冷凝器的设计问题，验证该章方法的可行性和有效性。

第 5 章针对产品开发过程中的耦合问题，以 DSM 方法为基础，探讨如何通过耦合任务的内部迭代来消除信息间循环关系，从而为产品开发过程中的耦合问题处理提供一种隐式求解的新途径。首先指出经典的串行迭代模型与并行迭代模型存在的问题；其次针对其问题，引入混合迭代模型，即模型中不仅包含并行迭代特性，同时涵盖串行特征；再次考虑在资源受限的情况下，以资源均衡策略为基础，提出基于资源均衡策略的耦合任务集求解模型并结合遗传算法对模型进行求解；然后将该方法应用到某汽车引擎罩部件开发项目的规划过程中；最后对该耦合任务集求解方法的特征和可能的扩展进行分析和讨论，表明该方法能克服传统迭代模型存在的缺点。

第 6 章在第 4、5 章的基础上，综合应用割裂技术和内部迭代方法对 WTM 模型进一步完善，建立更加合理的混合解耦模型；通过建立包含质量损失与开发成本的多目标模型并利用人工蜂群算法求解，丰富和完善其使用范围。首先介绍目前产品设计开发过程中耦合迭代方法存在的一些问题；其次从割裂与迭代两个方面分析现有的耦合问题处理方法的异同，并进行比较分析；再次融合割裂与迭代思想实现耦合任务集求解，建立综合考虑成本、质量等多目标耦合任务集中任务规划与解耦模型；然后引入人工蜂群算法，实现以上耦合任务集模型的求解，并对不同权重目标函数进行比较分析；最后以某化学处理系统的工程设计过程作为研究对象，验证所提方法的合理性与有效性。

第 7 章在第 4 章内容的基础上，针对产品族设计在现有条件无法完全解耦的情况，探讨如何处理参数耦合设计问题，着重研究产品族设计中的耦合处理策略。首先介绍产品族设计的基础知识，论述大批量定制的内涵；其次基于通用设计理论(general design theory, GDT)元模型描述设计功能-结构概念，将产品功能需求分为基本功能需求、期望功能需求和附加功能需求，通过分析设计参数的灵敏度和差异性来选择公共平台参数，利用聚类分析以规划它们在产品平台中的共享策略，划分成几个相互之间具有较小依赖度的聚类耦合模块；然后应用正交试验分析其对目标影响的重要程度，确定最小耦合方案，从而使系统结构具有较强的稳健性；最后将产品族设计耦合与产品设计耦合进行分析比较。通过该方法可以克服现有 AD 方法无法分析和处理耦合设计的不足，辅助产品设计开发，更好地分配设计资源，提高产品的设计效率，并对产品的改进提供有效的指导。

第 8 章在第 5 章的基础上，从统计思想与反馈控制思想两个方面对不确定条件下的耦合任务集进行分析，探讨对产品开发过程进行有效规划和管理的方法。首先分析产品开发中存在的不确定因素，并进一步讨论这些不确定因素对产品开发过程的影响；其次建立不确定条件下基于混合迭代的资源均衡耦合任务集求解模型，并通过事后概率统计分析，对耦合任务集的执行时间与开发成本进行评估；然后结合控制理论中的状态反馈理论，通过引入资源调节矩阵建立基于反馈控制的设计迭代分析模型，并给出不同条件下资源调节矩阵的具体计算原理与方法；最后以某起重机变幅系统耦合任务集设计开发实例研究该方法的具体应用过程。

全书篇章结构如图 1.6 所示，其中第 2～8 章的内容均以作者的研究工作为基础完成，体现了本书的理论创新和学术价值。

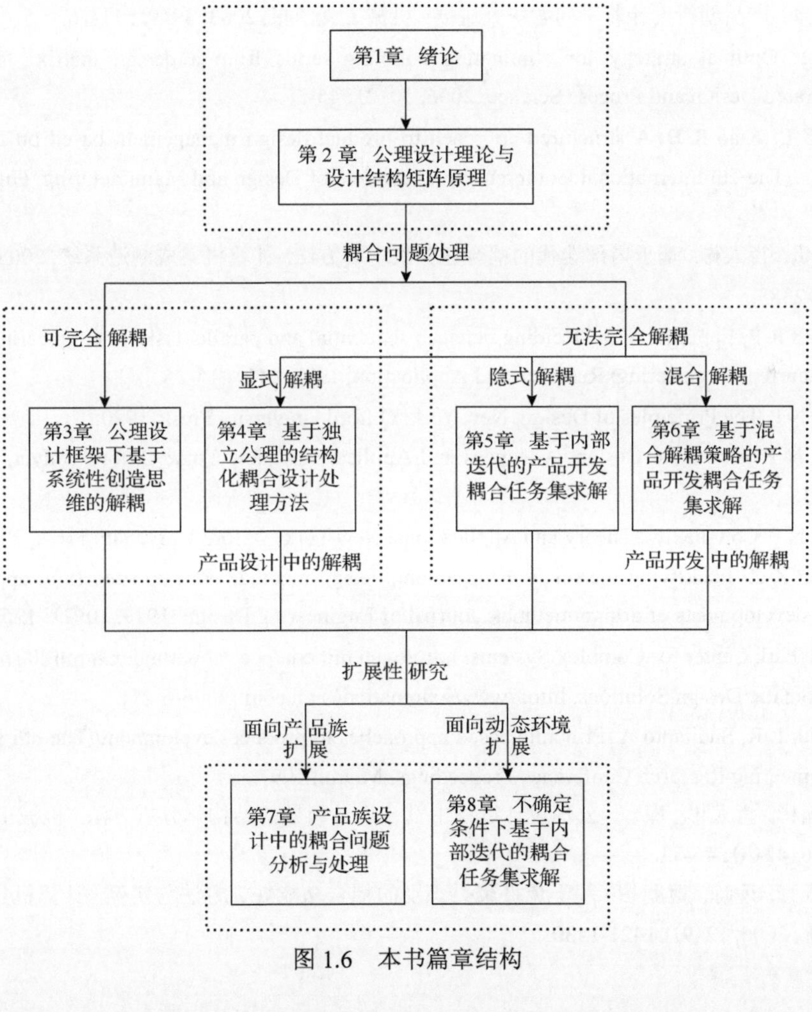

图 1.6 本书篇章结构

参 考 文 献

[1] Ulrich K T, Eppinger S D. Product Design and Development. 6th ed. New York: McGraw-Hill, 2015.

[2] 李玉家, 蒋祖华, 金烨. 并行开发过程与产品模型演化的关系研究. 机械科学与技术, 2000, 19(6): 893-895.

[3] 熊光楞. 并行工程的理论与实践. 北京: 清华大学出版社, 2001.

[4] Simpson T W, Bobuk A, Slingerland L A, et al. From user requirements to commonality specifications: An integrated approach to product family design. Research in Engineering Design, 2012, 23(2):141-153.

[5] 蔡池兰, 肖人彬. 基于公理设计的机械传动系统概念设计方法. 计算机集成制造系统, 2008, 14(7): 1249-1255.

[6] 檀润华. 产品创新设计若干问题研究进展. 机械工程学报, 2003, 39(9): 11-16.

[7] Lee T. Optimal strategy for eliminating coupling terms from a design matrix. Journal of Integrated Design and Process Science, 2006, 10(2): 45-55.

[8] Cai C L, Xiao R B. A structured approach to product design management based on axiomatic design//The 7th International Conference on Frontiers of Design and Manufacturing, Guangzhou, 2006.

[9] 陈庭贵, 肖人彬. 基于内部迭代的耦合任务集求解方法. 计算机集成制造系统, 2008, 14(12): 2375-2383.

[10] Smith R P, Eppinger S D. Deciding between sequential and parallel tasks in engineering design. Concurrent Engineering: Research and Application, 1998, 6(1): 15-25.

[11] Suh N P. The Principles of Design. New York: Oxford University Press, 1990.

[12] Suh N P. Axiomatic Design: Advances and Applications. New York: Oxford University Press, 2001.

[13] Suh N P. Complexity: Theory and Applications. New York: Oxford University Press, 2005.

[14] Chen K Z. Identifying the relationship among design methods: Key to successful applications and developments of design methods. Journal of Engineering Design, 1999, 10(2): 125-141.

[15] MIT Park Center for Complex Systems. http://web.mit.edu/pccs/about/index.html[2007-4-18].

[16] Axiomatic Design Solutions. http://www.axiomaticdesign.com [2006-6-21].

[17] Smith L R, Sudjianto A. Principle based approaches to product development//The 6th Industrial Engineering Research Conference Proceedings, Miami, 1997.

[18] 曹鹏彬, 肖人彬, 库琼. 公理设计过程中耦合设计问题的结构化分析方法. 机械工程学报, 2006, 42(3): 46-55.

[19] 肖人彬, 库琼, 曹鹏彬. 基于免疫聚类识别的耦合功能规划方法与实例. 计算机集成制造系统, 2006, 12(9): 1421-1430.

[20] 蔡池兰，肖人彬．公理设计下基于系统创新思维的解耦方法研究．机械工程学报，2006, 42(11): 184-191.

[21] Cai C L, Xiao R B. The method for uncoupling design with the aid of systematic inventive thinking. Proceedings of the Institution of Mechanical Engineers, Part C: Journal of Mechanical Engineering Science, 2008, 222(C3): 435-445.

[22] Cai C L, Xiao R B, Yang P. The method for analysing and disposing of functional interaction in axiomatic design. Proceedings of the Institution of Mechanical Engineers, Part C: Journal of Mechanical Engineering Science, 2010, 224(2): 401-409.

[23] 宋慧军，林志航．产品概念设计方案生成模型．计算机集成制造系统, 2002, 8(5): 342-346.

[24] Cai C L, Xiao R B. A structured process model for conceptual design of mechanisms. International Journal of Computer Applications in Technology, 2010, 37(1): 29-38.

[25] Kar A K. Linking axiomatic design and Taguchi methods via information content in design//Proceedings of the International Conference on Axiomatic Design, Cambridge, 2000.

[26] Pappalardo M, Naddeo A. Failure mode analysis using axiomatic design and non-probabilistic information. Journal of Materials Processing Technology, 2005, 164-165: 1423-1429.

[27] Shin G S, Yi J W, Yi S I, et al. Calculation of information content in axiomatic design//Proceedings of the International Conference on Axiomatic Design, Seoul, 2004.

[28] Naidu P C, Goldenberg A A. Design of intelligent systems: Measure of information content//ASME International Design Engineering Technical Conferences & Computers and Information in Engineering Conference, Long Beach, 2005.

[29] Gu P, Lu B, Spiewak S. A new approach for robust design of mechanical systems. CIRP Annals, 2004, 53(1): 129-133.

[30] 罗振壁，朱耀祥，莫汝虎，等．新产品的创新设计、开发与管理．海口：南海出版公司，2007.

[31] Vallhagen J. Aspects on process planning issues in axiomatic design//Proceedings of the ASME Design Technical Conferences, Minneapolis, 1994.

[32] Lindholm D, Tate D, Harutunian V. Consequences of design decisions in axiomatic design. Journal of Integrated Design & Process Science, 1999, 3(4): 1-12.

[33] Olewnik A T, Lewis K. On validating engineering design decision support tools. Concurrent Engineering Research and Applications, 2005, 13(2):111-122.

[34] Meijer B R, Tomiyama T, van der Holst B H A, et al. Knowledge structuring for function design. CIRP Annals, 2003, 52(1): 89-92.

[35] Jung J, Lee K S, Suh N P. Automatically assembled shape generation using genetic algorithm in axiomatic design. Lecture Notes in Computer Science, 2005, 3681: 41-47.

[36] Hu M, Yang K, Taguchi S. Enhancing robust design with the aid of TRIZ and axiomatic design (Part I). http://www.axiomaticdesign.com[2006-6-21].

[37] Hu M, Yang K, Taguchi S. Enhancing robust design with the aid of TRIZ and axiomatic design (Part II). http://www.axiomaticdesign.com[2006-6-21].

[38] Xiao R B, Cheng X F. An analytic approach to the relationship of axiomatic design and robust design. International Journal of Materials and Product Technology, 2008, 31(2-4): 241-258.

[39] Hwang K H, Lee K H, Park G J, et al. Robust design of a vibratory gyroscope with an unbalanced inner torsion gimbal using axiomatic design. Journal of Micromechanics and Microengineering, 2003, 13(1): 8-17.

[40] Arcidiacono G, Campatelli G, Citti P. Axiomatic design for Six Sigma//Proceedings of the International Conference on Axiomatic Design, Cambridge, 2002.

[41] Yang K, Ei-Haik B S. Design for Six Sigma. New York: McGraw-Hill Professional, 2003.

[42] Bascaran E, Tellez C. Use of the independence design axiom as an enhancement to QFD//The 6th International Conference on Design Theory and Methodology, Minneapolis, 1994.

[43] Goncalves-Coelho A M, Mourao A J F, Pereira Z L. Improving the use of QFD with axiomatic design. Concurrent Engineering Research and Applications, 2005, 13(3): 233-239.

[44] 程贤福，肖人彬．基于公理设计的优化设计方法与应用．农业机械学报，2007，38(3): 117-121.

[45] Arcidiacono G, Campatelli G. Reliability improvement of a diesel engine using the FMETA approach. Quality and Reliability Engineering International, 2004, 20(2): 143-154.

[46] Yang K, Zhang H. A comparison of TRIZ and axiomatic design//Proceedings of the International Conference on Axiomatic Design, Cambridge, 2000.

[47] Kang Y J. The method for uncoupling design by contradiction matrix of TRIZ and case study// Proceedings of the International Conference on Axiomatic Design, Seoul, 2004.

[48] Duflou J R, Dewulf W. On the complementarity of TRIZ and axiomatic design: From decoupling objective to contradiction identification//Proceedings of the ETRIA TRIZ Future Conference, Kortrijk, 2011.

[49] Sekimoto S, Ukai M. Study of creative design based on the axiomatic design theory// Proceedings of the ASME Design Technical Conferences, Minneapolis, 1994.

[50] Albano L D, Suh N P. Axiomatic design and concurrent engineering. Computer Aided Design, 1994, 26(7): 499-504.

[51] Jung J Y, Billatos S B. Applicability of axiomatic design in concurrent engineering. ASME Jounal of Design Engineering, 1993, 52: 129-135.

[52] Guenov M D, Barker S G. Application of axiomatic design and design structure matrix to the decomposition of engineering systems. Systems Engineering, 2005, 8(1): 29-40.

[53] Sarno E, Kumar V, Li W. A hybrid methodology for enhancing reliability of large systems in conceptual design and its application to the design of a multiphase flow station. Research in Engineering Design, 2005, 16(1-2): 27-41.

[54] Yi J W, Park G J. Development of a design system for EPS cushioning package of a monitor using axiomatic design. Advances in Engineering Software, 2005, 36: 273-284.

[55] Hirschi N W, Frey D D. Cognition and complexity: An experiment on the effect of coupling in parameter design. Research in Engineering Design, 2002, 13(4): 123-131.

[56] Deo H V, Suh N P. Mathematical transforms in design: Case study on feedback control of a customizable automotive suspension. CIRP Annals, 2004, 53(1): 125-128.

[57] Su J C Y, Chen S J, Lin L. A structured approach to measuring functional dependency and sequencing of coupled tasks in engineering design. Computers and Industrial Engineering, 2003, 45: 195-214.

[58] Johannesson H L. On the nature and consequences of functional couplings in axiomatic machine design//ASME Design Engineering Technical Conferences and Computers in Engineering Conference, Irvine, 1996.

[59] Togay C, Dogru A H. Component oriented design based on axiomatic design theory and COSEML. International Symposium on Computer and Information Sciences, 2006, 4263: 1072-1079.

[60] Hirani H, Suh N P. Journal bearing design using multi-objective genetic algorithm and axiomatic design approaches. Tribology International, 2005, 38: 481-491.

[61] Lee H, Seo H, Park G J. Design enhancements for stress relaxation in automotive multi-shell-structures. International Journal of Solids & Structures, 2003, 40(20): 5319-5334.

[62] Thielman J, Ge P, Wu Q, et al. Evaluation and optimization of General Atomics'GT-MHR reactor cavity cooling system using an axiomatic design approach. Nuclear Engineering and Design, 2005, 235: 1389-1402.

[63] Pimentel A R, Stadzisz P C. Application of the independence axiom on the design of object-oriented software using the axiomatic design theory. Journal of Integrated Design and Process Science, 2006, 10(1): 57-69.

[64] Chen K Z, Feng X A. Computer-aided design method for the components made of heterogeneous materials. Computer-Aided Design, 2003, 35(5): 453-466.

[65] Schreyer M, Tseng M M. Hierarchical state decomposition for the design of PLC software by applying axiomatic design//Proceedings of the International Conference on Axiomatic Design, Cambridge, 2000: 264-271.

[66] Cochran D, Arinea J, Duda J, et al. A decomposition approach for manufacturing system design. Journal of Manufacturing Systems, 2001, 20(6): 371-389.

[67] Gu P, Rao H A, Tseng M M. Systematic design of manufacturing systems based on axiomatic design approach. CIRP Annals, 2001, 50(1): 299-304.

[68] Houshmand M, Jamshidnezhad B. A lean manufacturing roadmap for an automotive body assembly line within axiomatic design framework. International Journal of Engineering, Transactions A: Basics, 2004, 17(1): 51-72.

[69] Kulak O, Durmusoglu M B, Tufekci S. A complete cellular manufacturing system design methodology based on axiomatic design principles. Computers & Industrial Engineering, 2005, 48(4): 765-877.

[70] Gunasekera J S, Ali A F. Three-step approach to designing a metal-forming process. Journal of the Minerals, Metals & Meterials Society, 1995, 47(6): 22-25.

[71] Zak G, Sela M N, Yevko V, et al. Layered-manufacturing of fiber-reinforced composites. ASME Journal of Manufacturing Science and Engineering, 1999, 121(3): 448-456.

[72] Kulak O, Kahraman C. Multi-attribute comparison of advanced manufacturing systems using fuzzy vs. crisp axiomatic design approach. International Journal of Production Economics, 2005, 95(3): 415-424.

[73] Dan B, Tseng M M. Assessing the inherent flexibility of product families for meeting customisation requirements. International Journal of Manufacturing Technology and Management, 2007, 10(2-3): 227-246.

[74] 肖人彬，程贤福，廖小平. 基于模糊信息公理的设计方案评价方法及应用. 计算机集成制造系统, 2007, 13(12): 2331-2338.

[75] Steward D V. The design structure system: A method for managing the design of complex system. IEEE Transactions on Engineering Management, 1981, 28(3): 71-74.

[76] Huang H F, Kao H P, Juang Y S. An integrated information system for product design planning. Expert Systems with Application, 2008, 35(1-2): 338-349.

[77] Eppinger S D. Innovation at the speed of information. Harvard Business Review, 2001, 79(1): 149-158.

[78] Browning T R. Applying the design structure matrix to system decomposition and integration problems: A review and new directions. IEEE Transactions on Engineering Management, 2001, 48(3): 292-306.

[79] Chen C H, Ling S F, Chen W. Project scheduling for collaborative product development using DSM. International Journal of Project Management, 2003, 21(4): 291-299.

[80] Xiao R B, Chen T G. Research on design structure matrix and its applications in product development and innovation: An overview. International Journal of Computer Applications in Technology, 2010, 37(3-4): 218-229.

[81] 孙建勋，张立强，陈建江，等. 飞行器总体多学科集成设计平台. 计算机集成制造系统, 2012, 18(1): 1-8.

[82] 郭传龙，裘乐淼，张树有，等. 基于设计结构矩阵的产品多域需求表达合理性研究. 中国机械工程, 2017, 28(12): 1455-1461.

[83] 卫军朝, 闫秀天, 张国渊. 包含构件成组约束的多目标产品架构模块划分. 计算机集成制造系统, 2018, 24(12): 3096-3106.

[84] Yang Y, Chen D, Gu R. Consumers' Kansei needs clustering method for product emotional design based on numerical design structure matrix and genetic algorithms. Computational Intelligence and Neuroscience, 2016, Article ID: 5083213.

[85] 张卫, 田景红, 唐任仲, 等. 制造物联环境下基于结构矩阵的智能服务功能模块化设计. 中国机械工程, 2018, 29(18): 51-58.

[86] Xiao R B, Chen T G, Tao Z W. Information modeling and reengineering for product development process. International Journal of Management Science and Engineering Management, 2007, 2(1): 64-74.

[87] Xiao R B, Chen T G, Chen W. A new approach to solving coupled task sets based on resource balance strategy in product development. International Journal of Materials & Product Technology, 2010, 39(3-4): 251-270.

[88] Xiao R B, Chen T G, Ju C H. Research on product development iterations based on feedback control theory in a dynamic environment. International Journal of Innovative Computing, Information and Control, 2011, 7(5B): 2669-2688.

[89] Wang W M, Li Z, Tian Z G. Extracting and summarizing affective features and responses from online product descriptions and reviews: A Kansei text mining approach. Engineering Applications of Artificial Intelligence, 2018, 73: 149-162.

[90] 苏牧, 肖人彬. 基于语句聚类识别的知识动态提取方法研究. 计算机学报, 2001, 24(5): 487-495.

[91] Huang Y, Chen C, Khoo L P. Kansei clustering for emotional design using a combined design structure matrix. International Journal of Industrial Ergonomics, 2012, 42(5): 416-427.

[92] Wang M, Beeh E, Hoefer A. Function integration for lightweight chassis based on axiomatic design and design structure matrix. International Journal of Automotive Technology, 2018, 19(6): 969-979.

[93] 乔虎, 莫蓉, 向颖. 变更路径预测支持的自适应模块建模. 计算机辅助设计与图形学学报, 2015, 27(12): 2358-2366.

[94] 殷卫伟, 江驹, 辛君捷. 基于质量反馈的武器装备协同研制过程仿真及灵敏度分析. 兵工学报, 2015, 36(10): 1991-1999.

[95] Smith R P, Eppinger S D. A predictive model of sequential iteration in engineering design. Management Science, 1997, 43(8): 1104-1120.

[96] Chen C H, Khoo L P, Jiao L. Information deduction approach through quality function deployment for the quantification of the dependency between design tasks. International Journal of Production Research, 2004, 42(21): 4623-4637.

[97] Danilovic M, Browning T R. Managing complex product development projects with design structure matrices and domain mapping matrices. International Journal of Project Management, 2007, 25(3): 300-314.

[98] Smith R P, Eppinger S D. Identifying controlling features of engineering design iteration. Management Science, 1997, 43(3): 276-293.

[99] Eastman R M. Engineering information release prior to final design freeze. IEEE Transactions on Engineering Management, 1980, 27(2): 37-41.

[100] Krishnan V, Eppinger S D, Whitney D E. Accelerating product development by the exchange of preliminary product design information. ASME Journal Mechanical Design, 1995, 117(4): 491-498.

[101] Loch C H, Terwiesch C. Communication and uncertainty in concurrent engineering. Management Science, 1998, 44(8): 1032-1048.

[102] Xiao R B, Si S W. Research on the process model of product development with uncertainty based on activity overlapping. Integrated Manufacturing Systems, 2003, 14(7): 567-574.

[103] Yassine A, Braha D. Complex concurrent engineering and the design structure matrix method. Concurrent Engineering: Research and Application, 2003, 11(3): 165-176.

[104] 李洪波, 徐哲, 于静. 基于 DSM 的研发项目流程多目标仿真优化. 系统工程理论与实践, 2015, 35(1):142-149.

[105] 陈庭贵, 肖人彬. 产品开发的多输入多输出活动重叠模型研究. 计算机集成制造系统, 2008, 12(2): 255-262.

[106] Son H, Kwon Y, Park S C. Using a design structure matrix to support technology roadmapping for product-service systems. Technology Analysis & Strategic Management, 2018, 30(3): 337-350.

[107] 陈希, 王宁生. 虚拟企业环境下的复杂产品并行开发框架模型研究. 控制与决策, 2003, 18(6): 716-719.

[108] 杨宝森, 郑柯君, 来玲. 基于设计结构矩阵的复杂研发项目过程模型. 系统仿真学报, 2015, 27(9): 2187-2193.

[109] 张春生, 严广乐. 基于设计结构矩阵的项目进度计划模型研究. 科技与管理, 2012, 14(3): 38-41.

[110] Cheng Q, Li W, Xue D. Design of adaptable product platform for heavy-duty gantry milling machines based on sensitivity design structure matrix. Proceedings of the Institution of Mechanical Engineers, Part C: Journal of Mechanical Engineering Science, 2017, 231(24): 4495-4511.

[111] Li Q, Mahmoud E, Michael R. Product modular analysis with design structure matrix using a hybrid approach based on MDS and clustering. Journal of Engineering Design, 2017, 28(6): 433-456.

[112] Barbosa D C, Eduardo G, Souza M D, et al. A risk-based framework with design structure matrix to select alternatives of product modernisation. Journal of Engineering Design, 2017, 28(1): 23-46.

[113] 韩海荣, 张树有. 基于动态设计结构矩阵的客户需求反馈导航技术. 浙江大学学报(工学版), 2011, 45(4): 637-643.

[114] 郭传龙, 裘乐淼, 张树有, 等. 基于耦合强度设计结构矩阵的复杂产品配置模型优化及应用. 计算机集成制造系统, 2012, 18(4): 673-683.

第 2 章　公理设计理论与设计结构矩阵原理

本章论述 AD 理论和 DSM 原理，在概要说明 AD 和 DSM 基本内容的基础上，重点揭示运用 AD 理论进行产品设计和运用 DSM 进行产品开发的过程，以加深读者对 AD 和 DSM 相关知识的理解。

2.1　公理设计理论概述

2.1.1　公理设计理论简介

AD 理论由美国麻省理工学院教授 Suh[1]于 1990 年正式提出。该理论通过对大量成功设计实例进行分析归纳，抽象出设计过程的本质。它包含如下主要概念：域、层次结构、映射、两条设计公理以及若干条定理和推论。该理论将设计过程归纳为用户域、功能域、物理域、过程域之间的映射。AD 认为设计是一个自顶向下的过程，可从设计抽象概念的高层次到详细细节的低层次逐步展开，并在各个域中曲折进行设计问题的求解。它通过 Z 字形分解和设计矩阵的构建，可大大减少方案搜索的随机性，缩短设计中不必要的迭代过程，减弱设计过程之间的耦合，提高设计过程并行度，使设计更具创新性[1-3]。AD 中最重要的思想是两条基本设计公理：独立公理和信息公理。它们提供了一种获得容易实施的简单设计的指导思想，其中，独立公理可用来减少有效解的数量，而信息公理则用来从有效设计解中找出最好的设计方案。下面简要论述 AD 理论的基本内容[1-3]。

2.1.2　域的概念

域是 AD 中最基本的概念。AD 认为，设计问题领域由用户域、功能域、物理域和过程域构成。每个域中都对应各自的元素，即用户需求(CAs)、功能需求(FRs)、设计参数(DPs)和过程变量(PVs)。设计过程是 4 个域之间的映射过程，该过程形成一条往复迭代、螺旋上升的链条(见图 2.1)。对于相邻设计域，左边的域表示“想实现的设计目标(what)”，而右边的域表示“如何满足左边的域所规定的需求(how)”。

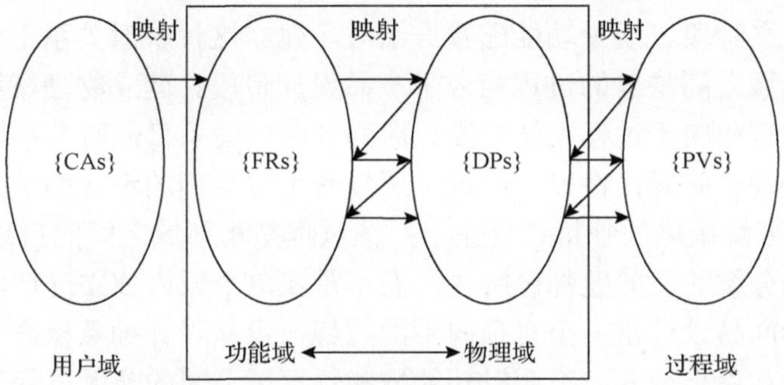

图 2.1　AD 中的域及其映射

(1) 用户域：表示用户对产品属性的期望或用户所寻求的利益(也称为 customer attributes, CAs)，用{CNs}或{CAs}表示。用户需求是指市场和用户对产品的要求，用户域是对整个市场和用户的一种抽象和概括，是用户对产品、结构、工艺、系统或材料所寻求的需求特征表现。设计开发人员分析用户需求，提出产品的基本功能需求。

(2) 功能域：表示设计方案所要实现的一系列功能需求的最小集合，用{FRs}表示。FRs 是对设计目标的描述，是指设计所要实现的功能。FRs 的产生依赖于用户需求、设计约束以及上层的设计参数的识别和表达。每项功能需求可根据需要分解为若干子 FRs。设计约束是指可接受设计解的限制条件(或者边界范围)。约束和功能的区别在于：约束之间不必保持独立性，某些设计约束在功能分解的过程中会转化成低级别的子 FRs。

(3) 物理域：表示设计方案中满足{FRs}的设计参数集合，用{DPs}表示。DPs 是指实现 FRs 的技术方案或关键技术参数。在 AD 中，确定 DPs 和分解 FRs 应同时进行，两者之间有一定映射变换关系。DPs 的产生是一个创造性过程。对于同一个 FR，可能产生多个 DPs，并根据设计约束选择合适的 DP。相应地，每项 DP 可根据需要分解为若干子 FRs。

(4) 过程域：描述整个产品的生产过程和方法，表示确定相应过程变量的集合，用{PVs}表示。PVs 是指实现 DPs 的产品加工制造方法。在详细设计阶段才涉及物理域和过程域之间的映射。

AD 中的“设计”具有广泛的概念，除了一般的产品设计以外，各种类型的设计问题都可以用这 4 个域表示，包括制造、软件、材料、组织、系统设计、商务等，它们都具有相同的逻辑结构及思维过程，只是不同的设计问题的功能目标有所不同。

2.1.3　Z 字形映射和层级

4 个域之间可建立 3 种映射关系，建立用户域和功能域之间映射关系的过程相应于产品定义阶段，质量功能配置方法对于建立这种映射关系十分有效。建立功能域和物理域之间映射的过程相应于产品设计阶段。建立物理域和过程域之间映射关系的过程相应于过程设计阶段。后两种映射关系目前研究得较多。

对于一个设计问题，在设计的最上层没有可以实施的设计细节，因此需要进行分解。AD 分解策略的独特之处在于：该过程是相邻域之间的自顶向下的 Z 字形映射，直到分解的子问题都已解决，而不是在单个域内独立进行，如图 2.2 所示。AD 认为产品设计是一个自顶向下的过程，可从设计抽象概念的高层次到详细细节的低层次逐步展开。下面以功能域和物理域之间的映射过程为例来说明 Z 字形分解映射和层级的意义，图 2.2 中粗线框表示不需再分解即可实现的叶节点。若要分解顶层 FR，则必须先在物理域中选择实现 FR 的 DP，然后回到功能域，依据该 DP 分解 FR 得到 FR_1 和 FR_2。若选择不同的 DP，则下层功能一般也不同。再进入物理域，根据 FR_1 和 FR_2 来确定该层的 DP_1 和 DP_2。如此进行，直到所有 FR 得到满足，无须进一步分解就可执行。经过 Z 字形映射，可得到 FR/DP 层次结构树，以及 FRs 和 DPs 之间的关系。

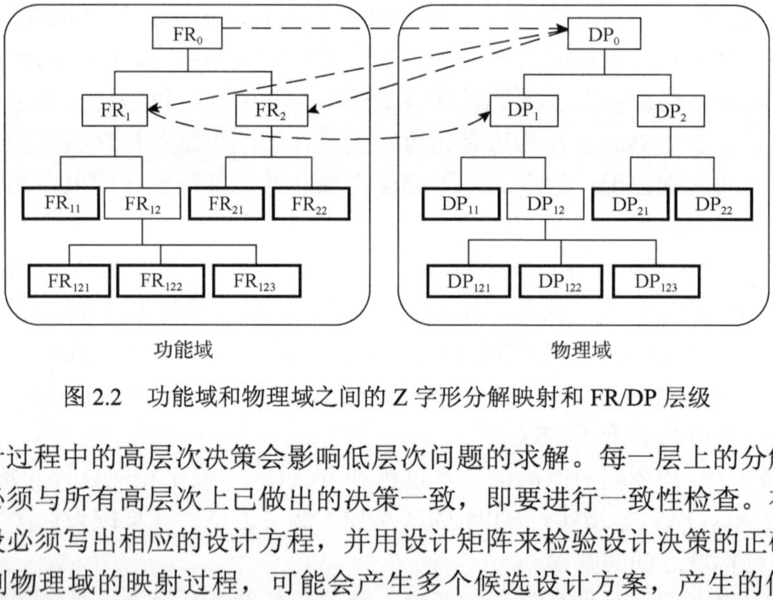

图 2.2　功能域和物理域之间的 Z 字形分解映射和 FR/DP 层级

设计过程中的高层次决策会影响低层次问题的求解。每一层上的分解，所做的决策必须与所有高层次上已做出的决策一致，即要进行一致性检查。在分解的每一阶段必须写出相应的设计方程，并用设计矩阵来检验设计决策的正确性。从功能域到物理域的映射过程，可能会产生多个候选设计方案，产生的候选设计的数量及质量主要取决于设计人员的设计经验、实践和创造性。在映射过程中，应尽量使各层次的决策遵循独立公理。物理域与过程域之间也存在同样的分解映射过程。

通过 Z 字形分解映射，设计人员建立了 FR/DP/PV 层级结构，非常清晰地描述了各个设计域的工作目的[4]。在 AD 理论框架中，层级是指某个域的层次等级树，层级的概念表示在每一个域中自顶向下的层次结构。

从图 2.1 和图 2.2 可以看出，AD 模型能够促使参与设计的人员尽可能在设计早期和其他相关人员充分沟通，这对于提高团队协作能力无疑具有积极意义；此外，通过分析域之间的映射所分别对应的常规设计阶段，可为探讨将其他工具和方法融入 AD 框架提供启发。另外，在用 AD 框架指导分解时，约束的传播是必须考虑的问题，目前这方面的研究较少涉及。

2.1.4　独立公理

独立公理的基本内涵是保持功能需求之间的独立性。

功能需求定义为表征设计目标的独立性需求的最小集合，它是设计目标的描述。独立公理表明当有两个或更多的 FRs 时，设计必须要满足每一个 FR，且各个 FR 之间没有相互影响，这就意味着在设计中必须选择一组恰当的 DPs，以满足 FRs 和保持它们之间的独立性。

AD 中的设计域之间的映射关系可用数学方程来描述，层级上各层次的 FRs 和 DPs 之间的关系可用以下的设计方程表示：

$$\boldsymbol{F}_{\mathrm{R}}=\boldsymbol{A}\boldsymbol{D}_{\mathrm{P}} \tag{2.1}$$

式中，$\boldsymbol{F}_{\mathrm{R}}$ 为功能需求集，它的元素表示为 FR_i；$\boldsymbol{D}_{\mathrm{P}}$ 为设计参数集，它的元素表示为 DP_i；$\boldsymbol{A}$ 为设计矩阵，它是域间映射的关联矩阵，表达元素间的对应关系。

$$\boldsymbol{A}=\begin{bmatrix} A_{11} & A_{12} & \cdots & A_{1n} \\ A_{21} & A_{22} & \cdots & A_{2n} \\ \vdots & \vdots & & \vdots \\ A_{n1} & A_{n2} & \cdots & A_{nn} \end{bmatrix} \tag{2.2}$$

设计矩阵的元素也可写成

$$A_{ij}=\frac{\partial \mathrm{FR}_i}{\partial \mathrm{DP}_j} \tag{2.3}$$

式(2.1)中的功能需求集中的各元素可表示为

$$\mathrm{FR}_i=\sum_{j=1}^{n} A_{ij}\mathrm{DP}_j \tag{2.4}$$

设计矩阵 $\boldsymbol{A}$ 的元素 A_{ij} 为常数或 DPs 的函数，分别代表线性和非线性设计。设计矩阵有两种特殊情况：对角阵和三角阵。前者除了 $i=j$ 以外的所有元素 A_{ij} 都为 0，后者所有下三角或上三角元素都为 0。设计矩阵表示两个域间的映射关系，因此与只表示物理域内信息的 DSM 相比，设计矩阵包含更丰富的信息。

类似地，物理域到过程域之间的映射过程可用式(2.5)表示：

$$\boldsymbol{D}_{\mathrm{P}}=\boldsymbol{B}\boldsymbol{P}_{\mathrm{V}} \tag{2.5}$$

式中，$\boldsymbol{P}_{\mathrm{V}}$ 为过程变量集；$\boldsymbol{B}$ 为表征工艺过程设计特征的设计矩阵，它与 $\boldsymbol{A}$ 的形式相似。

根据设计矩阵的形式，可将设计分为三种类型，即无耦合设计、准耦合设计和耦合设计，如图 2.3 所示。

$$\begin{bmatrix} \mathrm{X} & 0 & 0 \\ 0 & \mathrm{X} & 0 \\ 0 & 0 & \mathrm{X} \end{bmatrix} \qquad \begin{bmatrix} \mathrm{X} & 0 & 0 \\ \mathrm{X} & \mathrm{X} & 0 \\ \mathrm{X} & \mathrm{X} & \mathrm{X} \end{bmatrix} \qquad \begin{bmatrix} \mathrm{X} & \mathrm{X} & \mathrm{X} \\ \mathrm{X} & \mathrm{X} & \mathrm{X} \\ \mathrm{X} & \mathrm{X} & \mathrm{X} \end{bmatrix}$$

(a) 无耦合设计　　(b) 准耦合设计　　(c) 耦合设计

图 2.3　设计矩阵的三种形式(“X”表示强影响，“0”表示弱影响)

当 $\boldsymbol{A}$ 为对角阵时，每个 FR 都能由对应的 DP 满足，FRs 之间相互独立，这样的设计称为无耦合设计；当 $\boldsymbol{A}$ 为三角阵时，只有按正确的顺序确定 DPs，才能保证 FRs 之间的独立性，这样的设计称为准耦合设计；其他矩阵形式都是耦合设计，不满足独立公理。因此，当多个 FRs 都必须得到满足时，必须改进设计使得对应的设计矩阵为对角阵或三角阵。

对于一个设计，当设计者给定 FR_i 的公差 $\Delta\mathrm{FR}_i$ 符合下面式子的要求时，设计可认为是一种无耦合设计，设计矩阵的非对角线元素可忽略不计：

$$\Delta\mathrm{FR}_i > \sum_{\substack{j=1 \\ j\neq i}}^{n} \frac{\partial \mathrm{FR}_i}{\partial \mathrm{DP}_j}\Delta\mathrm{DP}_j, \quad i=1,2,\cdots,n \tag{2.6}$$

对于功能域/物理域之间的映射过程，根据 FRs 和 DPs 的数目 N_1 和 N_2 之间的相对关系，可将设计分为理想设计、冗余设计和耦合设计。

(1)若 $N_1>N_2$，则设计是耦合设计或者 FRs 得不到完全满足。对于一个有 3 个 FRs 和 2 个 DPs 的设计，对应的设计方程为

$$\begin{bmatrix} \mathrm{FR}_1 \\ \mathrm{FR}_2 \\ \mathrm{FR}_3 \end{bmatrix} = \begin{bmatrix} \mathrm{X} & 0 \\ 0 & \mathrm{X} \\ A_{31} & A_{32} \end{bmatrix} \begin{bmatrix} \mathrm{DP}_1 \\ \mathrm{DP}_2 \end{bmatrix} \tag{2.7}$$

式中，如果 A_{31} 和 A_{32} 都为 0，则不能满足 FR_3；如果 A_{31} 和 A_{32} 中有一个元素为 0，则此设计为耦合设计。

(2)若 $N_1<N_2$，则设计是冗余设计，如设计方程(2.8)所表示的设计。对于方

程(2.8)，根据不同的 DPs，此设计表现为不同的形式。如果 DP_1 和 DP_4 为变化量，而将其余的 DPs 固定，则该设计是耦合设计；如果固定 DP_3、DP_4 和 DP_5，则是一个准耦合设计；如果固定 DP_1、DP_4 和 DP_5，则是一个无耦合设计。

$$\begin{bmatrix} FR_1 \\ FR_2 \end{bmatrix} = \begin{bmatrix} A_{11} & 0 & A_{13} & A_{14} & A_{15} \\ A_{21} & A_{22} & 0 & A_{24} & 0 \end{bmatrix} \begin{bmatrix} DP_1 \\ DP_2 \\ DP_3 \\ DP_4 \\ DP_5 \end{bmatrix} \tag{2.8}$$

(3) 若 $N_1=N_2$，且同时满足独立公理，此设计为理想的设计。

由此可见，当设计为耦合时，要想得到可接受的设计方案，必须重新定义 FRs 或对 DPs 进行添加、删除或合并，使其转变为弱耦合设计甚至是无耦合设计。因此，独立公理给出了判断设计是否成功的基本原则以及设计的改进方向。对于只有较少 FRs 和 DPs 的简单设计，其独立性可由设计矩阵直观判断。但对于有较多 FRs 和 DPs 的复杂设计，可通过量化测度 R 和 S 来测量 FRs 之间的独立性。

值得注意的是，独立公理要求设计的“FRs”之间彼此独立，而不是“物理结构”的独立，也不要求每个 DP 必须与一个独立的结构体相对应，同一个物理结构可能满足若干个 FRs，不要将二者混淆。如果一个零件能够相互独立地满足所有必要的功能，那么它是一个最佳设计。

在设计中，有时很难使各个层次的设计矩阵都是无耦合的，但应力求做到准耦合设计。在准耦合设计中，根据 FRs 与 DPs 之间的关系，按照一定的次序确定 DPs，即首先确定设计矩阵中不对其他 FRs 产生影响的 DP，然后确定只对本身 FR 和已经确定的 DPs 对应的 FRs 有影响的 DP，这样可提高设计的合理性和成功率，减少设计的迭代。

2.1.5　信息公理

信息公理的基本内涵是使设计所需的信息量最少。

从功能需求的观点来看，对于同一个设计任务，可能有多种可接受的设计方案，而且这些设计方案也许都是满足独立公理的。然而，就实现由 FRs 表示的设计目标的成功率而言，其中的一个设计方案可能优于其他设计方案。信息公理表明最好的设计是成功概率最大的设计，它提供了对给定设计的定量评价的方法，并且使从多个设计方案中选出最优方案成为可能。

对于给定的功能需求 FR_i，如果设计参数 DP_i 满足 FR_i 的概率为 p_i，那么信息量 I_i 定义为

$$I_i = -\log_2 p_i \tag{2.9}$$

信息量以比特为单位。选择对数函数是为了当有多个 FRs 必须同时满足时，使信息量可以简单地相加；也可以采用自然对数(信息量单位为纳特)。式(2.9)实质上是来源于 Shannon 信息熵，Shannon[5]对概率信息的度量方法和计算公式已成为信息论的基础。

对于有 m 个 FRs 的设计问题，整个系统的信息量 I_{sys} 为

$$I_{\text{sys}} = -\log_2 p_{\{m\}} \tag{2.10}$$

式中，$p_{\{m\}}$为 m 个 FRs 的联合概率。

当所有的 FRs 在统计上相互独立时，即无耦合设计，其联合概率为

$$p_{\{m\}} = \prod_{i=1}^{m} p_i \tag{2.11}$$

则 I_{sys} 可以表示为

$$I_{\text{sys}} = \sum_{i=1}^{m} I_i = -\sum_{i=1}^{m} \log_2 p_i \tag{2.12}$$

当所有 FRs 非相互独立时，如耦合设计，其联合概率为

$$p_{\{m\}} = \prod_{i=1}^{m} p_{i|\{j\}}, \quad j = 1,2,\cdots,i-1 \tag{2.13}$$

式中，$p_{i|\{j\}}$是同时满足 FR_i 和其他所有与其相关的$\{\text{FR}_j\}(j=1,2,\cdots,i-1)$的条件概率。

则 I_{sys} 可以表示为

$$I_{\text{sys}} = -\sum_{i=1}^{m} \log_2 p_{i|\{j\}} \tag{2.14}$$

信息公理表明信息量最小的设计是最好的设计，因为它为实现设计目标所要求的信息量最少。当所有的概率都为 1 时，要求的信息量为 0；相反，当有一个或多个概率为 0 时，要求的信息量为无穷大。也就是说，概率越小，为满足功能需求所要提供的信息就越多。

在实际设计中，成功的概率可由确定 FR 的设计范围与满足 FR 的候选设计方案的系统范围来计算，一个期望的设计主要取决于公共范围，即设计范围与系统

范围的交集，这是满足 FR 的区域，如图 2.4 所示。

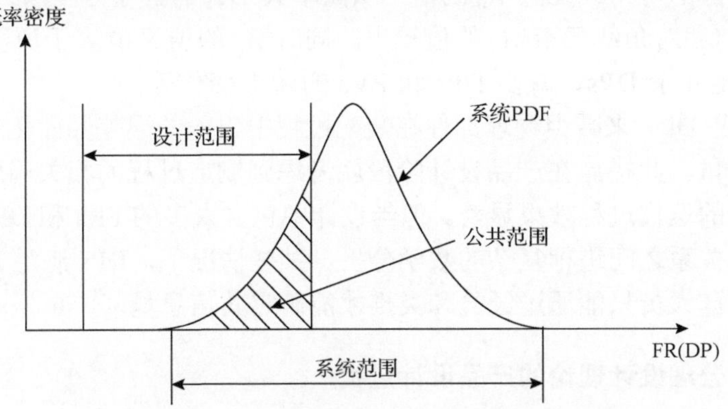

图 2.4　系统范围、设计范围、公共范围和系统 PDF

图 2.4 表示了某个 FR 系统范围的概率密度函数(probability density function, PDF)，其中，纵坐标表示概率密度，横坐标表示 FR 或 DP，当在功能域和物理域之间进行映射时，横坐标为 FR；而在物理域和过程域之间映射时，横坐标为 DP。因此，信息量 I 也可表示为

$$I = \log_2 \frac{\text{系统范围}}{\text{公共范围}} \tag{2.15}$$

如果功能需求是一个连续变量，在设计范围中满足 FR 的概率可表示为[6]

$$p = \int_{\mathrm{d}l}^{\mathrm{d}u} f(\mathrm{FR})\mathrm{dFR} = A_{\mathrm{cr}} \tag{2.16}$$

式中，$f(\mathrm{FR})$为关于 FR 的系统概率密度函数；dl 为设计范围的下限；du 为设计范围的上限；A_{cr} 为系统范围与设计范围所围成共同范围的面积(见图 2.4 中的阴影部分)。

因此，信息量也可表示为

$$I = \log_2 \frac{1}{A_{\mathrm{cr}}} \tag{2.17}$$

根据信息量的定义，设计者在设计中应尽量简化设计工作，降低设计的信息量，措施如下：

(1) 信息公理要求信息量最小化。为了使信息量最小，必须使设计满足在较大的范围内调节 DPs 和 PVs 时，FRs 仍可被满足。首先，消除目标值和系统概率密度函数均值之间的偏差，可以减少信息量，而当设计满足独立公理时，可消除偏差；其次，减少方差增强系统的稳健性则信息量也随之降低，如降低刚度(也就是减小设计矩阵的对角线元素 A_{ii} 的值，从而增大 DP_i 的公差范围)、设计不受方差影响的系统(即对角线元素 A_{ii} 的值较小，同时 A_{ii} 的值又能大于所要求的最低信噪比)、固定冗余 DPs、减少 DPs 和 PVs 的随机变化等。

(2)集成 DPs 来减少物理部件在装配过程中引入的误差并简化制造过程，从而减少信息量。此措施在产品设计阶段就考虑到制造过程的相关问题，故对于减少产品开发的迭代过程效果显著。但当设计中包含太多的 FRs 和 DPs 时，设计者需要对两者关系之间进行复杂的数学分析。某些情况下，DPs 满足 FRs 的概率无法计算，设计人员只能通过经验和类推才能确定其信息量。

2.1.6 基于公理设计理论的产品设计过程

AD 构建了一个基本的设计分解框架，指导设计活动。AD 设计活动分为两类：设计分析活动和设计分解活动。基于 AD 的分析过程的主要目的是确定满足设计分解结果的 DPs，并设定 DPs 的值[7]。在分解活动中，子 FRs 要满足三个目标：①完整地描述父 DPs；②保证子 FRs 的必要性；③子 FRs 个数力求做到最少。应用 AD 指导设计的流程如图 2.5 所示[8]。

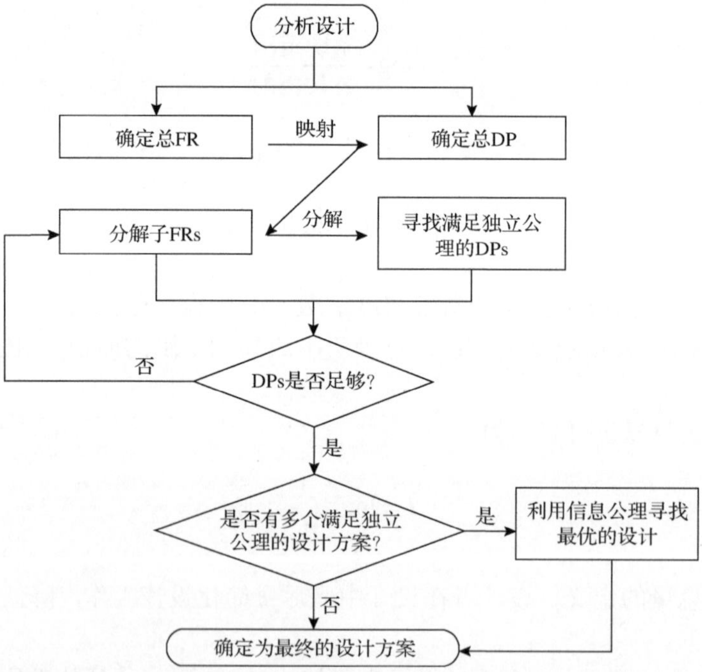

图 2.5 AD 的流程

(1)分析设计：了解用户对产品的要求，尤其是用户特别关注的需求，收集有关的产品数据和存档记录，在综合分析的基础上，定义符合用户、企业与社会要求的需求，确定产品属性。

(2) 确定总 FR 和总 DP。根据用户需求、企业运作及市场的变化，定义产品的总 FR 以及设计的大体方案，明确设计思路。

(3) 将用户需求转化为 FRs。基于对用户需求所做的评估，借助 QFD 等工具生成、定义功能域的 FRs。如果可能，应该给出 FRs 的目标值以及一些约束条件。

(4) 通过映射选择合适的 DPs。基于设计经验和创新能力，设计者提出构思，确定 DPs，将 FRs 映射到物理域中。在不违反设计约束的前提下，考虑尽可能多的 DPs，有可能会产生创新的设计方案。

(5) 写出该层的设计方程。应用独立公理，选择合适的 DPs，使 FRs 和 DPs 之间产生联系，通过调整变换使设计矩阵尽可能为对角阵或三角阵。

(6) 进行 FRs 分解。考虑是否需要进行下一级分解，如果所选择的 DPs 不是最终的解，那就必须返回功能域，对 FRs 进行分解，也就是返回第(4)步。在这个过程中，还需考虑满足系统组成的完整性、子 FRs 与父 FRs 的一致性和子 FRs 之间的独立性，以及定义下一步设计约束等问题。如果无须进一步分解，则直接进入下一步。

(7) 做出设计决策。利用信息公理选择信息量最小的最佳设计。

按照 AD 理论，系统地进行设计可能在设计的早期阶段花费较多的时间，然而在执行阶段将节省大量的时间，因为它减少了设计的随机搜索，缩短了反复迭代试错的过程。与基于经验的设计相比，这样的设计将使产品有更短的出货时间、更可靠的产品质量和更低的成本。

2.2　基于公理设计理论的产品设计

2.2.1　基于公理设计理论的起重机起升机构设计分析

起升机构是起重机中最基本、最重要的机构，用来实现货物的升降。起升机构的设计任务是：根据给定的设计参数及总体设计要求，合理选择和确定机构的传动方案；确定合理的卷绕系统；通过计算、选择和确定驱动、制动、传动装置，使之满足起重机主要工作性能要求，安全可靠地工作。同时要求结构简单、自重轻、维修保养方便等。下面采用 AD 理论对起重机起升机构进行设计分析[9]。

需求分析是产品设计的第一步，它是在市场预测、可行性分析的基础上，根据用户要求，确定设计参数及约束条件，最后给出详细的设计要求表，作为设计、评价决策的依据。即在用户域中确定用户需求，如用户对起升高度、起重性能、工作条件、生产率等要求。

按照 AD 理论，用户所期望的产品的属性必须转化为功能需求{FRs}。然后分析功能需求，保证它们之间的独立性，为满足此功能需求就必须选择相应的设计参数。因此，可以这样考虑：FR_0=实现货物升降，DP_0=起升机构。这是起升机构的总功能需求，进一步分解，结果如下：

FR_1=满足工作繁重程度，DP_1=工作类别；FR_2=满足工作性能要求，DP_2=传动布置方案；FR_3=传绕，DP_3=传绕装置；FR_4=驱动，DP_4=驱动机构；FR_5=制动，DP_5=制动装置。

这里的传绕装置是指卷筒、吊具、滑轮组。工作类别表征工作繁重程度，为满足总体设计的工作性能要求，传动布置方案需事先确定，因为传绕(FR_3)、驱动(FR_4)与制动(FR_5)都与该传动布置方案(DP_2)有关。此处不对各零部件的布置作讨论。驱动(FR_4)除了与驱动机构有关外，还与传绕装置有关。制动(FR_5)就需要制动装置，而制动装置的选择要考虑安放在高速轴或低速轴(传动布置方案)、卷筒直径(传绕装置)、减速器传动比(驱动机构)等因素。通过分析功能需求与设计参数的关系得到以下第一层设计公式：

$$\begin{bmatrix} FR_1 \\ FR_2 \\ FR_3 \\ FR_4 \\ FR_5 \end{bmatrix} = \begin{bmatrix} X & 0 & 0 & 0 & 0 \\ 0 & X & 0 & 0 & 0 \\ X & X & X & 0 & 0 \\ X & X & X & X & 0 \\ 0 & X & X & X & X \end{bmatrix} \begin{bmatrix} DP_1 \\ DP_2 \\ DP_3 \\ DP_4 \\ DP_5 \end{bmatrix} \tag{2.18}$$

这一层有 5 个功能模块，FR_1、FR_2 和 FR_5 无须再分解，可对 FR_3 和 FR_4 再进行分解。

FR_3 可分解为：FR_{31}=联系货物与起升钢丝绳，DP_{31}=吊具；FR_{32}=导向、支承与省力或增速，DP_{32}=滑轮组；FR_{33}=提升货物，DP_{33}=钢丝绳；FR_{34}=收存钢丝绳、将原动机的回转运动转换成直线运动、驱动力传递给钢丝绳，DP_{34}=卷筒。

FR_{31} 和 FR_{32} 可分别由 DP_{31} 和 DP_{32} 来独立完成；而 FR_{33} 由 DP_{32} 和 DP_{33} 来实现；FR_{34} 的实现不仅与 DP_{34} 有关，还与 DP_{32} 和 DP_{33} 有紧密的联系。FR_3 与 DP_3 之间的第二层设计方程为

$$\begin{bmatrix} FR_{31} \\ FR_{32} \\ FR_{33} \\ FR_{34} \end{bmatrix} = \begin{bmatrix} X & 0 & 0 & 0 \\ 0 & X & 0 & 0 \\ 0 & X & X & 0 \\ 0 & X & X & X \end{bmatrix} \begin{bmatrix} DP_{31} \\ DP_{32} \\ DP_{33} \\ DP_{34} \end{bmatrix} \tag{2.19}$$

FR_{32} 还需进一步分解为：FR_{321}=导向、支承；DP_{321}=滑轮；FR_{322}=省力或增速；DP_{322}=滑轮组的倍率。导向和支承由滑轮来实现，通过滑轮及滑轮组的倍率可达到省力或增速的目的。FR_{32} 与 DP_{32} 之间的第三层关系可表示为

$$\begin{bmatrix} FR_{321} \\ FR_{322} \end{bmatrix} = \begin{bmatrix} X & 0 \\ X & X \end{bmatrix} \begin{bmatrix} DP_{321} \\ DP_{322} \end{bmatrix} \tag{2.20}$$

FR_{34} 尚需进一步分解为：FR_{341}=提高钢丝绳寿命、考虑减速器结构尺寸；DP_{341}=卷筒的直径；FR_{342}=容纳钢丝绳的绕绳量；DP_{342}=卷筒的长度；FR_{343}=承受钢丝绳的箍紧力；DP_{343}=卷筒的壁厚。

DP_{341} 和 DP_{342} 共同决定 FR_{342}，FR_{343} 则可由 DP_{341} 和 DP_{343} 来满足。FR_{34} 与 DP_{34} 之间的第三层关系为

$$\begin{bmatrix} FR_{341} \\ FR_{342} \\ FR_{343} \end{bmatrix} = \begin{bmatrix} X & 0 & 0 \\ X & X & 0 \\ X & 0 & X \end{bmatrix} \begin{bmatrix} DP_{341} \\ DP_{342} \\ DP_{343} \end{bmatrix} \tag{2.21}$$

FR_4 可进一步分解为：FR_{41}=满足起升功率要求；DP_{41}=电动机；FR_{42}=符合起升速度要求；DP_{42}=减速器；FR_{43}=调速；DP_{43}=调速装置；FR_{44}=连接、传递力矩；DP_{44}=联轴器。DP_{41} 单独决定着 FR_{41}，FR_{42} 则需 DP_{41} 和 DP_{42} 两者来决定，而 FR_{43} 应由 DP_{41} 和 DP_{43} 共同来完成，FR_{44} 需 DP_{42} 和 DP_{44} 两者共同来实现。FR_4 与 DP_4 之间的第二层设计公式为

$$\begin{bmatrix} FR_{41} \\ FR_{42} \\ FR_{43} \\ FR_{44} \end{bmatrix} = \begin{bmatrix} X & 0 & 0 & 0 \\ X & X & 0 & 0 \\ X & 0 & X & 0 \\ 0 & X & 0 & X \end{bmatrix} \begin{bmatrix} DP_{41} \\ DP_{42} \\ DP_{43} \\ DP_{44} \end{bmatrix} \tag{2.22}$$

起升机构设计的 FRs 与 DPs 的层级如图 2.6 所示。在起升机构设计的层级展开过程中，各设计活动不是相互独立的，子 FRs 与父 FRs 具有一致性。

在起升机构主要功能的分解结果中，有 14 个子 FRs，14 个叶 DPs，得到一个 14×14 的设计矩阵。各子 FRs 与叶 DPs 的关系如表 2.1 所示，其中“X”表示 FR 与 DP 间的强影响(相关)，空白表示 FR 与 DP 间的弱影响(不相关)。该矩阵不是对角阵，表明此设计不是最理想的设计。实际上在工程设计中，实现无耦合设计是很困难的。只要得到准耦合设计就可以了，此处设计矩阵为三角阵，设计者在选择设计参数时必须按适当的顺序才能满足各个子功能需求间的独立性。

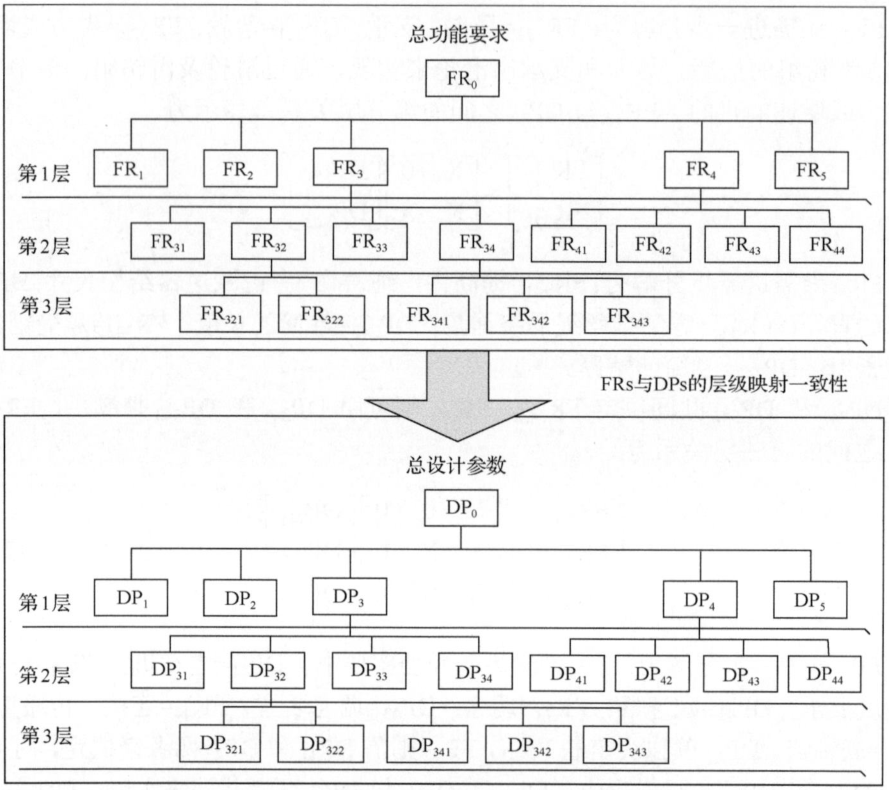

图 2.6　起升机构设计的 FRs 和 DPs 的层级

表 2.1　功能需求与设计参数的关系表

	DP_1	DP_2	DP_{31}	DP_{321}	DP_{322}	DP_{33}	DP_{341}	DP_{342}	DP_{343}	DP_{41}	DP_{42}	DP_{43}	DP_{44}	DP_5
FR_1	X													
FR_2		X												
FR_{31}			X											
FR_{321}				X										
FR_{322}	X			X	X									
FR_{33}				X		X								
FR_{341}	X						X							
FR_{342}				X			X	X						
FR_{343}							X		X					
FR_{41}	X									X				
FR_{42}				X			X			X	X			
FR_{43}										X		X		
FR_{44}											X		X	
FR_5		X		X			X				X			X

通过以上的分解、分析可知，起升机构符合 AD 要求，是一种合理的设计。

当开发新产品或需创新设计时，可能会产生多个设计方案，就应该应用信息公理来评价以便做出决策。此处由于只对起升机构的设计过程进行分析，也就无须对方案进行评价。

2.2.2　独立公理的应用研究

1. 多目标优化设计问题

多目标优化设计问题的数学模型表达式一般表示为

$$\begin{cases} \min \boldsymbol{F}(\boldsymbol{x}) = [f_1(\boldsymbol{x}), f_2(\boldsymbol{x}), \cdots, f_n(\boldsymbol{x})]^{\mathrm{T}} \\ \text{s.t.} \quad g_i(\boldsymbol{x}) \leqslant 0, i = 1, \cdots, q \\ \qquad h_k(\boldsymbol{x}) = 0, k = 1, \cdots, p; p \leqslant m \end{cases} \tag{2.23}$$

式中，$\boldsymbol{x}=[x_1, x_2,\cdots,x_n]^{\mathrm{T}}\in\mathbf{R}^n$ 是 n 维设计变量；$\boldsymbol{F}(\boldsymbol{x})$ 为优化模型的目标函数向量，$f_i(\boldsymbol{x})$ 为第 i 个分目标函数；m 为分目标函数的个数；$g_i(\boldsymbol{x})$ 为第 i 个不等式约束；q 为不等式约束函数个数；$h_k(\boldsymbol{x})$ 为第 k 个等式约束；p 为等式约束函数个数。

在多目标优化问题中，各个目标都达到最优一般较难，这就需要在各个目标的最优解之间进行协调，以取得整体最优方案。和单目标优化问题相比，多目标优化在理论上和计算方法上都还很不完善。因此，有必要引入其他相关设计理论(如 AD)来进一步促进多目标优化理论和方法体系的完善。

2. 基于独立公理的优化设计思想

优化设计中的目标函数就相当于 AD 中的一个 FR，影响设计目标的参数就是 DPs(优化设计中称为设计变量)，只是在优化设计中，FR 必须通过 DPs 以数学公式的形式表示。对于只有一个 FR 的设计，FR 显然是独立的，通过调整对应 DP 就可达到最优值。但对于有多个目标函数的优化问题(FRs)来说，就很难调整相应的 DPs 实现多个 FRs 同时最优，如调整 DPs 的值以实现 FR_1 最优，当继续调整 DPs 的值以实现 FR_2 最优时，则 FR_1 就会改变。因此，需返回调整 DPs 来优化 FR_1，相反，此时 FR_2 就会发生改变，如此反复迭代，这就是一个多目标优化问题。

AD 认为，无耦合设计和准耦合设计都是可接受的设计，如具有两个 FRs 的设计可表示为：①无耦合设计，$f_1=f_1(x_1)$，$f_2=f_2(x_2)$；②准耦合设计，$f_1=f_1(x_1)$，$f_2=f_2(x_1,x_2)$，式中 f_1、f_2 为 FRs，x_1、x_2 为相应的 DPs。在无耦合设计中，x_1 和 x_2 可独立确定，f_1 和 f_2 可同时达到最优。而在准耦合设计中，首先优化 f_1 获得 x_1 的值，然后固定 x_1 优化 f_2，确定出 x_2；但与一般不固定 x_1 相比较，f_2 不一定就是最优解。因此，在优化设计中，准耦合设计不是好的设计，应变为无耦合设计。

在多目标优化问题中，通常选择一个最重要的 FR 作为目标函数而忽略其他的 FRs，此时就转换成单 FR 问题，优化设计对确定 FR 的最优值和相应 DPs 的值是很有效的，但其他的 FRs 未得到优化；或对各个 FR 加权形成一个综合的目标函数，虽然也转换成单 FR 问题，但不是对 FRs 直接优化，另外权重的分配也很难。因此，应重新确定 FRs 或重新选择 DPs 以满足独立公理。对于无耦合设计，多目标优化的各个分目标函数相互独立，因此就相当于多个单目标优化，因而优化设计就有效了。

对于 $f_1=f_1(x_1)$，$f_2=f_2(x_1, x_2)$ 这样的耦合设计问题，如果 x_1 对 f_1 的影响远大于 x_2 对 f_1 的影响，x_2 对 f_2 的影响远大于 x_1 对 f_2 的影响，则该问题就可认为是近似无耦合的，因此就可应用 AD 进行处理。当设计参数对其余设计目标的影响不能忽略时，即对于耦合性较强的问题，AD 就不适合了。

一般来说，在优化设计中，设计变量的数目比设计目标要多得多，按照 AD 理论，设计变量与设计目标(功能需求)的数目应该是相同的，因此一般的优化设计是冗余的，甚至可能是耦合的，它违反了独立公理，不是一个好的设计。如果采取某种方法，将设计参数归类，使设计满足或近似满足无耦合设计，这样就使得 FRs 之间的耦合关系尽可能减弱，从而减少了设计目标之间的反复权衡，也无须设置各个目标的权重。

借鉴大规模优化系统/多学科优化分解协调的方法，将多目标优化问题转换成按顺序优化的单目标问题，由于各个子目标函数达到最优解未必就是多目标优化问题的最优解，因此必须对子目标函数进行协调。按分解协调优化策略，先前目标函数的优化变量在后续目标函数优化计算中保持固定，后续目标函数只对自己的优化变量进行优化计算，将优化结果返回给先前的目标函数，如此反复迭代直至最终收敛[13]。这种“分解协调”优化的关键问题是如何确定各目标函数对应的设计变量和约束。在一般的大规模/多学科优化中，分解是基于设计变量所在的物理系统位置或基于专家的领域知识进行的，而本书作者的方法是按 DPs 与 FRs 之间的影响关系来分解的，称为“逻辑分解”。

3. 基于独立公理的多目标优化设计的实现方法[10]

基于独立公理的多目标优化设计的实现步骤如下：

(1)选择设计变量，确定优化设计目标和约束条件。假设某优化问题有 6 个设计变量、3 个目标、3 个约束，设计变量 $\boldsymbol{x}=[x_1, x_2, x_3, x_4, x_5, x_6]^{\mathrm{T}}$，该优化问题为

$$\begin{cases} \min \boldsymbol{F}(\boldsymbol{x}) = [f_1(\boldsymbol{x}), f_2(\boldsymbol{x}), f_3(\boldsymbol{x})]^{\mathrm{T}} \\ \text{s.t.} \quad g_1(x_1, x_2) \leqslant 0 \\ \qquad g_2(x_1, x_4, x_5) \leqslant 0 \\ \qquad g_3(x_1, x_3, x_5, x_6) \leqslant 0 \end{cases} \tag{2.24}$$

(2)将优化目标和设计变量用设计矩阵的方式表示。优化设计的目标与设计变量的关系为

$$\begin{bmatrix} FR_1 \\ FR_2 \\ FR_3 \end{bmatrix} = \begin{bmatrix} 1 & 1 & 1 & 1 & 0 & 0 \\ 1 & 0 & 0 & 1 & 1 & 1 \\ 0 & 1 & 1 & 1 & 1 & 1 \end{bmatrix} \begin{bmatrix} x_1 \\ x_2 \\ x_3 \\ x_4 \\ x_5 \\ x_6 \end{bmatrix} \tag{2.25}$$

式中，FR_i 为功能需求，即设计目标。设计矩阵中“1”表示设计目标与设计变量有关。如果设计矩阵经过调整，可转换成对角阵的形式，说明优化目标之间是相互独立的，则转到步骤(4)。

(3)使用正交试验和方差分析技术确定各设计变量对各设计目标的影响程度(或贡献率)，确定主要设计参数，忽略对 FRs 影响程度较低的设计变量。在设计矩阵中，“×”表示设计目标与设计变量有较大程度的关联，“+”表示设计目标与设计变量的关联较弱，如式(2.26)所示：

$$\begin{bmatrix} FR_1 \\ FR_2 \\ FR_3 \end{bmatrix} = \begin{bmatrix} \times & \times & + & + & 0 & 0 \\ + & 0 & 0 & \times & \times & + \\ 0 & + & \times & + & + & \times \end{bmatrix} \begin{bmatrix} x_1 \\ x_2 \\ x_3 \\ x_4 \\ x_5 \\ x_6 \end{bmatrix} \tag{2.26}$$

将设计矩阵进行重排，将其转换成对角阵的形式，即

$$\begin{bmatrix} FR_1 \\ FR_2 \\ FR_3 \end{bmatrix} = \begin{bmatrix} \times & \times & 0 & + & + & 0 \\ + & 0 & \times & \times & 0 & + \\ 0 & + & + & + & \times & \times \end{bmatrix} \begin{bmatrix} x_1 \\ x_2 \\ x_4 \\ x_5 \\ x_3 \\ x_6 \end{bmatrix} \tag{2.27}$$

按功能需求(或优化目标)的个数对设计参数进行分组，使之类似于无耦合优化设计。可将设计变量归类为 3 组，设计参数 DP_1 包含 x_1 和 x_2，DP_2 包含 x_4 和 x_5，DP_3 包含 x_3 和 x_6，则式(2.27)改写为

$$\begin{bmatrix} \mathrm{FR}_1 \\ \mathrm{FR}_2 \\ \mathrm{FR}_3 \end{bmatrix} = \begin{bmatrix} \times & + & + \\ + & \times & + \\ + & + & \times \end{bmatrix} \begin{bmatrix} \mathrm{DP}_1(x_1, x_2) \\ \mathrm{DP}_2(x_4, x_5) \\ \mathrm{DP}_3(x_3, x_6) \end{bmatrix} \tag{2.28}$$

(4)根据某一已知的分组，如对某一设计目标 $f_i(\boldsymbol{x})$，x_p 和 x_q 成一组，如果某约束只与 x_p 和 x_q 有关，则将该约束归到这一组。依次类推，直到所有的约束都归到各个目标组中，然后转到步骤(6)；如果不能按这种方式进行，则转入步骤(5)。

(5)根据整体设计函数(包括目标函数和约束函数)与设计变量之间的关系，生成设计函数与设计变量的依赖关系矩阵，称为函数依赖关系表(function dependence table，FDT)。在函数依赖关系表中，若某约束函数与某设计变量有关，则表中对应位置用“1”表示，否则用“0”表示，不考虑设计变量对约束函数的影响程度问题。而目标函数与设计变量的关系则用上述“×”和“+”表示。

在任何情况下，约束都需要满足，因此约束可以同时出现在不同的组中，即如果某约束与多个组的设计变量有关，则该约束就可分别归属于所在设计变量的那个组。如表 2.2 所示，$g_1(\boldsymbol{x})$只与$(x_1，x_2)$有关，则只归于此组；$g_3(\boldsymbol{x})$与$(x_1；x_5；x_3，x_6)$3 个组的设计变量都有关，因此 $g_3(\boldsymbol{x})$就应分别归于 3 个组。

表 2.2　函数依赖关系表

	x_1	x_2	x_4	x_5	x_3	x_6
f_1	×	×	+	+		
g_1	1	1				
g_2	1			1		
g_3	1			1	1	1
f_2	+		×	×		+
g_2	1		1	1		
g_3	1			1	1	1
f_3		+	+	+	×	×
g_3	1			1	1	1

(6)如果各组之间的设计函数没有联系，是相互独立的，则可将多目标优化转换为单一目标优化的方式来处理。然后转到步骤(10)。然而，一般情况即使各优化目标是相互独立的，约束函数相互之间往往也是紧密联系的，因此就无法转换为单一目标优化的方式来处理，应按顺序执行。

(7)分组后，确定各组的顺序关系，按顺序依次优化各个目标。如果某个组的目标和约束除了与本组的设计变量有关，还与其他设计变量有关，则将其他的设计变量赋初始值固定，只优化本组的设计变量。在其后的组进行优化时，如果与它们之前组优化后的设计变量有关，则将该变量赋予得到的优化值。各组依次进行一次优化，置 k=1。

(8) 继续从第一组开始执行，将该组的其他设计变量赋予上次得到的优化值作为固定值进行本组的优化。在其后的每一组优化时，如果设计函数含有其他组的设计变量，则将这些变量赋予最近得到的优化值固定，并置 $k=k+1$。

(9) 判断是否满足收敛准则。若 $\|(\boldsymbol{x}^{k+1}-\boldsymbol{x}^{k})/\boldsymbol{x}^{k+1}\|<\varepsilon$（式中，$\varepsilon$ 为收敛精度，一般可取 $\varepsilon=10^{-3}\sim10^{-4}$），转步骤(10)；否则返回步骤(8)，继续进行下一次循环。

(10) 输出最优解 $(\boldsymbol{x}^*，\boldsymbol{F}^*)$。

基于独立公理的优化设计算法流程如图 2.7 所示。

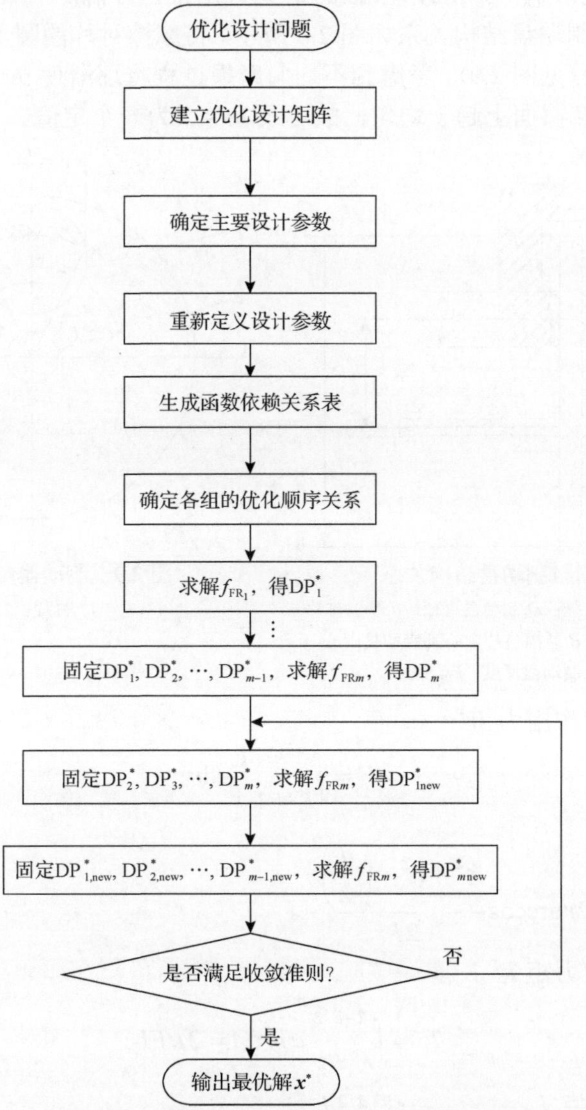

图 2.7　基于独立公理的优化设计算法流程

4. 应用实例——盘式制动器多目标优化设计[10]

对汽车用卡钳型盘式制动器进行优化设计，要求制动时间短且在控制温升的条件下轮毂尺寸小。已知汽车满载时一个车轮的载重量 W=3400N，行驶速度 v=160km/h，制动器数(车轮数) m=4，制动盘的最大许用直径 D_{max}=300mm，制动盘的最大许用温度 T_{max}=260℃，制动盘的材料为钢，初始温度 T_i=35℃，轮毂直径 D_h=75mm，衬片与制动盘间的摩擦系数 μ=1，轮胎与路面的附着系数 φ=1，衬片的最大许用压力 p_{max}=3MPa，油缸的最大许用油压 p_{0max}=7MPa，油缸壁厚 t_c=6.5mm。卡钳与制动盘结构关系如图 2.8 所示。将摩擦衬片的圆形摩擦面离散为与盘同心的弧形元(见图 2.9)，考虑到不均匀磨损过程将逐渐使 pv'(单元压力×滑转速度)值在整个摩擦面上趋于均匀，故可设 $pv'=C$ 为一个定值。

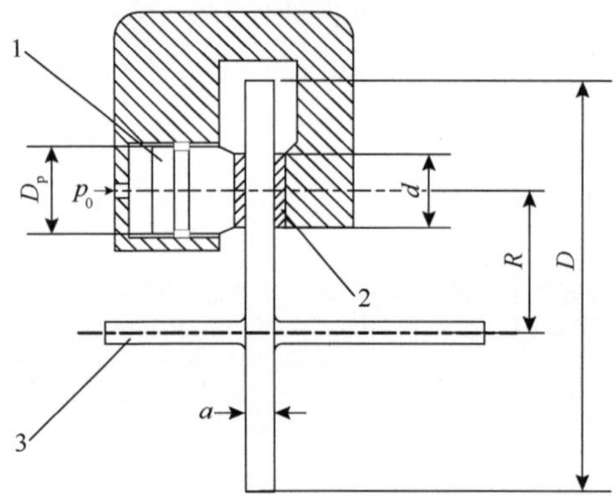

图 2.8 卡钳与制动盘结构关系

1. 活塞；2. 衬片；3. 盘；D.制动盘直径；d.摩擦衬片直径；D_p.活塞直径；R.摩擦衬片中心到制动盘中心的距离；a.制动盘厚度；p_0.油压

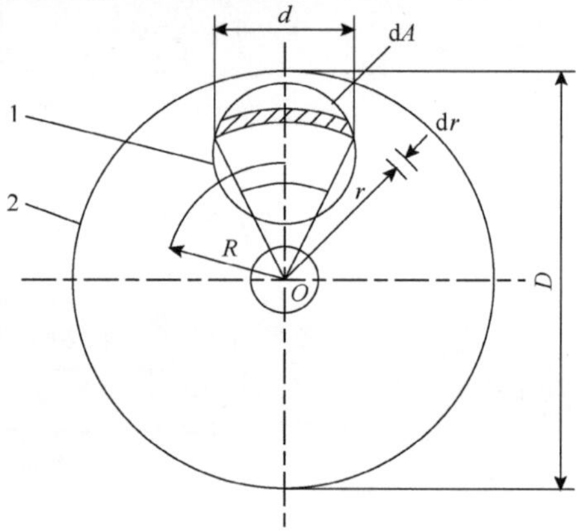

图 2.9 制动器参数示意图

1. 衬片；2. 盘

衬片对盘的作用力为

$$F=\int_{R-d/2}^{R+d/2}\frac{C}{r}l\mathrm{d}r \tag{2.29}$$

式中，$l=r\beta=2r\arccos\dfrac{R^2+r^2-\left(\dfrac{d}{2}\right)^2}{2Rr}$。

制动时摩擦力矩为

$$T_\mathrm{f}=\int_{R-d/2}^{R+d/2}\mu pr\mathrm{d}A=2\mu FI_2 \tag{2.30}$$

式中，$I_2=\int_{R-d/2}^{R+d/2}\frac{l}{I_1}\mathrm{d}r$，$I_1=\int_{R-d/2}^{R+d/2}\frac{l}{r}\mathrm{d}r$。

制动过程中衬片与制动盘间所消耗的总功与汽车动能相等，得出制动时间为

$$t=\frac{W_{\mathrm{a}}v^2}{4\pi F\mu I_2 n_0 mg} \tag{2.31}$$

式中，W_{a}为汽车总重(N)；n_0为开始制动时制动盘或车轮的转速(r/min)；F为油缸的推力，$F=\frac{\pi}{4}D_{\mathrm{p}}^2 p_0$，其中$D_{\mathrm{p}}$为活塞直径(mm)，$p_0$为油压(MPa)。

(1)数学模型。

①设计变量：$\boldsymbol{x}=[x_1,x_2,x_3,x_4,x_5,x_6]^{\mathrm{T}}$，各参数如图 2.8 和图 2.9 所示。

②约束函数：

$$\begin{cases} g_1(\boldsymbol{x})=-x_1+\frac{1}{2}x_2+\frac{1}{2}D_{\mathrm{h}}\leqslant 0 \\ g_2(\boldsymbol{x})=x_1+\frac{1}{2}x_2-\frac{1}{2}x_3\leqslant 0 \\ g_3(\boldsymbol{x})=-x_1+\frac{1}{2}x_4+t_{\mathrm{c}}+\frac{1}{2}D_{\mathrm{h}}\leqslant 0 \\ g_4(\boldsymbol{x})=x_3-D_{\max}\leqslant 0 \\ g_5(\boldsymbol{x})=x_6-p_{0\max}\leqslant 0 \\ g_6(\boldsymbol{x})=\dfrac{\pi x_4^2 x_6}{4I_1\left(x_1-\dfrac{x_2}{2}\right)}-p_{\max}\leqslant 0 \\ g_7(\boldsymbol{x})=\frac{1}{2}\mu\pi D_{\mathrm{p}}^2 p_0-Wr\varphi\leqslant 0 \\ g_8(\boldsymbol{x})=\dfrac{4E}{J\pi c\rho x_3^2 x_5}+T_i-T_{\max}\leqslant 0 \end{cases} \tag{2.32}$$

式中，J为热功当量，取J=1N·m/J；c为比热容，取c=472.8J/(kg·℃)；ρ为密度，$\rho=7.8\times10^{-6}\mathrm{kg/mm^3}$；$E$为摩擦力矩所消耗的功，$E=W_{\mathrm{a}}v^2/(2mg)$。

③目标函数：提高制动器的工作效率，缩短制动时间，对保证汽车安全行驶非常重要，因此应以制动时间最小作为最优化设计的目标。另外，制动盘的厚度最小和制动盘的温升最小可作为优化设计的另两个目标，即

$$\min \boldsymbol{F}(\boldsymbol{x})=[f_1(\boldsymbol{x}),f_2(\boldsymbol{x}),f_3(\boldsymbol{x})]^{\mathrm{T}} \tag{2.33}$$

式中，$f_1(\boldsymbol{x})=t$，$f_2(\boldsymbol{x})=a$，$f_3(\boldsymbol{x})=\dfrac{4E}{J\pi c\rho x_3^2 x_5}$。

(2)计算过程及结果。

①将优化目标和设计变量用设计方程的方式表示，并调整设计矩阵。

$$\begin{bmatrix} FR_1 \\ FR_2 \\ FR_3 \end{bmatrix} = \begin{bmatrix} 1 & 1 & 1 & 1 & 0 & 0 \\ 0 & 0 & 0 & 0 & 1 & 0 \\ 0 & 0 & 0 & 0 & 1 & 1 \end{bmatrix} \begin{bmatrix} x_1 \\ x_2 \\ x_4 \\ x_6 \\ x_5 \\ x_3 \end{bmatrix} \tag{2.34}$$

FR_1 与 FR_2、FR_3 之间是独立的，而 FR_2 只与 x_5 有关，因此只需确定 x_3、x_5 对 FR_3 的影响程度。

②使用正交试验和方差分析技术确定 x_3、x_5 对 FR_3 的影响程度。如表 2.3 所示，两个设计变量分别取 3 个因素水平，选正交表 $L_9(3^4)$。

表 2.3　因素水平表　　(单位：mm)

因素	水平		
	1	2	3
x_3	200	250	300
x_5	4	5	6

通过方差分析可知 x_3 对 FR_3 的影响很大，相比较而言，x_5 对 FR_3 的影响较小，则可得

$$\begin{bmatrix} FR_1 \\ FR_2 \\ FR_3 \end{bmatrix} = \begin{bmatrix} 1 & 0 & 0 \\ 0 & 1 & 0 \\ 0 & + & \times \end{bmatrix} \begin{bmatrix} DP_1(x_1, x_2, x_4, x_6) \\ DP_2(x_5) \\ DP_3(x_3) \end{bmatrix} \tag{2.35}$$

③建立函数依赖关系表，卡钳型盘式制动器的函数依赖关系如表 2.4 所示。

表 2.4　制动器的函数依赖关系表

	x_1	x_2	x_4	x_6	x_5	x_3
f_1	1	1	1	1		
g_1	1	1				
g_2	1	1				1
g_3	1		1			
g_5				1		
g_6	1	1	1	1		
g_7	1	1	1	1		
f_2	+				1	
g_8					1	1
f_3					+	×
g_2	1	1				1
g_4						1
g_8					1	1

④可以看出 $f_1(\boldsymbol{x})$ 与 $f_2(\boldsymbol{x})$ 之间是独立的，$f_3(\boldsymbol{x})$ 与 $f_2(\boldsymbol{x})$ 是近似无耦合的。$f_1(\boldsymbol{x})$ 和 $f_2(\boldsymbol{x})$ 可以并行优化，但 $f_1(\boldsymbol{x})$ 组的约束 g_2 和 $f_2(\boldsymbol{x})$ 组的约束 g_8 与 $f_3(\boldsymbol{x})$ 中的设计变量 x_3 有关，因此在优化这两个目标时，要先给 x_3 赋初值固定。而在优化 $f_3(\boldsymbol{x})$ 时，需将 x_1、x_2、x_5 赋前面所得的优化值固定。

继续进行下一次循环，直至满足收敛准则，求出最优解。

优化计算结果与一般采用基于加权理想点法的优化及初始结构的设计尺寸比较如表 2.5 所示，这里的加权因子分别为 w_1=0.495，w_2=0.495，w_3=0.01。根据计算的过程和结果可知，一般的加权优化随着加权因子的不同优化结果会产生变化，因此各个优化目标是很难权衡的。而基于 AD 的优化是按次序进行的，其优化结果是比较令人满意的，除了第 3 个目标值有点偏大外，其余两个目标值相比之下较小，这也与前两个目标的重要性相一致。

表 2.5　优化结果

优化方式	x_1/mm	x_2/mm	x_3/mm	x_4/mm	x_5/mm	x_6/MPa	$f_1(x)=t$/s	$f_2(x)=a$/mm	$f_3(x)=T$/℃
初始	100	60	280	40	5	3	7.2410	5	378.9376
加权优化	100.0159	60.0361	280.1449	40.0774	7.2721	3.5163	6.1530	7.2721	207.4839
AD 优化	100.0527	60.1214	300	40.2578	5.8478	4.7265	4.5351	5.8478	224.9969

2.2.3　信息公理的改进研究

由于设计过程的可分性和设计状态的多样性，产品设计往往存在多个设计方案，即使对同一个设计方案，不同的用户也会有不同看法，故存在设计方案优选的问题，该问题也是设计中的关键；又由于设计过程的层次性和迭代性，设计方案可能会因为其他设计方面的修改或解决而需要重新考虑，因此存在产品设计方案评价的可变性、灵活性问题。这些问题的解决都有赖于进行科学的产品设计评价。评价可为下一阶段的可接受性决策提供依据，也可为再设计提供重要反馈信息。

就现有的评价方法来说，通常需要决策者事先确定各指标权重，但这些权重只是反映各个评价指标的相对重要程度，无法真实地表达决策者对评价指标的满意程度；又由于客观事物的复杂性，一般情况下，决策者难以事先给出明确的权重偏好信息。

1. 基于信息公理的评价方法

信息公理提供了一种评价设计方案优劣的有效手段，其特点是利用满足 FR 的概率的形式表达设计者对评价指标的满意程度，而不必像其他评价方法那样要用到权重。同时，设计者的意图和设计者赋予每一个评价指标的重要性是由设计范围来表示的，而设计范围就体现了用户需求这一重要因素。而其他评价方法通常要考虑由于各指标之间重要程度的差异对其赋予相应的权重，但权重的确定存在人为因素等不确定性的影响。此外，利用信息公理进行评价也无须考虑评价指标使用的量纲和单位是否一致，即不必做规范化处理，因为由式(2.9)或式(2.14)计算信息量时所用的成功概率是一个无量纲的比值，与评价指标类型和量纲单位无关，从而避免了对不同类型的指标所需进行不同的规范化处理的要求。基于信息公理的评价方法可以按以下步骤进行：

(1)根据用户需求和设计对象的工作特点、性能要求以及应用场合等，选择并确定设计方案的评价指标体系。

(2)按照各指标的相对重要程度精确地规定设计范围，根据设计方案的实际指标值做出相关的概率分布图，确定系统范围，计算出各指标的信息量。

(3)计算出每个方案的总信息含量。假设有 m 个因素指标，对某设计方案而言，其信息量为各指标信息量之和，即

$$I_{\Sigma} = I_1 + I_2 + \cdots + I_m \tag{2.36}$$

(4)比较各设计方案的信息量，确定最佳设计方案。若某设计问题有 n 个设计方案，则各方案的总信息量可用以下矩阵形式表示：

$$\boldsymbol{I}_{\text{total}} = [I_{\Sigma 1}, I_{\Sigma 2}, \cdots, I_{\Sigma n}] \tag{2.37}$$

由信息公理可知，信息量最少的设计方案即最佳的方案，即最佳方案为 $\min\{I_{\Sigma i}\}$。

在基于信息公理的评价方法中，决策者给出反映不同满意程度的设计范围和系统范围，这些值具有实际的工程背景。尽管各个评价指标的物理意义以及量纲可能不同，但是用信息量作为统一的衡量尺度定量地表达了决策者对各评价指标的满意度。因此，它与一般的基于权重的方法有本质的区别，而且整个计算过程易于实现。

2. 基于模糊信息公理的评价方法

信息公理虽然为设计者提供了一个可量化的设计评价准则，然而它需要事先知道评价对象指标的确切数值，才能进行信息量的计算。由于在复杂产品设计评价时往往涉及诸多因素，并且因素具有随机性、模糊性特点，很难确定这些因素指标的具体数值，如耐磨性、可维修性、舒适度、结构复杂性、制造难易等，属于设计者的经验范畴，一般只能用“很好”“好”“一般”“差”等模糊概念来刻画，故需对模糊信息进行处理。因此，针对定性语言描述的指标集，应用模糊数学的方法进行综合评价将会取得更好的实际效果。基于模糊信息公理的评价方法就是采用模糊数学原理将模糊信息数值化，再运用 AD 的信息公理来计算信息量以进行综合评价的一种方法[11,12]。

1) 模糊集合的概念

“模糊集合”理论给出了模糊性现象定量描述和分析运算的方法。设 $\underset{\sim}{A}$ 是论域 U 中的一个模糊集合，它是以隶属函数 $\mu_{\underset{\sim}{A}}$ 来表征的集合，即

$$\mu_{\underset{\sim}{A}}: u \to \mu_{\underset{\sim}{A}}(u) \tag{2.38}$$

式中，$\mu_{\underset{\sim}{A}}$ 为 $\underset{\sim}{A}$ 的隶属函数；$\mu_{\underset{\sim}{A}}(u)$ 为元素 $u\,(u \in U)$ 从属于 $\underset{\sim}{A}$ 的程度，并称 $\mu_{\underset{\sim}{A}}(u)$ 为 u 对 $\underset{\sim}{A}$ 的隶属度，它的大小反映了 u 对于模糊集合的从属程度，$\mu_{\underset{\sim}{A}}(u)$ 的值接近于 1，表示 u 从属于 $\underset{\sim}{A}$ 的程度很高。

2) 隶属函数的确定

各指标属性值量化的方法随评价指标的类型不同而不同，通常指标有效益型、成本型、定目标型和区间型 4 种类型。模糊评价的表达和衡量不是用分值的大小，而是采用方案对某些评价等级概念（如优、良、中、差）隶属度的高低。对于模糊的评价指标不能简单地用“0”去否定或用“1”加以肯定，需要有 0 与 1 之间的一个实数去度量，这个实数就是隶属度。若将不同条件下的隶属度变化规律用函数表达，则该函数就是隶属函数，而选择合适的隶属函数是描述模糊概念的关键。隶属度可采用统计法或通过选择合适的隶属函数求得。

针对不同性质的问题，隶属函数可选取多种不同的函数形状，如三角形、梯形、钟形、岭形等。对区间型指标，可以采用梯形或岭形隶属函数；对效益型和成本型指标，可以分别采用升半梯形（或升半岭形）和降半梯形（或降半岭形）隶属函数；对定目标型指标，可以采用三角形隶属函数，这种形式的隶属函数因为形状简单，易于计算，并且与其他较复杂的隶属函数得出的结果差别较小，故在实际中被广泛采用。鉴于三角形和梯形模糊隶属函数具有使用简便、易于理解、能很好表达各种模糊变量的特点，在对设计方案指标值进行标度时采用这两类形式的隶属函数。以三角形隶属函数为例，当决策者用定性评价等级集 B={好，较好，一般，较差，差}来评价方案某一指标的性能时，其隶属函数的曲线分布如图 2.10 所示。

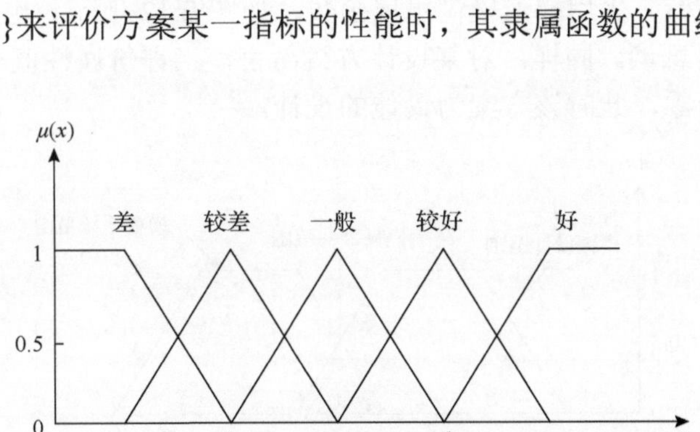

图 2.10　一般三角形隶属函数曲线

3) 模糊信息量的计算

根据用户需求和设计性能要求等，确定设计方案的评价指标体系。然后按照AD方法，规定每个评价指标的设计范围，以及根据各待评价的设计方案的实际性能，确定各设计方案每个评价指标的系统范围，作出相应的隶属函数曲线。以定目标型指标为例，其属性值要求不能太大也不能太小，如图2.11所示。本章将设计范围的隶属函数曲线所围成的面积定义为模糊设计范围，系统范围的隶属函数曲线所围成的面积定义为模糊系统范围，模糊设计范围与模糊系统范围的交集称为模糊公共范围，此部分满足功能需求。因此，类似式(2.15)，模糊信息量计算公式为

$$I=\log_2\frac{\text{模糊系统范围}}{\text{模糊公共范围}} \tag{2.39}$$

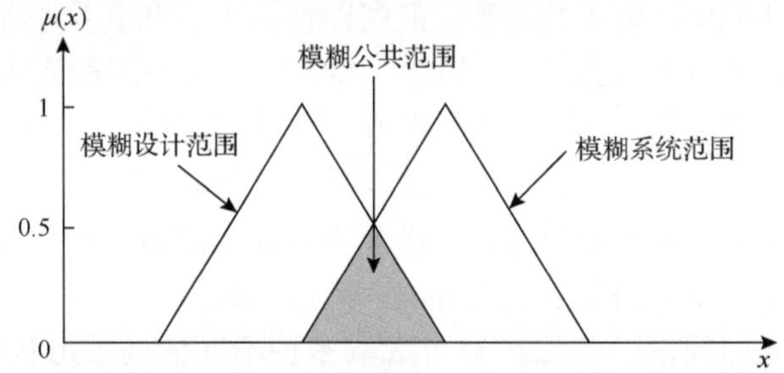

图2.11　定目标型的系统与设计范围的隶属函数曲线

对某设计方案而言，当定指标的评价属性值与评价目标值一致时，即模糊系统范围刚好与模糊设计范围重叠，此时信息量为零；也就是说，对于该指标，设计方案是非常理想的。当评价属性值远离目标值时，即模糊系统范围与模糊设计范围没有重叠，模糊公共范围为零，此时信息量为无穷大。因此可以说，对于该指标，设计方案是非常不理想的。

对区间型指标，采用梯形模糊隶属函数，如图2.12所示，也可按照式(2.39)的方法来计算信息量。同样，对某设计方案而言，当评价属性值与评价目标值一致时，信息量为零，此时该方案为最佳的设计。

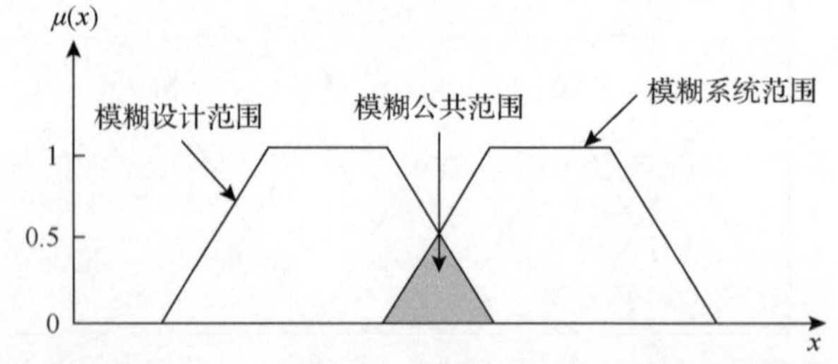

图2.12　区间型的系统与设计范围的隶属函数曲线

然而，对于效益型和成本型指标，该计算方法就不适合，原因在于未考虑在设计评价中用户的因素。信息公理中的信息量计算公式对于制造系统比较适用，因为制造产品的分布是按系统范围来统计的；而对于一般的设计系统，一旦给定一组设计方案，系统范围就相应确定了，一个用户只是来源于用户群分布中的样本个体，用户是遵循设计范围分布的。以成本型为例，要求属性值越小越好，假设有两个方案对同一指标的评价值分别为“中”和“较小”，而设计要求是只要评价指标值为“中及其以下”即可，那么模糊设计范围应是从评价指标值为“中”开始的整个区间，如图 2.13(a)和(b)所示。

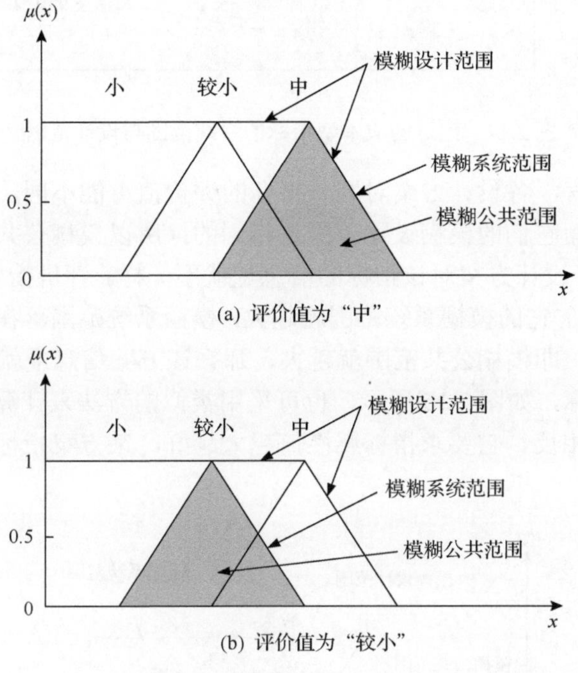

图 2.13　成本型的系统范围与设计范围的隶属函数曲线

模糊系统范围落在模糊设计范围之内，模糊公共范围就等于模糊系统范围，根据式(2.39)计算可知，信息量 I=0，两个方案对该指标的信息量是相同的，也就是评价结果一样；但事实上，评价指标值为“较小”的方案显然要比评价指标值为“中”的方案好些。为了解决这一评价不合理问题，有必要重新确定模糊系统范围的含义并对模糊信息量的计算公式加以适当的修正以满足模糊评判的需要。

对于成本型指标，较小的指标属性值实际上包含了比该属性值大的部分，如图 2.13(b)的“较小”指标值就包括了指标值为“中”的部分，故其模糊系统范围就应该包括比该属性值大的系统范围，如图 2.14 所示。另外，设计范围是用户所期望的范围(即用户 FRs)，对于同一组设计方案，不同用户有不同要求，故成功

的概率可以表示为p=模糊公共范围/模糊设计范围，模糊信息量计算公式则为

$$I = \log_2 \frac{\text{模糊设计范围}}{\text{模糊公共范围}} \tag{2.40}$$

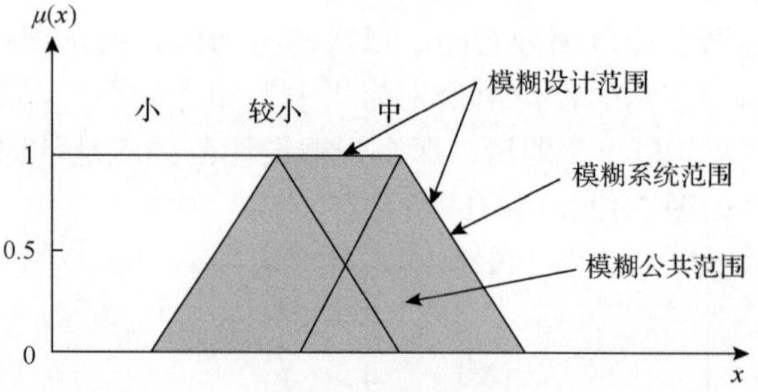

图 2.14　改进的成本型指标的系统范围与设计范围

对某用户而言，各设计方案对同一指标的评价值可能不同，即各方案的模糊系统范围不同，而它们的模糊设计范围是相同的，所以模糊公共范围也不相同。按照式(2.40)，各设计方案对该指标的信息量就不一样。评价指标属性值越小(成本型指标)的方案，它的模糊系统范围就越大，模糊系统范围落在模糊设计范围之内的部分就越多，即模糊公共范围就越大，那么该方案信息量就越小。

对效益型指标，如图 2.15 所示，也可采用类似的方法来计算模糊信息量。不过与成本型指标相反，它要求指标属性值越大越好。某方案指标属性值越大，信息量就越小。

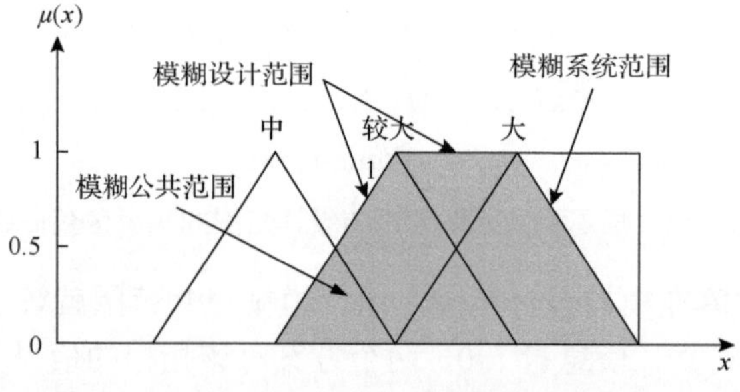

图 2.15　效益型指标的系统范围与设计范围

式(2.40)也适合区间型和定目标型指标的模糊信息量计算，因为这两类指标的模糊设计范围与模糊系统范围一致，即式(2.39)和式(2.40)计算这两类指标得到的模糊信息量是相同的。

对于定量指标，由于无须考虑模糊因素，那么其信息量可以表示为

$$I = \log_2 \frac{设计范围}{公共范围} \tag{2.41}$$

式(2.40)不同于式(2.9)，式(2.9)是针对制造系统能力评价的，而式(2.40)是针对设计方案满意度评价的。计算出各指标的信息量之后，就可按照式(2.36)求出各方案的总信息含量。

式(2.36)表示的计算总信息含量方法适用于单层的指标体系。对于多层次的指标体系，虽然每个主指标的信息量也可按该公式来计算，即该指标的信息量就等于其子指标信息量之和，但由于每个主指标所包含的子指标数目不一致，对同一设计问题进行评价，某一主指标的子指标数目越多，则该指标的信息量就越大。因为评价不同于产品设计，对于产品设计，当对某个 FR 进行分解时，需考虑其子 FRs 满足系统组成的完整性、子 FRs 与父 FRs 的一致性和子 FRs 之间的独立性。而评价指标体系的建立主要依赖于领域专家的知识与经验，虽然也考虑了指标体系的全面性和要求各指标间的独立性，但实际评价指标存在相互影响，指标内涵的重叠时常发生，并且设计者往往自觉或不自觉地将部分重要指标(局部地)重复表述以实现对强调其重要性的心理补偿。因此，为了消除指标数目的多少对评价结果的影响，可以采用单位指标的信息量来衡量，即某主指标的信息量等于其子指标信息量之和除以子指标数。如假设某评价问题的指标体系是两层的，有 m 个主因素指标，某一主指标 p 含有 q 个子指标，则该主指标 p 的信息量就应表示为

$$I_p = \frac{I_{p1} + I_{p2} + \cdots + I_{pq}}{q} \tag{2.42}$$

两层以上的评价指标的信息量也可按式(2.42)来计算。

按上述基于模糊信息公理的评价方法可对设计方案进行评价，其评价流程如图 2.16 所示。

3. 工程实例评价分析

工作性变幅机构中吊重水平位移补偿系统的合理设计，可使在变幅过程中吊重能沿水平线或接近水平线轨迹移动，以降低能耗，提高机构的操作性能，降低机构的驱动功率。吊重水平位移补偿系统设计方案有多种：滑轮组补偿、平衡滑轮补偿、卷筒补偿、刚性拉杆组合臂架、平行四边形组合臂架等。某用户需求一台带载变幅的起重机，用于工作繁忙程度一般的场合。要求起重量 Q=80t，最大幅度 R_{max}=45m，起升速度 v=10m/min，起升高度 H=55m。此外，要求在变幅过程中货品能较好地沿水平线轨迹移动且摆动要小，因为起重量较大、起升高度也高，只有这样才能少更换钢丝绳，由于是较大型起重机，变幅机构的水平位移补偿系统成本相对整机的成本可不作重点考虑。

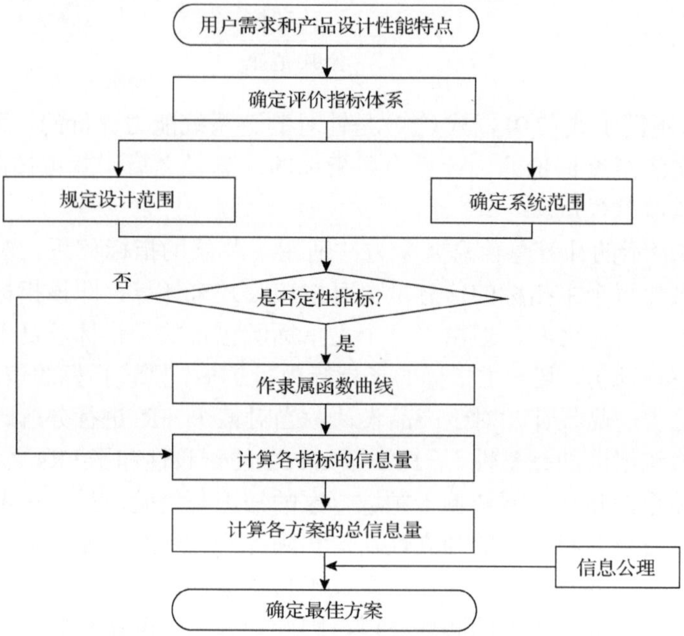

图 2.16　基于模糊信息公理的评价过程

根据对前人研究的分析，确定出与上述方案相关的主要因素有 6 个，如表 2.6 所示。

表 2.6　变幅机构吊重水平位移补偿系统设计评价因素与等级表

指标	滑轮组补偿方案	平衡滑轮补偿方案	卷筒补偿方案	刚性拉杆组合臂架方案	平行四边形组合臂架方案
吊重沿水平线轨迹移动效果	较差	好	一般	较好	好
变幅过程物品的摆动	一般	一般	一般	小	大
对钢丝绳寿命的影响	大	一般	较大	小	小
结构复杂性	简单	一般	简单	复杂	复杂
制造、安装、加工工艺	简单	一般	简单	复杂	复杂
维修复杂性	简单	一般	简单	复杂	复杂

表 2.6 中的结构复杂性和工艺复杂性体现了设计与制造成本，因为结构越复杂，设计难度就越大，设计成本就越高；制造、安装、加工工艺复杂就意味着制造难度大，制造成本就高；维修复杂性就体现了维修成本，维修复杂性大就意味着维修成本高。表 2.6 中的评判等级都是定性表达的，对于定性因素隶属函数的构造，可按一定的准则对定性因素作数量化处理。本章将复杂性评判因素分成 3 个等级，即复杂、一般、简单；将其他评判因素分成 5 个等级，即差、较差、一般、较好、好(或大、较大、一般、较小、小)。下面给出各评判因素指标的隶属

函数曲线并确定设计范围和系统范围。

根据用户要求确定各评价指标的设计范围：吊重沿水平线轨迹移动效果要"较好"以上；变幅过程物品的摆动要"较小"；对钢丝绳寿命的影响"一般"以下即可；对于结构复杂性与制造、安装、加工工艺以及维修复杂性不作要求，因此它们的模糊设计范围可以认为是整个评价等级范围。然后根据各方案的评价等级确定各指标的模糊系统范围，从而可确定出模糊公共范围，最后计算出各方案对各指标的模糊信息量。

以吊重沿水平线轨迹移动效果为例计算其信息量。如图 2.17 所示，模糊设计范围为 2×1+1/2=2.5，5 种水平位移补偿系统设计方案的信息量分别由式(2.40)计算可得，具体计算结果如下所示。

(1) 滑轮组补偿：

$$I = \log_2 \frac{2.5}{0} = \infty$$

(2) 平衡滑轮补偿：

$$I = \log_2 \frac{2.5}{\frac{1+3}{2}} = 0.3219$$

(3) 卷筒补偿：

$$I = \log_2 \frac{2.5}{\frac{3-2}{2\times 2}} = 3.3219$$

(4) 刚性拉杆组合臂架：

$$I = \log_2 \frac{2.5}{\frac{3-1}{2}} = 1.3219$$

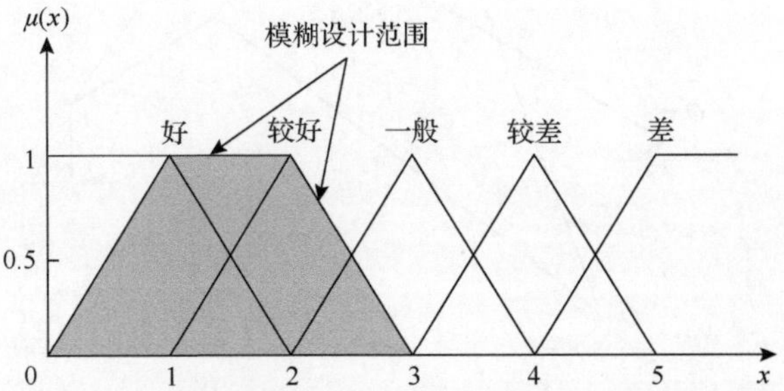

图 2.17　吊重沿水平线轨迹移动效果的隶属函数曲线

图中阴影部分所表示的是评价值为"好"时的模糊公共范围

(5)平行四边形组合臂架：

$$I = \log_2 \frac{2.5}{\frac{1+3}{2}} = 0.3219$$

其余计算结果如表 2.7 所示。

表 2.7 变幅机构吊重水平位移补偿系统设计信息量计算结果

评价指标	滑轮组补偿方案	平衡滑轮补偿方案	卷筒补偿方案	刚性拉杆组合臂架方案	平行四边形组合臂架方案
吊重沿水平线轨迹移动效果	∞	0.3219	3.3219	1.3219	0.3219
变幅过程物品的摆动	3.3219	3.3219	3.3219	0.3219	∞
对钢丝绳寿命的影响	∞	1.8074	3.8074	0.2224	0.2224
结构复杂性	0.2224	0.8074	0.2224	1.8074	1.8074
制造、安装、加工工艺	0.2224	0.8074	0.2224	1.8074	1.8074
维修复杂性	0.2224	0.8074	0.2224	1.8074	1.8074
I_Σ	∞	7.8734	11.1184	7.2884	∞

从表 2.7 中可以看出，刚性拉杆组合臂架方案的信息量是最小的，因此按照所提出的方法，它是最佳的设计方案。采用刚性拉杆的四连杆式组合臂架的工作原理如图 2.18 所示，其中臂架系统是组合式的，它由臂架(OB)、象鼻梁($ABCD$)和刚性拉杆(O_1C)三部分组成，连同机架(OO_1)一起构成一个平面四杆机构。如果

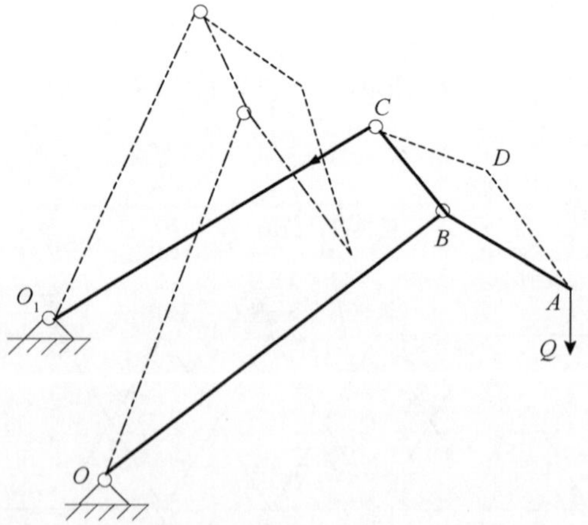

图 2.18 刚性拉杆组合臂架简图

臂架系统的尺寸选择得合适，则在有效幅度范围内，象鼻梁的端点将沿着接近水平线的轨迹移动。当起升绳沿着拉杆或臂架到象鼻梁从其头部引出时，可满足物品水平变幅的要求。

除了上述应用外，AD 还被应用到产品族设计中，利用独立公理进行产品平台功能需求与设计参数间的映射[14]，以及产品族设计耦合分析[15]；也将其与可适应设计结合，利用信息公理来评价产品平台的适应性[16]。

2.3　设计结构矩阵的基本原理

2.3.1　设计结构矩阵概述

新产品的开发和自主创新能力已成为新世纪企业生存和发展的至关重要的衡量标准[17]。由于一个复杂产品开发项目涉及大量需要执行的活动，并且随着复杂度的增加，管理活动和开发团队之间的相互作用关系将变得非常困难；即使要预测一个简单的决策对设计过程产生的影响也会非常困难[18]，因此一些研究者先后提出用甘特图[19]、PERT 和 CPM[20]等来描述项目进度计划。但是随着研究的不断深入，人们发现：由于自身分析能力的局限性，这些基本的技术并不适合管理复杂的工程项目。其局限性主要体现在如下两个方面：①不能直观地描述活动之间的依赖关系；②不能处理耦合迭代活动关系。因此，有必要提出一种新的项目管理工具对产品开发过程进行有效管理。

Steward 在参与开发核电站的工作时构思了 DSM 的概念，他于 1981 年发表了第一篇关于 DSM 的论文，该文将 DSM 用于建立设计任务的信息流以及识别它们之间的反复循环关系[21]。此后，Eppinger 等[18]通过在任务之间建立信息耦合模型来研究不同的策略对整个开发过程的影响并将 Steward 的研究进行了扩展；Rogers[22]为设计管理者开发了一种作为设计支撑工具的计算机集成软件包，应用遗传算法对 DSM 进行划分的同时引入了一种层次分解方法。由于具有描述、分析信息流和能量流等交互关系的简洁性和有效性等特点，DSM 被越来越多地应用于产品开发领域的研究和实践中。

通常，一个简单的 DSM 能够以直观、形象、最优的分析形式显示系统各成分之间的关系。具体而言，DSM 是一个具有相同行列标志的矩阵。在图 2.19 中，对角线由阴影单元表示，而非对角线标记“X”则表示两个对应单元之间的依赖关系。矩阵的行表示其他单元对所在行单元的信息输入，矩阵的列表示所在列单元对所有其他单元的信息输出。故在图 2.19 中，单元 A 向单元 B、D、E 提供某种信息流，同时它又依赖于来自单元 C、E 的某种信息流。

	A	B	C	D	E
A	A		X		X
B	X	B	X	X	
C			C	X	
D	X	X		D	
E	X			X	E

图 2.19　DSM 实例

Browning[23]将 DSM 分为两大类：静态的 DSM 和基于时间的 DSM。静态的 DSM 描述不随时间变化、同时存在的系统单元，如产品结构的组成零部件和组织结构中的团队。通常，静态的 DSM 用聚类算法对矩阵进行分析；而在基于时间的 DSM 中，行和列的排序显示的是经过时间的流。在开发过程中上游任务优先于下游任务进行，因此当涉及相互依赖问题时，前馈、反馈关系将对系统的设计规划产生巨大的影响。一般情况下，基于时间的 DSM 使用划分算法进行分析。

此外，DSM 也常被称为依赖结构矩阵、依赖资源矩阵、相互作用矩阵、影响范围矩阵、优先级矩阵等，而建立这些矩阵的目的都是阐述结构关系以及帮助设计管理者进行产品、项目和开发团队的设计、开发和管理。

2.3.2　设计结构矩阵分类

目前主要有 4 种不同类型的 DSM 应用于产品开发、工程计划、项目管理、系统工程和组织设计等众多生产实践中，具体分类如下[23]：

(1) 基于组成或结构的 DSM。基于组成、子系统、零部件的构成以及它们之间关系建立的系统结构模型，用于描述各组成部分之间的依赖关系。

(2) 基于团队或组织的 DSM。基于个人、团体以及它们之间相互作用关系建立的组织结构模型，用于确定合理的开发团队规模、功能、关系等。

(3) 基于任务的 DSM。基于任务和任务之间信息流以及其他依赖关系建立的过程或任务的模型，用于寻找最优的任务执行顺序，减少反馈以避免不必要的返工。

(4) 基于参数的 DSM。用于建立设计过程中低层次的零部件参数之间相互作用关系的模型。

表 2.8 列出了这 4 种不同类型 DSM 的简单描述、应用及常用分析方法。

表 2.8　DSM 分类

DSM 数据类型	描述	应用	分析方法
基于组成或结构的 DSM	多重组成关系	系统结构、工程设计	聚类
基于团队或组织的 DSM	多重团队联系特性	组织设计、交叉管理、团队合作	聚类
基于任务的 DSM	任务输入、输出关系	工程时序安排、行为顺序排列、迭代时间的缩短	划分
基于参数的 DSM	参数决策问题	低层次任务先后顺序和过程结构	划分

1. 基于组成或结构的 DSM

基于组成或结构的 DSM 描述复杂系统元素之间的相互作用关系。该模型将复杂系统分解为一些容易理解、操作的子系统，并用相应的矩阵运算对系统进行规划管理；同时经过结构分解，能够减少系统设计过程的复杂性。通常，对复杂系统建立基于组成或结构的 DSM 模型包括以下步骤：

(1) 将系统分解成更小的子系统或单元。

(2) 确定各单元之间的相互作用关系，即依赖性。

(3) 通过聚类分析方法对结构单元进行重构。

基于组成或结构的DSM能够使设计者清楚所要开发项目的内部构成及潜在冲突，同时能够促进该项目开发管理的系统性和创新性，因此它被广泛应用于复杂系统研发过程。此外，基于组成或结构的 DSM 在对系统间的各种交互类型分类的基础上，对交互关系再额外赋予适当的权重，使建立的 DSM 更加准确。Pimmler 等[24]给出了显示这种交互分类的参数表(见表 2.9)及空间交互量化的参数表。

表 2.9　系统元素的交互分类[24]

交互关系	交互关系描述
空间	两个单元之间存在位置关系或邻接关系
能量	两个单元之间需要进行能量转换
信息	两个单元之间需要进行数据和信号交换
原材料	两个单元之间需要进行原材料交换

刘天湖等[25]使用基于组成或结构的 DSM 探讨活塞连杆组件的研发过程，如图 2.20 所示，其中“1”表示组件间存在相互依赖关系。需要注意的是，系统中并不是每个单元都与其他单元发生作用，但是每个单元对实现产品的功能都会产生一定的影响。

		A	B	C	D	E	F	G	H	I	J	K	L
活塞	A	A								1	1		
连杆	B		B	1	1	1						1	1
连杆盖	C		1	C		1						1	1
连杆衬套	D		1		D								1
连杆螺钉	E		1	1		E							1
第一道气环	F						F						
第二、三道气环	G							G					
油环	H								H				
活塞销	I	1								I	1		
活塞销卡环	J	1								1	J		
连杆轴瓦	K		1	1								K	
连杆定位套筒	L		1	1	1	1							L

图 2.20 基于组成或结构的 DSM

2. 基于团队或组织的 DSM

组织结构是一个非常复杂的系统，对其更好的理解能提高和改进组织设计。而复杂系统的设计离不开团队之间、个体之间的信息交换，而通过信息交换可以获取大量有用的信息，任何一个孤立的团队或个体都无法独立完成一项复杂的工作。因此，建立基于团队或组织的 DSM 用来描述和分析团队之间、个体之间的交互关系，进而揭示改进组织设计结构的有效方法。该方法主要是通过识别团队之间所需的信息流以及描述它们之间的关系来建立的。需要注意的是，在构建过程中，设计人员必须清楚团队间信息流的意义，才能建立正确、恰当的模型。表 2.10 描述了几种具有代表性信息流的特征。

表 2.10 信息流分类

信息流展现形式	可选的测量标准
详细级别	稀疏(文件，E-mail)到丰富(模型，面对面交流)
交互频率	低(批处理，按时)到高(在线，实时)
方向	单向到双向
时间	早期(初期，触发)到后期(过程的后期)

通常，建立基于团队或组织的 DSM 模型包括以下步骤：

(1)将组织分解成具有鲜明功能、角色或任务的组织单元，即团队组织。

(2)确定各团队之间相互作用关系。

(3)用聚类方法对矩阵重新排序，找出聚类块。

Eppinger 等[18]使用基于团队或组织的 DSM 方法分析汽车发动机开发团队，

建立了如图 2.21 所示的基于团队或组织的 DSM，获取各开发团队之间的信息流向及交互频率用以改进汽车发动机的开发过程。其中“1”表示开发团队之间弱信息交流；“3”表示适度信息交流；“9”表示强信息交流。

		A	B	C	D	E	F	G	H	I	J	K	L	M	N	O	P	Q	R	S	T	U	V
发动机块	A	A	9	9	9	1	9	1	9	9	9	1	1	1						9		9	3
气缸顶	B	9	B	9	3		1		9	1	9	9	9	1		3	3	1		3		1	9
凸轮轴/阀门	C	9	9	C	1		1			3	1	1								1		1	3
活塞	D	9	9	3	D	3	3	1		3	3	1					3			1			9
连接棒	E	3	1		9	E	9			3	1												3
机轴	F	9	3	1	9	9	F	9	3	9	1									3	1		3
飞轮	G	1					9	G		1												3	3
附件传动	H	9	9	1			3		H	1	9	9	3	3	3	9	9	9	1	1	1	1	3
润滑油	I	9	1	3	3	1	3	1	1	I	1		1							1		3	9
水泵/冷却	J	9	9	3	3				9	3	J	3		1	1		1	1				1	3
水管输入口	K	3	9	1					9	1	9	K	9	9	3	3	9	9	9	3	3		9
排气装置	L	1	9						1	1	1	9	L	9	1	9	3			3	3	1	3
散热器	M	1	3						1		1	9	9	M		1	1	1		1	9	1	3
空气清洁器	N		1						9			9	1		N	9	1	9					
节温器	O	1							9		1	3	9	1	3	O		1			3	1	3
燃料系统	P								3		1	9		1	1	1	P	1	1			3	3
总气门箱	Q								3		3	9		3	9	1	3	Q	9	1	9		3
限压阀	R											1					3	9	R		3	1	
点火装置	S	9	9	9	1		9	9	3	1	1	3	9	1			9	1		S	9	9	9
机油泵	T	1	1	1			3	1	1	1	9	3	1	3		3	9	3	9	9	T	9	3
电子系统	U	9	1	3	1		1	3	1	3	1	1	9	1		1	3		1	9	9	U	9
发动机装配	V	9	9	3	9	3	9	3	3	9	3	9	3	3		3	9	3	1	9	3	9	V

图 2.21　基于团队或组织的 DSM

依赖级别：1.低级；3.中级；9.高级

3. 基于任务的 DSM

由于产品设计开发是一个非常复杂的过程，要想对设计过程进行改进首先要对整个开发过程有充分的了解，并且采用不同的结构体系将会影响整个过程的功能和作用。因此，合理的设计过程结构体系是企业保持竞争优势的重要来源，而对其结构体系的进一步理解能够通过使用结构模型，尤其是过程分解和集成模型来获取。由于过程分解和集成模型需要对过程活动以及它们之间的交互关系进行分析、理解，因而过程结构模型必须能够正确反映设计过程中存在的大量信息流。而基于任务的 DSM 正是为理解和分析信息流提供了一个简明、形象的方法。因为基于任务的 DSM 描述的是基于时间的设计过程，它对解决设计过程中出现的反复、耦合现象有巨大的作用。目前，由于传统的 PERT/CPM 技术不能进行信息传递，而基于任务的 DSM 的优势体现在：首先通过描述任务之间的输入、输出关系来显示基于信息流的过程依赖关系；然后对 DSM 矩阵进行重构(通过划分、割裂、联合运算)找出改进的过程结构，使结构信息能够在正确的时间出现在正确的位置且将不必要的反复限制在最小范围内，从而避免了大规模迭代。

建立基于任务的 DSM 模型包括以下步骤：

(1)将设计过程分解为许多子任务。

(2)确定各任务之间的输入、输出信息流。

(3)将任务尽可能重构成前馈过程流(下三角形式)。

通常，在基于任务的 DSM 模型中使用二元(0, 1)矩阵严格表示两个任务间依赖关系的存在性。但是在某些特殊情况下，如需要知道一些任务的持续时间或它们之间依赖程度的强弱时，单一的二元矩阵并不能表示这种关系，因此有些研究者(如 Browning[23]、Yassine 等[26]、Smith 等[27])提出了数值型 DSM(NDSM)的概念，他们用 1～9 的正整数或 0～1 的小数来分别表示任务依赖关系的强弱、任务持续时间、任务返工概率等关系。

张东民等[28]应用基于任务的 DSM 研究起重机吊臂设计开发过程(见图 2.22)，经过划分、割裂运算对该矩阵进行变换，可得到起重机吊臂开发任务的最优执行顺序。

		A	B	C	D	E	F	G	H	I	J	K	L	M	N	O	P	Q
吊臂设计输入确定	A	A																
截面形式设计	B	1	B	1											1			
吊臂材料选定	C	1		C											1			
变幅形式设计	D	1	1		D													
伸缩形式设计	E	1	1			E												
吊臂根部铰点位置设计	F	1			1		F	1										
各节臂臂长(节数)设计	G	1			1		1	G										
变幅液缸铰点位置设计	H	1			1		1		H									
各节臂截面参数设计	I	1	1	1			1	1	1	I				1				
基本臂设计	J						1	1	1	1	J		1	1			1	
伸缩臂设计	K							1		1		K	1	1			1	
伸缩机构设计	L					1		1			1	1	L	1			1	
设计校核	M	1		1							1	1	1	M				
制造工艺分析	N		1	1											N			
样机试制(实物)	O										1	1	1	1		O		
设计修改	P										1	1	1			1	P	
设计定型	Q	1															1	Q

图 2.22　基于任务的起重机吊臂设计过程 DSM

4. 基于参数的 DSM

基于参数的 DSM 用于分析系统结构参数之间的相互作用关系，属于低级别的设计任务。它通过精确定义零部件的各组成参数及其相互作用关系建立。它与基于任务的 DSM 的不同之处在于分析的层次。一般认为，基于参数的 DSM 用于低层次设计任务中；而基于任务的 DSM 用于高层次设计任务中。此外，基于任务与基于参数的 DSM 在描述的范围上也有所不同。基于任务的 DSM 描述的是一个设计过程；而基于参数的 DSM 仅决定设计参数之间的相互关系，并考虑参数之间的优先级。因此，基于任务的 DSM 可以包括对设计过程的评价、测试和协调联系等，而在基于参数的 DSM 中不会出现这些过程。

基于参数与基于任务的 DSM 在建立和分析的方法上却非常相似。建立基于参数的 DSM 的主要目的是：①压缩开发周期；②减少设计“质量损失”——上游的决定过分限制下游的选择[29]。在这种情况下，它提供了一个简明的低级设计活动或参数之间相互关系的描述形式。

建立基于参数的 DSM 模型包括以下步骤：

(1) 将高层次设计任务转化为低层次设计任务。

(2) 将低层次设计任务分解为相关参数设计。

(3) 确定各参数之间的关联关系。

(4) 运用划分运算将参数矩阵尽可能重排成前馈关系(下三角形式)。

Smith 等[30]将基于参数的 DSM 用于汽车刹车系统的设计中，描述目前刹车系统部件之间联系的实际情况，并找出各参数之间的相互依赖优先级。图 2.23 为经过简化处理后的刹车系统 DSM 模型；然后通过排序划分运算，该矩阵可以转变成块三角阵。

		A	B	C	D	E	F	G	H	I	J	K	L	M
顾客需求	1	1												
车轮转矩	2		2		X									
踏板抗干扰优点	3	X		3	X	X			X		X			X
系统等级参数	4	X			4									
回转轴直径	5	X	X	X	X	5		X	X		X	X		X
刹车系统显示模块	6		X				6			X				
前部衬套摩擦力	7			X	X	X		7	X		X			X
尾部活塞尺寸大小	8		X		X				8		X			
测径器定位	9			X	X					9	X			X
前部活塞尺寸大小	10		X		X				X		10			
尾部衬套摩擦力	11			X	X	X			X		X	11		X
最大冲击力	12												12	X
最大反作用力	13		X	X	X	X		X	X		X	X		13

图 2.23　基于参数的刹车系统 DSM

2.3.3 设计结构矩阵分析算法

DSM 作为工程实践中有效的建模工具，除了其较强的问题描述能力，还体现在多种矩阵运算上。通过这些运算，基于 DSM 的设计任务得以完成分析、显示需求、实现任务排序优化和对循环进行分解和控制等功能。目前，基于 DSM 的运算主要包括 4 种，即划分运算、割裂运算、联合运算和聚类运算，下面分别进行介绍。

1. 划分运算

划分运算是巧妙处理 DSM 行列顺序的运算过程(重新排序)，新的 DSM 排序理论上应不包含任何一个反馈标记(主对角线上方的标记)，故它应能将 DSM 转变成下三角形式。但对于复杂的工程系统，通过简单的行列变换将矩阵转化为下三角形式几乎是不可能实现的事情。因此，划分运算的目的从消除反馈标记转变为将这些标记尽可能靠近主对角线，形成块三角形式。然后，将块三角作为一个整体单元，这样在循环反复中将只包含更少的系统单元从而加快产品的开发速度(但将块三角作为一个整体，通常会带来一定的质量损失)。划分运算主要对基于时间的 DSM 进行操作，包括基于任务和参数的 DSM。

目前有多种 DSM 划分运算方法。虽然在确定循环信息流时互有差异，但是所有划分运算方法本质上都可以按如下步骤实现：

(1) 识别不需要矩阵中其他元素信息就能执行的元素。这些元素可以通过观察 DSM 中的空行很容易地识别出来。将这些元素放在 DSM 的顶部。一旦对某个元素进行重新排列，则将该元素以及所有与之有关联的关系从 DSM 中移除，并对剩余的元素重复步骤(1)。

(2) 识别没有给矩阵其他元素传递任何信息的元素。这些元素可以通过观察 DSM 中的空列来识别。将这些元素放在 DSM 的底部。一旦对某个元素进行重新排列，则将该元素以及所有与它有关联的关系从 DSM 中移除，并对剩余的元素重复步骤(2)。

(3) 如果执行完步骤(1)和(2)后，DSM 中已没有任何元素，这个矩阵就被完全划分了；否则，剩下的元素中至少包含一个循环信息流。

(4) 通过下面任意一种方法确定循环：

①路径搜索法。在路径搜索法中，信息流向前、向后流动直到某一个任务出现两次。在同一任务第一、第二次出现之间的所有其他任务组成了信息流的一个循环。当所有的循环被确定下来后，任务顺序也被确定下来，那么排列顺序就完成了，矩阵变成块三角形式。以图 2.24 为例，其路径搜索法的过程如下。

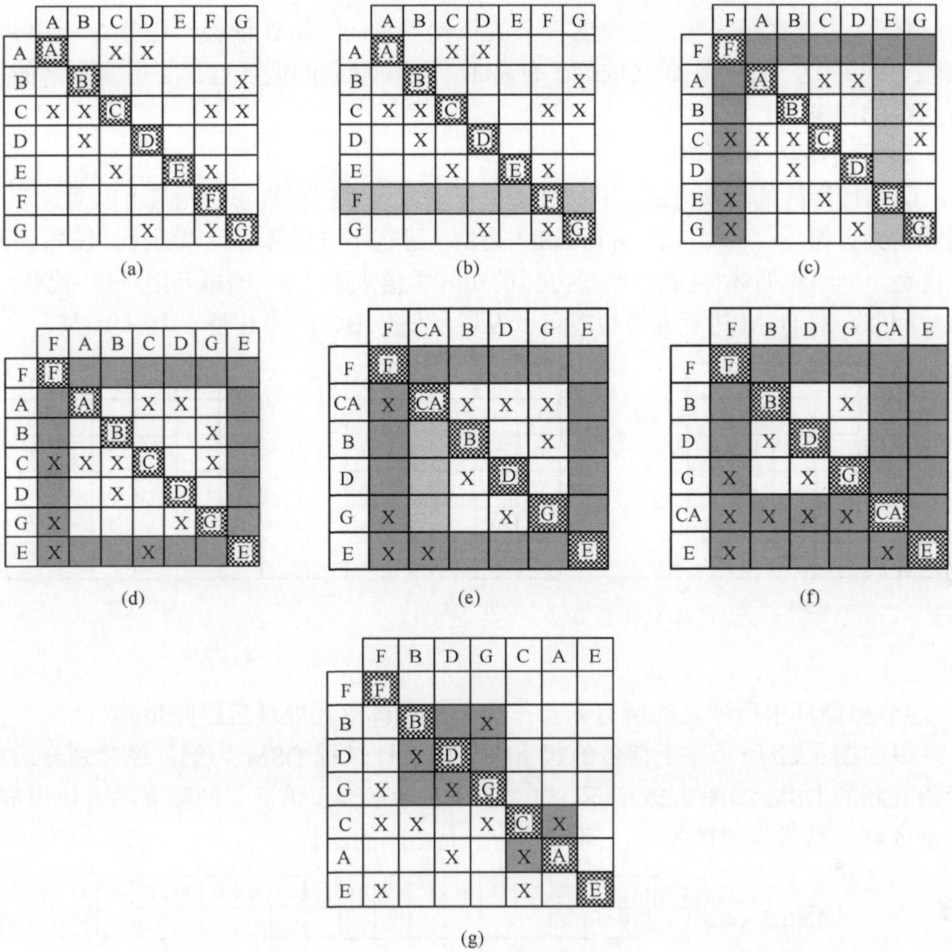

图 2.24　路径搜索法

(a) 待分解矩阵的原始顺序。

(b) 任务 F 不依靠其他任务的信息，如矩阵空行描述所示。首先在矩阵中安排任务 F，然后将其在稍后更进一步操作中移除。

(c) 任务 E 不向矩阵中任何其他任务提供信息，如矩阵空列描述所示。最后在矩阵中安排任务 E，然后将其在稍后更进一步操作中移除。

(d) 现在矩阵中不再存在空行或空列情况。若矩阵中存在循环，可通过搜索任何一个余下的任务作为开始。在这种情况下，可以任意选择任务 A 去搜索与它有依赖关系的任务 C。任务 C 同时也依赖于任务 A 的信息。因为任务 A 和任务 C 存在一个循环，把它们叠加成一个可以描述它们特征的合成任务 CA。

(e) 任务 CA 为一个空列，描述没有其他的循环。将它放在最后，并在更进一步操作中移除。

(f) 继续考察那些没有定位的任务的依赖关系。任务 B 依赖于任务 G，任务 G 依赖于任务 D，而任务 D 又依赖于任务 B。这个最后的循环包括了所有剩余的没有定位的任务。

(g) 最后的分解矩阵。

②邻接矩阵的幂次方法。将 DSM 进行乘方运算，观察哪些元素可以通过矩阵运算达到自循环。以图 2.25 所示 DSM 为例，进行平方运算后可以看出，任务 A 和 C 就是一个两步循环(注意要将平方后的矩阵中值大于“1”的单元用“1”代替)。与此相似，对 DSM 进行立方运算可以发现：任务 B、D 和 E 是一个三步循环。

	A	B	C	D	E
A	0	0	1	1	0
B	0	0	0	0	1
C	1	1	0	0	0
D	0	1	0	0	0
E	0	0	0	1	0

(a) DSM

	A	B	C	D	E
A	1	1	0	0	1
B	0	0	0	1	0
C	0	0	1	1	1
D	0	0	0	0	1
E	0	1	0	0	0

(b) 平方

	A	B	C	D	E
A	0	0	1	1	1
B	0	1	0	0	0
C	1	1	0	1	1
D	0	0	0	1	0
E	0	0	0	0	1

(c) 立方

图 2.25 邻接矩阵法

(5) 将循环中所涉及的所有元素作为一个整体单元处理后返回步骤(1)。

以如图 2.22 所示基于任务的起重机吊臂设计过程 DSM 为例，经过划分运算后得到新的 DSM 如图 2.26 所示，它由三个包含最少反馈标记的独立耦合块组成，其余依赖关系皆为前馈关系，因而避免了大范围的迭代。

		A	B	C	N	D	E	F	G	H	I	J	K	L	M	O	P	Q
吊臂设计输入确定	A	A																
截面形式设计	B	1	B	1	1													
吊臂材料选定	C	1		C	1													
制造工艺分析	N		1	1	N													
变幅形式设计	D	1	1			D												
伸缩形式设计	E	1	1				E											
吊臂根部铰点位置设计	F	1				1		F	1									
各节臂臂长(节数)设计	G	1				1		1	G									
变幅液缸铰点位置设计	H	1				1		1		H								
各节臂截面参数设计	I	1	1	1				1	1	1	I				1			
基本臂设计	J							1	1	1	1	J		1	1		1	
伸缩臂设计	K								1		1		K	1	1		1	
伸缩机构设计	L						1		1			1	1	L	1		1	
设计校核	M	1		1								1	1	1	M			
样机试制(实物)	O											1	1	1	1	O		
设计修改	P											1	1	1		1	P	
设计定型	Q	1															1	Q

图 2.26 划分重排后的 DSM

2. 割裂运算

虽然划分运算将 DSM 下三角化可以有效避免大规模的迭代，但这种三角化并没有割裂耦合信息流中的环，也就是说设计过程中包含的信息回路并未被打破。而项目或过程重组的目的就是尽量减少信息流的循环次数，所以有必要将这些环打破并进行操作和规划。

割裂运算首先由 Steward[21]提出，它通过分析任务间依赖关系的强弱来确定耦合任务集的初始迭代顺序，以减少由耦合引起设计过程的迭代。虽然迄今还没有一套完整的、最优的割裂运算方法，但一般应满足两个评判标准：①最少的割裂数；②尽可能使割裂局限在最小的矩阵子块中。因此，割裂运算的基本思路是：将具有最小信息输入和最大信息输出的任务放在耦合任务集的前面执行，用输入、输出的比值 V 进行度量。由于主对角线上方的元素表示信息的反馈和迭代，而且越在后面的元素反馈时引起的重复设计范围也越广，在设计中期望这样的反馈越少越好。因此，对于主对角线上方的元素 $E_{ij}(i<j)$，引入迭代惩罚权重 W，用它到相应主对角线元素 E_{ii} 的距离$|j-i|$表示；对于主对角线下方的元素，其输入、输出的权重 $W'=1$。此外，引入关联强度 C_{ij} 的概念。与传统 DSM 中的标记“1”和“0”不同，关联强度 C_{ij} 可用任意大于零的正整数来标定，表示任务间相互影响、相互预测的程度。它通常是两层含义综合的结果：灵敏度和可预测性。灵敏度是指某一任务 A 的数据对任务 B 的影响程度，而可预测性则为 B 对 A 预测的精确程度，二者是互补关系。若任务 A 对 B 的灵敏度很大，即相关性很强；若 B 能较准确地估计 A，则 A 和 B 的关联性就会增加。引入关联强度后，DSM 中相关性不再只是 0 或 1，而可能是任意正实数。C_{ij} 的值越大，表示对应两个任务间的联系越紧密。而对某一任务，其信息输入(information input, II)和信息输出(information output, IO)的关系为

$$\mathrm{II}_i=\sum_{j=1}^{i-1}C_{ij}W'+\sum_{j=i+1}^{N}C_{ij}W_j\text{，}\quad \mathrm{IO}_j=\sum_{i=1}^{j-1}C_{ij}W_i+\sum_{i=j+1}^{N}C_{ij}W'(i,j\leqslant N)$$

式中，N 为耦合任务集中任务的数目；W_i 和 W_j 为对应元素的权值。

割裂运算的具体步骤如下：

(1) 计算任务 T_i 的 II_i 和 IO_i，$i=1\sim N$。

(2) 计算各任务对应的度量值 V_i，$V_i=\mathrm{II}_i/\mathrm{IO}_i$。

(3) 比较 V_i 的大小，最小的 V 值对应的元素应优先执行；如果最小的 V 值对应多个元素，则选择 II 值最小的元素优先执行；如果最小的 II 值仍然对应多个元素，则选取 IO 值最大的元素优先执行。如果还不能唯一确定优先执行的元素，则可根据实际情况选取其中一个。

(4)通过(3)选出优先执行的元素后，将该元素从耦合任务集中移除，然后对剩下的元素重复步骤(1)～(3)，直至将所有的元素都经历到，割裂过程完成。

3. 联合运算

联合运算是用来交替改变 DSM 中的明暗带以显示任务的独立性，如平行性或并行性。当反馈标记被忽略时，联合操作类似于用可达矩阵方法对 DSM 进行划分[31]。

DSM 中层次或者带的集合组成了系统、工程的关键路径；而且如果带中的一个元素或任务是最关键的，那么该任务就具有瓶颈作用。因此，更少的带是首选的，因为它们能够提高系统、工程的并行特性。例如，在图 2.27 所示的 DSM 中，任务 4 和 5 之间没有信息依赖关系，即它们之间相互独立，因此同属一个带，可以并行执行。

	1	2	3	4	5	6	7	8	9	10	11	12	13	14
1	1													
2	X	2							X					
3		X	3	X										
4	X		X	4										
5	X		X		5	X		X				X	X	
6	X				X	6								
7	X					X	7							
8						X		8				X		
9	X		X	X				X	9					
10				X		X	X	X		10	X			
11						X	X	X		X	11			
12	X					X	X				X	12		
13	X				X							X	13	
14	X	X	X	X	X	X	X	X	X	X	X	X	X	14

图 2.27　DSM 的联合运算

4. 聚类运算

在划分运算中，划分的目的是使 DSM 尽可能成为下三角阵。但是，一方面只要矩阵元素代表的是一些工程项目任务，这种情况就会发生，如基于任务、参数的 DSM；另一方面，当矩阵元素在项目开发中代表的是产品零部件或开发团队时，矩阵运算的目的相对于划分运算发生了重大变化。其目的变为寻找那些相互独立或影响最小的 DSM 元素子集，这个过程称为聚类。换句话说，这些子集应该包含几乎所有的相互作用关系，并且各个不同的块之间的相互作用或联系应没有或减小到最少[32]。

目前聚类运算方法有很多，使用不同的聚类运算方法可能得到不同的运算结果，有的研究者提出的协调成本函数的概念[31]能够有效评估 DSM 中不同聚类排列的优劣，应用较为广泛。而总协调成本由单个任务的协调成本的总和组成，每一个协调成本考虑两个任务间的依赖强度和包含这两个任务的最小块中任务的数量。

以图 2.20 所示活塞连杆组件 DSM 为例，经过聚类运算后所得新的 DSM 如图 2.28 所示，它由两个包含所有作用关系的独立聚类子块组成，将部件设计过程之间的复杂关系限制在两个简单的独立子块中，可简化和明确设计过程。

		B	C	D	E	K	L	A	I	J	F	G	H
连杆	B	A	1	1	1	1	1						
连杆盖	C	1	B		1	1	1						
连杆衬套	D	1		C			1						
连杆螺钉	E	1	1		D		1						
连杆轴瓦	K	1	1			E							
连杆定位套筒	L	1	1	1	1		F						
活塞	A							G	1	1			
活塞销	I							1	H	1			
活塞销卡环	J							1	1	I			
第一道气环	F										J		
第二、三道气环	G											K	
油环	H												L

图 2.28　聚类重排后的 DSM

2.4　基于设计结构矩阵的产品开发迭代重叠问题研究

2.4.1　产品开发迭代重叠问题背景

激烈的市场竞争促使企业以更快的速度开发新产品，如何缩短新产品开发时间成为企业能否在激烈的市场竞争中获得成功的关键。目前，常用的新产品开发模式有两种：一种是传统的串行开发模式，产品开发的各个阶段顺序执行，这种模式虽然简单易于操作，但开发周期过长，难以适应激烈的市场竞争；另一种是并行开发模式，力求产品开发各个阶段并行执行，以缩短开发周期。但是在实际应用中由于受各种条件的限制，完全并行的模式几乎不可能实现，因此有必要采取新的开发模式来达到时间压缩的目的。

产品开发过程是由形如设计活动这样的各种基本活动有机结合而构成的，因此研究产品开发必然要对设计活动之间的关系以及它们之间的执行方式进行分析。从信息联系的角度看，设计活动存在 3 种基本联系关系，即独立关系、单向依赖关系及双向耦合依赖关系；而从活动执行时间的顺序来看，又可分为 3 种执行方式，即串行执行、并行执行、重叠执行方式，如图 2.29 所示。其中串行执行方式表示下游活动 B 在上游活动 A 完成后并接收到来自 A 的最终信息才开始执行；并行执行方式表示活动 A、B 同时执行；重叠执行方式表示在活动 A 执行过程中，活动 B 接收到 A 的预发布信息就开始执行。

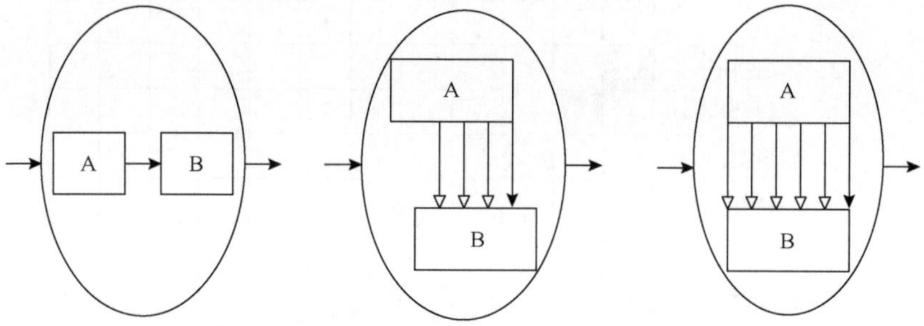

图 2.29　不同活动之间的时间执行方式

由于重叠执行方式在获得预发布信息的同时执行下游信息，既提前了传统串行方式下游活动开始的时间，又避免了一般并行方式下后续大量信息传递所导致的大量返工，因而有可能达到时间压缩的目的。本节正是基于重叠的这种“不完全并行”特性，通过建立相应的数学模型并进行计算求解，重点研究其对产品开发时间的影响。

活动重叠研究的基本框架是 Krishnan 等[33]完成的。随后的相关工作几乎都以 Krishnan 的框架为基础展开，其中 Loch 等[34]比较全面地考虑了不确定性在产品开发过程中的作用。下面首先介绍 Krishnan 的活动重叠模型[33]和 Loch 在此基础上对不确定性的考虑[34]，然后通过分析，说明将两者融合后产生的模型更有实际意义。

1. Krishnan 的活动重叠模型[33]

Krishnan 等[33]在讨论上下游两个活动之间信息联系时引入了 2 个重要概念，即“上游活动的信息进化”和“下游活动的灵敏程度”。从定性上讲，上游活动的信息进化有快慢之分，下游活动的灵敏程度则有高低之分。两者配对组合即可形成 4 种典型模式。对这 4 种典型模式应采用不同的重叠策略，才能实现产品开发过程的有效管理。其中一种模式是下游活动的灵敏程度低，而上游活动的信息进化也慢。这时可以较早地利用上游的初步信息触发下游活动，但由于上游活动信息进化慢，下游活动需要反复迭代才能逐渐趋于最终值。Krishnan 重点讨论的就是这种模式，并称之为迭代重叠问题(iterative overlapping problem, IOP)。

Krishnan 等[33]给出的 IOP 模型如图 2.30 所示。其中，t_{As} 为上游活动 A 的开始时间，通常取 $t_{As}=0$；t_{Af} 为 A 的结束时间。d_i 表示下游活动第 i 次迭代的执行时间($i=0,1,\cdots,n$)，在 A、B 串行执行这种重叠度为 0 的极端情况下，$i\geqslant 1$ 的迭代均不存在，只有 $i=0$ 的迭代存在；当重叠度不为 0 时，除了 $i=0$ 的迭代存在外，还有某些 $i\geqslant 1$ 的迭代存在；所以无论何种情况，都有 $d_0>0$，因此它被称为计划中的迭代。这样，n 就是计划中的迭代之后的迭代次数。

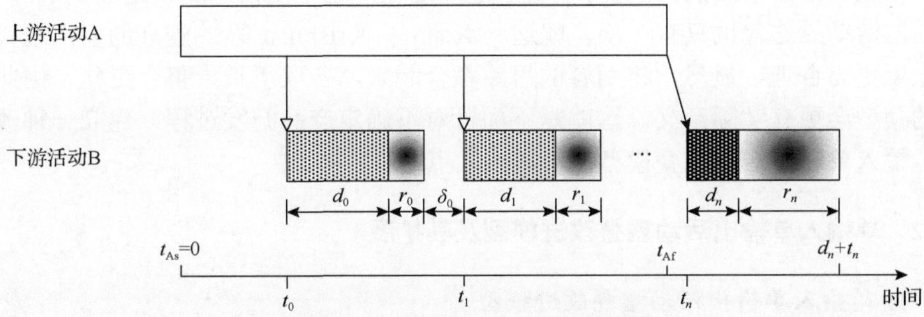

图 2.30　Krishnan 给出的 IOP 模型[33]

在 Krishnan 的 IOP 模型中，t_i 为第 i 次迭代的开始时间，$T_{sum}=t_n+d_n$ 是上下游活动执行的总时间。上下游活动时间的信息交换共有 $n+1$ 次，它们都是瞬时完成的，并且有下列关系成立：

$$\begin{cases} t_i \geqslant t_{i-1}+d_{i-1} \\ t_0 \geqslant t_{As} \\ t_{n-1} < t_{Af} \\ t_n \geqslant t_{Af} \end{cases} \tag{2.43}$$

2. 不确定性的考虑[34]

在 Krishnan 的框架基础[33]上，Loch 等[34]进一步考虑了上游信息到达的不确定性的影响。Loch 认为上游信息是变化的，因此在不断更改，而上游活动 A 的更改信息的到达可以假设为一个强度为 $\mu(t_A)$ 的非齐次 Poisson 随机过程。Loch 还进一步给出了相应的数学关系表达式。

另外，在上游活动的更改信息到达后，下游活动将以一定量的回顾工作来对更改信息做出反应。由于上下游活动间的信息交换本身存在时间消耗，Loch 认为下游活动随时对上游更改信息的到来进行反应从而启动信息交换是不恰当的，而采用适宜的批处理策略效果会更好一些。但 Loch 等[34]只考虑了一次性批处理的情况，这与实际情况不一定相符。

3. 特性分析

Krishnan 等[33]考虑了多次瞬时的信息交换，从而引发了下游活动的多次迭代，但它没有涉及信息的不确定性。Lock 等[34]考虑了上游信息到达的不确定性，这无疑顺应了现代复杂产品开发的不确定环境要求，从而更加贴近实际；但它只讨论了一次上下游活动间的信息交换（由于是批处理，这一次信息交换是累积的），因而下游活动的迭代也只有一次。就这一点而言，Krishnan 等[33]建立的多次迭代模型无疑更为合理。显然，将两者的思路融合起来，各取所长，整合更新，由此建立的模型会更有实际意义。这就是下面针对不确定产品开发过程，建立一种改进的单输入单输出活动重叠模型的基本出发点[35]。

2.4.2 单输入单输出活动重叠改进模型及其扩展

1. 单输入单输出活动重叠改进模型[35]

这里假设上游活动时间远大于下游活动时间，使下游活动有充裕的时间进行迭代重叠；并且进一步假设上下游信息交换时间为零，这是因为虽然在实际产品开发中信息交换总会花费一定的时间，但是如果采用更加先进的信息技术、员工熟练程度越高，则信息交换的时间就越少，相对整个开发过程所占的比重就越低，从而使模型得到有效简化。另外，通过引入学习曲线控制下游活动的迭代时间，使本节提出的单输入单输出活动重叠改进模型成为一个优化求解过程，避免了以往重叠模型中人为确定某些重要参数，如迭代次数、重叠率等，使求解过程更加科学。

由上游活动 A 更改信息的到达可以假设一个强度为$\mu(t_A)$的非齐次 Poisson 随机过程。Loch 等[34]采用线性函数建立了一个关于该随机过程的信息到达模型：

$$\mu(t_A)=\mu\left[1+e\left(2\frac{t_A}{T_A}-1\right)\right] \tag{2.44}$$

式中，T_A为上游活动执行时间，且有$0\leqslant t_A\leqslant T_A$；$e$为一个反映上游活动进展程度的参数，$e<0$对应快进展，$e>0$对应慢进展，其取值范围为$-1\leqslant e\leqslant 1$；$\mu$为平均 Poisson 强度。在一些经验结果的基础上，Loch 等[34]认为μ由式(2.45)决定：

$$\mu=\mu_0\exp(-M\alpha) \tag{2.45}$$

式中，α为开发活动开始前协调会议的总数；M 为开发小组的协调能力；μ_0 为项目固有的技术不确定性。

下游活动的回顾工作时间取决于下游对上游传递过来更改信息的反应程度和下游本身的进展情况，因此 Loch 定义影响函数 $f(t)$ 表示下游回顾工作时间的大小。下游进展越多，所需完成的累积回顾工作量越大，因此 $f(t)$ 是一个非递减函数。实际开发过程中，$f(t)$ 可能是凸的或凹的函数，为简单记，Loch 等[34]采用线性函数建立了 $f(t)$ 的表达式为

$$f(t)=kt \tag{2.46}$$

式中，k 为下游活动的敏感度，通常取值范围为 $0.01\leqslant k\leqslant 0.09$。

由此建立的单输入单输出活动重叠改进模型如图 2.31 所示，其中 t_{As} 与 t_{Af} 分别为上游活动 A 的开始时间和结束时间。下游第 $i(i<n)$ 次迭代时间包含如下两部分：①接收到上游信息后下游活动的迭代执行时间 d_i；②由于上游信息的不确定性而导致下游活动的回顾工作时间 r_i；而最后一次迭代过程 n 由于接收的是上游活动的最终完备信息，故无须再进行回顾工作。此外，由于下游活动的迭代过程是一个自学习、自适应过程，且随着迭代次数的增加，迭代执行时间 d_i 应该是一个逐步递减的过程，实际应用中该过程可能是关于迭代次数的凸函数或凹函数，这里为了简化模型便于数学求解，引入学习曲线来刻画活动每次迭代时间的减少量，此时 d_i 可表示为[36]

$$d_i=d_{i-1}N^n,\quad i\geqslant 1 \tag{2.47}$$

式中，N 为迭代次数；N^n 为迭代因子；$n=\ln\phi/\ln 2$，ϕ为学习率。

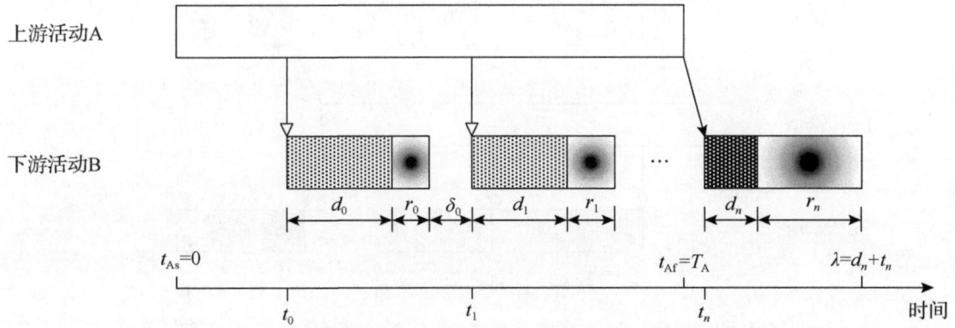

图 2.31　单输入单输出活动重叠改进模型

根据对下游回顾工作的分析，第 i 次迭代的回顾工作量应由上游活动信息到

达强度与下游活动敏感度共同决定，即

$$r_i = \int_{t_i}^{t_i+d_i} k\mu(t)(t-t_i)\mathrm{d}t, \quad i<n \tag{2.48}$$

令δ_{i-1}为下游第 i–1 次迭代结束与第 i 次迭代开始之间的时间间隔，则有

$$t_i = t_{i-1} + d_{i-1} + r_{i-1} + \delta_{i-1} \tag{2.49}$$

由此建立的活动重叠数学模型为

$$\begin{cases} \min \lambda = t_n + d_n \\ \text{s.t.} \quad t_i \geqslant t_{i-1} + d_{i-1} + r_{i-1}, \quad i = 1,2,\cdots,n-1 \\ \qquad t_0 \geqslant t_{\mathrm{As}} \\ \qquad t_{\mathrm{As}} < t_i < t_{\mathrm{Af}}, \quad i=1,2,\cdots,n-1 \\ \qquad t_n \geqslant t_{\mathrm{Af}}, \quad \delta_{i-1} \geqslant 0 \end{cases} \tag{2.50}$$

需要注意的是，重叠的目的是进行时间压缩，因此上界应小于串行方式的执行时间，即$\lambda < T_{\mathrm{A}}+T_{\mathrm{B}}$。如果找不到这样的$\lambda$，则不宜使用重叠执行方式。

2. 单输入多输出活动重叠模型

单输入多输出模型是上述单输入单输出活动重叠改进模型的简单扩展，即将活动集映射为多个不同的单输入单输出模型，下面以一个上游活动 A 对应两个下游活动 B、C 为例，模型如图 2.32 所示。这时可以将其简单分解为两个不相关的重叠过程，即 A 与 B 以及 A 与 C，然后对每个过程分别进行求解，此时重叠执行时间可表示为$\lambda = t_n + d_n + r_n$和$\lambda' = t'_n + d'_n + r'_n$，其他约束条件与式(2.50)相同。

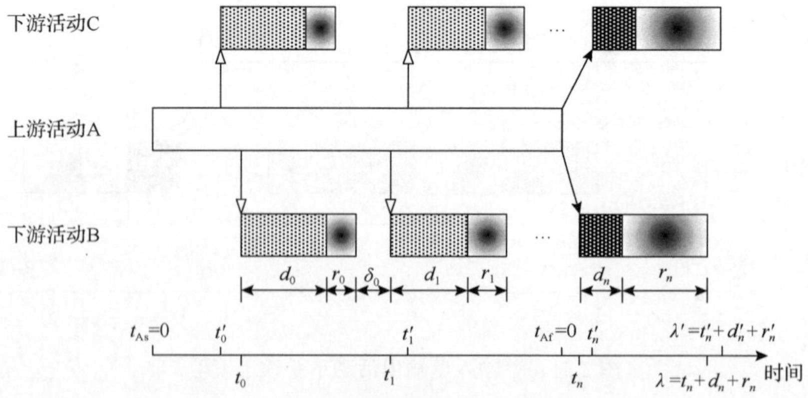

图 2.32　单输入多输出活动重叠模型

2.4.3　多输入多输出活动重叠模型

本节在 2.4.2 节的基础上建立更为一般的多输入多输出活动重叠模型，然后进一步讨论该活动重叠模型的一种扩展情形，最后对模型中的一些重要参数的影响作用进行分析。此外，在实际应用中，由于整个开发过程包括多个设计活动，这时可以通过 DSM 规划处理找到活动间的相互依赖关系来建立基于活动重叠的时间模型；而对于耦合活动，由于信息的双向流动而造成活动间的多次设计迭代，且每次迭代都包括信息正向和反向传递，故对其采用重叠策略将更加复杂[37]。

1. 模型描述

对于多输入多输出模型的研究，由于问题本身的复杂性，可以将其分为两步进行：首先研究多输入单输出模型；然后对一般的多输入多输出情况进行讨论。

1) 多输入单输出活动重叠模型描述

当某一个下游活动需要多个上游活动的更改信息时，在某一上游活动对其传递信息的同时，下游活动也需要同时接收其他上游活动传递来的更改信息。下面以两个上游活动对应一个下游活动进行讨论，这时下游活动只有同时接收到两个上游活动的信息才能进行迭代，如图 2.33 所示。

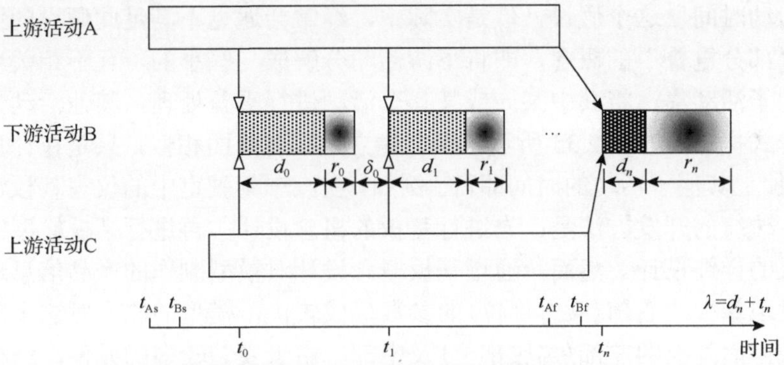

图 2.33　多输入单输出活动重叠模型

此时，$\mu(t)=\mu(t_A)+\mu(t_C)$，数学模型变为

$$\begin{cases}\min \lambda = t_n + d_n \\ \text{s.t.}\quad t_i \geqslant t_{i-1}+d_{i-1}+r_{i-1}, \quad i=1,2,\cdots,n-1 \\ \qquad t_0 \geqslant \max\{t_{As},t_{Bs}\} \\ \max\{t_{As},t_{Bs}\} < t_i < \min\{t_{Af},t_{Bf}\}, \quad i=1,2,\cdots,n-1 \\ \qquad t_n \geqslant \max\{t_{Af},t_{Bf}\}, \quad \delta_{i-1}\geqslant 0\end{cases} \tag{2.51}$$

各上游活动的开始时间应根据 DSM 进行规划确定，而不同的开始时间可能对应不同的重叠效果。

2) 多输入多输出活动重叠模型描述

多输入多输出的情况可以分解为多个多输入单输出的情况，以两个上游活动对应两个下游活动为例，模型如图 2.34 所示。将其分解为两个单独的重叠过程，即上游活动 A、B 与下游活动 C 重叠；上游活动 A、B 与下游活动 D 重叠；分别按照式(2.51)中求解这两个过程的重叠时间λ即可。

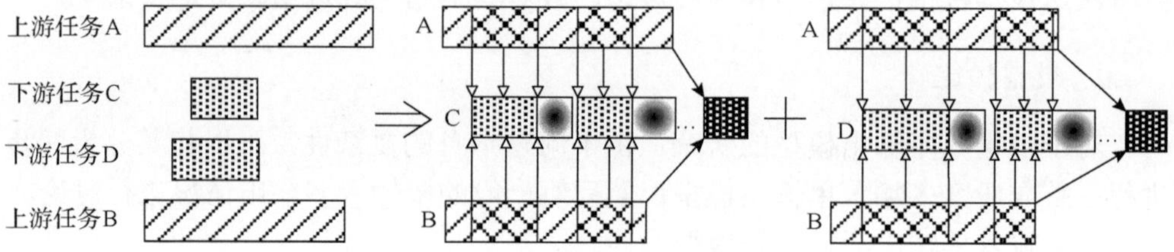

图 2.34　多输入多输出活动重叠模型

2. 模型扩展

上述多输入多输出活动重叠模型的建立过程中，引入了“上游活动时间远大于下游活动时间”这个假设，但是实际中，经常会遇见不满足此假设的情况，由此提出“部分重叠”的概念，即将下游活动分解成一些小的、互不相关或相互关联较弱的子活动集，将其中某一或某几个活动进行重叠处理，其他活动按照传统的串行方式执行，如图 2.35 所示。模型建立过程与前面相似，只是在计算总时间λ之后再加上其他子活动的时间即可。例如，在汽车驾驶室中的仪表基板设计开发过程中，传统的开发方法是：先进行基板的概念设计；再进行基板模型制作；最后是基板的详细设计。然而，通过基板概念设计对模型制作的产品信息进行传递分析，发现基板的右部(乘客部位)的参数形成较快，模型的制作对这个部位的敏感度较低；而基板的左部(驾驶部位)及中部，由于安装较多的元件，结构比较复杂，所以其参数形成较慢，同时模型的制作对这两个部位的参数变化的敏感度较高。因此，基板的概念设计阶段可以先与模型的右部制作阶段采用重叠方式开发，这样就实现了“部分重叠”效果。

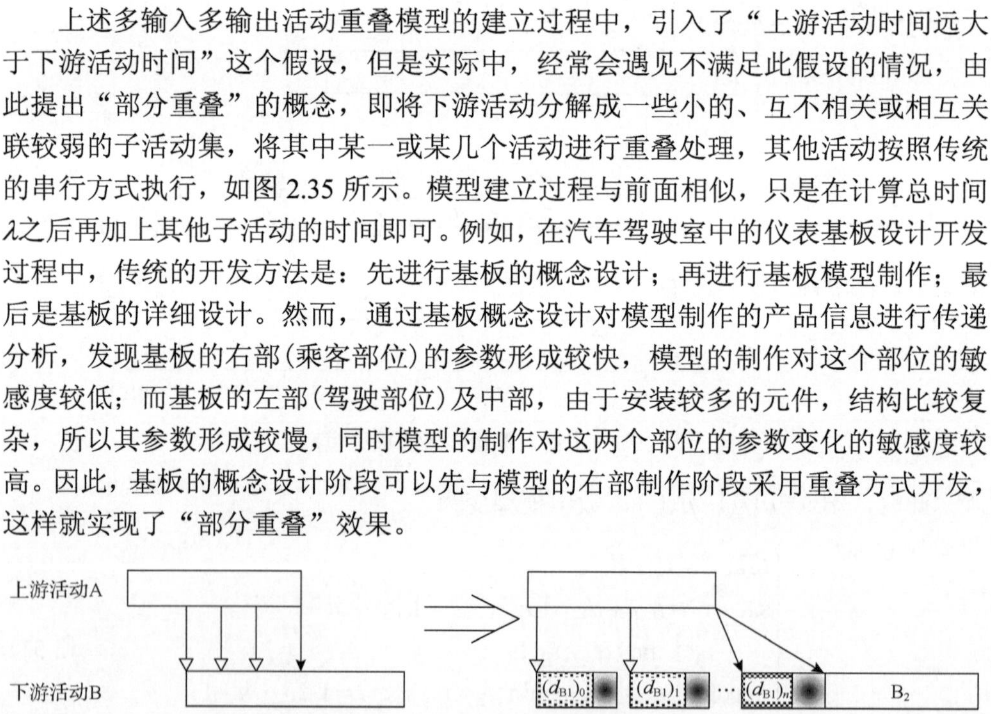

图 2.35　部分重叠活动模型

3. 模型参数的分析

由前面建立的活动重叠模型可知，下游活动主要由两部分组成，即迭代时间 d 与回顾工作时间 r。迭代过程是一个自学习、自适应过程，它只与系统内部的性质有关，而与模型的建立过程无关，因此它对重叠策略并无直接的影响；而回顾工作时间却直接受上游活动的进展度和下游活动的敏感度影响，因此本节将分析重点放在它们对重叠时间的影响上。同时，为了更好地描述重叠效果，引入重叠率 η，并令 $\eta=T_0/T_s$，其中 T_s 代表传统串行方式执行时间，T_0 代表重叠方式执行时间。如果 $0<\eta\leqslant 1$，那么重叠方式可以实现时间压缩；反之，$\eta>1$ 说明重叠方式达不到时间压缩的目的。

1) 上游活动进展度对重叠时间的影响

假设有两个上游活动与一个下游活动进行重叠，并令上游活动执行时间分别为 46 天和 30 天，下游活动执行时间为 24 天，且 $\mu_0=1$，$\alpha=1$，$M=0.1$，$k=0.01$，$\phi=0.8$，代入重叠模型，计算不同的上游活动进展度 e 对应的重叠率，如图 2.36 所示。可以看出，随着 e 的增大，η 逐渐增加，重叠对时间压缩的效果将有所削弱，这是因为本章模型是一个反复迭代的模型，最后一次迭代对重叠执行时间的影响最显著，当 $-1\leqslant e<0$ 时，对应上游活动的快进展，在活动即将结束阶段传递给下游不确定信息将急剧减少，引起下游的返工量也随之减少，从而使整个重叠时间相对减少；当 $0\leqslant e\leqslant 1$ 时，由于对应于上游活动的慢进展，在活动即将结束阶段传递给下游不确定信息将急剧增加，引起下游的返工量也随之增加，从而使整个重叠时间相对增加。此外，随着 e 的增大，η 值增加的幅度并不明显，这是因为设置了下游活动的低敏感度($k=0.01$)，使上游不确定信息引起的下游回顾工作时间较少。

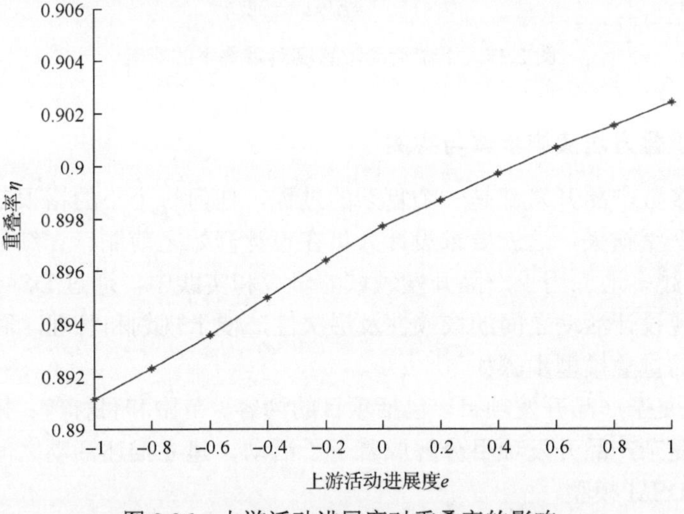

图 2.36　上游活动进展度对重叠率的影响

2) 下游活动敏感度对重叠时间的影响

由于下游活动敏感度的增加，回顾返工量 r_i 也随之增加，重叠执行方式将面临更大的风险，沿用上面 1) 中的参数数据，绘制敏感度与重叠率曲线，如图 2.37 所示。可以看出，随着下游活动敏感度的增加，活动重叠率也随之增加；当 k 值较大时，重叠率大于 1，此时重叠时间大于串行时间。因此，高的下游活动敏感度给重叠带来巨大的风险，甚至无法实现时间压缩；此外，在低的下游活动敏感度区域，随着 e 值的变大，重叠率逐渐增加但仍可实现时间压缩。因此，下游活动对信息变化的敏感度越低、上游活动信息进展度越快，越容易实现活动间的重叠；反之，下游活动对信息变化的敏感度越高、上游活动信息进展度越慢，越不容易实现活动间的重叠。

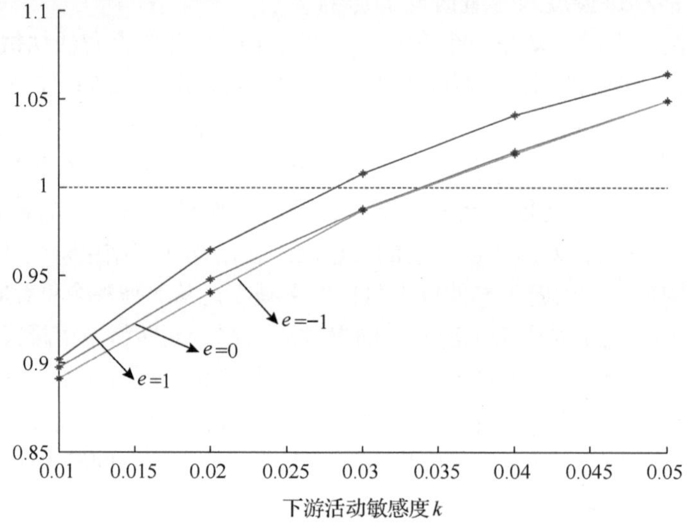

图 2.37 下游活动敏感度对重叠率的影响

2.4.4 活动重叠方法实施步骤与实例

由于大多数产品开发都是一个复杂的过程，任何一个小的错误都有可能给后续工作带来严重损失，这就要求设计人员在设计开始之前制订详细的项目计划。DSM 被越来越多地应用于产品开发领域的研究和实践中，通过 DSM 运算，可以很方便地发现设计活动之间的依赖性及层次性，便于规划和管理。利用 DSM 建立产品开发的重叠模型步骤如下[37]：

(1) 定义复杂产品开发项目，包括项目的内容、范围和目标等；采用质量功能配置方法把复杂产品开发项目分解成若干子活动，建立描述活动之间信息输入、输出关系的 DSM 模型。

(2) 使用划分、联合等矩阵运算找出活动之间的依赖、层次关系。

(3) 根据上面提出的方法建立重叠模型并计算整个开发过程的时间。

(4) 综合考虑时间与成本的协调关系，对生成的产品开发项目进度计划进行检验。

以文献[38]中某产品开发过程为例，该过程所涉及的基本活动及相关数据如表 2.11 所示，对应的初始 DSM 和经过划分运算后的 DSM 模型如图 2.38 (a) 和 (b) 所示，其中包含两对耦合任务集 E 和 H、G 和 I。对耦合任务集的处理，文献[38]给出了两种处理方案，即加强耦合与解除耦合方式。这里选用加强耦合的策略，将耦合任务集 E、H 与 G、I 集成为两个单独的活动，分别记为 E&H 和 G&I (见图 2.38 中阴影部分)，再经过联合操作后找出活动之间的层次关系，用交替改变的明暗带表示，结果如图 2.38 (c) 所示，其中耦合块 E&H 与 G&I 的执行时间由文献[35]可知分别为 88 天与 77 天。如果采用传统的串行开发模式，T_{total}=203 天[35]；如果采用并行重叠开发模式，通过分析可以发现：活动 A、C、D、F、E&H 和 J 存在重叠执行的可能，但是活动 C、F 均非关键活动，对它们进行时间压缩并不能缩短整个开发时间，因此只需考虑关键活动 A、D、E&H 和 J 的重叠执行对整个开发时间的影响。

表 2.11　活动信息[38]

编号	活动列表	代号	持续时间/天	后续活动
1	工艺设计	A	60	B、C、D、E
2	订购配件	B	45	J
3	下料、锻件	C	10	F
4	工装制造 1	D	20	G、H
5	木模、铸件	E	40	H
6	机械加工 1	F	18	J
7	工装制造 2	G	30	I
8	机械加工 2	H	15	E、J
9	机械加工 3	I	25	G、J
10	装配调试	J	35	

为了简化计算，各参数取值分别为：$e=-1$，$\mu_0=1$，$\alpha=1$，$M=0.1$，$k=0.01$，$\phi=0.8$，并令整个过程起始时间为零，即 $T_{As}=0$，代入重叠模型进行计算。下面以任务 A、D 的重叠执行方式为例进行说明，不同的迭代次数所对应的重叠时间如表 2.12 所示，具体计算过程举例如下。

		A	B	C	D	E	F	G	H	I	J
工艺设计	A	A									
订购配件	B	1	B								
下料、锻件	C	1		C							
工装制造1	D	1			D						
木模、铸件	E	1				E			1		
机械加工1	F			1			F				
工装制造2	G				1			G		1	
机械加工2	H				1	1			H		
机械加工3	I							1		I	
装配调试	J		1				1		1	1	J

(a) 初始设计结构矩阵[38]

		A	B	C	D	F	E	H	G	I	J
工艺设计	A	A									
订购配件	B	1	B								
下料、锻件	C	1		C							
工装制造1	D	1			D						
机械加工1	F			1		F					
木模、铸件	E	1					E	1			
机械加工2	H				1		1	H			
工装制造2	G				1				G	1	
机械加工3	I								1	I	
装配调试	J		1				1		1	1	J

(b) 划分后设计结构矩阵[38]

			A	B	C	D	F	E&H	G&I	J
工艺设计	A	1	A							
订购配件	B	2	1	B						
下料、锻件	C	2	1		C					
工装制造1	D	2	1			D				
机械加工1	F	3			1		F			
集成活动E&H	E&H	3	1			1		E&H		
集成活动G&I	G&I	3				1			G&I	
装配调试	J	4		1			1	1	1	J

(c) 简化的设计结构矩阵

图 2.38　DSM 模型

表 2.12　活动 A、D 在不同迭代次数下对应的重叠时间

迭代次数 i	i=0	i=1	i=2	i=3	i=4	i=5	i=6,7,⋯,n
重叠时间 T_{AD}/d	80	76	74	72.8	78.75	85.9	＞85.9

当 i=0 时，模型退化到串行执行方式，此时 $T^{(0)}{}_{AD}=60+20=80$ 天。

当 i=1 时，d_0=20，$d_1=d_0N^n=16$，$r_0=\int_{t_0}^{t_0+d_0}k\mu(t)(t-t_0)\mathrm{d}t=2.82$，$d_0+r_0=22.82<T_{Af}$，故 $t_1=60$。此时，重叠执行时间 $T_{AD}^{(1)}=t_1+d_1=60+16=76$ 天。

当 i=2 时，d_0=20，d_1=16，d_2=14，$r_0=2.82$，$t_1\geqslant d_0+r_0=22.82<T_{Af}$，$r_1=1.02$，则 $t_2\geqslant t_1+d_1+r_1\geqslant 39.84$ 且 $t_2\geqslant T_{Af}=60$，故 $t_2=60$。因此 $T_{AD}^{(2)}=t_2+d_2=74$ 天。

由表 2.12 可以看出，A、D 重叠执行时所需的最少重叠执行时间为 T_{AD}=72.8 天；同理，活动 E&H 与上游活动 A、D 采用重叠执行方式时并不能达到时间压缩的目的，因此仍按原串行方式执行；而活动 J 和上游活动 B、F、E&H、G&I 的最优重叠执行时间为 $T_{E\&H-J}$=112.6 天。而整个开发过程由于采用了重叠方式所需的总开发时间减少了 17.6 天，为 185.4 天。

DSM 在复杂产品设计与开发领域有着广泛的应用，除了上述应用外，该方法还可用于产品研发项目中的“团队-产品-功能”多领域集成与组织聚类的分析[39]以及产品多域需求知识的表达[40]。此外，一些研究者进一步将该方法用于三维加工[41]以及供应链系统的管理中，并取得了较好的应用效果[42]。

2.5　本 章 小 结

本章主要论述 AD 理论与 DSM 的基本原理，重点讲解运用 AD 理论进行产品设计和运用 DSM 进行产品开发的有关研究工作，为后续研究工作提供相关的理论基础。

针对 AD 在产品设计中的应用，详细介绍了 AD 的基础知识，分析了设计域中元素的分解过程和相邻域之间的 Z 字形映射过程及两条设计公理，阐述了具体的 AD 流程。围绕我们对独立公理和信息公理的应用研究，提出了基于 AD 的优化设计方法和基于模糊信息公理的设计评价方法：前者基于独立公理的思想，按设计目标的个数对设计参数进行分组，避免了多个设计目标之间的反复权衡；后者通过对信息量的计算公式加以修正，计算各指标的信息量，可比较各方案的信息量大小以确定最佳设计方案，实现了方案评价的柔性。

针对 DSM 在产品开发中的应用，详细介绍了 DSM 的基本形式，论述了 4 种不同类型的 DSM 类型，即基于组成或结构的 DSM、基于团队或组织的 DSM、基于任务的 DSM 以及基于参数的 DSM。进一步讲解了与 DSM 密切相关的 4 种矩阵运算方法，包括划分运算、割裂运算、联合运算以及聚类运算。根据并行时间压缩的思想并结合我们的研究工作，提出了一种基于 DSM 的多输入多输出任务重叠方法，有利于实现产品开发过程的改进和重组，显著缩短新产品上市时间。

参 考 文 献

[1] Suh N P. The Principles of Design. New York: Oxford University Press, 1990.

[2] Suh N P. Axiomatic Design: Advances and Applications. New York: Oxford University Press, 2001.

[3] 肖人彬，蔡池兰，刘勇. 公理设计的研究现状与问题分析. 机械工程学报，2008，44(12)：1-11.

[4] 张瑞红. 公理设计的使能技术研究[博士学位论文]. 天津：河北工业大学, 2004.

[5] Shannon C E. A mathematical theory of communication. The Bell System Technical Journal, 1948, 27(3-4): 379-423.

[6] Hwang K H, Lee K H, Park G J, et al. Robust design of a vibratory gyroscope with an unbalanced inner torsion gimbal using axiomatic design. Journal of Micromechanics and Micro-Engineering, 2003, 13 (1): 8-17.
[7] 朱龙英. 公理化设计理论及其应用研究[博士学位论文]. 南京: 南京航空航天大学, 2005.
[8] 程贤福. 公理设计应用研究及其与稳健设计的集成[博士学位论文]. 武汉: 华中科技大学, 2007.
[9] 程贤福, 肖人彬. 基于公理化设计理论的起重机起升机构分析. 机械设计, 2005, 22(1): 45-47.
[10] 程贤福, 肖人彬. 基于公理设计的优化设计方法与应用. 农业机械学报, 2007, 38(3): 117-121.
[11] 肖人彬, 程贤福, 廖小平. 基于模糊信息公理的设计方案评价方法及应用. 计算机集成制造系统, 2007, 13 (12): 2331-2338.
[12] Cheng X F. Research on multi-attribute decision making using grey relation analysis, information axiom and fuzzy preferences. Advanced Materials Research, 2008, 44-46: 587-594.
[13] Papalambros P Y. The optimization paradigm in engineering design. Computer-Aided Design, 2002, 34 (4): 939-951.
[14] Xiao R B, Cheng X F. A systematic approach to coupling disposal of product family design (part 1): Methodology. Procedia CIRP, 2016, 53: 21-28.
[15] Cheng X F, Xiao R B. A two-level robust design approach to adaptive product platform// Proceedings of the 2017 International Conference on Mechanical Design, Beijing, 2017.
[16] 程贤福, 杨艳芳, 徐新辉. 基于信息公理的产品平台可适应性评价方法. 机械设计与研究, 2016, 32 (1): 68-71, 79.
[17] Ulrich K T, Eppinger S D. Product Design and Development. Boston: McGraw-Hill, 2000.
[18] Eppinger S, Whitney D, Smith R, et al. A model-based method for organizing tasks in product development. Research in Engineering Design, 1994, 6 (1): 1-13.
[19] 刘易斯. 项目计划进度与控制. 赤向东, 译. 北京: 清华大学出版社, 2002.
[20] 夏平生. 关键路径法与计划评审法. 北京: 电力工业出版社, 1982.
[21] Steward D V. The design structure system: A method for managing the design of complex systems. IEEE Transactions on Engineering Management, 1981, 28 (3): 71-74.
[22] Rogers J. Tools and techniques for decomposing and managing complex design projects. AIAA Journal of Aircraft, 1999, 36 (1): 266-274.
[23] Browning T R. Applying the design structure matrix to system decomposition and integration problems: A review and new directions. IEEE Transactions on Engineering Management, 2001, 48 (3): 292-306.

[24] Pimmler T U, Eppinger S D. Integration analysis of product decompositions//The ASME 6th International Conference on Design Theory and Methodology, Minneapolis, 1994.

[25] 刘天湖, 陈新, 陈新度, 等. 基于部件接口矩阵和设计结构矩阵的机电产品研发项目规划方法. 中国机械工程, 2006, 17(11): 1142-1147.

[26] Yassine A, Falkenburg D, Chelst K. Engineering design management: An information structure approach. International Journal of Production Research, 1999, 37(13): 2957-2975.

[27] Smith R P, Eppinger S D. Deciding between sequential and parallel tasks in engineering design. Concurrent Engineering: Research and Application, 1998, 6(1): 15-25.

[28] 张东民, 廖文和, 罗衍领. 基于设计结构矩阵的设计过程建模研究[J]. 应用科学学报, 2004, 22(4): 518-522.

[29] Krishnan V, Eppinger S D, Whitney D E. Simplifying iterations in cross-functional design decision making. Journal Mechanical Design, 1997, 119(4): 485-493.

[30] Smith R P, Eppinger S D. Identifying controlling features of engineering design iteration. Management Science, 1997, 43(2): 276-293.

[31] Kusiak A, Wang J. Efficient organizing of design activities. International Journal of Production Research, 1993, 31(4): 753-769.

[32] Xiao R B, Chen T G. Research on design structure matrix and its applications in product development and innovation: An overview. International Journal of Computer Applications in Technology, 2010, 37(3-4): 218-229.

[33] Krishnan V, Eppinger S D, Whitney D S. A model-based framework to overlap product development activities. Management Science, 1997, 43(4): 437-451.

[34] Loch C H, Terwisch C. Communication and uncertainty in concurrent engineering. Management Science, 1998, 44(8): 1032-1048.

[35] Xiao R B, Si S W. Research on the process model of product development with uncertainty based on activity overlapping. Integrated Manufacturing Systems, 2003, 14(7): 567-574.

[36] 冯健民, 解东辉, 李必强. 基于学习理论的产品重新设计策略. 系统工程理论与实践, 1997, 17(10): 114-119.

[37] 陈庭贵, 肖人彬. 产品开发的多输入多输出活动重叠模型研究. 计算机集成制造系统, 2008, 14(2): 255-262.

[38] 王爱虎, 杨曼丽. 复杂产品开发项目系统化管理方法. 工业工程与管理, 2005, 10(3): 7-17.

[39] 杨青, 郑璐, 索尼亚. 研发项目中“团队-产品-功能”多领域集成与组织聚类研究. 系统工程理论与实践, 2018, 38(6): 1557-1565.

[40] 杨沁, 宋飞, 潘高峰, 等. 基于设计结构矩阵的产品多域需求表达合理性研究. 中国机械工程, 2017, 28(12): 1455-1461.

[41] Xiang Y, Mo R, Qiao H. Change and maintenance method for 3D machining procedure model based on design structure matrix. International Journal of Pattern Recognition and Artificial Intelligence, 2018, 32(5): 1-35.

[42] Son S, Kim J, Ahn J. Design structure matrix modeling of a supply chain management system using biperspective group decision. IEEE Transactions on Engineering Management, 2017, 64(2): 220-233.

第3章　公理设计框架下基于系统性创造思维的解耦

本章针对产品设计过程中的耦合问题，以AD框架为基础，探讨如何通过创新设计技术实现耦合设计问题的完全解耦，从而为产品设计过程中耦合问题的处理提供有效手段。

3.1　引　言

AD的独立公理指出要保证设计的无耦合性，即保持功能需求(FRs)之间的独立性；AD同时也指出，当给一组FRs于最大的设计范围时，无耦合设计比准耦合设计和耦合设计更加稳健。当各设计层级的设计矩阵建立后，根据耦合性质可识别出该设计的相关特征。若通过该过程获知设计为耦合设计，那么就要采取相应的措施和过程来消除或减弱FRs之间的耦合关系，减少设计过程迭代的次数。由AD的基本原理可知，虽然AD指出要保证设计的无耦合性，但并未明确指出如何解耦一个耦合设计，即未提供专门的处理违反独立公理的耦合设计问题的系统化方法。随着产品日益复杂而导致耦合设计的频繁出现，国内外研究者已逐渐开始探讨耦合设计问题的处理。不同的设计方法、理论和工具分别侧重于设计领域的不同侧面或设计过程的不同阶段，那么针对复杂系统设计中的耦合问题，研究各种方法的一致性和有效融合，充分利用已有方法的优势，建立基于AD框架的处理复杂耦合问题的有效方法和工具，从而节省时间和成本，促进设计理论朝着符合科学规范性和逻辑严密性要求的高级阶段迈进，是目前的一个研究热点。本章针对产品设计过程中FRs的耦合问题，将该问题的讨论范围限定在功能域和物理域之间，从完全消除FRs耦合关系的角度出发，融合和借鉴其他工具和技术，来探讨有效的完全解耦方法。通过该方法的应用，完全消除工程设计过程中的耦合问题，获得满足独立公理的无耦合设计，增强设计的稳健性。

AD理论提出以后，作为一个通用设计框架已经得到了广泛的应用和发展。而TRIZ作为一种有效的设计工具，在过去几十年里其适用性和有效性也已被证实。TRIZ的含义是“创新问题解决理论”(theory of inventive problem solving)[1]。该理论是由Altshuller[2,3]在广泛深入研究发明、创造和专利的基础上建立和发展起来的。因此，TRIZ是研究技术系统的演化规律来发掘创新问题解决方法的科学。其不同于其他基于反复试验的创造性方法之处主要在于：TRIZ提供了指导性的算法来搜索解，而不是随机地产生概念和想法[4~6]。TRIZ理论基于这样一个假设：

大多数技术问题的创新解可通过某些模式或原理的类推而得到，而这些模式或原理来自于以前的发明创造实例[1]。TRIZ 包括一些分析工具(发明问题解决算法、冲突分析和物质-场分析等)和知识库(创新原理、标准解和效应库)等。在这些工具和知识库的帮助下，设计人员可以以较高的概率获得新的发明和创造。

系统性创造思维(SIT)是一种解决工程中创新问题和提高新产品开发创新性的简单、有效的方法。该方法源于 TRIZ 的某些观点[2,7]，但基本原理与 TRIZ 有很大的区别，3.2 节将简要分析两者的关系。SIT 提供了评价已有方案创新性的客观标准，同时该标准也可指导设计人员在新产品开发过程中寻求更具创新性的方案，引导设计人员从“发现一个方案”转变为“发现一个满足封闭世界原理的方案”[8]。设计人员可以应用 SIT 方法提供的一系列思维工具和原理来指导创新问题的解决过程。SIT 团队通过建立 SIT 网站，并提供一系列的咨询、培训课程，向全世界范围内的众多企业、工程技术人员、组织等传授 SIT 方法，力图使各行各业的人员在解决问题、开发新产品、制定战略、解决冲突的过程中更具创造性。因此，SIT 已经在世界范围内得到广泛的应用[9~15]，其应用领域涵盖广告业、市场、通信。

本章基于 SIT 的原理和一系列工具提出一种新的解耦方法。该方法的实用性和引入创新技术的特征使得其有别于其他传统的解耦方法。此外，本章也讨论该方法的扩展——TRIZ 方法作为其有效支撑。本章主要内容如下：首先简要介绍 TRIZ 和 SIT 方法，并分析两者的密切联系。其次在讨论耦合问题分类的基础上，分析各种处理耦合问题的方法的特点，总结出两种处理耦合问题的思路。进而从原理、方法和工具层面分析 SIT 与 AD 理论的关系、兼容性和可能的集成，根据该分析结果，提出 AD 下基于 SIT 的解耦方法，详细探讨该方法的具体步骤，并在此基础上提出升级已有的旧系统或根据已有的旧系统开发新系统的步骤。为了验证该方法的有效性，通过冲水装置的振动和噪声问题实例说明该方法在解决耦合问题的过程中，如何逐步明确表达和陈述 FRs 耦合问题，并系统搜索可能的可行解；通过采用基于 SIT 的解耦方法对新型捻线机的加捻装置——锭子的加捻原理和结构原理方案进行分析，研究在不提高工作转速的情况下提高加捻效率的方法，该过程有效阐述了如何在现有系统的基础上进行升级或在现有系统的基础上开发出一个新系统。最后对该解耦方法的特征和可能的扩展进行分析和讨论，避免耦合度度量、参数优化及替代技术概念的寻求等复杂措施。

3.2 系统性创造思维

本节在对 TRIZ 进行简要介绍的基础上，围绕 SIT 的基本内容加以说明和分析，进而探讨 TRIZ 和 SIT 之间的关系。

3.2.1 TRIZ——创新问题解决方法

1. TRIZ 的核心思想

TRIZ 核心思想主要体现在三个方面：①无论是简单产品还是复杂技术系统，其核心技术的发展都遵循客观的演变规律，即具有客观的进化规律和模式；②各种技术难题、冲突的不断解决是推动这种进化过程的动力；③技术系统发展的理想状态是用尽量少的资源实现尽量多的功能[1~3]。

2. TRIZ 的经典理论体系

TRIZ 理论包括很多重要的概念、原理、方法和工具。经过半个多世纪的发展，它已形成一套系统的经典理论体系，包括：①40 个发明原理；②发明问题的 76 个标准解；③科学效应和现象知识库的应用；④基于宏观的冲突矩阵法；⑤基于微观的物质-场模型分析法；⑥对于物理冲突的解决而提出的 11 条分离方法和 4 大分离原理；⑦技术系统 8 大进化法则；⑧发明问题解决算法(algorithm for inventive-problem solving，ARIZ)；⑨理想法则与最终理想解[16~19]。

3. TRIZ 的冲突概念

冲突是 TRIZ 的一个重要概念，本章后面将讨论基于冲突矩阵的解耦方法，因此在此将冲突的概念单独提出来进行简要的介绍和分析。

冲突普遍存在于各种产品设计过程之中。按传统设计中的折中处理方法，冲突并没有彻底被解决，而是在冲突双方之间取得一个折中的方案，降低冲突的程度。TRIZ 认为，产品创新的标志是解决或消除设计中的冲突，产生新的有竞争力的解决方案；设计人员在设计过程中不断发现并解决冲突是推动产品进化的动力[17~19]。TRIZ 将冲突区分为物理冲突和技术冲突，而技术冲突常表现为一个系统中两个子系统之间的冲突。Altshuller[2,3]用 39 个工程参数来描述技术冲突(目前已将工程参数扩充到 48 个，并提出了 31 个商用参数)，并提炼出 40 个创新原理来解决冲突。他设计出冲突矩阵，该矩阵的 X 轴和 Y 轴列出 39 个工程参数，分别表示希望得到改进的参数和某技术特性改善引起恶化的参数；矩阵中横纵交叉处的元素代表可用于求解的创新原理编号。在冲突矩阵的实际应用过程中，首先要把组成冲突的双方内部性能用 39 个工程参数中的至少 2 个来表示，然后在冲突矩阵中找出解决冲突的发明原理，指导问题的解决[17]。此外，对于物理冲突，Altshuller[2,3]也提出了四条分离原理来进行处理，具体为：①从时间上分离相反的特性；②从空间上分离相反的特性；③从整体与部分上分离相反的特性；④在同一种物质中相反的特性共存[17~19]。

4. TRIZ 的结构图

TRIZ 是一套科学理论与方法，TRIZ 的这些重要的概念、原理、方法和工具在军事、工业、航空航天等领域均发挥了重要作用，图 3.1 是 TRIZ 方法的基本结构简图[19]。

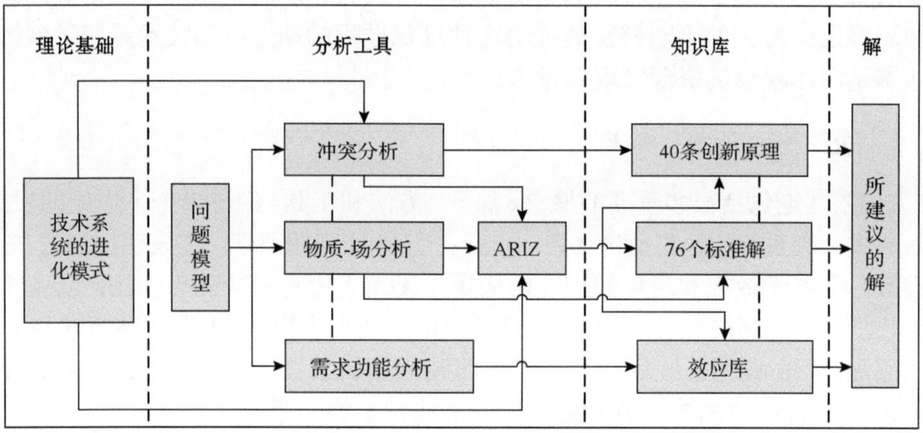

图 3.1 TRIZ 方法的基本结构简图

利用 TRIZ 解决问题时，首先将待设计的产品表达为 TRIZ 问题，然后利用 TRIZ 的工具求出该问题的普适解，最后把普适解转化为特定解，该过程如图 3.2 所示[17]。

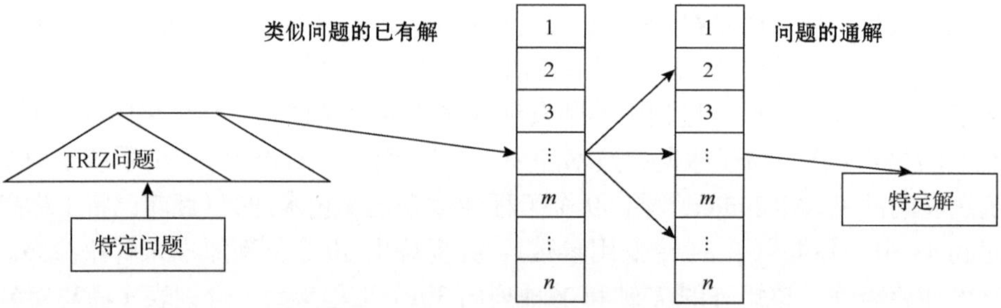

图 3.2 应用 TRIZ 解决问题的简图

因此，运用 TRIZ 理论可有效加快产品或系统的创新进程，提升其创新水平。但是，TRIZ 主要是解决设计中如何做的问题，对设计中做什么的问题未能给出合适的工具[17~19]。TRIZ 的出发点是借助设计者的经验通过对问题的定性描述来发现设计中的冲突。因此，如何将 TRIZ 与其他设计方法结合，增强 TRIZ 的效力，已经成为设计领域的重要研究方向[19]。

3.2.2　SIT——看事物的新方式

1. 思维工具

由 Maimon 等[8]提出的 SIT 是一个可在各种领域中指导问题解决和新产品开发的有效方法，它为问题解决者提供了有序和结构化的思维过程，设计人员可应用 SIT 方法所提供的思维工具和原理来指导创新问题的解决。SIT 项目组在 1996 年就已经开始着手研究和开发 SIT 方法，目前 SIT 已在世界范围内得到了广泛的应用[8~11,20,21]。SIT 方法包括 5 个主要组成部分，即思维工具、原理或法则、辅助技巧、项目管理、组织创新[21]，下面分别进行简要介绍。

SIT 的核心思想是“问题的创新解具有共同模式”[8]。Altshuller 等[6]通过对 200000 多个专利的深入分析和研究，揭示出“创新方案具有共同的模式”，而这种思想也正是 SIT 方法的驱动力，它促使 SIT 团队发展出 5 个思维工具。SIT 团队研究人员通过删减 TRIZ 理论中的特别有问题针对性的创新原理以及不常用的创新原理，并将相似的创新原理进行合并等方式[7]，将 40 条创新原理浓缩为先进系统性创造思维(advanced systematic inventive thinking，ASIT)的 5 个激发创新概念产生的思维工具，具体如下[8]：

(1)任务统一。通过给问题系统中已存在的对象赋予一个新的效用来解决问题。

(2)增加。在已有的系统中，通过增加略作更改的已有对象来解决问题。

(3)分割。在已有的系统中，通过分开并重组一个对象的各个组成部分来解决问题。

(4)减少。通过从一个产品中移除一个值得要的或必不可少的组成部分，并发掘该新版本的产品的用途或收益来解决问题。

(5)属性依赖。通过改变问题的变量之间的相互关系来解决问题。

从上述对思维工具的描述可知，不同的思维工具以不同的方式解决问题，设计者也可同时使用多个思维工具来搜索问题的创新解决方案。

思维工具是 SIT 方法的核心，是 SIT 方法洋葱结构的第一层(最里层)。思维工具引导设计人员在解决问题时打破传统的思维模式，采用一种真正意义上的创造性方式来进行思考，从而缩短搜索满意解的路径。应用各个思维工具来解决问题时大致可以分为 4 个步骤。实际应用证明，思维工具具有广泛的应用范围，并且简单易学[8~11,20,21]。

2. 原理或法则

思维工具要求使用者以一种新的、非直觉的方式进行思考，从而导致思维工具在最初的具体应用时存在很多困难，其潜在作用无法充分发挥。SIT 项目组为用户提供了理解和描述某些会阻碍用户使用该工具的能力的情况，并提出如下原理来解决问题：封闭世界(closed world，CW)原理、性质变化(qualitative change，QC)原理、功能追随形状(function follows form，FFF)原理、限制而不是变弱(limit rather than dilute，LRTD)原理、最大阻力的路径(path of the most resistance，PMR)原理。这些原理属于 SIT 洋葱结构的第二层，与思维工具同时使用，帮助用户越过其智力屏障，进入正确的不同于常规的思维框架，并恰当使用思维工具，从而以较高的概率获得创造性设计概念和解决问题的方案。SIT 所提供的一系列加强创造性问题解决的思维工具和原理之间相互影响，两者的关系如图 3.3 所示。

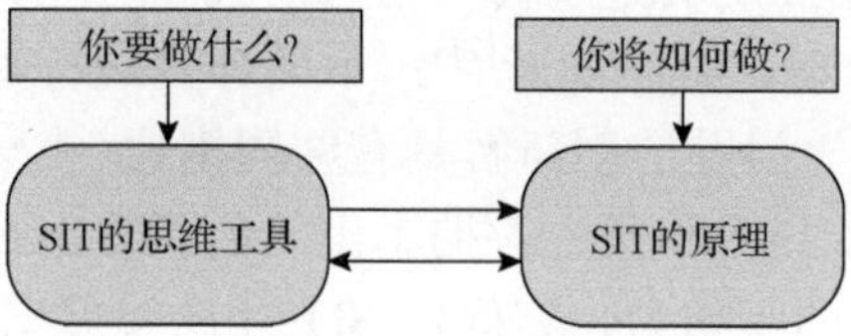

图 3.3　思维工具和原理的关系

所有的 SIT 原理均可支持任何一个思维工具的使用；在解决问题的过程中，组合应用多种思维工具和原理往往可有效帮助 SIT 的使用者获得新颖的概念。

在 SIT 所提供的原理中，CW 原理和 QC 原理是解决问题的重要原理，CW 原理可表示为[8]

$$O(S_o)\cup N(S_o)\subseteq O(S_i)\cup N(S_i) \tag{3.1}$$

式中，S_i 是问题状态的特定系统 S 的输入；S_o 是方案状态的特定系统 S 的输出；$O(S)$ 是组成系统 S 的所有对象类型，其中每个对象表示一个单独的技术概念，是系统功能的基础；$N(S)$ 是系统 S 的环境(不属于系统 S 但与之有着密切关系的所有对象)。

CW 原理指出，一个问题的创新解建立于问题世界中的元素或邻近系统的元素之上。该原理实质上限制了一个工程系统从创造性观点出发所能允许的更改的类型。在 CW 原理的指导下，可保持现有的技术概念。因此，CW 原理实质上通过限制解空间而扩宽设计人员的思维范围。

在 SIT 中，问题特征的 QC 原理可表示为[8]

$$x,y\in U,\ [f^{+}(y,x)]_{S_i}\wedge[f^{0}(y,x)\vee f^{-}(y,x)]_{S_o} \tag{3.2}$$

式中，U 为问题描述中出现的与不利结果有直接或间接关系的所有变量的集合；x 和 y 为 U 中的元素；$f^{+}(y,x)$ 表示当其他所有变量为恒定时，y 为 x 的增函数；$f^{-}(y,x)$ 表示当其他所有变量为恒定时，y 为 x 的减函数；$f^{0}(y,x)$ 表示 y 与 x 的变化无关。

不同于通过搜索替代技术概念或参数折中的方法来解决问题，QC 原理要求通过改变问题特征来解决问题，也就是问题的特征应该从 $f^{+}(y,x)$ 变化为 $f^{-}(y,x)$ 或 $f^{0}(y,x)$[10]。因此，QC 原理改变了搜索目标，指导设计人员通过改变导致问题的相关参数之间的关系来消除冲突。

3. 辅助技巧

促进力(facilitation)是指通过促使他人积极参与、形成活跃氛围，从而达到预期成果的过程，也有人将其译为“胜任力”。在此，胜任力(facilitation skill)用来在引领创新项目中加强 SIT 促进者(SIT 引导师)的引导技巧和能力。多数 SIT 计划的参与者是一个 10～12 个人的团队，因此在任务执行过程中任何问题都有可能发生，SIT 研究人员对其进行了列举：①每个人都在微笑、点头，但是没有人想进行交谈；②参与者认为这事与他无关，他根本不相信创新团队活动会发挥作用；③其他参加人员认为你应该知道公司的情况，而实际上外来人根本不了解该公司的情况；④其中两个参与人员存在强烈的竞争关系；⑤某一个参与人员与 SIT 引导师存在强烈的竞争关系；⑥房间的气氛太冷淡或很奇怪；⑦某一管理人员直接拒绝提出想法；⑧另外一管理人员认为她已经有了足够的想法和概念(如果她不必坐在这里，她就有时间去实施)等[21]。

为了解决上述障碍，SIT 研究人员设计、借用和提炼出一系列辅助技能，包括不同种类成员构成的团队、元认知、利用专家、动态的和交互式的方法[21]。辅助技巧是 SIT 方法洋葱结构的第三层，每位引导师都要花费大量时间培养这些技能，使得引导师真正学到交互式的经验，确保整个团队在一起有效地工作。

4. 项目管理

项目管理层由指导方针和技术组成，帮助用户确保创新概念不仅被产生，而且被付诸实现。项目管理层是 SIT 方法洋葱结构的第四层。其大多数内容来自于 SIT 研究团队与数百家公司、数千人共同工作的经验、所犯的错误，在此基础上进行形式化和提炼出最有效的程序[21]。项目管理层的内容包括概念列表处理、创新映射、创新概念收敛、交付使用、项目团队[21]。

SIT 研究团队的成员认为保证项目的付诸实施是他们工作的一部分，具体过程如图 3.4 所示[21]。

5. 组织的创新

一家公司要保持持续地成长，必须系统地、不断地鼓励创新。而持久的创新则需要三个关键条件：①能够产生创新成果并被付诸实施；②员工具有进行创新的能力，在需要的时候，能够从不同的角度思考问题；③建立对应的结构来支撑和维持新的创新文化和实践[21]。

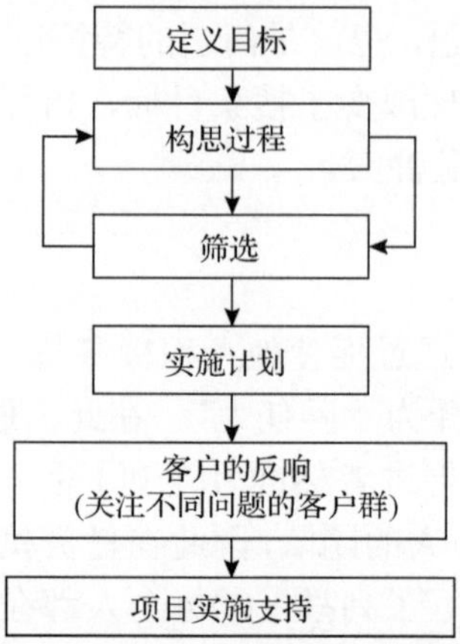

图 3.4　SIT 的项目管理过程简图[21]

SIT 方法洋葱结构的第五层即组织的创新，则是指所有确保上述成果的行为和过程。组织的创新具体包括岗位(组织)轮换培训、创新管理、可预测和可度量性、通用语言(common language)、可持续的创新[21]。

6. SIT 方法的洋葱结构图

上述这 5 层则是 SIT 方法的洋葱层次结构，如图 3.5 所示[21]。该结构的核心即思维工具，使得 SIT 方法有别于其他方法，也就是 SIT 方法的独特性所在；集成这 5 个部分的专家使得 SIT 方法更加有效；通过系统地应用上述 5 个部分来处理各种问题和行为，可以把公司变成一个真正意义上的创新组织。

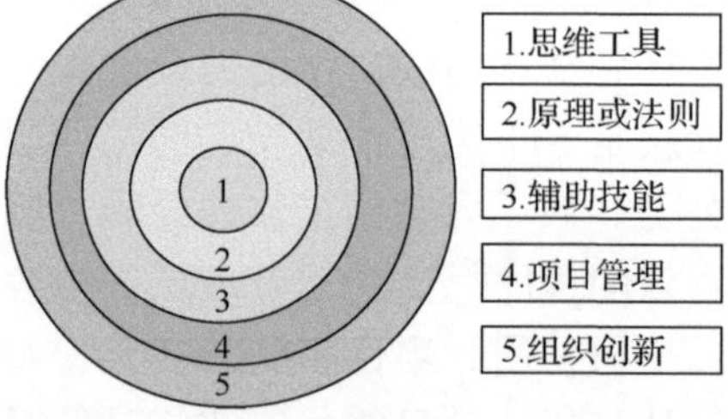

图 3.5　SIT 方法的洋葱结构示意图[21]

7. SIT 网站的实际案例

SIT 将已有的产品作为设计或解决问题的起点。为了进一步理解 SIT 方法，有兴趣的读者可通过 SIT 网站与相关研究者[20,21]提供的应用实例，来学习 SIT 思维工具和其他原理、工具、技术的应用，例如，火车出轨监测设备——采用[增加]工具解决问题，气压计的低温敏感元件问题——采用[分割]工具解决问题，常规电视机通过使用[减少]工具得到车载电视和监控器等创新概念[8,21]，在此本书不再赘述。虽然前述提及的实例只是简单地采用某一个思维工具来解决问题，实际上可采用多个思维工具，同时结合 SIT 的原理和法则来搜索、构思问题的创新解。工业界众多实例说明，SIT 所提供的思维工具和方法具有普适性，应用广泛、不受问题领域的约束，而且容易学习和掌握的特点[8~11,20, 21]。

3.2.3　SIT 与 TRIZ 的关系分析

TRIZ 理论包含许多系统的、科学而又富有可操作性的创造性思维方法和发明问题的分析方法。经过半个多世纪的发展，TRIZ 理论已经成为一套解决实际问题中新产品开发的成熟经典理论体系；而源于 TRIZ 的 SIT，与 TRIZ 则存在极为密切的联系，下面将就两者的密切关系进行分析。

SIT 的很多观点起源于 TRIZ 方法，下面主要综合 Horowitz[7]的研究工作，从 SIT 的工具层出发，简要分析 SIT 和 TRIZ 的关系，为后面基于 SIT 来处理应用 AD 的过程中遇到的耦合问题的方法的扩展提供理论基础。Horowitz[7]描述了从 TRIZ 到 SIT 的如下 4 个步骤，如图 3.6 所示。

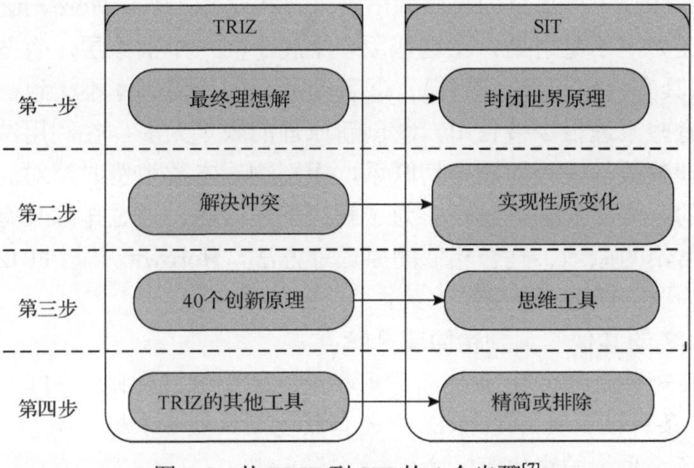

图 3.6　从 TRIZ 到 SIT 的 4 个步骤[7]

1) 从最终理想解(ideal final result，IFR)到封闭世界原理

Horowitz[7]发现 TRIZ 方法常应用已有的资源解决问题，TRIZ 方法的这个原理分散在该方法之中；在 IFR 和 40 个创新原理中可以发现 CW 原理所提倡的观点，如创新原理 25——自服务原理。而在 SIT 方法中，Horowitz[7]指出 CW 原理是最重要的原理；SIT 方法的第一步便是定义问题世界。定义完成后，问题解决者会发现所有解决问题的元素就摆在眼前，重新组织已存在的对象便可得到问题的解决方案。该点使得问题解决者可集中精力，从而增强该方法的效力。

2) 从解决冲突到实现性质变化

Horowitz[7]指出 CW 原理处理的是问题域和解域的相同之处，因此还需要其他原理来处理两者之间的区别，而从解决冲突开始则是一个很好的途径。Horowitz[7]认为根据 TRIZ 定义冲突的方法可很方便地识别出冲突，但是 TRIZ 没有阐明"处理冲突"的内涵，即"解决冲突"的标准，导致在应用 TRIZ 的过程中，可能出现设计人员只是应用它来证明自己旧概念的正确性，而不是应用它来搜索新的设计概念。Horowitz[7]通过对大量创新解进行研究发现，在很多真正的创新解中，系统对主要问题因素的响应发生了变化(主要问题因素指的是决定问题严重程度的变量)。在问题解决之前，主要问题因素直接与不良后果的程度相关；在发现创新解后，主要问题因素则与不良后果无关或变成其减函数。因此，设计人员得到的是一个对主要问题因素不敏感的 RD。根据这些分析，Horowitz[7]总结出 QC 原理作为一个评判标准，该原理可很方便地检验出解是否满足 QC 原理。

3) 从 40 个创新原理到思维工具

CW 原理定义问题世界，QC 原理有效排除旧概念，但仍然需要产生新概念的机制，即需要工具帮助设计人员在 CW 原理所限定的范围内识别潜在的解，因此 Horowitz[7]从 TRIZ 的 40 个创新原理出发来寻找这些工具。Horowitz[7]认为 40 条创新原理存在如下不足之处：①这些原理不属于同一个抽象层，有些很概括，有些则很具体(具有特定问题针对性)；②各个原理的使用频率不一致，有些原理使用频繁，而有些原理很少被使用；③创新原理的数量太多，在利用冲突矩阵解决问题时，物理参数与工程问题密切联系，识别物理参数很费时，对问题解决者来说需要反复的、大量的训练过程。为了解决上述问题，通过排除具有问题针对性的原理、不常用的原理、整合相似的原理等方法，Horowitz[7]将 TRIZ 的 40 条创新原理缩减为 ASIT 的 5 个思维工具。

4) 从 TRIZ 的其他工具到精简或排除

除了冲突矩阵之外，40 条创新原理和最终理想解被转化为 SIT 的 CW 原理、QC 原理和 5 条思维工具，在 TRIZ 中还有其他工具被 SIT 框架所精简，包括标准解和物理效应、系统的进化等。

3.3 耦合设计问题的处理

3.3.1 耦合设计问题的分类

要正确处理 FRs 之间的耦合，即正确处理它们之间的交互作用，首先必须结合 DPs 来了解引起耦合的原因，在此基础上对耦合设计问题进行分类，从而寻找恰当的解决措施。Brown[22]按不同设计域之间的元素配对将功能域-物理域之间的耦合情况分为如下三类。

1. FR-FR 耦合

FR-FR 耦合是指一个 FR 的定义与另一个 FR 的定义存在交叠的部分，从而引起相互干涉。这种耦合是由上层 FR 分解为下一层 FR 时的不当而造成的子功能需求之间的重叠，即子功能需求之间不满足彼此完全相异的关系。用图示方式可简单地表达为图 3.7(a)和(b)，而图 3.7(c)为正确的功能分解图示关系，图 3.7(a)和(b)为 FR-FR 耦合情况。分解后的正确的功能需求可用集合论表示为

$$FR_1 = \{FR'_{11}, FR'_{12}\} \tag{3.3}$$

式中，

$$FR'_{11} \cap FR'_{12} = \varnothing \tag{3.4}$$

图 3.7(a)中的 FR_{11} 和 FR_{12} 的关系则可表示为

$$FR_{11} \cap FR_{12} \neq \varnothing \tag{3.5}$$

即 FR_{11} 和 FR_{12} 存在交叠部分，因此该设计存在 FR-FR 耦合关系。而图 3.7(b)所表示的含义为

$$FR_{12} \subset FR_{11} \tag{3.6}$$

即 FR_{11} 与 FR_{12} 是“父子”关系，却错误地被认作“兄弟”关系。对于图 3.7(a)所示的这种 FR-FR 耦合关系在定义 FRs 时即可识别出来，因此应采取重新定义 FRs 来实现如图 3.7(c)所示的关系或将其中的某一个 FR 转化为约束的方式来消除这种耦合关系(如将成本视为约束比视为一个 FR 更为合适)；对于图 3.7(b)的情况，应重新处理设计的分解层级，使 FRs 之间满足如图 3.7(c)所示的关系。

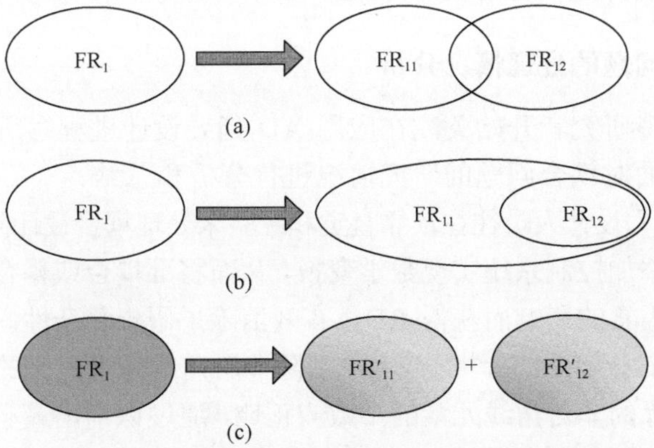

图 3.7　FR-FR 耦合示意图

2. DP-FR 耦合

当一个 DP 实现一个 FR 时，同时也会影响其他 FRs 的实现，那么就存在 DP-FR 耦合，这类耦合是设计过程中最常见的耦合情况。

以一个简单的示例来说明 DP-FR 耦合。对于一个有两个 FRs-DPs 的设计，若 DP_1 的变化既影响 FR_1 同时也会影响 FR_2，且对于 DP_2 也存在同样的情况，那么这种耦合关系可表示为

$$FR_1 = f_1(DP_1, DP_2) \tag{3.7}$$

$$FR_2 = f_2(DP_2, DP_1) \tag{3.8}$$

AD 的独立公理指出，若遇到这种耦合问题，应重新选择新的设计参数 DPs 来消除 FRs 之间的交互关系，使一个 DP 只会影响其对应的一个 FR，这是本章重点研究的内容。此外，现有条件的限制常常使设计人员无法得到新的无耦合设计，因此需要有效的方法来指导设计人员在 FRs-DPs 之间不严格满足独立公理的情况下完成产品设计过程。

3. DP-DP 耦合

DP-DP 耦合的情况发生在集成设计参数来减少信息量的阶段，即集成 DPs 后使得设计结果与独立公理发生了冲突。DP-DP 的交互关系分为无物理交互关系、需要的物理交互关系、不良的物理交互关系和不需要且不良的物理交互关系，在此不做具体讨论。

根据上述总结和分析可知，本章将问题讨论的范围界定在功能域和物理域之间，也就是说重点研究 DP 与 FR 之间的关系，旨在提出有效的解耦方法消除设计过程中的耦合，获得无耦合的设计方案。

3.3.2 耦合设计问题的处理情况分析

近年来，很多研究者开始关注在应用 AD 指导设计进程时所遇到的耦合问题的解决方法，下面对耦合问题的研究情况进行分析和总结。

一般而言，工程设计人员往往依靠直觉和经验来处理耦合设计问题。如 Deo 等[23]通过在运行阶段添加控制系统实现数学变换，从而将准耦合或耦合系统变为无耦合状态，消除噪声因素的影响而获得 RD，有效消除了假想复杂性，研制出了一种新的用户定制的汽车悬架。Lee[24]综合考虑消除非对角线元素所需的成本和收益，假设成本和将要消除的非对角线元素的个数成正比，通过识别出最小序列的非对角线元素来解耦和消除假想复杂性。Su 等[25]则采用层次分析法，并结合双向比较策略

度量功能耦合度，然后将其转化为带方向和全路径考虑的旅行商问题，从降低迭代的可能性的角度出发寻找耦合设计任务的最优迭代顺序。曹鹏彬等[26]在此基础上进一步利用分解操作识别独立的功能需求及耦合功能需求集，然后采用决策分析方法中的两两比较方法并基于三角模糊数对功能耦合程度进行度量，根据度量结果通过解耦和割裂操作对耦合功能进行规划，确定各耦合功能的实现顺序；在上述工作的基础上，还讨论了计算耦合度的指标等问题，以期为耦合设计方案中的耦合性评价及其选择提供依据。

此外，优化技术也通常被引入耦合 FRs 的规划过程之中，包括应用优化方法等来处理聚类、解耦和割裂等操作过程。例如，肖人彬等[27]采用免疫计算技术，提出了一种耦合功能规划的新方法，该方法首先利用免疫算法对功能耦合关系进行聚类识别，然后对功能耦合程度加以量化处理，最后通过解耦和割裂操作对耦合功能进行重组，从而确定各功能的实现顺序；其中耦合关系的聚类识别旨在为解耦操作提供信息支持，以避免耦合信息的不必要丢失。本章结合卧式壳管式冷凝器产品的设计实例对该方法及其有效性进行了说明，还对免疫聚类识别算法中的有关参数作了讨论，并围绕算法性能的优劣和算法结果对解耦的影响作用，分别将其与遗传聚类识别算法和基于图论的聚类识别方法进行了比较。

总之，耦合参数之间的折中[25,27]和寻求替代技术概念[19,23,28]是处理耦合设计问题的两个主要措施。由于 FRs 耦合问题的参数之间的最优平衡往往意味着对所有的参数的一定程度上的“牺牲”，即冲突双方之间的相互妥协，因此参数折中的方式将不能从根本上消除系统中潜在的冲突，得到比较完美的解决方案。此外，采用寻求替代技术概念的措施将导致对新技术的寻找、开发或购买，从而将不可避免地增加研发成本和延长研发时间。从上述分析可知，迫切需要研究能够克服传统方法的内在缺陷并有效产生创新解的处理耦合设计问题的新方法。

由于 TRIZ 可有效加快设计过程和帮助设计人员以一种创新的模式来解决问题，许多研究人员开始着手探讨 AD 和 TRIZ 之间的联系、两者的兼容和互补性等一系列问题[19, 28~33]。其中，部分人员研究应用 TRIZ 的有关工具来消除 AD 指导设计过程中遇到的功能依赖问题，从而获得无耦合解。Yang 等[19]和 Kang[28]指出 TRIZ 的消除冲突的概念与 AD 的消除功能耦合的概念类似，Kang[28]进一步提出了 AD 中的 FRs 耦合问题可被转换为 TRIZ 中工程参数之间的冲突问题，通过分析冲突的类型(技术冲突、物理冲突等)，然后借助 TRIZ 的冲突矩阵来得到发明原理，或采用 TRIZ 的其他对应的工具来解决问题；Shin 等[33]将应用 AD 框架指导设计过程中遇到的耦合现象分为 6 种模式，并指出每种模式均可采用 TRIZ 的恰当模块来处理，还进一步给出解耦过程和 TRIZ 模块的匹配关系表来促进两种设计理论的有效集成和应用。事实上，Yang 等[19]和 Kang[28]的处理策略也就是

Shin 等[33]所分类出来的耦合问题模式 4 和模式 5，两者之间的工作存在异曲同工之妙。Duflou 等[29]则在前述成果的基础上进一步展开研究，指出 AD 的 FRs 耦合问题与 TRIZ 的工程参数之间的冲突问题的转换需要一个中间的提取步骤，该研究试图使 FRs 耦合问题向 TRIZ 的冲突问题的转换过程更加容易实现和更加符合工程技术人员的思维习惯，从而很有现实意义。

上述研究成果有效促进了 FRs 耦合问题的解决，但是针对工程设计的实际需要，发展新的且更为简单的结构化方法，从创新设计角度来处理应用 AD 指导设计的过程中违背独立公理的 FRs 耦合问题仍然具有现实意义。由于 SIT 最初起源于 TRIZ，因此我们在研究 SIT、TRIZ 和 AD 之间的关系的基础上，提出了基于 SIT 的解耦方法。该方法采用 AD 框架的功能域和物理域之间 Z 字形层级分解映射处理设计问题，然后在规划设计矩阵、识别出耦合功能、找出主要问题所在的基础上，采用 SIT 的思维模式来描述功能耦合问题，选择并应用一个或多个创新思维工具和其他技术，获得该功能耦合问题的保持原有技术概念的解决方案，最后根据细化的方案选择新的满足独立公理的设计参数，将关联的功能需求完全解耦。下面将从 AD 与 SIT 之间的关系分析入手，通过揭示两者之间的密切联系，挖掘两种设计方法和工具融合的可能性，并在这种集成的可能性的基础上，提出解决耦合问题的结构化方法[20,34]。

基于此，应用 AD 理论框架指导产品设计过程中遇到的功能耦合问题的解决方法可以分为如下两种思路：一是在 AD 的独立公理的基础上，从完全消除耦合关系，获得创新问题解决方案的角度来研究耦合设计问题的处理，对应图 3.8 中的左侧分支的研究思路，即本章重点研究的内容[35]；二是在 AD 的独立公理的基础上，从降低耦合程度的角度来研究耦合设计问题的处理，对应图 3.8 中的右侧分支的研究思路，第 4 章内容采用的就是这种研究思路。

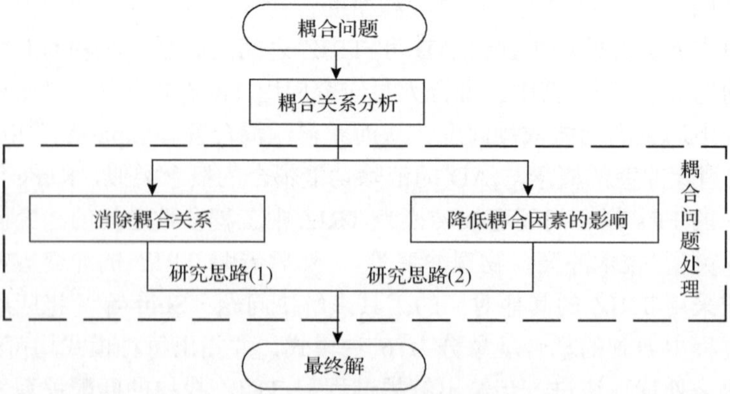

图 3.8　耦合问题处理的两种思路

3.4　公理设计与系统性创造思维的关系分析

本节在分析 AD 理论和 SIT 方法的相关基本概念和基本理论的基础上，探讨两者在原理层面上和工具层面上的联系和一致性，找出两者对于耦合设计问题处理的结合点，从而为构造出 AD 下基于 SIT 的解耦方法提供理论基础。

3.4.1　独立公理与性质变化原理的关系

AD 的独立公理要求保持 FRs 之间的独立性，即当有两个或者更多的 FRs 时，FRs 和 DPs 之间满足如下关系：当调整特定的设计参数 DP_i 来满足功能需求 FR_i 时，其他功能需求 $FR_j\,(i\neq j)$ 不会受到影响；AD 同时也指出 FRs 之间的交互作用较小的设计是较好的设计。

SIT 的 QC 原理要求设计人员在解决一个设计问题时，所获得的创新解应该使问题的特性从增函数 $f^+(y, x)$ 变为减函数 $f^-(y, x)$ 或者变为表明两者无关的函数 $f^0(y, x)$。当问题的特性变为函数关系 $f^0(y, x)$ 时，意味着两个参数 y 与 x 之间没有关联关系，也就是调整参数 x 时不会导致 y 值的变化，这种情况与 AD 中通过解耦使 FR_j 不会受到 DP_i 的变化的影响类似；而且，当两个相关联的参数 (y, x) 之间的关系变化为 $f^0(y, x)$ 时，表明真正消除了两个参数之间的冲突，两个参数 (y, x) 可同时得到提高或改进而不会导致对方的情况“恶化”，这表明解决问题的方案不再是“妥协”或“折中”，而是从根本上消除了冲突问题。另外，当问题的特性从 $f^+(y, x)$ 变为 $f^-(y, x)$ 时，表明 y 与 x 之间的交互作用变弱，这点也与 AD 的“FRs 之间的交互作用较小的设计是较好的设计”的观点一致。

因此，SIT 方法的 QC 原理与 AD 理论的独立公理是紧密联系的，两者实质上存在一致性。在设计过程中，设计人员试图将 FRs 之间的相互依赖关系转化为彼此独立的关系的概念与 SIT 中的 QC 原理所要求的改变两个参数之间的关系的概念类似。因此，在将应用 AD 理论指导设计的过程中遇到的 FRs 耦合问题转化为 SIT 模式描述的问题后，采用 SIT 的相关工具和原理来处理应用 AD 的过程中遇到的 FRs 耦合问题，在理论上是可行的。

3.4.2　公理设计与封闭世界原理的关系

封闭世界原理限制了现有工程技术系统所允许的更改，它与应用 AD 理论框架来处理问题存在密切联系：

(1) SIT 的 CW 原理为设计人员提供了搜索无耦合解的明确标准，该标准将设计人员限制在目前设计问题领域内搜索新概念来解决设计问题，该界定可以在一定程度上提高搜索解的效率，实现真正意义上的创新解决方案。

(2) CW 原理不允许添加任何不属于 $N(S)$ 和 $O(S)$ 的新对象，但是可以将已有的对象从系统中移除，从而保留应用 AD 框架所得到的技术概念，避免了搜索、开发或者购买新技术，从而可以减少资源浪费，提高成本效益。

(3) 在 CW 原理所设定的恰当的设计约束条件下(该约束使得资源减少、自由度降低)，设计人员以较高的效率产生创造性的构思。因此，从该意义上来说也可以节约求解的时间和降低所消耗的资源，从而有效降低成本。

因此，CW 原理将耦合设计问题的解决限制在原有方案的技术概念系统内，限定了解的搜索方向，从而解决耦合问题时保留了应用 AD 所获得的原有设计方案，有效避免了资源的浪费，从这点来说，两者的集成和融合具有实践意义。

3.4.3　层次结构与系统性创造思维的关系

1. AD 的 Z 字形分解和层级结构

对于一个设计问题，在设计的最上层往往没有可以实施的设计细节，因此需要进行设计方案的分解。AD 理论的分解策略的独特之处在于：该过程是相邻设计域之间的自顶向下的 Z 字形映射，而不是在单个设计域内独立进行，分解过程一直进行直到分解的子问题都已经解决为止。AD 理论指导的整个设计过程就是从功能域到物理域，再到过程域之间的映射分解过程，也就是一个从高级别的抽象概括到低级别的详细描述的过程。图 2.2 以功能域和物理域之间的映射过程为例说明了 Z 字形分解映射和层级的意义。对于该设计过程，高层次的设计决策影响低层次问题的求解。每一个层次上的分解必须与所有高层次上已经做出的设计决策是一致的。在分解的每一阶段必须写出设计方程，并用设计矩阵来检验设计决策的正确性，即通过判断设计矩阵是否为对角阵或三角阵，来检验设计方案是否满足独立公理。在从功能域到物理域的映射过程中，可能会产生多个设计方案，其数量及质量主要取决于设计人员的经验、实践和创造性。由图 2.2 可知，通过 Z 字形分解映射，设计人员建立了 FR/DP/PV 层级结构、相应的设计矩阵、模块连接图及流程图等。显而易见，设计矩阵等表示系统体系结构的工具为后续方案优化、项目管理提供了方便，以此为基础，可得到最优的时序安排、有效的资源配置，并可用于回溯设计、分析存在的问题或用于未来的改进；同时结合信息公理选择最佳设计来获得较低的技术和商业风险。在映射过程中，AD 要求设计结果应使各层的决策遵循独立公理，但 AD 并未专门提供解决不满足独立公理的耦合设计方法。因此，根据上述分析可以得出以下结论：

(1) AD 理论最重要的特征是识别了设计问题的层级特性，在设计过程中，通过如图 2.2 所示的分解过程，得到分解的层级结构、流程图、设计矩阵等表示设计系统体系结构的模型，可以根据这些模型来分析设计中的问题所在。

(2) 通过分析设计域之间的映射分别对应的常规设计阶段，为探讨将其他工具和方法融入 AD 理论框架提供启发。

(3) AD 理论并未专门提供解决耦合问题的系统化方法，因此可以借助其他设计方法或工具来解决通过 AD 的工具、模型所发现的设计中的问题，同时也可以研究新的解耦方法来处理耦合设计问题。

2. 应用 SIT 方法的起点

与其他设计方法不同的是，在应用 SIT 方法的过程中，新系统开发过程的起点一般不是客户及其需求，而是一个已有的系统或产品，开发过程是在这个已有系统的相关特征的基础上进行展开的。

3. 层次结构与 SIT 的关系分析

根据上述分析可知，应用 AD 得到的层级结构可以为 SIT 方法的应用提供框架，同时也为应用 SIT 的工具解决问题提供一个问题导向。因此，应用 AD 理论框架得到设计的层级结构，并根据该层级结构识别出相互依赖的 FRs 后，则可以将 SIT 引入 AD 框架，应用 SIT 提供的工具，以较高的概率寻求创新问题解决方案，从而消除 FRs 耦合问题。

3.4.4　信息公理与系统性创造思维的关系

AD 中的信息公理要求是使设计所需的信息量最少。对于一个给定的功能需求 FR_i，其信息量 I_i 按式(2.9)进行计算；对于具有 m 个功能需求 FRs 的系统的信息量 I_{sys} 按式(2.10)计算；当所有的 FRs 在统计上相互独立时(无耦合设计)，其联合概率按式(2.11)计算，而系统的信息量 I_{sys} 可以用式(2.12)计算；当 FRs 不相互独立时，如耦合设计情况，则联合概率按式(2.13)计算，此时，整个系统的信息量 I_{sys} 为

$$I_{sys} = -\sum_{i=1}^{m} \log_2 P_{i|\{j\}}, \quad j = 1, 2, \cdots, i-1 \tag{3.9}$$

对一个含有 FRs 依赖关系的设计，在设计人员消除 FRs 之间的交互作用，同时保留原有技术概念的条件下，设计变为无耦合设计，$P_{i|\{j\}}$ 则变为 P_i，此时式(3.10)很可能成立：

$$P_{i|\{j\}} \leqslant P_i \tag{3.10}$$

因此，应用 SIT 方法的工具来消除 FRs 耦合问题中潜在的冲突之后，信息量往往会减少。从信息公理的角度可以认为：SIT 在保持原有技术概念的基础上，

完全消除了功能交互作用，该过程往往也达到了减少信息量的目的，从而新解优于原解。

值得一提的是，在特定的条件下，即某个具有较小的随机变量和有特殊 DPs 关系的耦合设计的信息量要少于有较大随机变量和较大偏差的无耦合设计的信息量[36]。

通过上述对 AD 与 SIT 的联系和一致性分析可知，AD 的耦合问题处理过程可借助 SIT 方法的众多有力工具。

3.5 基于系统性创造思维的结构化解耦方法

3.5.1 基于系统性创造思维的解耦方法

根据上述分析结果，下面提出一种 AD 下基于 SIT 的结构化解耦方法。该方法包括 4 个基本阶段，如图 3.9 所示[34]。

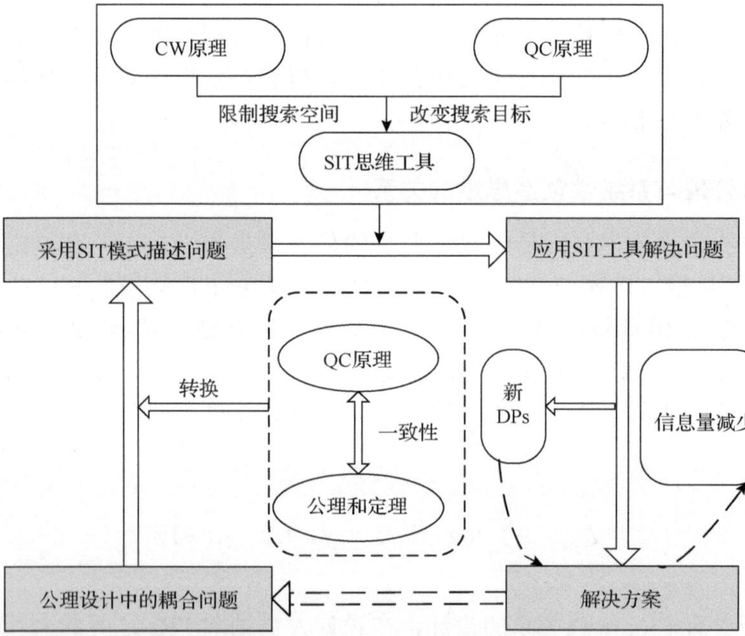

图 3.9 AD 下基于 SIT 的结构化解耦方法[34]

1) 应用 AD 框架的实际设计中的 FRs 耦合问题阶段

这一阶段实质上是通过层级结构分析、调整设计矩阵等方式，发现在应用 AD 指导设计的过程中遇到的 FRs 耦合问题。一般情况下，耦合 FRs 问题的存在也是导致整个设计效果不佳的关键因素，因此要消除 FRs 之间的耦合关系，获得无耦合设计方案或准耦合设计方案。

2) 采用 SIT 模式描述 FRs 耦合问题阶段

在找出设计中的耦合 FRs 问题后，为了能够借助 SIT 的相关工具来解决设计问题，要将该耦合问题采用 SIT 的模式进行描述。

3) 应用 SIT 方法解决 FRs 耦合问题阶段

将耦合 FRs 问题转化为 SIT 方式描述的设计问题之后，则可采用 SIT 的思维工具，并结合 CW、QC 等原理来寻求创新设计解。

4) 得到 AD 框架下的解决方案阶段

在通过应用 SIT 的相关工具获得解决方案后，要返回 AD 框架，应用 AD 提供的工具，如设计矩阵、信息公理，来检验新的设计方案的正确性和可行性，若有多个可行方案，则可结合信息公理选择最佳设计方案。

上述这 4 个阶段说明：为了应用 SIT 的原理和工具来消除 FRs 之间的交互作用，需专门的映射过程。首先，设计人员要将应用 AD 的过程中遇到的现实设计中的 FRs 耦合问题转化为 SIT 模式描述的概念问题；然后，应用 SIT 的原理并选择恰当的思维工具来解决该概念问题，获得新的概念解；最后，根据所获得的概念解，选择新的设计参数 DPs，并将概念解转化为具有某些工程细节的明确解，并进行方案的可行性验证。

图 3.9 中 45°的单向箭头(右下角虚线箭头)表示问题或解决方案从一种描述形式转化为另一种描述形式。在各个阶段的映射过程之中，AD 的公理、定理等与 SIT 的 QC 原理的一致性奠定了问题转换的基础。设计人员首先要将 FRs 耦合问题转换为 SIT 模式描述的问题，该转换过程也就是应用 CW 原理为解的搜索空间设定一系列约束的过程。这些约束指出，解决 FRs 耦合问题时，仅仅只能应用问题世界中的已有资源，这样的约束可以确保搜索的效率。在利用 CW 原理界定搜索空间之后，设计人员利用 QC 原理来确定搜索目标，该目标指导设计人员从改变导致耦合问题的参数之间的关系入手来解决问题，为寻求创造性方案来消除耦合问题做准备。在 CW 原理所设定的约束和 QC 原理的指导下，设计人员通过应用恰当的 SIT 思维工具，获得创新性的概念解；从概念解到 AD 下的无耦合解的过程也就是产生新的 DPs 来满足相应的 FRs 的过程，新的 DPs 可以保持 FRs 之间的独立性。通过上述过程得到的无耦合解的信息量通常会减少，因此该无耦合解与 AD 的两条公理具有一致性，产品的属性，如性能、稳健性、可靠性等，将得到显著的提高。

本章提出的解耦方法集成了 SIT 方法的创造性问题解决过程与 AD 框架对创造性问题解决过程的指导，因此为解决产品设计过程中遇到的耦合问题提供了一个新的思路。

3.5.2　解耦方法的实现步骤

AD 下基于 SIT 的解耦方法包括 7 个步骤，各个步骤及其具体说明如下。

1. 功能分解并写出布尔设计矩阵

1) 基于 AD 框架的功能分解

在 AD 框架中，通过功能域和物理域之间的 Z 字形分解映射过程，将得到 FR/DP 的层级结构。分解得到的功能域中的一系列的 FRs 构成矢量 $\boldsymbol{F}_{\mathrm{R}}$，该矢量表示设计目标；物理域中一系列的 DPs 则构成矢量 $\boldsymbol{D}_{\mathrm{P}}$，该矢量表示设计方案。

2) 建立设计矩阵

在某一给定的 FR/DP 层级，为了确保设计人员做出正确的设计决策，需写出相应的设计方程 $\boldsymbol{F}_{\mathrm{R}}=\boldsymbol{A}\boldsymbol{D}_{\mathrm{P}}$。设计矩阵 $\boldsymbol{A}$ 初步反映了设计特征，因此设计人员可根据矩阵 $\boldsymbol{A}$ 来判断该设计是否满足独立公理的要求。在此步骤，设计人员往往用布尔设计矩阵来粗略地表示出 FR/DP 之间的关系，即设计矩阵中的“X”或“1”表示 FR 与 DP 相关，空格或“0”表示 FR 与 DP 无关。

2. 调整设计矩阵

1) 调整矩阵的行和列

调整设计矩阵的过程就是调整矩阵的行和列，类似于并行工程中 DSM[37]的分解操作，即将设计矩阵尽量变换为对角阵或三角阵。DSM 的分解方法有多种，如路径搜索[38]、邻接矩阵方法、可达矩阵方法[39]和三角形化算法[40]，均可借用于此。在此，本章应用下面的分解算法[25,37]来对设计矩阵进行调整，其具体步骤如下：

(1) 重新排列设计矩阵中独立的 FRs 和彼此相关联的 FRs。在不考虑对角线元素的情况下，若 FRs 所在的行为空行，则该任务排在前面；同样，若 DPs 所在列为空列，则该任务放在最后。当一个 FR 被放在了最首位或者一个 DP 被排在了最末位时，可以将该任务从设计矩阵中移除，不再参与进一步的排序操作。

(2) 重复第 (1) 步的工作直到设计矩阵中不存在空行和空列。此时，若设计矩阵中已经不存在元素，则所有的 FRs 和 DPs 排列成了下三角阵，转至第 (7) 步；若矩阵不为空，则继续第 (3) 步操作。

(3) 相互依赖元素的识别。应用路径搜索来识别耦合元素，即向前或向后追踪信息流直到再一次遇到该元素，路径中遇到的所有元素则形成一个迭代环。

(4) 将第 (3) 步中识别出的相互关联的耦合块精简为一个元素。

(5) 重复第 (3) 步和第 (4) 步操作，直到识别出所有的耦合块并精简。

(6) 重复第 (1) 步对所有的精简任务块进行排序，直到矩阵中已经不存在元素。

(7) 分解过程结束。

2) 识别相互依赖的 FRs

为了解决问题，首先要清楚地理解和定义设计问题。通过上面的分解过程，设计人员可初步识别 FRs 之间的交互作用，即识别出耦合、无耦合和准耦合的 FRs 模块。无耦合 FR_i 可由调整其对应的特定 DP_i 满足，因此本章的重点是研究如何处理相互影响的 FRs 及其对应的 DPs 的问题。

3. 阐明设计问题

设计矩阵的调整结果只是对设计可能存在的问题的简单描述。为了解决问题，必须进一步理解问题，发现问题的根源所在，然后清楚而准确地描述问题。此过程要求设计人员抽象提炼出有用的和实质性的信息来刻画问题，聚焦于问题的关键点。此步骤为后续解耦处理过程做前期准备工作。

4. 采用 SIT 模式重新描述设计问题

为了解耦两个相互影响的 FRs，设计人员需要采用 SIT 的问题描述方式来重新描述耦合设计问题，即采用 SIT 的系统符号来描述不满足设计要求的特定技术系统的相关问题。耦合问题解决的任务目标可由 CW 原理和 QC 原理进行设定。其中 CW 原理为期望的满意解限定相应的约束条件，即限制解的搜索空间；而 QC 原理通过改变搜索目标来指导设计人员改变两个 FRs 及其相应的 DPs 之间的函数关系的性质。采用 SIT 模式重新描述设计问题具体包括以下步骤：

(1) 将设计问题转化为无技术细节的概念问题。

(2) 用 SIT 方式描述问题。

①列出与 FRs 依赖关系有关的所有变量，即定义 U。

②通过列出问题的对象及其环境对象来定义现有系统的情况，即列出 $O(S)$ 和 $N(S)$。

③描述该 FRs 依赖问题所产生的不良结果。

④用 SIT 描述方式重新描述问题，使问题双方 y (FR_j) 与 x(DP_i) 间的关系由 $f^+(y, x)$ 变为 $f^0(y, x)$，而且没有增加任何不属于上文所列出的 $O(S)$ 和 $N(S)$ 中所包含的对象。

5. 选择和应用 SIT 思维工具修改设计

在采用 SIT 模式重新描述设计问题之后，就可以应用表 3.1 中所列出的 SIT 的 5 个思维工具来解决技术问题[21,41]。在表 3.1 中，根据处理耦合问题的目的对 SIT 的各个思维工具的具体细节进行了相应修改。选择和应用哪个或者哪几个思维工具来处理 FRs 依赖问题要根据具体情况而定。应用各个思维工具时，重复表 3.1 中步骤 (1)～(4)，直到得到一个或多个满意的概念解。

表 3.1 解决 FRs 依赖问题的 5 个思维工具[21, 41]

思维工具	概念	步骤
任务统一	通过给已经存在的对象赋予新的效用来解决设计问题	(1) 任务统一的准备：推导出消除不良结果的期望操作，并从 $O(S)$ 和 $N(S)$ 列表中选择一个对象完成所需操作。 (2) 应用任务统一工具：设想采用所选择的对象来实现期望的操作。 (3) 用一句话来定义解决方案的核心概念。 (4) 将该核心概念进行稍微详细的描述。
增加	通过增加略作更改的已有对象来解决问题	(1) 增加的准备：推导出消除不良结果的期望操作，并从 $O(S)$ 和 $N(S)$ 列表中选择一个对象完成所需的操作。 (2) 应用增加工具：设想将所选择的对象进行复制并稍作改进后加入问题空间来实现所期望的操作。 (3) 用一句话来定义解决方案的核心概念。 (4) 将该核心概念进行稍微详细的描述。
分割	通过分开并重组一个对象的各个组成部分来解决问题	(1) 准备：选择一个进行分离的对象，列出该对象的各个组成部分。 (2) 应用分割工具：设想其中的一个组成部分与其他部分分离，如该部分被移到其他位置，或以不同的方式处理，或在不同的时间里出现或消失，然后思考将要发生的情况。 (3) 用一句话来定义解决方案的核心概念。 (4) 将该核心概念进行稍微详细的描述。
减少	通过除去一个值得要的或必不可少的成分来解决问题	(1) 准备：选择一个将被减去的对象。 (2) 应用减少工具：设想该对象被减除。 (3) 用一句话来定义解决方案的核心概念。 (4) 将该核心概念进行稍微详细的描述。
属性依赖	通过改变问题的变量间相互关系来解决问题	(1) 准备：选择一个对象，并列出该对象的所有变量。 (2) 应用属性依赖工具：选择变量 W 和 Z 并更改它们之间的关系。 (3) 用一句话来定义解决方案的核心概念。 (4) 将该核心概念进行稍微详细的描述。

6. 选择新的 DPs 消除依赖的 FRs 之间的交互作用

根据上一步骤得到的结果，设计人员可以选择新的 DPs 来实现 FRs，且该 DPs 消除了 FRs 之间的依赖关系，即该设计参数使得原来相互联系的两个 FRs 的关系由耦合变为相互独立。然后，写出新的设计矩阵来检验设计结果的正确性。

7. 列出和评价所有的解并选择出最佳解

在此步骤，设计人员列出他们所得到的所有解，并应用信息公理对各个方案进行评价，从中选择出信息量最少的最佳方案。通过此步骤来保持设计结果的最优化和稳健性。

图 3.10 为基于 SIT 的解耦方法流程图。该解耦过程试图寻找更具创造性的解决方案来处理耦合设计问题。它是在分析耦合问题系统的固有冲突的基础上，描述和说明不良结果，在耦合问题的封闭世界中寻找性质变化的解决方案。

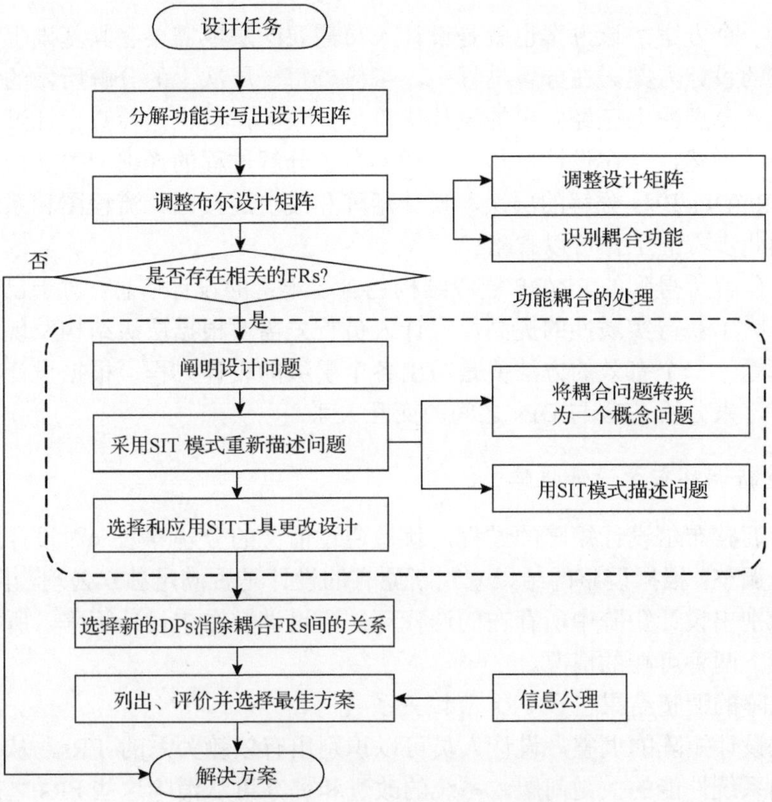

图 3.10　基于 SIT 的解耦方法流程图

3.5.3　升级现有系统或开发一个新系统

前面讨论的是关于处理应用 AD 理论指导一个新的设计的过程之中所遇到的 FRs 依赖问题，而对于升级现有系统(产品)或在现有系统(产品)的基础上开发一个新系统(产品)，其步骤则存在一些不同之处，下面将针对该问题进行详细分析和讨论。

1. 功能分解并写出布尔设计矩阵

这一步骤与前述解耦方法的第一步存在显著的不同之处。前面所讨论的方法中，从功能域到物理域的分解映射过程可能会产生出多个候选设计方案，而此处的功能分解实质上是对现有系统体系结构的一个重现过程。为了明确已有系统的问题，应逐层进行分解，只有完成某层次的映射后，才能对该层次作进一步的分解。分解的结果为从最高层到最低层的 FR/DP 的层级结构，即分解得到可实现的设计细节状态，即底层的 FRs 和 DPs。该分解过程是对已有设计的重现过程，因此只存在一个方案，该方案也就是设计人员需要改进或需要在其基础上开发出一个新系统的设计方案。在分解过程中，可检查每一层次上的分解所做的设计决策是否与所有高层次上已经做出的设计决策是一致的，这也是检查设计过程问题的一条途径。当然，若在设计过程中已经保存了分解过程的详细相关文档，包括设计域中 FRs/DPs/PVs 分解的层次、设计矩阵和模块连接图、流程图和系统控制命令等，则此步骤的工作可以省略。

通过分解所得到的 FR/DP 层级结构包含了丰富的设计信息。对于已有的系统或产品，为了获得实质性的提高，设计人员首先需要根据层级结构发现现有系统的潜在问题。一个有效的方法便是写出各个层级的设计方程，根据设计方程中的设计矩阵，来分析 FRs 与 DPs 之间的交互关系。

2. 重新调整布尔设计矩阵

重新调整布尔设计矩阵的过程，就是通过前文的分解算法来对设计矩阵进行行和列的调整，根据调整的结果来判断原有的设计是否满足独立公理，若不满足，则需要识别出设计矩阵中所存在的迭代环。通过调整布尔设计矩阵，所得到的结果存在如下两种可能的情况。

1）矩阵的调整结果包含 FRs 依赖关系

通过设计矩阵的调整，设计人员可以识别出有依赖关系的 FRs，从而集中于解决影响系统性能的关键问题。系统的改进和提高可从消除这些 FRs 之间的依赖关系开始着手，因为这些依赖关系可能是系统中潜在冲突的根源，也就是对系统进行改进和提高的关键之处。

在层级结构中的不同设计层次，规划后的设计矩阵中可能不只包含一个耦合模块，而且耦合模块中可能不止两个 FRs 存在相互依赖关系。因此，一个关键问题就是如何选择设计问题处理的层次。问题处理层次的选择可根据实际问题并借助于设计人员或行业内的专家的经验和知识来进行。在经验丰富的设计人员做出恰当的问题处理层次的选择之后，消除关联 FRs 之间的交互作用的步骤则与前述的解耦方法的(3)～(7)步相同。通过这些处理过程，可在现有系统的基础上得到创造性的设计概念，从而显著提高系统的综合性能。

2）矩阵的调整结果表明 FRs 之间保持独立性

在对系统体系结构进行重现之后，若设计矩阵调整的结果表明整个设计方案是满足独立公理的，则 FRs 之间保持独立。此时，仍然可以应用 SIT 的思维工具来更改系统，即在原有系统的基础上产生新的系统或产品。

表 3.2 中列出了根据本节内容进行修改后的 5 个思维工具[42]。在这种情况下，后续步骤如下：

(1) 陈述系统世界，这一步骤主要是定义系统及其对应的环境对象，即前面所

提及的 U，以及 $O(S)$ 和 $N(S)$ 的对象。

(2) 选择和应用思维工具对系统进行更改。

(3) 根据更改的系统，构思该系统的新用途，从而产生新的虚拟系统。

(4) 列出并综合评价所有的新构思，然后从中选择最有可能成功的虚拟系统。

表 3.2　开发新系统的 5 个思维工具[42]

思维工具	概念
任务统一	通过审视系统来发现其他系统的功能是否能被全部或部分地集成进现有的系统之中
增加	增加系统的某一组成部分
分割	将系统分割为基本组成部分，然后在时间或空间上重新组织它们
减去	从系统中除去一个组成部分
属性依赖	产生、改变或消除一个系统及其环境的变量之间的相关性

图 3.11 是在 AD 指导下改进一个旧系统或在已有系统的基础上开发出新系统的方法描述。可以看出，在整个设计过程中，系统存在如下特点：

(1) 最大的隐含难点为选择恰当的问题处理层次。

(2) 最关键之处为应用 SIT 工具获得创新概念。

(3) 最不可控的步骤为确保创新性概念不仅仅被产生，而且被具体实施，这是 SIT 项目管理部分重点关注的内容。

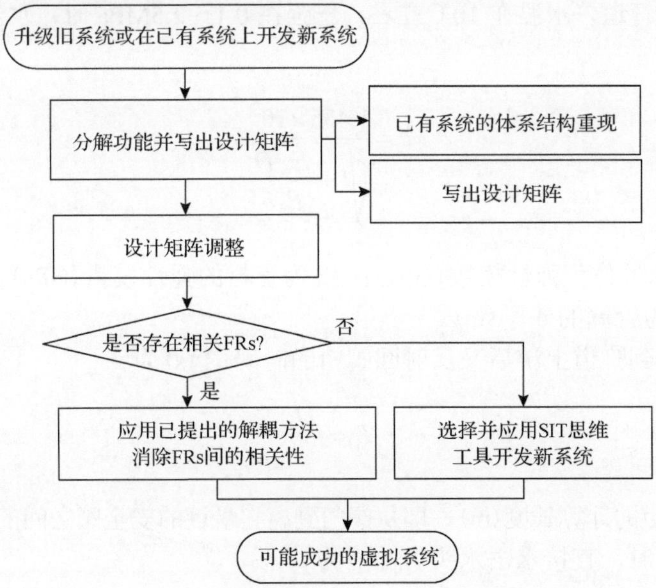

图 3.11　改进一个旧系统或开发一个新系统的方法描述

3.6 应 用 实 例

3.6.1 冲水装置的振动和噪声问题

学生宿舍用水是国内高校建筑中用水的主体部分，其用水量占学校总用水量的 70%以上。某大学西区学生宿舍卫生间的便池冲水装置一直使用老式旋塞阀，使用不便，易损坏，水量浪费大且存在逆行污染等问题。因此，校方决定解决该问题，所采取的措施为：冲水装置采用脚踏式自闭冲洗阀来替代直接与便器连接的冲洗管上的旋塞阀。延时自闭冲洗阀是水流控制装置之一，具有限时冲洗、延时、自闭、冲洗水量在一定范围内可调、防污染等功能，对卫生器具的节水有一定的帮助[43]。但是，当增加了脚踏式延时自闭冲洗阀后，冲洗结束后水管出现了强烈的振动和噪声问题，严重干扰该宿舍区内学生的正常生活，因此需设计出节水而且没有振动和噪声问题的冲洗系统。

施工人员经过分析发现：该振动和噪声现象是由水击现象产生的。水击现象是指：有压输水管道中由于流量(流速)的急剧改变，从而引起管道内大幅度压强波动的现象[44]。在本问题中则是由于所安装的延时阀的阀门突然关闭而引起管路中的流速突变，继而导致管内压力瞬变，从而产生振动和噪声。因此，采取必要的措施解决振动和噪声问题就必须使水击压力控制在合理的范围之内。

对于匀质管道，水温在 10℃左右，压强在 0.1～2.5MPa 时，水流速度 c(m/s)为

$$c=\frac{1.435\times10^3}{\sqrt{1+\frac{E_{\mathrm{w}}D}{E_{\mathrm{p}}\delta}}} \tag{3.11}$$

式中，E_{w} 为水的体积弹性模数(GPa)；E_{p} 为管材的弹性模量(GPa)；D 为管材的内径(m)；δ 为管壁的壁厚(m)。

压力波传到管道上游后又反射回阀门的时间 T_{t}(s)为

$$T_{\mathrm{t}}=\frac{2L}{c} \tag{3.12}$$

式中，L 是管道的计算长度(m)，即从阀门到离它最近的安全阀之间的距离。

当 $T_{\mathrm{g}}\leqslant T_{\mathrm{t}}$ 时，直接水击水头 H_{d}(m)为

$$H_{\mathrm{d}}=\frac{cv_0}{g}=\frac{2Lv_0}{gT_{\mathrm{t}}} \tag{3.13}$$

当 $T_g > T_t$ 时，间接水击水头 H_i(m) 为

$$H_i = \frac{2Lv_0}{g(T_t + T_g)} \tag{3.14}$$

式中，v_0 为阀门前水的流速(m/s)；T_g 为阀门关闭时间(s)；g 为重力加速度(m/s^2)。

因此，根据上述分析可知，水击严重性状况主要由水流速度、管材的弹性模量、管道内径、管道壁厚、管道的计算长度和阀门关闭时间等因素决定。

1. 常规解决方法

处理此问题的常规解决方法如下：

(1) 改变管道的性能，如管道的材料、口径、隔热方式和铺装方式等。

(2) 限制管道中的水流速度。

(3) 缓慢关闭阀门从而延长阀门的关闭时间，避免产生直接水击并可降低间接水击强度。

(4) 由于水击压力与管道长度成正比，管路上可以安装进排气阀、安全阀、调压管等从而缩短管道长度，消减水击压力。

(5) 安装水锤消除器。

上述方案中的(1)、(2)、(4)和(5)均属于采用新的技术概念代替原设计概念，这些措施需要改变现有的给排水系统，从而不可避免地会导致成本的增加。因此，这些方案校方不予采纳；而方案(3)已经被校方所采用，并且已经付诸实施，该方案可稍微减缓水流速度的变化过程，适当改善水击状况，但是振动和噪声问题依然存在，仍然会干扰宿舍内学生的正常休息和生活。实质上，方案(3)属于参数间的协调优化，因此不能得到完全满意的解，也不能保证解的稳健性。

AD 框架下基于 SIT 的解耦方法具有更加符合逻辑的思维过程，下面利用该方法的指导来分析并处理冲水振动和噪声问题。

2. 基于 SIT 的解耦方法

1) 功能分解并生成对应的设计矩阵

该耦合问题的 FRs 及其相应的 DPs 如下：

FR_1——获得要求特性的水流；

FR_2——防止振动和噪声问题的出现；

DP_1——水流速度；

DP_2——流水管道的性能(如管道材料、口径等)。

建立相应的设计方程为

$$\begin{bmatrix} FR_1 \\ FR_2 \end{bmatrix} = \begin{bmatrix} X & 0 \\ X & X \end{bmatrix} \begin{bmatrix} DP_1 \\ DP_2 \end{bmatrix} \tag{3.15}$$

式中，X表示功能需求与设计参数之间存在关联关系。

2) 规划设计矩阵

本例的设计矩阵很简单，故不需要规划过程。从式(3.15)可以直接看出两个耦合 FRs 是相关的，改变 FR_1 将不可避免地影响 FR_2。

3) 阐明设计问题

突然关闭延时阀的阀门引起了水击现象，将导致振动和噪声问题的产生。振动和噪声问题的严重程度由水流速度和管材属性决定。在目前的给排水系统中，给定的需求水流速度引起了管道振动和噪声问题，若为了减小振动和噪声而降低水流速度，必须改变原宿舍楼内的给水系统的相关参数，否则预期冲洗效果将会受到影响。因此，对于给定的给水系统，为了满足冲洗效果的要求，并有效避免振动和噪声问题，应该消除 FR_1 和 FR_2 之间的冲突。

4) 采用 SIT 模式重新描述该设计问题

(1) 将该冲突问题转换为一个概念问题：突然关闭阀门导致水击现象。

(2) 用 SIT 方式描述问题。

①列出与 FRs 依赖关系有关的所有变量：给水系统的成本、水击压力、水流速度、管道内径、管道材料性能、水流量、压力波传到管道上游并反射回来到达阀门所需的时间。

②列出问题对象 $O(S)$ 和环境对象 $N(S)$，如表 3.3 所示。

表 3.3 问题系统的物理组成及其直接相关的环境

问题系统组成	环境对象
水流、管道	自闭延时冲洗阀

③描述该问题的不利结果：关闭阀门时，水流速度的急剧改变 (x) 导致管道振动和噪声问题 (y)。

④用 SIT 方式描述问题：使管道振动和噪声 (y) 与水流速度 (x) 之间的关系由 $f^{+}(y, x)$ 转变为 $f^{0}(y, x)$，并且没有增加任何不属于表 3.3 所列出的 $O(S)$ 和 $N(S)$ 对象。

5) 选择和应用 SIT 思维工具修改设计

由于水击压力与管道计算长度成正比，因此可构思出的一个概念解为：缩短管道的计算长度。根据本设计问题，选择[任务统一]工具来更改设计，从而消除 FRs 之间的依赖关系。具体过程如下：

(1) 工具的准备。缩短管道的计算长度来降低水击压力，选择[管道]来实现所期望的操作。

(2) 应用[任务统一]工具。此时，设计人员只需要设想利用[管道]使管道的计算长度缩短。

(3) 用一句话来定义所构思的核心概念。设计人员如何利用[管道]来实现缩短管道的计算长度，从而解决振动和噪声问题呢。所构思出的解为将垂直支管的分割点(即安装延时阀的位置)改为靠近水平干管处。

(4) 将该概念进行稍微详细的描述。如图 3.12 所示，当垂直支管的分割点改为靠近水平干管处，则延时自闭冲洗阀的安装位置从离水平干管较远的 C 点移到靠近水平干管处的 B 点。从而自闭冲洗阀到上游干管上离它最近的 KPF-16/25 平衡阀的距离变小，则管道计算长度缩短。该校改造的冲水系统中，在一定的管道计算长度范围内(B 点附近的一段距离内)，水流速度在某一范围内变化不会引起水击现象，因此在该情况下可认为 $y(FR_2)$ 与 $x(DP_1)$ 的变化无关，即 $y(FR_2)$ 与 $x(DP_1)$ 由 $f^+(y,x)$ 变为 $f^0(y,x)$ 的关系。

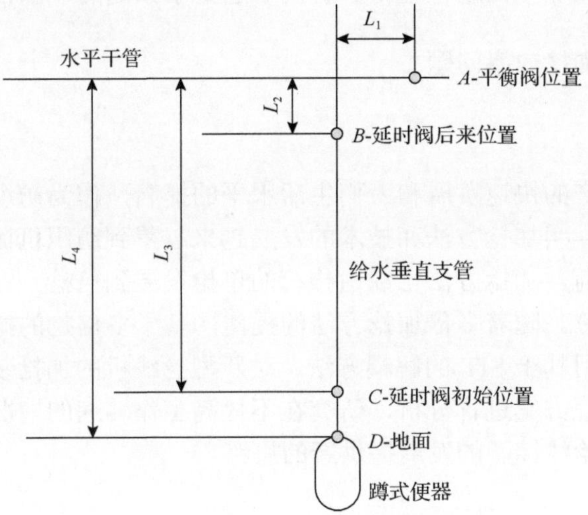

图 3.12　延时自闭冲洗阀安装位置示意图

6) 选择新的 DPs 消除依赖的 FRs 之间的交互关系

根据 5) 的方案选择新 DPs 满足相应的 FRs，具体如下：

FR_1——获得要求特性的水流；

FR_2——防止振动和噪声问题；

DP_1——水流速度；

DP_2——垂直支管的分割点上移。

建立相应的设计方程为

$$\begin{bmatrix} FR_1 \\ FR_2 \end{bmatrix} = \begin{bmatrix} X & 0 \\ 0 & X \end{bmatrix} \begin{bmatrix} DP_1 \\ DP_2 \end{bmatrix} \tag{3.16}$$

由式(3.16)可知，FRs之间的关联关系被消除，设计方案转变为无耦合设计，得到了该问题的一个简单的解决方案。本实例中，只用到了[任务统一]工具得到了一个解，因此7)在此不需要。若读者有兴趣，可尝试用其他思维工具来寻找其他可能的可行解。另外，缩短管道的计算长度的方案中，B 点处静压较低，且自闭冲洗阀与最近的管道支架固定点距离减小，均可使水击造成的管道振动减弱。

本问题是在CW原理的指导下，通过问题特征的性质变化而解决的。该解决方案没有改变原给水系统的参数，同时也没有增加任何不属于该系统的新的对象类型。下面为在某一改装后的宿舍内的实测数据：L_1=0.180m，L_2=0.145m，L_3=1.124m，L_4=1.269m。

实际施工结果表明：在未改变原宿舍楼内给水系统参数的情况下，宿舍楼内冲水装置的振动和噪声问题已经得到解决，达到了预期的节水目标。

3.6.2　捻线锭子加捻效率问题

1. 问题背景

随着工业生产的快速发展和人们生活水平的提高，作为纺纱技术发展和纺纱方法改革的核心——加捻方法和技术的发展越来越得到纺织机械设计人员和厂商的高度重视。目前，加捻方法已经由传统的单捻发展到倍捻、三倍捻和四倍捻阶段(统称为多倍捻)。随着多倍加捻方法的提出，基于多倍捻的捻线机设计得到普遍关注。在此采用基于SIT的解耦方法，对新型捻线机的加捻装置——锭子的加捻原理和结构原理方案进行分析，研究在不提高工作转速的情况下提高加捻效率的方法，以期为捻线锭子的发展提供新的思路。

1)环锭捻线

在已经得到广泛应用的环锭捻线方式中，钢丝圈转一转给纱线加1个捻回。环锭加捻的基本原理如图3.13(a)所示。在工作转速为 n、纱线输出速度为 v 时，对于两个握持点 A 和 B 中的纱线段 AB，B 端以逆时针方向绕点 A 回转，回转一转则给 AB 段纱线加一个捻回，因此 AB 段纱线获得的捻回数等于锭子转数，而捻度 T 则为 $T=n/v$。图3.13(b)是根据图3.13(a)的原理而设想的一种结构示意图。可以看出，从前罗拉出来的待加捻纱线通过导纱钩，然后穿过钢领上的钢丝圈，转折 90°后卷绕于锭子上的卷装上；由于卷装紧套于锭子上，所以与锭子一起高速回转，纱线的张力拖动钢丝圈沿钢领回转，从而钢丝圈每转一圈，就给纱线 AB 加一个捻回。

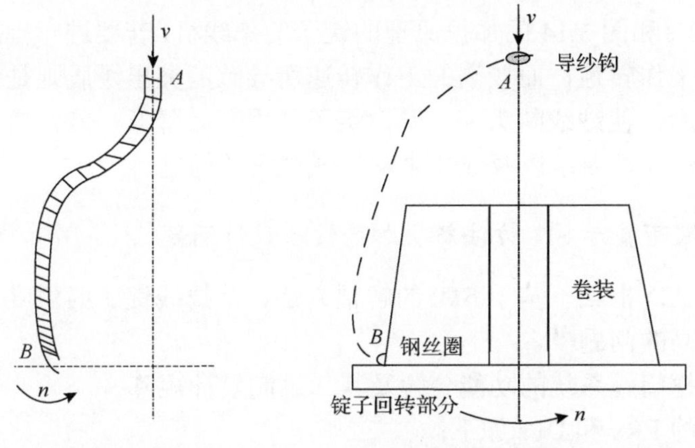

(a) 加捻原理图　(b) 一种加捻锭子原理图

图 3.13　环锭加捻原理

2) 倍捻锭子加捻

另外一种已经得到了广泛应用的加捻装置——倍捻锭子转一转将会给纱线加 2 个捻回。倍捻原理如图 3.14(a)所示，在工作转速为 n、纱线输出速度为 v 时，纱线在 BD 段绕其轴自转加一个捻回，纱线运动到 DE 段后绕 EC 轴公转又加上一个捻回，因此纱线获得的捻回数是锭子转数的 2 倍，而捻度 T 为 $T=2n/v$。图 3.14(b)是根据图 3.14(a)原理而设想的一种锭子原理示意图，纱线由卷装上的 A 点退绕后穿过导纱孔 BC，再经过锭子回转部分装置的底部圆盘的径向导纱孔 CD，由 CD 孔引出后通过导纱钩(E 点)到达捻线机的卷绕部分进行卷绕，所以纱线在 ABD 段加一捻回，在 DE 段加一捻回，共获得 2 个捻回。

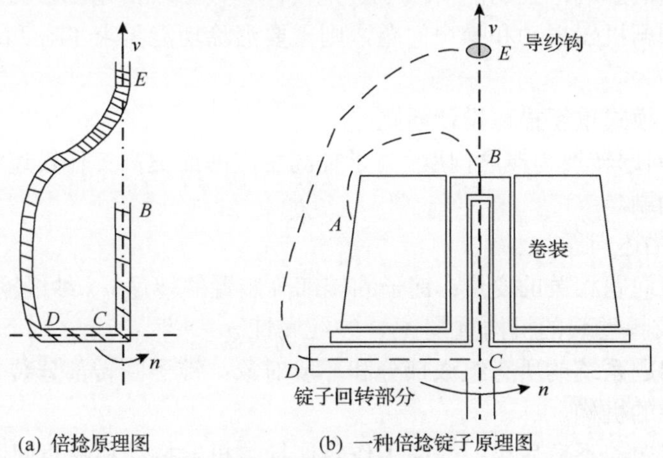

(a) 倍捻原理图　(b) 一种倍捻锭子原理图

图 3.14　倍捻锭子加捻

采用图 3.13 和图 3.14 的加捻原理的锭子的捻线机，若要进一步提高生产率则需选择较高的工作转速，而较高的工作转速所导致的突出矛盾则是振动问题，振动会使噪声加剧，使纱线断头率上升，锭子使用寿命降低，能耗增加，从而必须相应提高设计和制造要求以及成本来解决或缓解该问题。

2. AD 框架下基于 SIT 方法解决加捻锭子设计问题

下面采用 AD 框架下基于 SIT 的解耦方法，从捻线锭子的角度来分析捻线机的生产效率提高的问题[41]。

1) 纱线加捻问题系统的功能分解及其二进制设计矩阵

分解得到的 FRs 和 DPs 如下：

FR_1——提高捻线机加捻效率；

FR_2——防止振动和噪声问题；

DP_1——工作转速；

DP_2——设计和制造要求。

建立相应的设计方程为

$$\begin{bmatrix} FR_1 \\ FR_2 \end{bmatrix} = \begin{bmatrix} X & 0 \\ X & X \end{bmatrix} \begin{bmatrix} DP_1 \\ DP_2 \end{bmatrix} \tag{3.17}$$

2) 明确陈述设计问题

提高工作转速可提高生产效率，但是随着转速的提高，机器振动和噪声问题将会加剧，即实现 FR_1 和实现 FR_2 之间存在冲突。振动和噪声问题的严重程度主要受工作转速的影响，且功能需求 FR_2 是设计参数 DP_1 的增函数。为了满足效率的提高和不加剧机器振动和噪声问题，则需要消除功能需求 FR_1 和功能需求 FR_2 之间存在的冲突。

3) 用 SIT 模式重新描述设计问题

(1) 将原问题转换为概念问题：为了提高生产率而提高工作转速将导致机器振动和噪声的加剧。

(2) 重新描述问题。

①列出与问题相关的变量：锭子回转部分装置的转速 n、纱线输出速度 v、卷装重量 w_1、支撑卷装的机构重量 w_2、纱线属性 p。

②列出问题系统的所有组成部分和环境对象：锭子回转部分装置、卷装、纱线和支撑卷装的机构。

③描述问题的不良后果：提高工作转速导致机器振动和噪声问题的加剧。

④重新描述问题：使生产效率的提高与转速无关，且不增加任何不属于问题系统和环境对象的新对象。

4) 选择和应用 SIT 思维工具更改设计

可以设想出一个概念解：使纱线获得的捻回数是锭子转数的 m 倍，从而在降低工作转速或者不增加工作转速的条件下便可以有效地提高生产效率，其中 $m>2$。在此情况下选择[增加]工具来改变设计，从而消除 FR_1 和 FR_2 之间的耦合关系。

(1) [增加]工具的准备：使纱线获得的捻回数是锭子转数的 m 倍；选择[锭子回转部分装置]来完成所需操作。

(2) 应用[增加]工具：设想如何应用[锭子回转部分装置]使纱线的捻回数是工作转数的 m 倍。

(3) 用一句话定义核心概念：增加锭子回转部分装置的数量，从纱线运动的角度来看，使该装置与原装置是串联关系，从而在锭子转一转时，纱线获得的捻回数相对于锭子转数来说是成倍增加的。

(4) 将该设计概念进行稍微详细的描述：当增加锭子回转部分装置的数量之后，各个回转装置串联起来实现多个加捻过程的串联(如 m=3、m=4)，在工作转速为 n、纱线输出速度为 v 时，纱线的捻回数变为原装置的 m 倍，捻度则由原装置的 $T=n/v$ 或 $T=2n/v$ 变为 $T=3n/v$ 或 $T=4n/v$，甚者更大的倍数(在结构上允许实现的条件下)，实现加捻倍数的成倍增加，也就达到了在不提高转速或降低转速的情况下使生产效率提高的目的。

①若将 $T=n/v$(见图 3.13)和 $T=2n/v$(见图 3.14)的模式进行串联，则可得到三倍捻。

三倍捻原理如图 3.15 所示。可以看出，在工作转速为 n、纱线输出速度为 v 时，对于两个握持点 A 和 B 中的纱线段 AB，B 和 A 端以相反的方向回转，因此锭子回转一转则给 AB 段纱线加两个捻回。然后纱线段运动到 BC 段时，在握持点 B 和 C 之间又加一个捻回，因此纱线获得的捻回数是锭子转数的 3 倍，捻度则为 $T=3n/v$。

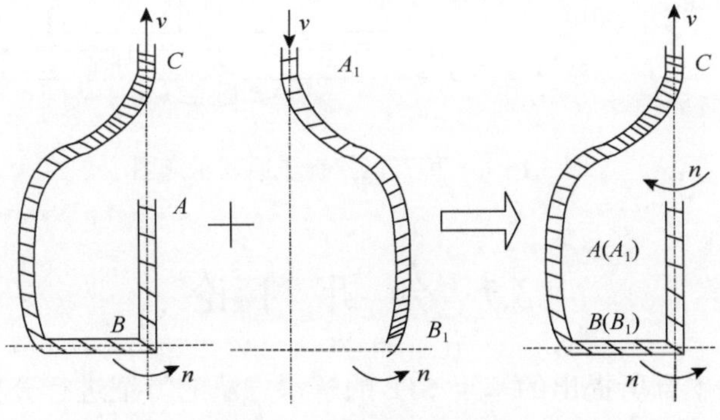

图 3.15　三倍捻原理图

②若将如图 3.14 所示的 2 个倍捻串联，则可得到四倍加捻的原理。

5）选择新 DPs 消除 FRs 之间的交互关系

根据上述方案选择新的设计参数来解决该设计问题，并用设计矩阵检验新方案的可行性。

FR_1——提高加捻效率；

FR_2——防止振动和噪声问题；

DP_1——锭子回转部分装置的数量；

DP_2——设计和制造要求。

新的设计矩阵为

$$\begin{bmatrix} FR_1 \\ FR_2 \end{bmatrix} = \begin{bmatrix} X & 0 \\ 0 & X \end{bmatrix} \begin{bmatrix} DP_1 \\ DP_2 \end{bmatrix} \tag{3.18}$$

式中，设计矩阵为对角阵，表示两个 FRs 无耦合关系。

图 3.16 是根据图 3.15 的三倍捻原理所绘制的锭子原理示意图。图 3.16 中，通过卷装的回转运动所产生的离心力使纱线从卷装上 A 点退绕出来，然后从 B 处穿入内锭，经过导纱孔 BC 导向外锭 D 处，引出后通过导纱钩(E 点)到达捻线机的卷绕部分进行卷绕；纱线在 $ABCD$ 段加两个捻回，在 DE 段加一个捻回，即锭子每转一转可给纱线加三个捻回。

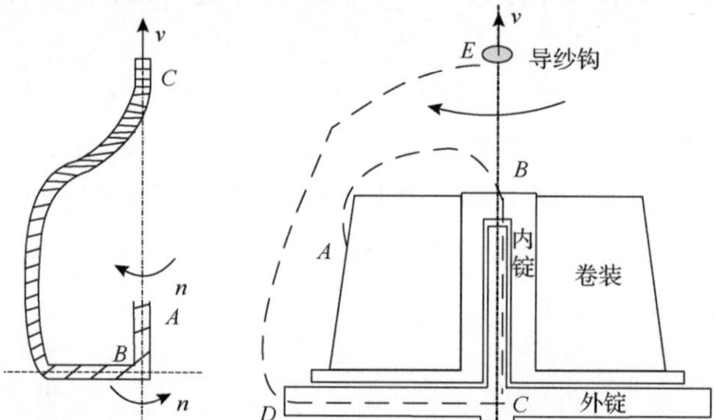

图 3.16　一种三倍捻锭子原理示意图

3.7　分 析 讨 论

下面首先对本章所提出的基于 SIT 的解耦方法的特征进行分析，然后在此基础上探讨基于 SIT 的解耦方法的可能扩展。

3.7.1　分析

本章所提出的基于 SIT 的解耦方法仍然处于 AD 框架之下，它具有如下特征：

(1) 该方法具有面向用户的特征并且可以完全消除 FRs 之间的依赖关系。该解耦方法继承了 SIT 的面向用户的特征[21]，同时可有效促使工程设计人员寻求、发现更具创造性的方案来消除关联的 FRs 之间的交互关系，从而加快了整个设计过程。

(2) 该方法设计效率高。首先，SIT 方法的原理和思维工具简单、实用且易于学习和掌握，并成为设计人员自身潜在能力的一部分，因此该解耦方法也易于应用；此外，该方法应用创造性思维寻求无耦合设计解决方案，可避免功能需求 FRs 之间耦合程度的度量、参数的妥协或折中，以及搜索新的替代技术概念等措施，上述条件保证了该解耦方法的高效性。

(3) 该方法是一种结构化的收敛方法。AD 理论为设计过程提供了一个结构化的框架，从而将 SIT 引入 AD 框架中来解决耦合问题的方法也承袭了其结构化的特点；此外，该解耦方法同时也承袭了 SIT 的收敛性思维特点。

(4) 该方法保留了现有技术概念从而成本效益高。该方法在 CW 原理和 QC 原理的限制和指导下，为 FRs 依赖问题所寻求的解决方案保留了现有设计的技术概念，从而有效避免了资源浪费，可更好地使用现有的成熟技术，降低成本和加快开发过程。

(5) 该方法可有效加快解决方案的搜索过程，避免搜索过程的盲目性。CW 原理为解空间添加了恰当的约束，QC 原理则定义了搜索目标，然后通过应用一个或多个思维工具对可能的可行解进行系统搜索。

(6) 对于同一个设计问题，不同的设计人员应用该解耦方法可能会得到完全不同的解，这是由他们所具有的不同的设计经验、实践和相关的设计知识等引起的。

上面详细分析了基于 SIT 的耦合问题处理方法的特点，该方法采用 SIT 的系统性创造思维解决耦合问题，得到原问题的新解，是一种完全消除耦合 FRs 之间联系的结构化解耦方法。表 3.4 从问题的立足点、解决问题的方法、解的搜索空间、解决方案、解决方案的信息量和解决方案中的功能依赖关系 6 个方面将本章提出的方法与已有的处理耦合设计问题的方法进行了对比分析。

从表 3.4 中的分析比较可以看出，基于 SIT 的方法为耦合问题的解决提供了一种新的思路和指导。但是，由于基于 SIT 的方法消除了 TRIZ 方法中的某些元素，从而可能在一定程度上限制其应用。另外，虽然基于 SIT 的方法原理和工具的有效性确保了该解耦方法的可靠性和适用性，但设计人员本身所具有的知识基础、经验基础和对该方法的理解程度和正确应用的概率，将会在一定程度上影响该解耦方法的实际效能。这也是 SIT 方法的洋葱结构中的第三层“辅助技巧”所关注的重点问题。

表 3.4 处理功能依赖问题的方法比较

对比视角	参数调整方法	寻求替代技术方法	基于 SIT 的方法	TRIZ 方法
问题的立足点	不改变已存在的 FRs 耦合关系	通过寻找替代技术概念，消除 FRs 之间的耦合关系	保持已有技术概念并消除 FRs 之间的耦合关系	发现可消除 FRs 之间耦合关系的解
解决问题的方法	用层次分析法、模糊理论、效用论等对耦合度进行度量，并进行协同寻优	不断寻求、尝试新的可能满足要求的设计方案	利用 SIT 工具获得新解，改变已存在的耦合关系	应用TRIZ技术消除冲突，产生新解
解的搜索空间	在参数的约束范围内	无限制	CW 条件限制下的封闭空间	无限制
解决方案	进行参数调整，力图获得整体功效最优	替代方案	完全消除耦合关系的创新解	完全消除耦合关系的创新解
解决方案的信息量	不变	不确定	减少	不确定
解决方案中的功能依赖关系	没有完全消除	消除功能依赖关系，得到无耦合设计	完全消除	完全消除

3.7.2 基于 SIT 的解耦方法的扩展

众多研究成果表明，TRIZ 方法，尤其是对应于耦合现象的 6 种模式的各个模块[33]，可用来辅助解决 FRs 耦合问题。下面首先介绍文献[28]中在讨论 TRIZ 方法和 AD 理论之间的关系的基础上所提出的基于 TRIZ 的解耦方法，然后用该解耦方法来处理上面的学生宿舍的冲水振动和噪声问题；在此基础上，探讨本章基于 SIT 的解耦方法的可能扩展。

1. 基于 TRIZ 的解耦方法

Kang[28]根据 AD 中的消除功能耦合问题的概念与 TRIZ 中的消除冲突的概念的类似性，提出了应用 TRIZ 的逻辑的、系统的过程来解耦，也就是基于 TRIZ 的冲突矩阵来处理耦合问题的解耦方法。该方法包括 5 个步骤，具体过程如下。

1) 明确地描述设计问题

利用 TRIZ 的冲突矩阵来解决问题的步骤为：首先根据 AD 得到设计的层次结构，并写出各个层次的设计矩阵；然后在某一设计层级，通过调整该层次的设计矩阵找出耦合功能需求集，即真正的问题所在；最后通过系统分析，明确描述该设计问题。

2) 确定冲突的类型

在应用 TRIZ 之前，必须根据分析首先确定 FRs 耦合所代表的冲突的类型。

若是物理冲突，则可以采取 TRIZ 的分离原理来解决问题；若是技术冲突，则可借用冲突矩阵来解决功能耦合问题。

3) 将耦合的 FRs 转化为标准工程参数

为了使用 TRIZ 的冲突矩阵，要将耦合问题中的每个功能需求转化为对应的 39 个工程参数中的某一个。其中一个功能需求 FR 对应着欲改进的技术参数，另外一个 FR 则是相应恶化的技术参数。

4) 在冲突矩阵中找到创新原理

在 3) 中将 FRs 转化为对应的工程参数之后，则可以利用冲突矩阵，在行与列的交叉位置上获得解决该耦合问题的创新原理。一般情况下，在行与列的交叉位置上将会有 3～4 个创新原理。

5) 产生新的设计参数 DPs

该 DPs 将会使耦合设计变为无耦合设计。

根据冲突矩阵中的创新原理，通过如图 3.17 所示的过程，构思出新的、详细的设计概念。每个创新原理可能对应着专利库中的多个实际案例，有时根据所要解决的问题，通过改变创新原理所对应的某些实例，可以演绎出对应问题的新的解决方案。因此，在图 3.17 所示的结构化过程的指导下，产生新的、恰当的 DPs 来替代传统的 DPs。新的 DPs 所代表的设计方案满足 AD 的独立公理，从而耦合设计方案被转化为无耦合的设计方案。

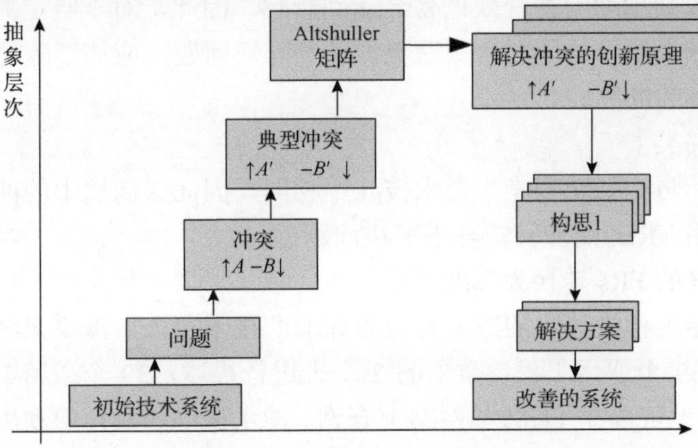

图 3.17　解决技术冲突的过程图

2. 应用基于 TRIZ 的解耦方法来处理冲水装置的振动和噪声问题

为了比较基于 TRIZ 的解耦方法和基于 SIT 的解耦方法的不同之处，下面用基于 TRIZ 的解耦方法来处理前文的冲水装置的振动和噪声问题，步骤如下。

1) 明确地描述设计问题

首先根据 AD 框架，在功能域和物理域之间进行功能分解并生成该层的设计矩阵：

FR_1——获得要求特性的水流；

FR_2——防止振动和噪声问题；

DP_1——水流速度；

DP_2——流水管道的性能(如管道材料、口径等)。

建立相应的设计方程为

$$\begin{bmatrix} FR_1 \\ FR_2 \end{bmatrix} = \begin{bmatrix} X & 0 \\ X & X \end{bmatrix} \begin{bmatrix} DP_1 \\ DP_2 \end{bmatrix} \tag{3.19}$$

此设计矩阵很简单，不需要规划过程。从式(3.19)可直接看出两个 FRs 是相关的，改变 FR_1 将不可避免地会影响 FR_2 的实现，这便是本设计的核心问题所在。

最后描述设计问题：学生在使用冲水设备时，由于突然关闭延时阀的阀门而引起水击现象，将导致产生振动和噪声问题。振动和噪声问题的严重程度则是由水流速度和管材属性决定的。给定的需求水流速度引起了管道的振动和噪声问题，若为了减小振动和噪声问题而降低水流速度，则必须改变原宿舍楼内的给水系统的相关参数，否则预期的冲洗效果将会受到影响。因此，对于给定的给水系统，为了满足冲洗效果要求的同时有效避免振动和噪声问题，应该消除功能需求 FR_1 和 FR_2 之间存在的冲突。

2) 确定冲突类型

水流速度和防止振动和噪声需求彼此不相同，因此该问题中的冲突属于技术冲突，可以采用 TRIZ 的冲突矩阵来解决问题。

3) 将相关联的 FRs 转换为标准特征

为了将实际工程设计中的冲突转化为标准的技术冲突，需要把组成冲突的双方内部性能用 39 个通用工程参数中的 2 个来进行描述，39 个通用工程参数可以参见文献[28]，也可以在 TRIZ 的网站上查询。冲水振动和噪声问题用通用工程参数进行描述的结果如下：

FR_1——获得要求特性的水流，转化为参数 9(速度)；

FR_2——防止振动和噪声问题，转化为参数 31(物体产生的有害因素)。

4) 应用冲突矩阵发现创新原理

根据 3) 中的工程参数，在冲突矩阵中所发现的解决问题的方法为[6]：

N2——取出、分离、分开；

N24——中介物；

N35——参数变化；

N21——急冲。

5) 产生新的 DPs 使设计解耦

上面 4 个创新原理及其相应的指导为解决 FRs 耦合问题提供了设计改进的方向，因此通过系统地应用 TRIZ 技术，设计人员可以获得丰富的信息和提示来产生新的设计概念。当设计人员经过大量的训练、具有足够的经验和实践时，他们将能够充分挖掘 TRIZ 方法的潜力，在 TRIZ 的效应和实例数据库的帮助下，有效地搜索可行解。

3. 基于 SIT 的解耦方法的扩展

根据上述分析可知，TRIZ 的工具和方法可以作为基于 SIT 的解耦方法的一个补充，也就是说可应用 TRIZ 的工具和技术对本章所提出的解耦方法进行扩展。如图 3.18 所示：①在基于 SIT 的解耦方法的第 3 步和第 4 步，设计人员可以借助

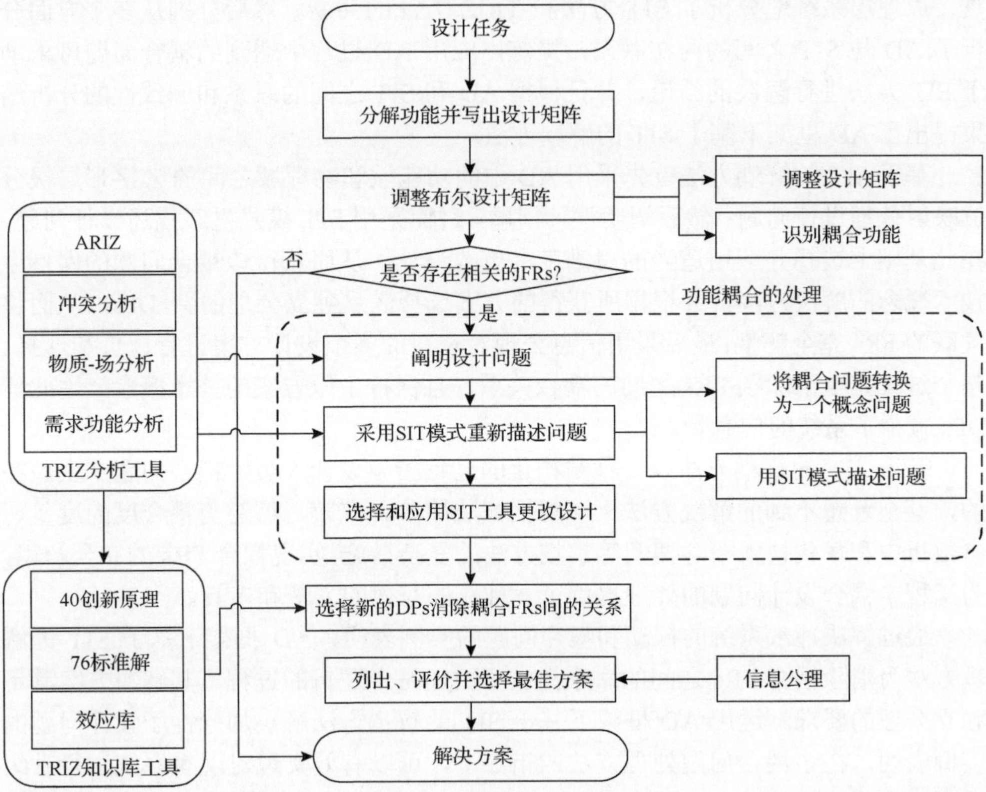

图 3.18　解耦方法的扩展

TRIZ 分析工具，如 ARIZ、冲突分析、物质-场分析、需求功能分析等，来理解、定义、重新描述和分析设计问题；②在本章解耦方法的第 5 步，TRIZ 的知识库工具，也就是创新原理、标准解和效应库，也可以用来辅助设计人员构思出恰当的设计概念。具体的过程读者可以进一步参见文献[3]、[19]、[28～31]和[33]。

因此，将 TRIZ 工具引入解耦过程将会是一个很有效的方法，尤其是当利用基于 SIT 的解耦方法没有发现恰当的解时，引入 TRIZ 的方法和工具(这些方法和工具已被 SIT 精炼或剔除)来辅助解耦过程，将会非常有用。在这种情况下，SIT 和 TRIZ 可以作为 AD 理论的补充。也就是说，AD 理论提供了一个分析框架，而 SIT 和 TRIZ 提供了综合工具。

3.8 本 章 小 结

本章首先介绍了 SIT 基本理念，包括 SIT 方法的洋葱结构以及每层结构的细节、思维工具和原理的应用实例等。在此基础上，从 SIT 方法的发展历史和从工具、原理层系统地分析了 SIT 方法和 TRIZ 方法的关系。然后分别从多个方面分析了 AD 与 SIT 之间的内在联系，提炼出应用 AD 过程中遇到的耦合问题可求助于 SIT 方法进行解决的结论，并且根据 AD 和 SIT 之间的联系和一致性的分析结果提出了 AD 框架下基于 SIT 的解耦方法。

基于 SIT 的解耦方法首先采用 AD 中的功能域和物理域之间的 Z 字形层级分解映射处理设计问题；然后阐明设计问题，进而采用 SIT 模式重新描述设计问题；在此基础上选择并应用适当的思维工具更改设计，从而获得该耦合问题的保持原技术概念的解决方案，并根据所获得的方案选择满足独立公理的新 DPs，从而将关联的 FRs 完全解耦；最后采用信息公理对获得的多个设计方案进行评价和选择。整个过程完全消除了 FRs 之间的耦合关系，且保持了原方案的技术概念，因此新 DPs 减少了系统的信息量。

基于 SIT 的解耦方法以一种结构化的过程指导设计人员为耦合问题产生潜在的，甚至意想不到的解决方法。该解耦方法简单、有效，可避免耦合度的度量、参数折中和替代技术概念搜索等常规方法的复杂措施，实现耦合 FRs 的完全解耦，为工程中耦合设计问题的处理提供了一种新的有效的方法和工具。

通过解决冲水系统的振动和噪声问题的实例表明，AD 框架下基于 SIT 的解耦方法为消除耦合 FRs 之间的联系提供了更加符合逻辑的过程，其解决方案满足独立公理的要求。运用 AD 框架下基于 SIT 的解耦方法解决加捻锭子设计问题的实例表明，在该耦合问题处理方法的指导下，可以有效实现对现有系统进行升级或在现有系统的基础上开发出一个新系统。

参 考 文 献

[1] 丁俊武, 韩玉启, 郑称德. 创新问题解决理论-TRIZ 研究综述. 科学学与科学技术管理, 2004, 13(11): 53-60.

[2] Altshuller G S. Creativity as an Exact Science, Moscow. New York: Gordon and Breach Science Publishers, 1988.

[3] Altshuller G S. The Innovation Algorithm. Worcester: Technical Innovation Center, 1999.

[4] Fey V, Rivin E. Innovation on Demand: New Product Development Using TRIZ. Cambridge: Cambridge University Press, 2005.

[5] Lee K W. Development of mosquito trap with effect of air cleaning by using theory of inventive problem solving (TRIZ). Journal of KSPE, 2002, 19(6): 155-159.

[6] Altshuller G S, Shulyak L, Fedoseev U. 40 Principles TRIZ Key to Technical Innovation. Worcester: Technical Innovation Center Inc., 1998.

[7] Horowitz R. From TRIZ to SIT in 4 steps. The TRIZ Journal, 2001, 5(8): 1-6.

[8] Maimon O, Horowitz R. Creative design methodology and the SIT method//The 9th International ASME Design Engineering Theory and Methodology Conference, Sacramento, 1997.

[9] Goldenberg J, Mazursk Y D. Creativity in Product Innovation. Cambridge: Cambridge University Press, 2002.

[10] SIT Ltd. SIT-sharing innovation tools that really work—SIT innovation community in the Netherlands. http://www.sitltol.co.uk. [2006-4-29].

[11] Goldenberg J, Horowitz R, Levaa A, et al. Finding your innovation sweet spot. Harvard Business Review, 2003, 81(3): 120-129.

[12] Yoni S, Idit B, Ze'ev M. Systematically creating coincidental product evolution—Case studies of the SIT method in the chemical industry. Journal of Business Chemistry, 2006, 3(1): 13-21.

[13] Heymann A D, Azuri J, Kokia E, et al. Systematic inventive thinking: A new tool for the analysis of complex problems in medical management. Israel Medical Association Journal, 2004, 6(2): 67-69.

[14] Tibi D Y. Auto immune concept for dealing with the problem of airplane hijacking//Proceedings of the International Society for Optical Engineering, Tel Aviv-Yafo, 2003.

[15] Levav A. Systematic inventive thinking for new product development. IMT News, 1998.5.

[16] 薛晓彬. 创新实践呼唤创新理论——发明问题解决理论综述. 铁道工程学报, 2006, 14(7): 96-101.

[17] 檀润华. 创新设计——TRIZ: 发明问题解决理论. 北京: 机械工业出版社, 2002.

[18] 楼炯炯, 桂方志, 任设东, 谢智伟, 赵燕伟. 计算机集成制造系统, 2018, 24(1): 127-135.

[19] Yang K, Zhang H W. A comparison of TRIZ and axiomatic design//International Conference on Axiomatic Design, Cambridge, 2000.

[20] 蔡池兰, 肖人彬. 公理设计下基于系统创新思维的解耦方法研究. 机械工程学报, 2006, 42(11): 184-191.

[21] SIT Ltd. SIT method, systematic inventive thinking. http://www.sitsite.com/app/homepage.asp [2019-1-1].

[22] Brown C A. Kinds of coupling and approaches to deal with them//International Conference on Axiomatic Design, Firenze, 2006.

[23] Deo H V, Suh N P. Mathematical transforms in design: Case study on feedback control of a customizable automotive suspension. CIRP Annals, 2004, 53(1): 125-128.

[24] Lee T. Optimal strategy for eliminating coupling terms from a design matrix. Journal of Integrated Design and Process Science, 2006, 10(2): 45-55.

[25] Su J C Y, Chen S J, Lin L. A structured approach to measuring functional dependency and sequencing of coupled tasks in engineering design. Computers and Industrial Engineering, 2003, 45: 195-214.

[26] 曹鹏彬, 肖人彬, 库琼. 公理设计过程中耦合设计问题的结构化分析方法. 机械工程学报, 2006, 42(3): 46-55.

[27] 肖人彬, 库琼, 曹鹏彬. 基于免疫聚类识别的耦合功能规划方法与实例. 计算机集成制造系统, 2006, 12(9): 1421-1430.

[28] Kang Y J. The method for uncoupling design by contradiction matrix of TRIZ and case study//International Conference on Axiomatic Design, Seoul, 2004.

[29] Duflou J R, Dewulf W. On the complementarity of TRIZ and axiomatic design: From decoupling objective to contradiction identification. Procedia Engineering, 2011, 9: 633-639.

[30] Lu S C Y. Scientific foundations of TRIZ for innovative engineering design//Proceedings of the ETRIA TRIZ Future Conference, Kortrijk, 2006.

[31] Ogot M. Conceptual design using axiomatic design in a TRIZ framework//Proceedings of the ETRIA TRIZ Future Conference, Kortrijk, 2006.

[32] Kim Y S, Cochran D S. Reviewing TRIZ from the perspective of the axiomatic design. Journal of Engineering Design, 2000, 11(1): 79-94.

[33] Shin G S, Park G J. Decoupling process of a coupled design using the TRIZ module//International Conference on Axiomatic Design, Firenze, 2006.

[34] Cai C, Xiao R. The method for uncoupling design with the aid of systematic inventive thinking. Proceedings of the Institution of Mechanical Engineers, Part C: Journal of Mechanical Engineering Science, 2008, 222(C3): 435-445.

[35] 蔡池兰. 公理设计中独立公理的扩展及其应用研究[博士学位论文]. 武汉: 华中科技大学, 2008.

[36] Suh N P. Axiomatic Design: Advances and Applications. New York: Oxford University Press, 2001.

[37] Steward D V. The design structure systems: A method for managing the design of complex systems. IEEE Transactions on Engineering Management, 1981, 28(3): 71-74.

[38] Gebala D A, Eppinger S D. Methods for analyzing design procedures//Proceedings of the ASME 3rd International Conference on Design Theory and Methodology, London, 1991.

[39] Warfield J N. Binary matrices in system modeling. IEEE Transactions on Systems, Man, and Cybernetics, 1973, 3(5): 441-449.

[40] Kusiak A, Wang J, He D W, et al. A structured approach for analysis of design processes. IEEE Transactions on Components, Packaging, and Manufacturing Technology, Part A, 1995, 18(3): 664-673.

[41] Horowitz R. ASIT's five thinking tools with examples. The TRIZ Journal, 2001, 2(9): 66-76.

[42] Horowitz R. Using ASIT to develop new products. The TRIZ Journal, 2001, 2(11): 231-239.

[43] 杨客，李宝宏，李晓辉. 装设延时自闭阀管道的水力计算探讨. 河南城建高等专科学校学报, 2000, 9(4): 30-32.

[44] 陈贵清，王维军，周红星，等. 压力管道水击危害及其防治. 河北理工学院学报，2006, 28(1): 128-131.

第 4 章　基于独立公理的结构化耦合设计处理方法

本章从独立公理出发，探讨在现有条件下无法完全解耦时，如何处理耦合设计问题，提供一种产品设计解耦的显式途径[1]。

4.1　引　　言

耦合设计会引起设计过程的迭代，增加设计的难度，因此应尽量予以避免，这也是 AD 理论将独立公理作为评价设计方案的基本准则的原因所在。然而，保持 FRs 之间的独立性可以说是一种理想的状态，在应用 AD 指导实际产品设计的过程之中，尤其对于复杂产品系统，由于设计对象的复杂性，以及技术、成本等其他相关条件的限制，耦合设计问题经常会不可避免地出现。现有 AD 的前提是保持 FRs 之间的独立性，这表明现有的 AD 存在一定的局限性，同时也表明现有的 AD 在实际使用过程之中存在一定的困难。本书的第 3 章内容对应于耦合问题解决的第一条思路，也就是图 3.8 的左侧分支。而本章的内容则是针对产品耦合设计的无法完全解耦的情况，即在现有条件的限制下无法得到无耦合设计的情况时，从降低耦合因素的影响角度出发讨论产品设计解耦的问题，对应于图 3.8 的右侧分支。

总的来说，本章基于 AD 框架，将耦合设计问题的讨论范围定义在功能域和物理域之间，基于 AD 的独立公理，重点研究 DPs-FRs 耦合的处理策略。在给出耦合任务关系图及其基本符号和定义的基础上，探讨耦合 FRs-DPs 之间的交互作用的分析方法、度量方法及其对应的处理措施，从而提出一种基于独立公理的耦合设计处理方法。本章还以金属基/陶瓷复合涂层柱塞杆设计和求解卧式壳管式冷凝器的设计问题为例，展示该方法的实际应用。

4.2　基于独立公理的结构化耦合设计处理方法思路

AD 理论中最重要的思想是两条基本设计公理——独立公理和信息公理，它们提供了一种容易实施的简单设计的指导思想，而违反两条公理的设计却不能达到。其中，独立公理可以用来减少有效解的数量，根据独立公理的要求，通过保持 FRs 之间的独立性，可有效加快设计过程的进展，使整个系统具有最佳的性能。为了满足独立公理，必须得到无耦合或准耦合的设计，但是由于现有条件或知识的限制，常常得到的是耦合设计。那么在无法得到满足独立公理的设计的情况下，如何使设计继续进行下去呢？这就是下面所要讨论的内容：基于独立公理的耦合设计处理方法。

基于独立公理的耦合设计处理方法的研究内容如下：①耦合设计中的耦合 FRs-DPs 之间的交互作用的表达；②耦合设计中的耦合 FRs-DPs 之间的交互作用的度量和分析；③根据耦合 FRs-DPs 之间的交互作用的分析结果，如何进行处理。其中研究内容①和研究内容②是研究内容③的前提和基础，而研究内容③则是耦合设计问题处理的关键所在。

在基于独立公理的耦合设计处理方法的研究中，根据系统性分析的需要，首先要进行 FRs-DPs 之间交互作用的表达和分析，因此在进行设计问题的功能分解，并对设计方程中的设计矩阵进行调整之后，讨论耦合设计问题表达的基本符号和定义，以及耦合设计任务的相关图示表示方法。在此基础上，结合其他已有的工具和技术，讨论耦合关系的分析与度量方法。耦合关系识别出来后，其处理措施主要从以下三点展开研究：

(1) 对于 FRs-DPs 之间的某些弱耦合关系，由于其对设计结果的影响很小，因此这种情况可被认为是实质解耦的，针对这种情况研究耦合 FRs-DPs 之间的实质解耦的条件和解耦方法。

(2) 在设计的早期阶段，设计问题的相关内容一般是不确定或不精确的信息描述，针对这种情况，应用模糊表达方式提出模糊独立范围和满意度的概念，在此基础上研究处理该类耦合问题的解耦方法。

(3) 将解耦处理后余下的耦合 FRs-DPs 集视为串行设计任务来确定该任务集的最佳初始迭代顺序。

下面将研究耦合问题处理的系统化方法，为在 FRs 不独立的情况下完成设计提供一种解决方案。

4.3　功能分解及设计矩阵的调整

4.3.1　功能分解并产生设计矩阵

AD 理论指出，通过功能域向物理域的 Z 字形分解映射可以将总功能需求 FR 分解为一系列易于实现的子功能需求 FRs，并构思实现各个子功能需求 FRs 的相应设计参数 DPs。在很多情况下，FR-DP 的关系不能明确地表达，且 FR 的公差范围也不能进行精确的定义，尤其在设计过程中的较高、较抽象的设计层次，此时，用布尔设计矩阵来简单表达 FRs-DPs 之间的关系则更为合适。

设计矩阵以一种可视化的模型来表达设计过程，它具有如下特点：

(1)设计矩阵可以表示出 FRs 之间的交互关系,从而通过交互关系的识别可以分辨出无耦合模块、耦合模块和准耦合模块，识别出设计过程中潜在的迭代环。

(2)它提供了一个系统的模型,通过该模型可以分析设计过程和 FRs 之间的信息流，从而更加准确地管理设计过程。

(3)通过用设计矩阵来表达设计过程,可以很方便地应用计算机进行模型的处理和分析。

因此，在进行功能分解的过程中应同时产生每个设计层次相应的布尔设计矩阵来表示和检验设计。这些设计矩阵以紧凑且可视化的形式表示出 FRs-DPs 之间的关系，并可通过调整设计矩阵识别出潜在的设计迭代。在某一给定的设计层级，相应的设计方程为

$$\boldsymbol{F}_{\mathrm{R}}=\boldsymbol{A}\boldsymbol{D}_{\mathrm{P}} \tag{4.1}$$

4.3.2 设计矩阵的调整

设计矩阵以方便、简洁且易于计算机处理的形式刻画了 FRs 和 DPs 之间的交互作用，因此可以通过对设计矩阵进行分解操作来降低设计的假想(或虚拟)复杂性，加速设计过程的进行。在 AD 理论框架下，复杂性和信息量是密切联系的，定义为不确定性的度量。AD 理论框架中的复杂性分为时间依赖复杂性和时间独立复杂性。时间依赖复杂性分为时间依赖组合复杂性和时间依赖周期复杂性；而时间独立复杂性又分为时间独立真实复杂性和时间独立虚拟复杂性。设计的假想复杂性定义为：由于设计人员对于设计知识的缺乏所导致的实现 FRs 时的不确定性，即由于对 FRs-DPs 交互作用认识方面的无知而引起的复杂性[2]。若没有恰当的管理 FRs-DPs 之间的交互作用，将会导致额外的设计过程的迭代，继而造成设计资源的浪费。例如，对于一个包含 3 个 FRs 和 3 个 DPs 的设计，若其对应的设计方程为

$$\begin{bmatrix} \mathrm{FR}_1 \\ \mathrm{FR}_2 \\ \mathrm{FR}_3 \end{bmatrix} = \begin{bmatrix} \mathrm{X} & 0 & 0 \\ \mathrm{X} & \mathrm{X} & \mathrm{X} \\ \mathrm{X} & 0 & \mathrm{X} \end{bmatrix} \begin{bmatrix} \mathrm{DP}_1 \\ \mathrm{DP}_2 \\ \mathrm{DP}_3 \end{bmatrix} \tag{4.2}$$

式中的设计矩阵包含非对角线元素，不属于无耦合设计。若设计人员没有正确认识到 FRs-DPs 之间的交互作用就确定完成设计任务的顺序为 FR_1-DP_1、FR_2-DP_2、FR_3-DP_3,那么很可能将会引起设计任务 FR_2-DP_2 和 FR_3-DP_3 之间的不必要的迭代。式(4.2)可以变换为

$$\begin{bmatrix} FR_1 \\ FR_3 \\ FR_2 \end{bmatrix} = \begin{bmatrix} X & 0 & 0 \\ X & X & 0 \\ X & X & X \end{bmatrix} \begin{bmatrix} DP_1 \\ DP_3 \\ DP_2 \end{bmatrix} \tag{4.3}$$

式中的设计矩阵是一个下三角阵，表示一个准耦合设计，也就是设计人员以串行方式完成设计任务的正确顺序为 FR_1-DP_1、FR_3-DP_3、FR_2-DP_2，即任务 FR_3-DP_3 应该在任务 FR_2-DP_2 之前完成，在考虑了 DP_3 对 FR_2 的影响后确定 DP_2，这样就消除了假想复杂性，有效减少了设计过程中不必要的设计迭代。

从上述分析可知，必须对最初的设计矩阵进行调整。通过对布尔设计矩阵的分解和聚类操作，可以识别出无耦合模块、准耦合模块和耦合模块(2.1.4 节已经做了初步的介绍)。在此将图 2.3 进一步改为 4 个 FRs 和 DPs 的情况，则无耦合模块、准耦合模块和耦合模块的设计矩阵分别对应着对角阵、上三角阵、下三角阵和满矩阵，如图 4.1 所示。

	DP_1	DP_2	DP_3	DP_4
FR_1	X	0	0	0
FR_2	0	X	0	0
FR_3	0	0	X	0
FR_4	0	0	0	X

(a) 对角阵

	DP_1	DP_2	DP_3	DP_4
FR_1	X	X	X	X
FR_2	0	X	X	X
FR_3	0	0	X	X
FR_4	0	0	0	X

(b) 上三角阵

	DP_1	DP_2	DP_3	DP_4
FR_1	X	0	0	0
FR_2	X	X	0	0
FR_3	X	X	X	0
FR_4	X	X	X	X

(c) 下三角阵

	DP_1	DP_2	DP_3	DP_4
FR_1	X	X	X	X
FR_2	X	X	X	X
FR_3	X	X	X	X
FR_4	X	X	X	X

(d) 满矩阵

图 4.1　无耦合、准耦合和耦合设计矩阵(“X”表示相关，“0”表示不相关)

对于如图 4.1(a)所示的无耦合部分，设计参数 DP_1、DP_2、DP_3 和 DP_4 可按任意顺序调整，均可实现相应的 FRs，即设计任务 FR_1-DP_1、FR_2-DP_2、FR_3-DP_3 和 FR_4-DP_4 可并行实现而不相互影响。准耦合和耦合模块类型(见图 4.1(b)、(c)和(d))则意味着有两个或两个以上的 FRs 和 DPs 存在交互作用。其中，准耦合模块(见图 4.1(b)和(c))可按特定的顺序求解，从而消除不必要的设计迭代过程。例如，图 4.1(b)的设计模块可按 FR_4-DP_4、FR_3-DP_3、FR_2-DP_2 和 FR_1-DP_1 的顺序进行串行求解。而耦合模块(见图 4.1(d))的求解相对复杂，其 FRs 的实现需要多次迭代才有可能得到恰当解甚至可能无解，因此其处理方法是设计人员所需要关注的问题。总的来说，图 4.1(b)、(c)和(d)所示的设计情况中的非对角线元素致使设计的稳健性降低，从而设计成功的可能性降低。对于耦合设计，独立公理要求消除非对角线元素；对于准耦合设计，也应尽量消除非对角线元素来有效增强设计的稳健性，同时降低设计的复杂性。

对于设计矩阵的调整，当其维数很小或者为稀疏矩阵时，通过观察和手工调整手段即可识别出 FRs 和 DPs 之间的关系，并进行适当的处理；当设计矩阵维数较大时，手工调整则变得不可行，此时则可借助计算机并采用适当的优化算法来处理设计矩阵的调整，并识别出不同的设计模块。调整设计矩阵的目的在于将设计矩阵尽量转化为对角阵或下三角阵，此过程类似于 DSM 的分解操作[3-5]。因此，可借用 DSM 的分解算法(partitioning algorithm)来调整设计矩阵。通过上述对设计矩阵的调整，可为恰当地处理 FRs-DPs 之间的交互作用创造条件，降低由假想复杂性所造成的不必要的设计迭代过程。

4.4 耦合设计中的交互作用

若有一个包含 3 个 FRs 和 DPs 的设计，即

$$\begin{bmatrix} FR_1 \\ FR_2 \\ FR_3 \end{bmatrix} = \begin{bmatrix} 0 & X & X \\ 0 & X & X \\ X & X & X \end{bmatrix} \begin{bmatrix} DP_1 \\ DP_2 \\ DP_3 \end{bmatrix} \tag{4.4}$$

显然，这是一个耦合设计，设计人员若要继续进行设计过程，则必须进一步考虑 FRs-DPs 之间的交互作用，明确 DPs 的变化对各个 FRs 的影响程度。如何使该耦合设计解耦，以及在不能获得无耦合设计的情况下如何使设计继续进行等关键问题。

在 AD 理论框架中，FR 的设计范围是用来描述设计人员的意图以及每个 FR 的相对重要性[6]。产品设计过程管理中的主要冲突根源于 FRs 的设计范围和系统范围之间的冲突，读者可以参考图 2.4 及其相关的说明。要想获得无耦合解决方案、准耦合解或者耦合块中的 FRs 的优化最佳解，就必须先解决这些冲突。因此，设计过程迫切需要研究系统的处理耦合设计问题的方法。

4.4.1 耦合设计任务的关系图

在此将选择并应用设计参数 DPs 来实现一个功能需求 FR 的过程视为一个设计任务，为了探讨系统处理耦合问题的方法，先从两个耦合任务 FR_A-DP_A、FR_B-DP_B 之间的关系描述和分析开始。两个耦合设计任务 FR_A-DP_A 和 FR_B-DP_B 之间的关系可以用图 4.2 进行简要描述。

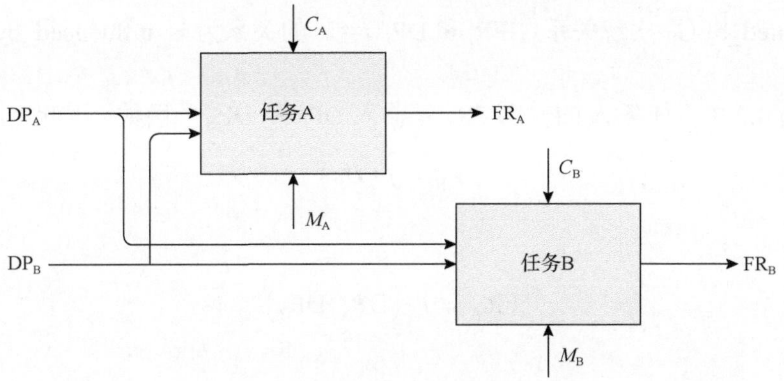

图 4.2　两个耦合任务之间的关系示意图

图 4.2 中，将两个设计参数 DP_A 和 DP_B 视为系统的输入，两个功能需求 FR_A 和 FR_B 视为系统的输出；用设计参数 DP_A 和 DP_B 来实现功能需求 FR_A 和 FR_B 的过程则分别视为任务 A 和任务 B；图中的箭头代表信息流，用来描述任务 A 和任务 B 之间的通信；C_A 和 C_B 为控制，分别表示相关的设计约束、规范和标准等，C_A 和 C_B 分别限制了任务 A 和任务 B 解的范围；M_A 和 M_B 为机制，即实现所求 FRs 的原理。由图 4.2 可以看出，输入 DP_A 和 DP_B 在机制 M_A 和 M_B 的作用下产生输出 FR_A 和 FR_B，同时这个过程要满足 C_A 和 C_B。

因此，对于每个设计任务 i 有 4 个属性：输入 DPs、控制 C_i、机制 M_i 和输出 FR_i，这些属性可以清楚明了地刻画任务 i。

在图 4.2 中，耦合的设计任务 A 和设计任务 B 之间存在交互作用，因此在设计过程中必须进行恰当的处理，否则就会使设计复杂化，引起不必要的设计迭代，甚至导致无法得到可行的满意解。

4.4.2　关键设计参数选择

对于功能需求 FRs 之间的耦合关系，设计人员应该柔性地看待，在讨论处理耦合问题的系统化方法之前，下面首先给出相关的基本定义和符号。

1. 关键设计参数 DP

受解耦控制系统中的被控变量和操作变量配对思想的启发[7]，这里首先提出功能需求 FR_i 对应的关键设计参数 DP 的定义。

定义 4.1　FR_i 的关键设计参数 DP。

对于功能需求 FR_i 的实现具有最大影响的设计参数 DP_k 称为 FR_i 的关键设计参数 DP，并记为 DP_{ic}。

根据定义 4.1，DP_{ic} 对 FR_i 具有最大的影响，因此 FR_i 和 DP_{ic} 的关系为 is_ implemented_by（即实现关系）；FR_i 和 DP_j ($j \neq k$) 的关系为 is_influenced_by（即影响关系）。

在图 4.2 中，任务 A 的输出 FR_A 是输入 DP_A 和 DP_B 的函数，因此可以表示为

$$\boldsymbol{F}_R = f\left(\boldsymbol{D}_P\right) \tag{4.5}$$

也就是

$$FR_A = f_A\left(DP_A, DP_B\right) \tag{4.6}$$

2. 选择功能需求 FR_i 的关键设计参数 DP_{ic}

根据定义 4.1，在选择实现 FR_i 的关键设计参数 DP_{ic} 时，要注意使所选择的关键设计参数 DP_{ic} 对该功能需求 FR_i 的影响比其他设计参数 DPs 大。该选择过程可以借助设计人员的已有经验、试验手段或仿真方法等途径来辅助进行。

1）对于包含两个耦合功能需求 FRs 的情况

图 4.2 为包含两个耦合功能需求 FRs 的情况，式(4.6)是其数学表达式。在式(4.6)中，若设计参数 DP_A 为功能需求 FR_A 的关键设计参数，则设计参数 DP_A 必须满足下面的条件：

$$\frac{\partial f_A}{\partial DP_A} > \frac{\partial f_A}{\partial DP_B} \tag{4.7}$$

若设计参数 DP_B 为功能需求 FR_B 的关键设计参数，则对于功能需求 FR_B 也存在相同的情况，也必须满足下面的条件：

$$\frac{\partial f_B}{\partial DP_B} > \frac{\partial f_B}{\partial DP_A} \tag{4.8}$$

式(4.7)和式(4.8)表示关键设计参数 DP 较之于其他设计参数 DPs 来说，对于相应的功能需求 FR 具有最大的影响。这与 RD 的思想“为了得到一个 RD，必须确保非对角线元素远小于对角线元素”相一致。

2）对于包含多个耦合功能需求 FRs 的情况

对于一个 $n \times n$ 的耦合模块，为功能需求 FR_i 所选择的关键设计参数 DP_{ic} 要满足下面的条件：

$$\left[\frac{\partial f}{\partial DP}\right]_{\text{对角线元素}} > \left[\frac{\partial f}{\partial DP}\right]_{\text{其他元素}} \tag{4.9}$$

因此，配对思想的实质是同时兼顾设计的稳健性和敏感性两个方面的要求。

它要求设计人员寻求适当的设计参数 DP 来实现相应的功能需求 FR，而只影响特定的功能需求 FR_i 的关键设计参数 DP_{ic} 则是减少设计迭代、获得无耦合设计的最佳选择。

4.4.3　其他设计参数的影响作用

根据式(4.6)，由于输入(DP_A 和 DP_B)的变化而导致的功能需求 FR_A 的变化量 ΔFR_A 可以表示为

$$\Delta FR_A = \frac{\partial f_A}{\partial DP_A}\Delta DP_A + \frac{\partial f_A}{\partial DP_B}\Delta DP_B \tag{4.10}$$

式中，若 DP_A 是 FR_A 的关键设计参数，那么 DP_B 的变化 ΔDP_B 对 ΔFR_A 的影响可以用式(4.11)表示：

$$\Delta FR_{AB} = \frac{\partial f_A}{\partial DP_B}\Delta DP_B \tag{4.11}$$

式中，ΔFR_{AB} 表示 DP_B 的变动量对 ΔFR_A 的影响。

对于多个耦合 FRs, FR_i 为

$$FR_i = f_i\left(DP_i, DP_{j_1}, DP_{j_2}, \cdots, DP_{j_k}, \cdots, DP_{j_{n-1}}\right) \tag{4.12}$$

式中，假设 DP_i 是 FR_i 所对应的关键设计参数，$DP_{j_k}\ (k=1,2,\cdots,n-1)$ 是除关键设计参数之外的其他所有设计参数。DP_{j_k} 的系数是设计矩阵 $\boldsymbol{A}$ 中对应的元素 A_{ij_k}，可以表示为

$$A_{ij_k} = \frac{\partial f_i}{\partial DP_{j_k}} \tag{4.13}$$

则所有设计参数的变动量所引起的功能需求 FR_i 的总变化 ΔFR_i 计算式为

$$\Delta FR_i = \frac{\partial f_i}{\partial DP_i}\Delta DP_i + \sum_{j_k=1}^{n-1} A_{ij_k}\Delta DP_{j_k} \tag{4.14}$$

式中，ΔDP_i 和 ΔDP_{j_k} 分别表示设计参数 DP_i 和 DP_{j_k} 的变化量。

因此，除了关键设计参数 DP 外，其他设计参数 DPs 的变化对于功能需求 FR_i 的影响 $\Delta FR_i'$ 的计算式为

$$\Delta FR_i' = \sum_{j_k=1}^{n-1} A_{ij_k}\Delta DP_{j_k} \tag{4.15}$$

4.4.4 耦合关系分析及其度量

在前面所讨论的设计矩阵中，布尔设计矩阵只能表达出 FRs-DPs 之间相关和不相关的粗略关系，为了具体刻画 FRs-DPs 之间的交互作用，则需要将布尔设计矩阵中的符号“X”或“1”用具体的数值来代替，也就是将定性的信息描述转化为定量的信息描述。通常，在较高的设计层次，如概念设计阶段，由于设计知识的不精确性、模糊性或近似性，设计参数 DPs 和功能需求 FRs 之间的关系可能会处于未知状态或不准确的状态，因此必须借助经验手段、试验手段或仿真手段等进行处理，可以采用试验设计[8]和田口方法[9]来得到设计参数 DPs 和功能需求 FRs 之间的关系。例如，文献[10]采用正交试验和方差分析技术来确定设计变量对各个设计目标的影响程度，按设计目标的多少对设计参数进行分组，使之类似于准耦合或无耦合的优化设计，避免了多个设计目标之间的反复权衡，并通过求解盘式制动器的优化问题，验证了该分析方法的有效性；文献[11]则讨论了耦合因素的组成及影响关系，将耦合因素分为 3 类，根据全局灵敏度方程(global sensitivity equation，GSE)，对系统之间耦合因素的性质进行分析，确定了各个设计变量对各个设计目标的贡献率，得到判断耦合因素是否为冗余的依据，并根据耦合性质的不同提出了处理耦合因素的策略，通过一个实例验证消除冗余耦合的效果。此外，人工神经网络(artificial neural network，ANN)具有充分逼近任意复杂非线性数学映射的能力，因此也可以借助 ANN 来准确建立 FRs-DPs 之间的映射关系[12]。因此，通过借助上述分析方法和工具，设计人员可以获得 FRs-DPs 之间的交互关系，从而将布尔设计矩阵转化为数值设计矩阵，并由此确定各个功能需求 FR_i 的关键设计参数 DP_{ic}，为后续处理做好准备工作。

得到数值设计矩阵后，则需要进行判断非对角阵所代表的设计的功能耦合问题，从而为后续处理提供恰当的指导。

对于只有较少的功能需求 FRs 和设计参数 DPs 的简单设计，其独立性可以根据设计矩阵进行直观的判断。但是，对于包含较多功能需求 FRs 和设计参数 DPs 的复杂设计，可以通过 AD 理论体系中提供的两个量化测度 R 和 S 来度量 FRs 之间的独立性，见式(4.16)和式(4.17)[6]。R 用来测量 DPs 之间的交互作用，也就是 DPs 轴之间的角度关系；而 S 用来测量 FRs 与 DPs 之间的交互作用，即归一化处理后设计矩阵的对角线元素的幅值。

$$R=\prod_{\substack{i=1,n-1\\ j=1+i,n}}\sqrt[2]{1-\frac{\left(\sum_{k=1}^{n}A_{ki}A_{kj}\right)^2}{\left(\sum_{k=1}^{n}A_{ki}^2\right)\left(\sum_{k=1}^{n}A_{kj}^2\right)}} \tag{4.16}$$

$$S=\prod_{j=1}^{n}\left[\frac{|A_{jj}|}{\sqrt[2]{\left(\sum_{k=1}^{n}A_{kj}^{2}\right)}}\right] \tag{4.17}$$

根据 R、S 的定义可知，当 $R=S=1$ 时，对应的设计就是无耦合设计；当 $R=S$ 但不等于 1 时，设计可以被近似地看作准耦合设计；在只有两个 FRs 和 DPs 时，$R=S$ 就是准耦合设计，其他情形下的设计是耦合的。

除了测度 R 和 S 外，针对不同的实际设计情况以及设计的不同阶段，可以使用其他更为简洁、合适的测度来分析和度量 FRs-DPs 之间的交互作用。这是目前对耦合问题处理策略探讨的一个重要研究内容[11,13~16]。

通过确定关键设计参数，可便于调整和控制设计参数的公差；同时，FRs-DPs 之间交互作用的分析可以为后续耦合 FRs-DPs 规划中的解耦操作提供信息支持。

4.5　解耦条件和方法

本节在前述工作的基础上，针对 FR-DP 耦合，基于设计参数 DPs 的变化及其取值范围来研究耦合设计问题的解耦条件和处理方法。

(1) 在设计过程中，对于 FR-DP 耦合，某些弱耦合关系对设计结果的影响很小，因此这种情况可以认为是实质解耦的，从而可以在特定的条件下先忽略这些弱耦合关系，使得设计可以在较少的交互作用的情况下进行下去，从而达到加快设计过程的目的。针对这种情况，本节分析耦合 FRs-DPs 之间的实质解耦的条件，并依据该条件提出一种实质解耦方法。

(2) 在设计的早期阶段，主要任务是搜集分散的概念想法和画出草图。在这个阶段，设计问题定义的困难往往在于如何根据由不确定和不精确的信息描述的用户需求(CAs)建立起精确的设计目标(FRs)和设计约束。设计的相关内容一般是不确定的，但是要求在此基础上做出确定性的评价。因此，采用概率论和模糊逻辑来处理这类不确定性知识则不失为一个好的方法。例如，模糊逻辑技术可以用来帮助设计人员描述 FRs-DPs 之间的交互作用。针对这种情况，本节应用模糊表达方式，在独立公理的基础上，提出模糊独立范围的概念，并在此基础上提出基于满意度的解耦方法。

4.5.1　实质解耦方法

1. 两个耦合 FRs 情况下的实质解耦

产品设计过程管理中的主要冲突根源于功能需求 FR 的设计范围和实现该 FR

的解的系统范围之间的冲突。因此，可以在设计约束或规范(如公差)的基础上，根据式(4.10)和式(4.11)分析得到两个耦合 FRs-DPs 之间的相互作用和解耦条件。对于式(4.6)、式(4.10)和式(4.11)所表示的两个 FRs-DPs 耦合设计的情况，若要使该设计成为如式(4.18)所示的准耦合设计：

$$\begin{bmatrix} FR_A \\ FR_B \end{bmatrix} = \begin{bmatrix} X & 0 \\ X & X \end{bmatrix} \begin{bmatrix} DP_A \\ DP_B \end{bmatrix} \tag{4.18}$$

则要求功能需求 FR_A 的实现不受设计参数 DP_B 的变化的影响，或者说功能需求 FR_A 的实现对设计参数 DP_B 的变化免疫。由于耦合设计中设计参数 DP_B 的变化会导致功能需求 FR_A 的变化，在这种情况下，若要使功能需求 FR_A 仍可被满足，从功能需求 FR_A 的公差范围角度来考虑，则应使其允许公差范围可以容纳设计参数 DP_B 所带来的变化，即式(4.11)满足下面的条件：

$$CL_A \leqslant \Delta FR_{AB} \leqslant CU_A \tag{4.19}$$

即

$$CL_A \leqslant \frac{\partial f_A}{\partial DP_B} \Delta DP_B \leqslant CU_A \tag{4.20}$$

式(4.19)和式(4.20)中的 CL_A 和 CU_A 分别表示功能需求 FR_A 的可变范围的下限和上限。

对于 A 和 B 两个耦合设计任务，若 ΔFR_{AB} 满足式(4.19)和式(4.20)，则可以认为功能需求 FR_A 对设计参数 DP_B 的变化不敏感，设计参数 DP_B 的影响可以被忽略。在这种情况下，实现 FR_A 和 FR_B 两个功能需求时，可以通过事先根据实际设计情况和设计经验知识，对设计参数 DP_B 做出适当的假设，继而忽略设计参数 DP_B 的影响，选择设计参数 DP_A 来实现功能需求 FR_A，然后设计参数 DP_A 作为定值，由设计参数 DP_B 来实现功能需求 FR_B，再返回检查功能需求 FR_A 是否在 C_A 所限制的可行域内。因此，若耦合设计满足这种情况，两个 FRs 可以看作能够顺序求解的准耦合关系；若对于功能需求 FR_B 来说也存在同样的情况，即功能需求 FR_B 对设计参数 DP_A 的变化不敏感，设计参数 DP_A 的影响可以被忽略，则两个功能需求 FR_A 和 FR_B 可以被认为是无耦合关系。

根据上述分析可知：式(4.19)和式(4.20)可以作为判断两个 FRs 的实质解耦的条件。为了满足式(4.19)和式(4.20)，在设计过程中可以采取如下方法：

(1)减小设计矩阵中设计参数 DP_B 的系数使功能需求 FR_A 对设计参数 DP_B 的变化不敏感。

(2)在条件允许的情况下对功能需求 FR_A 选择最大的公差范围，使该公差足够容纳设计参数 DP_B 的在一定范围内变化所带来的波动。

2. 多个耦合 FRs 情况下的实质解耦

对于多个耦合 FRs-DPs 的情况，功能需求 FR_i 如式(4.12)所示，所有的设计参数 DP_{j_k} $(j_k \neq i)$ 的变化对功能需求 FR_i 的影响为 $\Delta FR_i'$，如式(4.15)所示。实际上，式(4.15)表示的是除了关键设计参数外的所有其他设计参数对 FR_i 的影响。若要使 FR_i 与其他 FR_{j_k} $(j_k \neq i)$ 为准耦合关系，则对应式(4.19)和式(4.20)的解耦条件应该变为

$$CL_i \leqslant \Delta FR_i' \leqslant CU_i \tag{4.21}$$

即

$$CL_i \leqslant \sum_{j_k=1}^{n-1} A_{ij_k} \Delta DP_{j_k} \leqslant CU_i \tag{4.22}$$

式(4.21)和式(4.22)中 CL_i 和 CU_i 分别表示功能需求 FR_i 的可变范围的下限和上限。

若功能需求 FR_i 与其他设计参数 DPs 的关系满足式(4.21)和式(4.22)，则可以认为功能需求 FR_i 弱依赖于其他设计参数 DPs，因此这些设计参数 DPs 的变化所带来的影响可以被忽略。也就是获得的设计解使得功能需求 FR_i 仅对关键设计参数 DP(此处的 DP_i)的变化敏感，对于其他设计参数 DPs 的变化具有免疫力，或者说可以“吸收”其他设计参数的变动所带来的影响，从而可以认为功能需求 FR_i 和其他功能需求 FRs 实质上是准耦合关系。

4.5.2　基于满意度的解耦方法

数学工具是解决工程问题的不可或缺的手段。为了进一步解决耦合设计问题，本节根据概率论首先定义一个满意度的概念，然后利用满意度概念将耦合设计情况的解耦概念进行扩展。此外，根据 AD 理论的独立公理的要求，功能需求 FRs 之间应保持独立，即一个设计参数 DP_i 的变化只对其相应的功能需求 FR_i 产生影响，而不会影响其他 FR_j $(j \neq i)$。本章将满足独立公理情况下所对应的设计参数 DP_i 的取值范围称为独立范围，在此利用独立公理与模糊数学提出“模糊独立范围”的概念。根据满意度和模糊独立范围，提出一种基于满意度的解耦方法，下面将详细介绍该方法。

1. 满意度

在某些设计情况下，式(4.20)和式(4.22)不能全部满足，但是它们可能会在一定的概率下被满足。在 AD 理论框架中，给定的功能需求 FR_i 的信息量是根据满足 FR_i 的成功概率进行计算的[6]，在此用满足式(4.19)～式(4.22)的概率来表示工程实践中耦合设计成为准耦合设计情况的概率，并记为 S_i。则对于式(4.19)和式(4.20)，满意度 S_A 可以表示为

$$S_A = \text{Probability}(CL_A \leqslant \Delta FR_{AB} \leqslant CU_A) = P_A\left(CL_A \leqslant \Delta FR_{AB} \leqslant CU_A\right) \tag{4.23}$$

即

$$S_A = P_A\left(CL_A \leqslant \frac{\partial f_A}{\partial DP_B}\Delta DP_B \leqslant CU_A\right) \tag{4.24}$$

式(4.23)和式(4.24)中，S_A 是设计参数 DP_B 的变化对功能需求 FR_A 的影响在功能需求 FR_A 允许的设计范围内的概率，即在不考虑设计参数 DP_B 的变化对功能需求 FR_A 的影响的情况下，成功实现功能需求 FR_A 的概率为 S_A。

对于式(4.21)和式(4.22)，S_i 可以表示为

$$S_i = \text{Probability}\left(CL_i \leqslant \Delta FR_i' \leqslant CU_i\right) = P_i\left(CL_i \leqslant \Delta FR_i' \leqslant CU_i\right) \tag{4.25}$$

即

$$S_i = P_i\left(CL_i \leqslant \sum_{j_k=1}^{n-1} A_{ij_k}\Delta DP_{j_k} \leqslant CU_i\right) \tag{4.26}$$

式中，S_i 是设计参数 DPs 的变化的总的影响(关键设计参数 DP_{ic} 除外)在功能需求 FR_i 允许的设计范围之内的概率。

因此，在不考虑信息量计算的情况下，当设计人员求解功能需求 FR_i 时，若不考虑除关键设计参数 DP_{ic} 外的其他设计参数 DPs 的影响，则成功实现功能需求 FR_i 的概率为 S_i，即功能需求 FR_i 被满足的概率为 S_i。在此将该值称为满意度 S_i，显然，S_i 的取值范围为 $S_i \in [0,1]$。

2. 满意度隶属函数的确定

由于对于产品设计方案进行评价要涉及很多复杂的因素，并且众多因素可能具有随机性、模糊性和不确定性等特点，从而很难确定这些因素指标的具体数值，只能用“很好”“好”“一般”“差”等“模糊概念”进行评价。在较高的设计层次，

对于满意度的度量也属于这种情况，因此本章结合模糊数学的原理和工具对该方面的内容进行数值化处理。

模糊评价的表达和衡量不是用分值的大小，而是采用方案对模糊语言形成不同程度的评语(如优、良、中、差)的隶属程度值(即隶属度)进行表达，隶属度是[0,1]区间的一个实数，它将非模糊集中 0 和 1 的边界平坦化。表示不同条件下的隶属度变化规律的函数称为隶属函数，选择合适的隶属函数是描述模糊概念的关键。隶属度可以通过统计法或选择合适的隶属函数求得。针对不同性质的问题，隶属函数可以选取各种不同的形状，如三角形、梯形、钟形、棒形等，如图 4.3 所示。鉴于三角形、梯形模糊隶属函数具有形状简单、易于理解和计算、能很好地表达各种模糊变量的特点，本章在对耦合设计情况下设计参数 DPs 满足对应功能需求 FRs 的“满意度”进行标度时将采用此类形式的隶属函数。

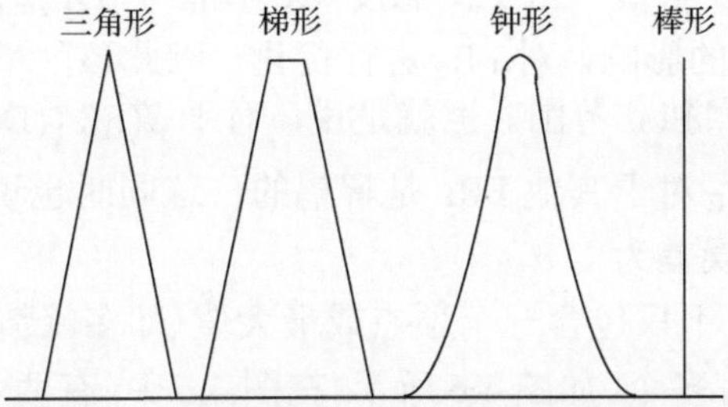

图 4.3　各种不同形状的隶属函数曲线

3. 基于满意度的解耦

当由于现有条件的限制使得设计人员无法严格遵守独立公理而使满意度 S_i=1 时，可以选择一个小于 1 的 S_i 值，接受一定的误差和假设，使设计在设计人员目前认为可以接受的迭代的情况下进行下去，如图 4.4 和图 4.5 所示，该情况实际上是给了一个满意度 S 的公差范围。

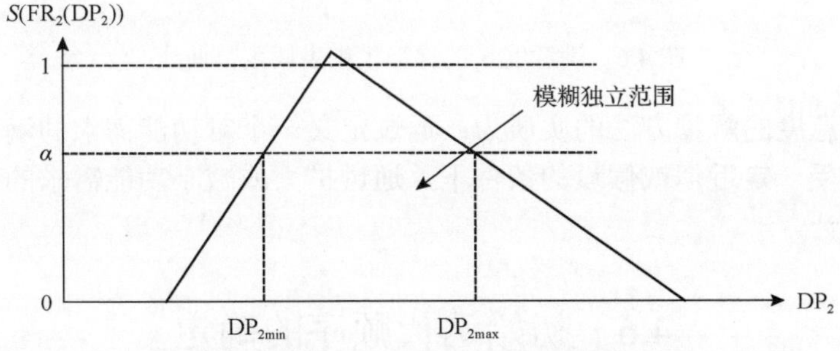

图 4.4　满意度 S_i 的三角形模糊隶属函数曲线

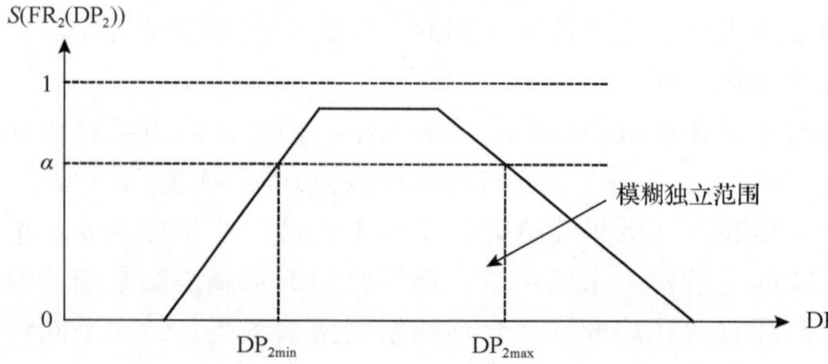

图 4.5 满意度 S_i 的梯形模糊隶属函数曲线

图 4.4 和图 4.5 是满意度 S_i 的模糊隶属函数曲线 $S(\mathrm{FR}_2(\mathrm{DP}_2))$。图 4.4 是三角形模糊隶属函数，图 4.5 是梯形模糊隶属函数。在这两个图中，α 是为设计人员定义的对满意度的最低要求值。对于满意度 α，在图中[$\mathrm{DP}_{2\min}$，$\mathrm{DP}_{2\max}$]部分，可不考虑其他 DPs 对 FRs 的影响，对 FR_2 进行优化，因此该区域可以认为是 α 条件下的解耦区域，称为模糊独立范围。也就是说，对于 $S(\mathrm{FR}_2(\mathrm{DP}_2)) \geqslant \alpha$ 的条件下的所有解，可以认为该 FR_2 对于其他 FRs 是解耦的，这同时也说明设计人员能接受的设计成功概率的最大误差为 $1-\alpha$。

若图 4.4 和图 4.5 不只包含一个顶点或最大值(即多峰情况)，那么基于满意度 α 的解耦区域可能会有多个，如图 4.6 所示。在图 4.6 中，有两个区域[$\mathrm{DP}_{2\min}$，$\mathrm{DP}_{2\max}$]和区域[$\mathrm{DP}'_{2\min}$，$\mathrm{DP}'_{2\max}$]均表示满意度 α 下的解耦区域。

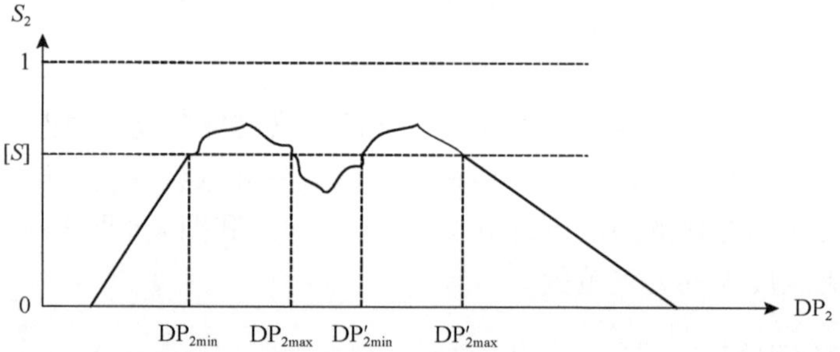

图 4.6 满意度 S_i 的梯形模糊隶属函数曲线

基于满意度的解耦方法的实质为：通过定义一个对功能需求的满意度的最小值 α，在接受一定近似或假设的条件下，通过扩大或减小功能需求的范围来获得一个解耦设计。

4.6 初始迭代顺序的确定

迭代是研发过程的基本特征，Eppinger 等[17,18]将迭代定义为：为了改善一个进化的开发过程而对设计任务进行的重复过程。基于 AD 理论，本节从引起迭代的原因的角度将迭代定义为：由于在应用给定的一系列设计参数 DPs 实现一个功能需求 FR_i 时未正确考虑与其他功能需求 FRs 的交互作用而引起的设计过程的重复。

对于耦合块中的耦合 FRs-DPs，经过解耦操作并对设计矩阵进行调整后，可能还存在不能采取实质解耦方法或基于满意度的解耦方法处理的耦合 FRs-DPs 部分。对于这样的 FRs-DPs 任务块，可根据前文耦合关系分析的结果，采取割裂方法来发现较好的初始迭代顺序，从而加快设计的收敛过程。在此，割裂是指对迭代环中的相关设计参数 DPs 的初始值做出适当的假设，从而可以在此假设的基础上开始设计过程。

假设迭代过程是顺序进行的，即一次只能实现一个功能需求 FR。那么割裂操作在此可以视为：寻求耦合 FRs-DPs 任务集中的任务在一定的约束条件和优化目标下的最佳初始迭代顺序。割裂的目的在于降低研发风险和减少耦合设计任务迭代的次数，因此该过程的关键问题在于选择恰当的割裂标准。Yassine[19]总结了两条 DSM 的割裂标准，具体为：

(1) 最小割裂数目。

(2) 将割裂限制在沿着对角线的最小块内。

本节从 FRs-DPs 交互作用分析的角度来处理此问题，首先引入变量 V_{ij} 来辅助该设计的重组过程。在此，V_{ij} 定义为

$$V_{ij}=\left|\frac{\dfrac{\partial f_i}{\partial \mathrm{DP}_j}\Delta \mathrm{DP}_j}{\dfrac{\partial f_i}{\partial \mathrm{DP}_i}\Delta \mathrm{DP}_i}\right| \tag{4.27}$$

式中，分子项表示设计参数 DP_j 对功能需求 FR_i 的绝对影响；V_{ij} 表示设计参数 DP_j 相对于设计参数 DP_i 对功能需求 FR_i 所产生的影响，即其相对影响。其中，设计参数 DP_i 是功能需求 FR_i 的关键设计参数 DP_{ic}。因此，V_{ii} 和 V_{ij} 满足下列条件：

$$V_{ii}=1 \tag{4.28}$$

$$V_{ij}\in[0,1) \tag{4.29}$$

因此，V_{ij} 可以描述功能需求 FRs 之间的独立程度。当然，ΔFR_{ij} 的方差 σ_{ij} 也可以用来评价设计参数 DP_j 对功能需求 FR_i 的相对重要性。设计人员通过计算出每个 V_{ij} 并将其填在对应的设计矩阵中，就可以得到 V_{ij} 矩阵。

耦合块的割裂意味着对于某些设计参数 DPs 取值的一种近似或最初的假设，这种近似和假设必须在后期的迭代过程中加以修正。

实现耦合块的耦合任务时，除首尾两个任务外，其他任务都存在前驱耦合任务和后续耦合任务，因此一个耦合任务的实现除受其他耦合任务的影响外，同时也影响着其他耦合任务的实现，如图 4.2 的耦合任务关系所示。为了降低顺序求解过程中潜在的迭代次数，本章引入指标 Q_i 来表示耦合块中由于交互作用而造成的质量损失，并以此来决定耦合任务集的初始迭代顺序。

对于一个耦合 FRs-DPs 任务集，若表示其耦合功能需求 FRs 之间交互作用的数值设计矩阵为 $\boldsymbol{v}$，对于其中的一个功能需求 FR_i，其质量损失 Q_i 由以下 3 个因素共同决定：

(1) v_{ii}，表示设计参数 DP_i 对功能需求 FR_i 的影响，在此设计参数 DP_i 是功能需求 FR_i 的关键设计参数。

(2) v_{ij}，表示设计参数 $DP_j\,(j \neq i)$ 对功能需求 FR_i 的影响。

(3) v_{ki}，表示设计参数 DP_i 对其他功能需求 $FR_k\,(k \neq i)$ 的影响。

因此，其质量损失 Q_i 的定义为

$$Q_i = \frac{\sum\limits_{j=1, j\neq i}^{m} v_{ij}}{v_{ii} \sum\limits_{k=1, k\neq i}^{m} v_{ki}} \tag{4.30}$$

式中，Q_i 为 FRs-DPs 之间的交互作用对任务 DP_i-FR_i 的实现过程所带来的质量损失；m 为相关的 FRs-DPs 的数量。

在计算出耦合块内的每个质量损失 $Q_i(i=1\sim m)$ 后，则可用 Q_i 来确定初始迭代顺序。较少的迭代次数可以通过降低重复工作的概率来得到，因此可以认为：质量损失 Q_i 越小，功能需求 FR_i 成功的概率越高。从而具有较小的 Q_i 值的功能需求 FR_i 应先由对应设计参数 DP_i 来实现，根据 Q_i 值则可以得到耦合 FRs-DPs 任务集的恰当初始迭代顺序。当对耦合块内的所有耦合任务进行排序后，在对未知信息进行初始假设和估计的基础上，迭代过程则可以从实现具有最小的质量损失 Q_i 的耦合任务 FR_i-DP_i 开始。

4.7 基于独立公理的结构化耦合设计处理方法流程

根据上面的分析和对不同情况问题的相应处理措施，本章提出基于独立公理的结构化耦合设计处理方法，图 4.7 为其流程。

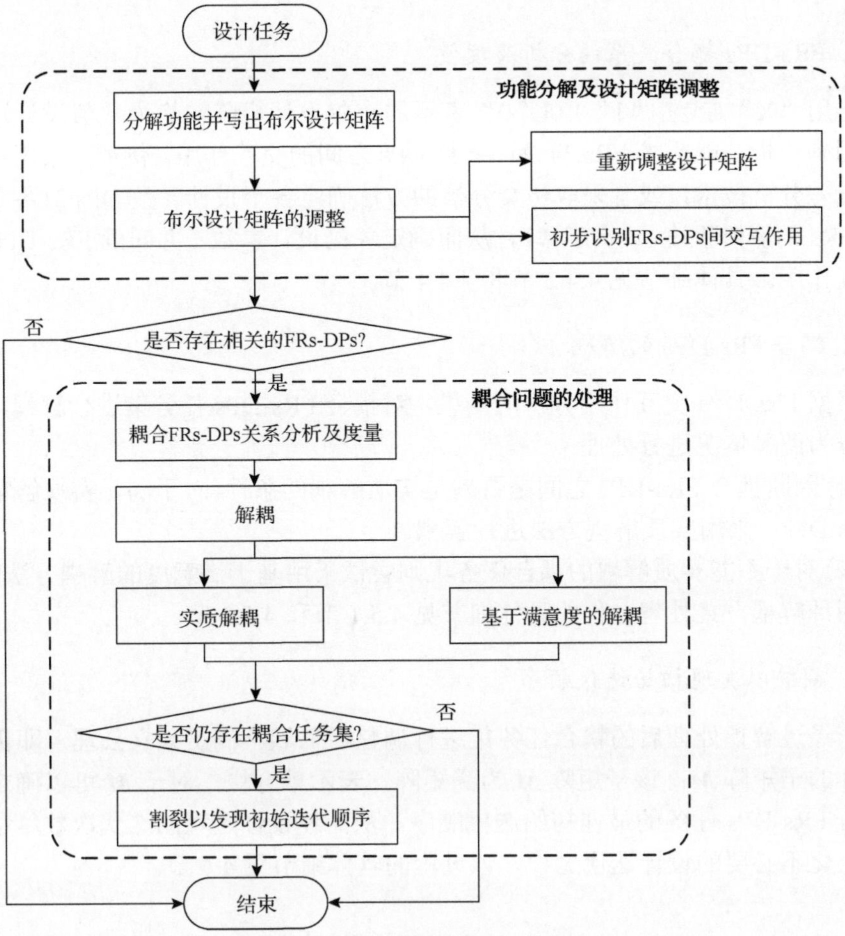

图 4.7　基于独立公理的结构化耦合设计处理方法流程

1. 功能分解及设计矩阵调整

功能分解及设计矩阵调整过程如下：

(1) 根据 AD 理论框架的指导，在功能域与物理域之间进行功能分解，并产生每个设计层次的布尔设计矩阵。该过程如 4.3.1 节所述。

(2) 根据所选择的设计问题处理的层次，对该层的设计矩阵进行调整，从而识别出 FRs-DPs 之间的交互作用，从而降低设计的复杂性。具体来说，即采用分解或聚类学习方法[20]来辨识独立功能需求以及耦合功能需求集，揭示它们之间的相互关系，确定各独立功能需求以及各耦合功能需求集的先后实现顺序。该过程如 4.3.2 节所述。

2. FRs-DPs 耦合关系的分析及度量

将用“X”（或者“1”）和“0”表示的布尔设计矩阵转换为数值设计矩阵，以便明确分析功能需求 FRs 与设计参数 DPs 之间的交互作用。例如，采用正交试验和方差分析技术，或者采取仿真分析的方法确定各个设计参数 DPs 对各个功能需求 FRs 的影响程度(或贡献率)，从而确定关键设计参数，并明确 FRs-DPs 之间的交互作用。具体细节见 4.4.2 节和 4.4.4 节。

3. 耦合 FRs-DPs 的解耦

根据 FRs-DPs 交互作用分析的结果，对耦合 FRs-DPs 任务集进行解耦，解耦可以分为两种情况进行处理：

(1)判断耦合 FRs-DPs 之间是否满足实质解耦的条件，对于满足实质解耦条件的 FRs-DPs，采用实质解耦方法进行解耦。

(2)对于不能实质解耦的耦合任务集则尝试采用基于满意度的解耦方法解耦。

两种解耦方式处理过程的具体细节见 4.5.1 节和 4.5.2 节。

4. 割裂以发现初始迭代顺序

若经过解耦处理后的耦合任务集进行调整后仍然不满足独立公理，即仍然存在这样的子矩阵 $\boldsymbol{M}$：该子矩阵 $\boldsymbol{M}$ 为满矩阵，表示耦合块。对于 $\boldsymbol{M}$ 可以确定其中的耦合 FRs-DPs 任务的最佳初始迭代顺序，从而使设计过程的迭代次数尽量少，即最小化不必要的设计迭代过程。该过程的具体细节见 4.6 节。

4.8 应用实例

4.8.1 金属基/陶瓷复合涂层柱塞杆设计

1. 问题分析及功能分解

油田柱塞杆是采用喷涂陶瓷涂层来改善其机械工作性能的典型例子，但是由于陶瓷涂层抗弯能力差，在力的作用下，涂层/基体界面上常常产生裂纹并扩展，从而导致涂层脱落，引起柱塞杆的失效。因此，在进行金属基/陶瓷复合涂层柱塞杆设计时必须解决这一问题，以提高复合涂层柱塞杆的工作可靠性。

柱塞杆的受力模型如图 4.8 所示，该杆为一受压杆件，设计时除了要考虑防止涂层/基体界面破坏之外，即考虑涂层材料和涂层/基体的结构设计，另外还应该考虑柱塞杆的稳定性问题。因此，下面将在 AD 理论的指导下从柱塞杆的稳定性和陶瓷涂层的受力两个方面来研究金属基/陶瓷涂层柱塞杆的设计问题。

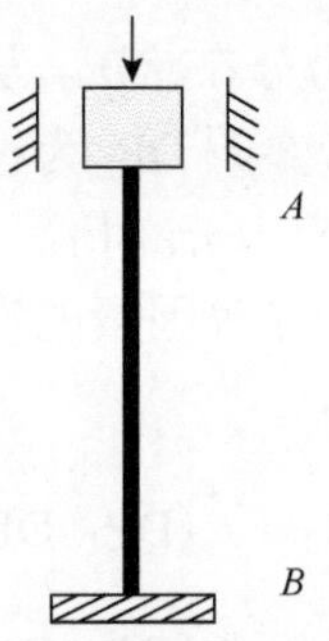

图 4.8　柱塞杆的受力模型

柱塞杆是一压杆，根据上述分析进行功能分解，其功能需求与设计参数要满足的要求为：

FR_1——柱塞杆满足稳定性要求；

FR_2——柱塞杆涂层抗弯能力满足要求；

DP_1——柱塞杆材料性能及结构形状；

DP_2——柱塞杆的涂层材料和涂层/基体结构设计。

在工程实际中，细长压杆稳定性分析的临界应力由式(4.31)进行计算[21]：

$$\sigma_{cr}=\frac{F_{cr}}{A}=\frac{\pi^2 EI}{(\mu l)^2 A} \tag{4.31}$$

式中，σ_{cr} 为临界应力；F_{cr} 为压杆临界力；E 为杆的弹性模量；I 为惯性矩；μ 为长度系数；A 为杆的横截面积；l 为杆长；μl 称为压杆的相当长度，即把不同约束条件的压杆折算成两端铰支压杆后的长度。

杆的惯性半径为 i，令 $\lambda=\mu l/i$，得到临界应力公式为

$$\sigma_{cr}=\frac{\pi^2 E}{\lambda^2} \tag{4.32}$$

由欧拉公式的应力表达形式可知，柱塞杆满足稳定性要求(FR_1)由柱塞杆的材料性质(弹性模量 E)和柔度 λ 决定(λ 是一个无量纲的量)。影响柔度 λ 的因素包括：杆长 l、杆端的约束条件(由长度系数 μ 来表示)及杆的惯性半径 i(i 由杆件截面的惯性矩 I 和截面积 A 决定)。因此，FR_1 的设计参数 DP_1 为柱塞杆材料性能及结构形状。

柱塞杆涂层抗弯能力满足要求(FR_2)，则要求改善柱塞杆的涂层/基体界面性能。本章采取的措施是根据利用 ANSYS 有限元分析软件对弯曲状态下金属基/陶瓷涂层的应力分布情况的理论建模，计算分析在不同涂层厚度 t 和不同涂层/基体

弹性模量比(E_c/E_s)的情况下的应力分布状况，从而进行涂层材料和涂层/基体结构设计。因此，功能需求FR_2的设计参数DP_2为柱塞杆的涂层材料和涂层/基体结构设计。涂层/基体所受弯曲力矩的应力分布情况受陶瓷涂层厚度t、涂层/基体弹性模量比(E_c/E_s)、杆长l和杆的直径d等因素的影响。

根据上述分析，有

$$FR_1 = f_1(DP_1, DP_2) \tag{4.33}$$

$$FR_2 = f_2(DP_1, DP_2) \tag{4.34}$$

将设计目标和设计变量用设计方程的方式表示为

$$\begin{bmatrix} FR_1 \\ FR_2 \end{bmatrix} = \begin{bmatrix} X & X \\ X & X \end{bmatrix} \begin{bmatrix} DP_1(E_s, l, \mu, I, d) \\ DP_2(E_c/E_s, t, l, d) \end{bmatrix} \tag{4.35}$$

通过上述分析及方程(4.35)中的设计矩阵可知，该设计是一个耦合设计，其简化设计方程形式为

$$\begin{bmatrix} FR_1 \\ FR_2 \end{bmatrix} = \begin{bmatrix} X & X \\ X & X \end{bmatrix} \begin{bmatrix} DP_1 \\ DP_2 \end{bmatrix} \tag{4.36}$$

由式(4.35)可知，该耦合设计是一个非线性设计，其设计矩阵的元素不是常量，而是设计参数的函数。

2. *确定计算参数*

压杆的失稳将导致结构的失效，因此下面利用压杆稳定原理对柱塞杆的选材及结构形状进行分析讨论。

长度系数μ：根据图 4.8 柱塞杆的实际工作情况可知，柱塞杆的A端为活塞式自由端，即转动自由而位移受限；柱塞杆的B端有横向位移，即转动受限而位移自由，因此长度系数μ=2。

杆长l=580mm。

杆的直径d：为分析方便，将阶梯轴简化为圆杆，取中间部位直径，因此d=31mm。

杆的载荷F=48.31kN。

杆的安全系数$n_{st} \geqslant 4$。

杆的弹性模量E_s=210GPa。

3. 柱塞杆材料稳定性设计

杆的载荷强度 σ 为

$$\sigma = \frac{F}{\frac{\pi d^2}{4}} = \frac{48.31 \times 10^3}{\frac{\pi \times 0.031^2}{4}} = 64\text{MPa} \tag{4.37}$$

杆的临界载荷力是根据欧拉公式求得的，式(4.32)的适用条件是临界应力 σ_{cr} 不大于材料的比例极限 σ_{p}，即

$$\sigma_{\text{cr}} = \frac{\pi^2 E}{\lambda^2} \leqslant \sigma_{\text{p}} \tag{4.38}$$

也就是

$$\lambda \geqslant \sqrt{\frac{\pi^2 E}{\sigma_{\text{p}}}} \tag{4.39}$$

将式(4.39)的右边记为最小柔度 λ_{p}，则该式变为 $\lambda \geqslant \lambda_{\text{p}}$。材料的弹性模量 E 对于钢来说变化很小，故对于不同的钢材料，若其形状确定，则其临界应力值的大小就确定了。

根据图 4.8 所示柱塞杆的实际工作情况可知 μ=2，从而杆的柔度 λ 为

$$\lambda = \frac{\mu l}{i} = \frac{2 \times 0.58}{\frac{0.031}{4}} = 149.68 \tag{4.40}$$

将 λ 值代入式(4.39)，可得

$$\sigma_{\text{p}} \geqslant \frac{\pi^2 E}{\lambda^2} = \frac{\pi^2 \times 210 \times 10^3}{149.68^2} = 92.51\text{MPa} \tag{4.41}$$

当材料的 $\sigma_{\text{p}} \geqslant 92.51\text{MPa}$ 时，杆的最小柔度 $\lambda_{\text{p}} \leqslant 149.68$，即满足 $\lambda \geqslant \lambda_{\text{p}}$，可以采用欧拉公式来计算杆的临界应力，即 σ_{cr}=92.51MPa，则安全系数为

$$n_{\text{st}} = \frac{\sigma_{\text{cr}}}{\sigma} = \frac{92.51}{64} = 1.45 < [n_{\text{st}}] \tag{4.42}$$

该安全系数值意味着仅在杆端施加一个较小的力，杆就会发生弯曲。由此可知，要保证杆的工作稳定性，必须增加杆的临界应力。基于杆的长度系数 μ 取决

于杆的约束状态，故要使杆处于稳定状态，杆的理想工作状态应处于如图 4.9 所示的两种状态。图 4.9(a)和(b)所示的杆的 B 端转动及位移均受限制，使杆的 B 端没有横向位移，仅承受轴向作用力。

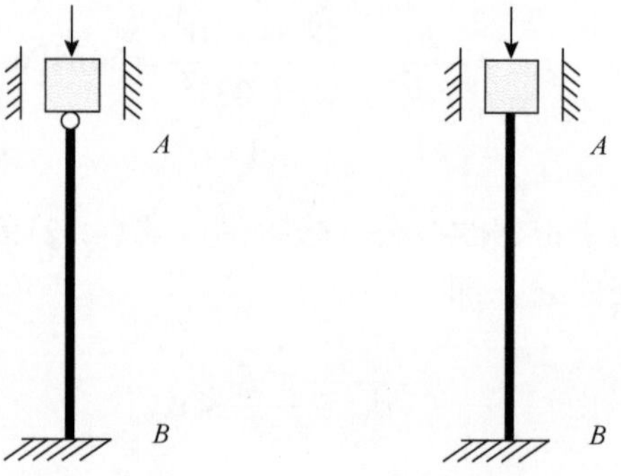

(a) 半理想稳定状态　(b) 理想稳定状态

图 4.9　柱塞杆半理想和理想工况

下面在如图 4.9 所示的状态下进行杆的稳定性设计。

(1)当要求杆的工作情况处于相对稳定的状态时，即图 4.9(a)所示的半理想稳定状态时，杆的长度系数 μ=0.7，杆的柔度 λ 为

$$\lambda = \frac{\mu l}{i} = \frac{0.7 \times 0.58}{\frac{0.031}{4}} = 52.39 \tag{4.43}$$

将 λ 的计算结果代入式(4.39)，可得

$$\sigma_{\mathrm{p}} \geqslant \frac{\pi^2 E}{\lambda^2} = \frac{\pi^2 \times 210 \times 10^3}{52.39^2} = 755.13\mathrm{MPa} \tag{4.44}$$

当材料的 $\sigma_{\mathrm{p}} \geqslant 755.13\mathrm{MPa}$ 时，杆的最小柔度 $\lambda_{\mathrm{p}} \leqslant 52.39$，满足 $\lambda \geqslant \lambda_{\mathrm{p}}$。用欧拉公式来计算杆的临界应力，$\sigma_{\mathrm{cr}}$=755.13MPa，则安全系数为

$$n_{\mathrm{st}} = \frac{\sigma_{\mathrm{cr}}}{\sigma} = \frac{755.13}{64} = 11.80 > [n_{\mathrm{st}}] \tag{4.45}$$

若将安全系数降低，如 $n_{\mathrm{st}} \in [4,8]$，可取材料的 $\sigma_{\mathrm{p}} < 755.13\mathrm{MPa}$。此时，杆的最小柔度 $\lambda_{\mathrm{p}} > 52.39$。杆的最小柔度 $\lambda < \lambda_{\mathrm{p}}$，那么可用经验公式来处理，在此采用式(4.46)计算：

$$\sigma_{\mathrm{cr}} = a - b\lambda \tag{4.46}$$

式中，a、b 为与材料相关的常数。

对于优质碳钢 a=461，b=2.57，λ=52.39，代入式(4.46)，得到临界应力为

$$\sigma_{cr} = 461 - 2.57 \times 52.39 = 326.36\text{MPa} \tag{4.47}$$

则此时的安全系数 n_{st} 为

$$n_{st} = \frac{\sigma_{cr}}{\sigma} = \frac{326.36}{64} = 5.10 > [n_{st}] \tag{4.48}$$

在这种情况下，若要得到高的安全系数，杆的材料应满足 $\sigma_p \geqslant 755.13\text{MPa}$；若设定较低的安全系数，可使 $\sigma_p \geqslant 326.36\text{MPa}$。

(2)若想使杆处于完全稳定状态，也就是使杆工作时处于如图 4.9(b)所示的理想稳定状态，则杆的长度系数 μ=0.5，杆的柔度

$$\lambda = \frac{\mu l}{i} = \frac{0.5 \times 0.58}{\dfrac{0.031}{4}} = 37.42 \tag{4.49}$$

将 λ 的计算结果代入式(4.39)，可得

$$\sigma_p \geqslant \frac{\pi^2 E}{\lambda^2} = \frac{\pi^2 \times 210 \times 10^3}{37.42^2} = 1480.17\text{MPa} \tag{4.50}$$

根据柔度 λ 的计算结果，当材料的 $\sigma_p \geqslant 1480.17\text{MPa}$ 时，杆的最小柔度 $\lambda_p \leqslant 37.42$，满足 $\lambda \geqslant \lambda_p$。用欧拉公式来计算杆的临界应力，$\sigma_{cr} = 1480.17\text{MPa}$，则安全系数为

$$n_{st} = \frac{\sigma_{cr}}{\sigma} = \frac{1480.17}{64} = 23.13 > [n_{st}] \tag{4.51}$$

这种情况下安全系数 n_{st} 比较高，若将安全系数降低，如 $n_{st} \in [4,8]$，则可以取材料的 $\sigma_p < 1480.17\text{MPa}$。此时杆的最小柔度 $\lambda < \lambda_p$，采用式(4.46)计算得到临界应力为

$$\sigma_{cr} = 461 - 2.57 \times 37.42 = 364.83\text{MPa} \tag{4.52}$$

则安全系数 n_{st} 为

$$n_{st} = \frac{\sigma_{cr}}{\sigma} = \frac{364.83}{64} = 5.7 > [n_{st}] \tag{4.53}$$

在这种情况下，若要得到高的安全系数，则杆的材料应满足 $\sigma_p \geqslant 1480.17\text{MPa}$；若设定较低的安全系数，则可使 $\sigma_p \geqslant 364.83\text{MPa}$。

(3)杆的直径 d 对稳定性的影响。提高杆的稳定性的另一条途径是通过增大杆的直径来提高其临界应力。表 4.1 是柱塞杆的直径 d 对其稳定性的影响。

表 4.1 柱塞杆的直径 d 对其稳定性的影响

杆直径 d/mm	临界应力 σ_{cr}/MPa	稳定性比
31	370	1
35	471	1.3
38	556	1.5
40	616	1.66

表 4.1 中，稳定性比是指增大杆的直径 d 后的稳定性与杆的直径为 31mm 时的比值。由表 4.1 可知，增大杆的直径 d 可以有效地提高其临界应力，从而提高杆的稳定性。例如，当杆的直径从 31mm 变为 35mm 时，杆的临界应力约增大了 30%。

4. 柱塞杆的涂层材料和涂层/基体结构设计

1) 建模

在此利用 ANSYS 分析弯曲状态下金属基/陶瓷涂层的应力分布情况。首先根据图纸数据建立柱塞杆的有限元模型，柱塞杆有限元模型见文献[22]。基于柱塞杆的工作状态，可以将柱塞杆视为一悬臂梁，在其上施加的约束条件为大端约束；小端与中间接触处产生少量位移；将载荷换算后施加在小端。

2) 计算

柱塞杆涂层的弹性模量记为 E_c，柱塞杆基体的弹性模量记为 E_s，并记 $k=E_c/E_s$，泊松比均为 0.3，涂层厚度 $t = 0.25\text{mm}$。下面分析在不同的杆端面的偏移量 y 值下，不同的比值 k 对涂层所受的最大应力的影响，计算结果如表 4.2 所示。

表 4.2 不同比值 k 时的最大应力

偏移量 y/mm	最大应力/MPa		
	$k = 0.5$	$k = 1$	$k = 2$
0.1	37.6	78.3	153.8
0.2	44.3	92.3	182.7
0.4	57.7	121.1	239.5
0.6	71	148.5	296.3
0.8	84.4	178	350.2

为了讨论涂层厚度 t 对所受应力的影响，以杆端面的偏移量 y=0.2mm 为例，涂层厚度 t 的变化在[0.1, 0.5]mm 范围内进行计算，结果如表 4.3 所示。

表 4.3　不同 t 和不同比值 k 时的最大应力

涂层厚度 t/mm	最大应力/MPa		
	$k=0.5$	$k=1$	$k=2$
0.1	44.1	92.3	185
0.2	44.2	92.3	183
0.3	44.4	92.3	182
0.4	44.5	92.3	180
0.5	44.6	92.3	179

5. 结果分析

根据上面柱塞杆的稳定性设计和柱塞杆的涂层设计可知：

(1) 为了满足在给定压力下柱塞杆不失稳，柱塞杆的工作状态应处于如图 4.9 所示的理想稳定状态或半理想稳定状态，即杆的 B 端没有横向位移，仅受轴向力作用，杆的 A 端则为活塞式自由端。杆材的 σ_p 在[326.36, 1480.17]MPa，具体取值根据工程实际情况而定。基于本例中杆表面的涂层复合结构情况，推荐取值为 $\sigma_p \geqslant$ 755.13MPa。

(2) 由表 4.1 柱塞杆的直径 d 对稳定性的影响分析可知，加大杆的直径可提高杆的临界应力值，从而有效提高杆的稳定性。例如，在其他条件不变时，当杆径 d 从 31mm 增至 38mm 时，杆的临界应力值 σ_{cr} 增大 50%，即杆的稳定性提高 50%。

(3) 由表 4.2 可知，涂层所受应力受杆端偏移量 y 和弹性模量的比值 k 的影响很大。例如，当 $k=1$ 时，杆端偏移量从 0.1mm 增至 0.8mm 时，杆所受的最大应力从 78.3MPa 增至 178MPa；而在同一偏移量下，如偏移量 $y=0.2$ mm 时，弹性模量比 $k=2$ 情况下的最大应力是 $k=0.5$ 情况下的最大应力的 4.12 倍；另外，当弹性模量比值 k 很大时，较小的偏移量 y 都会导致很大的应力，从而使涂层破坏，柱塞杆失效。

(4) 由表 4.3 可知，在[0.1, 0.5]mm 范围内，涂层厚度 t 的变化对所受应力的影响不明显。因为当柱塞杆微弯曲时，小变化范围内涂层厚度的弯曲半径与圆柱杆基体的弯曲曲率半径相比变化很小。此外，就弯曲强度而言，在钢基表面覆盖陶瓷涂层可以提高抗弯能力，使该工况下涂层厚度 t 对杆弯曲时所产生的附加应力不敏感。

6. 结论

根据上述从柱塞杆的稳定性和陶瓷涂层的受力两个方面来研究金属基/陶瓷涂层柱塞杆设计问题的计算和理论分析可知，对于该非线性耦合设计情况：

(1) 目前柱塞杆的强度设计安全系数偏低，应当进行改进。

(2) 可以首先根据计算分析结果，确定材料的 σ_p 和 d，选用材料的 $\sigma_p \geqslant$ 755.13MPa，将柱塞杆的杆径增大至 35mm。

(3) 在此基础上，由于涂层所受应力受杆端偏移量 y 和涂层/基体弹性模量的比值 k 的影响很大，因此在确定了 E_s 的情况下再确定涂层材料。比值 k 越大，相同偏移量 y 所产生的最大应力值就越大，故选择较小的 k 值可以降低涂层破坏的可能性，从而降低柱塞杆的失效率。

(4) 所受应力对涂层厚度 t 的变化不敏感，其变化所带来的影响可以被本设计的功能需求 FR_2 所“吸收”，因此 t 可以根据实际工况先进行优化。根据以上分析和讨论可知：该设计可以认为满足式(4.19)，功能需求 FR_1 与功能需求 FR_2 可成为实质解耦关系，因此可按上面的结论先进行柱塞杆的稳定性设计，再进行柱塞杆涂层抗弯能力设计。

4.8.2 卧式壳管式冷凝器设计

作为通用热工设备的换热器是将热流体的部分热量传递给冷流体的设备，因此换热器可用来保证工艺过程对介质所要求的特定温度，同时也是提高能源利用率的主要设备之一，在许多工业部门有着极为广泛的应用。管壳式换热器又称列管式换热器，是以封闭在壳体中管束的壁面作为传热面的间壁式换热器，单位体积具有较大的传热面积，而且传热效果也较好，能在高温、高压下使用，是最为广泛的一种换热设备类型。其结构较简单，一圆形外壳内装平行管束，管内通道部分统称管程，管外面与壳体内表面之间的通道部分统称为壳程或管间，冷、热流体分别流过管程和壳程，通过传热壁面实现换热。

卧式壳管式冷凝器(以下简称冷凝器)是管壳式换热器中的一种，其壳内管外为制冷剂，管内为冷却水，壳体的两端管板上穿有传热管，管板外侧设有左右封头，封头的内侧具有满足管程需要的隔腔，保证冷却水在管程中往返流动，使冷却水从一侧封头的下部进入冷凝器，经过若干个流程后由同侧封头的上部流出，其主要任务是将压缩机排出的高压过热制冷剂蒸气，通过其向环境介质放出热量而被冷却，冷凝成为饱和液体，甚至过冷液体[20,23]，即冷凝器的总功能需求是换热。图 4.10 为冷凝器的结构示意图[23]。

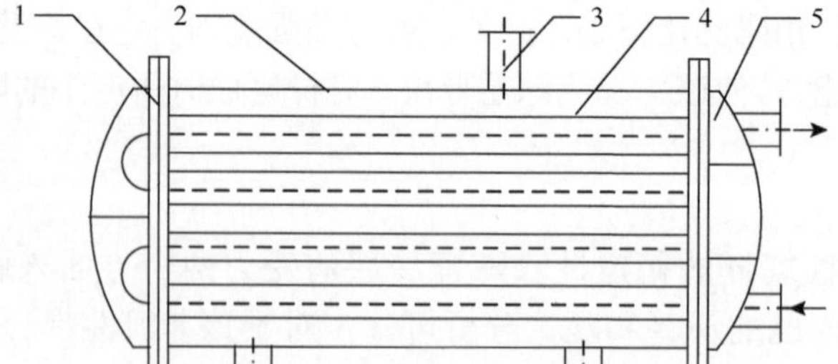

图 4.10 冷凝器结构示意图[23]

1. 管板；2. 壳体；3. 进气管；4. 传热管；5. 封头

下面以 AD 框架为指导，通过对冷凝器进行功能分解，得到相应的分解层次和设计矩阵，具体分解结果如表 4.4[20]和表 4.5 所示[20]。

表 4.4　功能需求的层次结构[20]

FR_1：传热介质流动	FR_{11}：管程介质流动	FR_{111}：传热	FR_{1111}：管内介质传热
			FR_{1112}：管外介质传热
		FR_{112}：防污垢	
		FR_{113}：防蚀损	
		FR_{114}：分程	FR_{1141}：防振动
			FR_{1142}：传热
			FR_{1143}：防蚀损
	FR_{12}：壳程介质流动	FR_{121}：介质传热	
		FR_{122}：足够刚度	
		FR_{123}：防蚀损	
		FR_{124}：壳体支撑	
		FR_{125}：排污	
		FR_{126}：安全措施	FR_{1261}：控制工作压降
			FR_{1262}：压力显示
FR_2：密封	FR_{21}：管程介质密封	FR_{211}：防蚀损	
		FR_{212}：连接	FR_{2121}：安装连接
			FR_{2122}：与壳体连接
	FR_{22}：壳程介质密封	FR_{221}：连接处密封	
		FR_{222}：连接	FR_{2221}：与传热管连接
			FR_{2222}：与壳体连接
		FR_{223}：防蚀损	
FR_3：传热介质通断控制	FR_{31}：管程通断控制	FR_{311}：防结垢	
		FR_{312}：不影响传热	
		FR_{313}：启闭	
	FR_{32}：壳程通断控制	FR_{321}：防磨损	
		FR_{322}：防冲击管束	FR_{3221}：减少流阻
			FR_{3222}：不影响传热
		FR_{323}：启闭	

表 4.5　设计参数的层次结构[20]

DP_1：传热介质流动结构	DP_{11}：传热管	DP_{111}：传热管结构	DP_{1111}：管基本参数
			DP_{1112}：管束排列方式
		DP_{112}：管型	
		DP_{113}：管材	
		DP_{114}：折流板结构	DP_{1141}：板间距
			DP_{1142}：板型
			DP_{1143}：板材
	DP_{12}：壳体	DP_{121}：壳体内径	
		DP_{122}：壳体壁厚	
		DP_{123}：壳体材料	
		DP_{124}：支撑鞍座	
		DP_{125}：集污包	
		DP_{126}：安全装置	DP_{1261}：安全阀
			DP_{1262}：压力表
DP_2：密封结构	DP_{21}：封头	DP_{211}：封头材料	
		DP_{212}：连接结构	DP_{2121}：封头内径
			DP_{2122}：与壳体连接方式
	DP_{22}：管板	DP_{221}：管板结构	
		DP_{222}：连接方式	DP_{2221}：与管束连接方式
			DP_{2222}：与壳体连接方式
		DP_{223}：板材	
DP_3：通断控制结构	DP_{31}：管程进/出口管	DP_{311}：管型	
		DP_{312}：连接方式	
		DP_{313}：阀门	
	DP_{32}：壳程进/出口管	DP_{321}：管型	
		DP_{322}：防冲板结构	DP_{3221}：安装位置
			DP_{3222}：板型
		DP_{323}：阀门	

从表 4.4 和表 4.5 可以看出，冷凝器的 FRs 和 DPs 被分解为 4 级，其最底层的 FRs 和 DPs 之间的映射关系，即设计矩阵如图 4.11 所示[20]。为了能够清楚地显示矩阵中的非零元素，图 4.11～图 4.13 中的矩阵中的零元素都用空白代替。

DP \ FR	1111	1112	112	113	1141	1142	1143	121	122	123	124	125	1261	1262	211	2121	2122	221	2221	2222	223	311	312	313	321	3221	3222	323
1111	1	1	1	1				1							1													
1112	1	1	1												1													
112		1	1																									
113				1																								
1141					1																							
1142						1	1																					
1143							1																					
121	1	1						1							1													
122								1	1	1																		
123									1	1										1								
124											1																	
125										1		1																
1261													1															
1262														1														
211															1													
2121	1	1														1		1										
2122									1						1		1											
221	1	1																1	1	1								
2221				1															1		1							
2222									1											1	1							
223																					1							
311																						1						
312																							1	1				
313																								1				
321																									1	1		
3221																										1	1	
3222																											1	
323																												1

图 4.11　冷凝器的设计矩阵[20]

冷凝器的功能分解结果包含 4 层，通过对最底层的 FRs-DPs 之间关系进行量化，并对得到的数值设计矩阵进行调整，得到如图 4.12 所示的聚类结果[20]。在图 4.12 中，矩形框所含括的部分为一个耦合功能集。

DP \ FR	113	223	2221	112	1112	1111	221	121	2222	123	122	2121	125	211	2122	3222	3221	321	1143	1142	313	312	1141	124	1262	311	323	1261
113	1																											
223		1																										
2221	1	1	1																									
112				1	1																							
1112				1	1	1	1																					
1111	1			1	1	1	1	1																				
221			1		1	1	1		1																			
121					1	1	1	1																				
2222		1							1	1																		
123									1	1	1																	
122								1		1	1																	
2121					1	1	1					1																
125										1			1															
211														1														
2122										1				1	1													
3222																1												
3221																1	1											
321																	1	1										
1143																			1									
1142																			1	1								
313																					1							
312																					1	1						
1141																							1					
124																								1				
1262																									1			
311																										1		
323																											1	
1261																												1

图 4.12　经聚类后的设计矩阵[20]

由图 4.12 可以看出，冷凝器经过功能分解后得到一个耦合设计，该耦合设计中存在一个耦合 FRs 集，它由 8 个耦合 FRs 组成，含义如表 4.6 所示。

表 4.6　卧式壳管式冷凝器耦合任务块

耦合 FRs 集	FR-DP 映射
FR_{1111}-DP_{1111}	管内介质传热(传热管基本参数)
FR_{1112}-DP_{1112}	管外介质传热(管束排列方式)
FR_{112}-DP_{112}	管程防污(传热管管型)
FR_{121}-DP_{121}	壳程介质传热(壳体内径)
FR_{122}-DP_{122}	壳程足够强度(壳体壁厚)
FR_{123}-DP_{123}	壳程防污(壳体材料)
FP_{221}-DP_{221}	壳程连接与密封(管板结构)
FR_{2222}-DP_{2222}	管板与壳体连接可靠(管板与壳体连接方式)

此外，由图 4.12 还可明确冷凝器设计中的各个独立 FRs 和耦合 FRs 集以及它们之间的相互关系，从而可确定各独立 FRs 和耦合 FRs 集的实现顺序；同时，通过基于免疫聚类学习的功能辨识方法还可对耦合 FRs 集中的耦合关系进行聚类学习，使耦合相对紧密的耦合 FRs 聚集到一起，从而使耦合 FRs 集可能被进一步划分为若干个子耦合 FRs 集。

为了确定耦合 FRs 集中潜在的各个子耦合 FRs 集及其之间的连接元素，需要对耦合作用加以标记。

图 4.13 将冷凝器设计中的耦合 FRs 集单独表示，并用“*”和“+”对耦合作用，即设计矩阵中的非零元素进行标记，以便为后续耦合功能规划中的解耦操作提供参考信息[20]。从图 4.13 可以看出，耦合 FRs 集大致可以划分为两个子耦合 FRs 集，并且耦合 FRs 集中一共有 5 个用“+”标识的元素，其中有两个是子耦合 FRs 集之间的连接元素，在解耦操作中将会被考虑是否予以解耦忽略，而其余 3 个由于处于子耦合任务集内部，解耦时根据实际情况可以不予考虑。

DP \ FR	112	1112	1111	221	121	2222	123	122
112	*	*						
1112	*	*	*	*				
1111	+	*	*	*	*			
221		*	*	*		(+)		
121		+	*	+	*			
2222						*	*	
123						*	*	*
122					(+)		*	*

子耦合功能集之间的连接元素

图 4.13　用“*”和“+”标记的耦合 FRs 集[20]

在此以第二个耦合任务块为例来分析该耦合块内耦合任务的初始迭代顺序，表 4.7 为该耦合块耦合功能量化结果。

表 4.7　耦合功能量化结果

FR \ DP	DP_{2222}	DP_{123}	DP_{122}
FR_{2222}	0.643	0.169	0
FR_{123}	0.192	0.543	0.289
FR_{122}	0	0.355	0.635

对耦合 FRs-DPs 进行分析并将布尔设计矩阵转化为数值设计矩阵的结果，如式(4.54)所示：

$$\begin{bmatrix} FR_{122} \\ FR_{123} \\ FR_{2222} \end{bmatrix} = \begin{bmatrix} 0.635 & 0.355 & 0 \\ 0.289 & 0.543 & 0.192 \\ 0 & 0.169 & 0.643 \end{bmatrix} \begin{bmatrix} DP_{122} \\ DP_{123} \\ DP_{2222} \end{bmatrix} \tag{4.54}$$

式中的数值设计矩阵表示 FR_j 和 DP_i 之间的交互作用。

根据式(4.30)计算得到该耦合任务子集中的各个 Q_i 值如下：

$$Q_{122} = \frac{0.355}{0.635 \times 0.289} = 1.934 \tag{4.55}$$

$$Q_{123} = \frac{0.289 + 0.192}{0.543 \times (0.169 + 0.355)} = \frac{0.481}{0.543 \times 0.524} = 1.690 \tag{4.56}$$

$$Q_{2222} = \frac{0.169}{0.643 \times 0.192} = 1.369 \tag{4.57}$$

根据耦合任务块中 FRs 的 Q_i 值来确定初始迭代顺序，具有较小 Q_i 的 FR_i 排在前面，即

$$Q_{2222} < Q_{123} < Q_{122} \tag{4.58}$$

因此，该耦合任务块的初始迭代顺序为 $FR_{2222}(DP_{2222}) \rightarrow FR_{123}(DP_{123}) \rightarrow FR_{122}(DP_{122})$，如表 4.8 所示。

表 4.8　耦合任务块的初始迭代顺序

FR \ DP	DP_{2222}	DP_{123}	DP_{122}
FR_{2222}	0.643	0.169	0
FR_{123}	0.192	0.543	0.289
FR_{122}	0	0.355	0.635

该结果与文献[20]一致，根据冷凝器的工作和结构原理可知，所得的设计顺序是合理的。但是若以第一个耦合任务块为例来分析该耦合块内耦合任务的初始迭代顺序，则本章的结果与文献[20]的结果存在局部不同，这主要是由量化设计矩阵的结果存在差异造成的。

4.9 本 章 小 结

本章提出了基于独立公理的结构化耦合设计处理方法。该方法以 AD 框架的相邻域之间的 Z 字形映射过程为指导，对设计问题进行功能分解及设计矩阵的调整，并揭示 FRs-DPs 之间的交互作用来辨识独立设计任务以及耦合设计任务集，在此基础上对耦合 FRs-DPs 进行解耦，解耦可分为两种情况来处理：

(1) 实质解耦方法进行解耦。讨论了耦合 FRs-DPs 之间的实质解耦条件，并依据该条件提出了实质解耦方法；针对设计问题，首先判断耦合 FRs-DPs 之间是否满足实质解耦条件，对于满足实质解耦条件的 FRs-DPs 采取实质解耦方法处理。

(2) 基于满意度的解耦方法解耦。根据概率论定义了满意度的概念，利用独立公理与模糊数学提出了模糊独立范围的概念。在此基础上，提出了一种基于满意度的解耦方法，利用满意度概念和模糊独立范围将违反独立公理的耦合设计情况的解耦概念进行扩展，对于不能实质解耦的耦合任务尝试采用基于满意度的解耦方法解耦。

若经过解耦处理后的耦合任务集进行调整后仍然不满足独立公理，对余下不能解耦的耦合任务块引入指标 Q_i 来表示耦合块中由于交互作用而造成的质量损失，依据质量损失 Q_i 确定其中的耦合 FRs-DPs 任务的最佳初始迭代顺序，从而最小化不必要的设计迭代过程。

基于独立公理的结构化耦合设计处理方法为在 FRs 不独立的情况下完成产品设计提供了指导和解决方案，该方法在设计过程中充分考虑了各个 FRs-DPs 之间的交互作用，在一定程度上扩展和完善了 AD 的理论和方法体系。通过对金属基/陶瓷复合涂层柱塞杆设计问题的求解和讨论以及求解卧式壳管式冷凝器的设计问题，验证了该方法的可行性和有效性。

参 考 文 献

[1] 蔡池兰. 公理设计中独立公理的扩展及其应用研究[博士学位论文]. 武汉：华中科技大学，2008.

[2] Suh N P. Complexity: Theory and Applications. New York: Oxford University Press, 2005.

[3] Gebala D A, Eppinger S D. Methods for analyzing design procedures//Proceedings of the ASME 3rd International Conference on Design Theory and Methodology, London, 1991.

[4] Warfield J N. Binary matrices in system modeling. IEEE Transactions on Systems, Man, and Cybernetics, 1973, 3(5): 441-449.

[5] Kusiak A, Wang J, He D W, et al. A structured approach for analysis of design processes. IEEE Transactions on Components, Packaging, and Manufacturing Technology, Part A, 1995, 18(3): 664-673.

[6] Suh N P. Axiomatic Design: Advances and Applications. New York: Oxford University Press, 2001.

[7] 王永初. 解耦控制系统. 成都: 四川科学技术出版社, 1985.

[8] Cheng X, Zhang S, Wang T. Modelling and analysis of system robust for mechanical product based on axiomatic design and fuzzy clustering algorithm. Advances in Mechanical Engineering, 2015, 7(8): 1-14.

[9] 陈立周. 稳健设计. 北京: 机械工业出版社, 2000.

[10] 程贤福, 肖人彬. 基于公理设计的优化设计方法与应用. 农业机械学报, 2007, 38(3): 117-121.

[11] 陈柏鸿, 肖人彬, 刘继红, 等. 复杂产品协同优化设计中耦合因素的研究. 机械工程学报, 2001, 37(1): 19-23.

[12] 陈建江. 面向飞航导弹的多学科稳健优化设计方法及应用[博士学位论文]. 武汉: 华中科技大学, 2004.

[13] 曹鹏彬, 肖人彬, 库琼. 公理设计过程中耦合设计问题的结构化分析方法. 机械工程学报, 2006, 42(3): 46-55.

[14] Cai C L, Xiao R B. A structured approach to product design management based on axiomatic design. Proceedings of International Conference on Frontiers of Design and Manufacturing, Guangzhou, 2006, 1: 195-200.

[15] Cai C L, Xiao R B, Yang P. A method for analyzing and disposing of functional interaction in axiomatic design. Proceedings of the Institution of Mechanical Engineers, Part C: Journal of Mechanical Engineering Science, 2010, 224(2): 401-409.

[16] Su J C Y, Chen S J, Lin L. A structured approach to measuring functional dependency and sequencing of coupled tasks in engineering design. Computers and Industrial Engineering, 2003, 45(1): 195-214.

[17] Eppinger S, Nukala M, Whitney D. Generalized models of design iteration using signal flow graphs. Research in Engineering Design, 1997, 9(2): 112-123.

[18] Cho S H, Eppinger S. Product development process modeling using advanced simulation//ASME 2001 Design Engineering Technical Conferences and Computers and Information in Engineering Conference, Pittsburgh, 2001.

[19] Yassine A A. An introduction to modeling and analyzing complex product development process using the design structure matrix (DSM) method. Quaderni di Management (Italian Management Review), 2004, 9: 134-144.

[20] 肖人彬, 库琼, 曹鹏彬. 基于免疫聚类识别的耦合功能规划方法与实例. 计算机集成制造系统, 2006, 12(9): 1421-1430.

[21] 蔡怀崇, 闵行. 材料力学. 西安: 西安交通大学出版社, 2004.

[22] 邹云, 蔡池兰, 张一兵. 金属基/陶瓷涂层柱塞杆可靠性设计. 机械, 2004, 31(2): 23-25.

[23] 郑贤德. 制冷原理与装置. 北京: 机械工业出版社, 2001.

第 5 章　基于内部迭代的产品开发耦合任务集求解

本章针对产品开发过程中的耦合问题，以 DSM 方法为基础，探讨如何通过耦合任务的内部迭代来消除信息间循环关系，从而为产品开发过程中的耦合问题处理提供一种隐式求解的途径。

5.1　引　　言

由于产品开发与创新是现代企业竞争的关键性环节，而在产品开发中，任务间通常存在三种关系，即独立关系、单向依赖关系和双向耦合依赖关系。对于前两种联系方式，可分别采用并行方法[1]和重叠方法[2,3]来加速设计过程；而由于设计任务间的耦合是引起设计过程复杂性的主要原因，并使设计过程出现反复与迭代，伴随这种迭代反复的是设计任务间频繁的信息交互，这种反复与迭代延长了设计周期[4]。例如，Osborne[5]通过对半导体制造商生产项目的研究，发现产品开发过程中耦合迭代时间占整个开发时间的 1/3～2/3。而在实际产品开发中出现迭代反复的主要原因是：①当下游任务发现一些错误或不相容性时，上游任务需要重复；②当从上游来的修改过的信息经过时，下游任务需要重复，而造成这种重复的原因是为了修正早期的错误或反映项目在某些方面的变化[6]。加速迭代反复的方法主要有：①执行快速迭代；②使用更少的迭代[7]。其中，快速迭代可以通过使用工程仿真或信息技术实现，而更少的迭代则可通过将某些任务从迭代部分移除或者预知彼此的结果实现。

目前关于耦合设计任务的处理方法主要分为两大类：一类是传统的割裂方法，另一类是内部迭代方法。耦合设计任务集的割裂方法仍是学术界探讨的一个热点问题，各类文献中也设计了很多割裂算法，其中绝大多数是“显式”方法，即对上游任务具有最小输入强度、对下游任务具有最大输出强度，或输入与输出之商最小的任务应具有比较高的割裂优先级。例如，肖人彬等[8,9]应用灰色关联度、层次分析法将耦合任务之间的依赖关系量化，并结合人工免疫方法将具有最小依赖度的任务优先执行，如此反复直到找到最优的任务执行顺序；周雄辉等[10]采用模糊排序算法对注塑产品的设计过程进行分解和重组；Kusiak 等[11]使用最高交叉频率原则找出所有耦合任务集中出现次数最高的一个串行依赖关系，并对其进行割裂，以此类推，直到所有的耦合任务集都得到解耦。但这类方法高度依赖于解决问题的特征和领域专家的经验。此外，美国国家航空航天局(National Aeronautics and Space Administration，NASA)在 1989 年发布了一种基于遗传算法(genetic algorithm，GA）的决策工具软件 DeMAID（design manager's aid for intelligent decomposition）。该软件采用的是一种“隐式”割裂方法，它事先并不指定一些有关信息量方面的指标，而是在实际设计迭代的过程中，不断通过适应度函数的评价来寻找最优的耦合设计执行序列[12,13]。割裂操作思想比较直观，不过通常以产品的部分质量损失作为代价，实际应用中对于那些较弱的约束关系可以进行解耦，而对于有些情况割裂解耦效果并不好，如果为了解耦而解耦，则解耦过程也就失去了应有的意义且会带来明显的质量损失。通常，在解耦结束时要进行反馈评价，决定是否需要重新触发耦合任务集中的某些任务[14]。

内部迭代作为一种处理耦合任务集的新方法已经引起广泛关注，它通过耦合任务集内部任务的不断迭代过程来改进设计质量。Pritsker等[15]利用通用计划评审技术（generalized evaluation and review technique, GERT）对有反馈关系的任务网络图进行仿真分析；Eppinger 等[16]利用信号流图（signal flow graph）对设计迭代过程进行建模，分析了整个开发时间的可能性分布并对影响开发时间的驱动因素进行了识别。然而，这些研究存在一个共同的问题，即随着任务数目的增加，处理起来非常麻烦且求解较为困难，因此限制了其使用范围。考虑到 DSM 具有优秀的产品开发建模能力以及适宜计算机编程计算的特点，不少研究者利用 DSM 对设计迭代进行分析。Smith等[17]将设计迭代分为期望迭代和非期望迭代，并认为，在期望迭代过程中产品质量得到不断改进和完善，因此是必需的；而由于设计过程通常存在一些设计目标的变更而导致非期望迭代，故这种非期望迭代是无法避免的。针对以上两种不同的迭代情况，Smith 等分别建立了并行迭代模型[7]和顺序迭代模型[17]。顺序迭代模型假设所有耦合任务都顺序执行且任务的重做概率和周期为一常数，然后用马尔可夫链方法对过程进行建模分析，计算按顺序执行情况下的开发周期并识别最优的执行顺序，由于该模型建立在随机统计分析基础之上，实际应用起来比较困难；而并行迭代模型假设所有耦合任务同时并行执行且迭代工作量为一常数，并通过建立 WTM 模型来识别设计过程中的迭代驱动任务及其特性和收敛速率，因此应用较为广泛。Yassine 等[18]利用动态 WTM 分析设计过程中的扰动问题，并进一步指出造成设计过程收敛缓慢的原因正是这种扰动的存在；Browning 等[19]利用 WTM 和返工概率矩阵并结合数理统计方法求出开发周期的时间、成本分布曲线，对开发任务进行风险管理与评估；褚春超等[20]采用 WTM 和概率依赖结构矩阵求出项目工期分布结果，旨在为管理者确定合理的项目工期提供决策依据。以上都是应用 WTM 对耦合任务集中任务总量和时间的研究，对于进一步揭示任务间的内在联系具有积极意义，但这些研究有一定的局限性，主要表现在两个方面：①每次迭代过程中，所有任务同时并行执行一次后进入下一轮迭代，但是只要每个耦合任务的执行时间不相等，那么任务完成时间总会有先有后，先完成的任务必须等待后完成的任务，这就造成了资源的闲置。②忽略了设计过程中迭代次数的有限性。通常迭代过程最终肯定会以耦合任务集中某一任务的执行不再引起其他任务的调整为结束标志；而基于 WTM 的求解是一个无穷迭代并逐渐趋于收敛的过程，这与实际过程有较大的出入[14,21]。

本章针对 WTM 模型中存在的一些问题，引入资源均衡特性对其进行改进和扩展，建立更加合理的迭代模型；此外，通过松弛“并行执行”这个前提条件并利用 GA[22]，将 WTM 模型应用到多阶段设计迭代中，有效扩展了其使用范围。

5.2　串行迭代模型

5.2.1　串行迭代设计结构矩阵

为了建立串行迭代模型，需假定 DSM 中所有单元间依赖性的权值并不完全相等。基于以上思想，代替原始二元布尔型的任务依赖性，采用反映两任务间依赖性的定量强度的方式。此外，进一步假设耦合块中的任务每一次执行一个任务(串行方式)，并且耦合任务必须以有限的概率反复迭代。各个任务的名义周期则被用于计算整个迭代过程的执行时间。

定量的 DSM 的对角线单元描述的是当所有输入信息有效时，任务单独执行所需要的时间长度，通常可以预先假设任务的执行周期为已知确定的。此外，代替原始二元矩阵单元，非对角线单元对应于任务发生的可能性，其值在[0,1]内取值。每一个非对角线单元值 p_{ij} 表示当任务 i 由于没有接收到来自于任务 j 的最新输出信息而导致的另一次迭代过程发生的概率。

以一个两行两列的 DSM 为例，其形式如图 5.1 所示。该矩阵模型表示：任务 A 与 B 独立执行，分别花费 3 个单位时间和 5 个单位时间，且任务 A 与 B 相互耦合使得 A 在 B 之前执行时，由于 B 与以前 A 的输出信息不相容，A 不得不重复迭代的概率为 0.2；同理，若 B 在 A 之前执行，B 在稍后不得不重复的概率为 0.4。更进一步分析，每一次某一个任务执行，其他任务需要依据上面提到的概率规则进行迭代。根据以上分析，串行迭代 DSM 包含两类信息：一是返工概率(非对角线单元)；二是任务执行时间(对角线单元)。

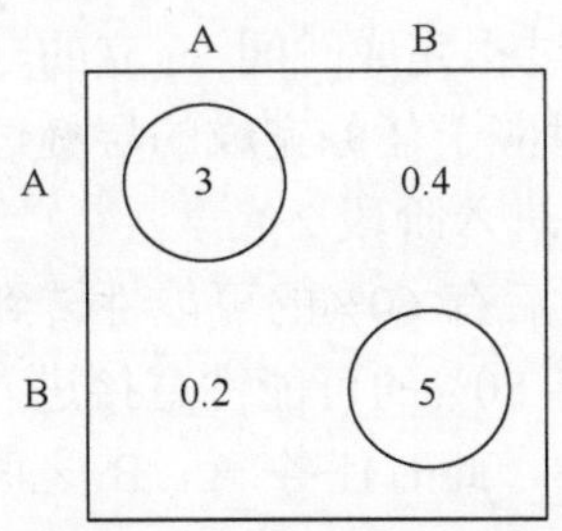

图 5.1　2×2 串行迭代模型

假设在每次执行过程中只有一个任务执行，那么其过程为串行设计迭代过程，而耦合设计任务集总的执行时间等于那些任务所花时间的总和。此外，假设任务执行过程中不存在延迟现象，这意味着不考虑资源约束的影响，信息流是同时到达的。而任务执行时间由于不考虑可能发生的突发事件，故可假设其为确定和固定的。随后的执行需要同样的执行时间。针对这些假设，矩阵的顺序可以描述成马尔可夫链模型，决策者能够选择初始顺序以完成耦合任务。该链结构被分成多个阶段，而耦合任务集中任务的个数代表阶段数。当某个任务初次执行时，产生一个新的阶段。一旦某一给定的阶段完成，那么即使以前执行的任务会再次执行，也不能再次回到前一个阶段。马尔可夫链中的每个阶段对应于某个迭代过程中的一个任务。与图 5.1 对应的马尔可夫链模型如图 5.2 所示，顺序决策相当于确定哪个虚箭线包含在链模型中。

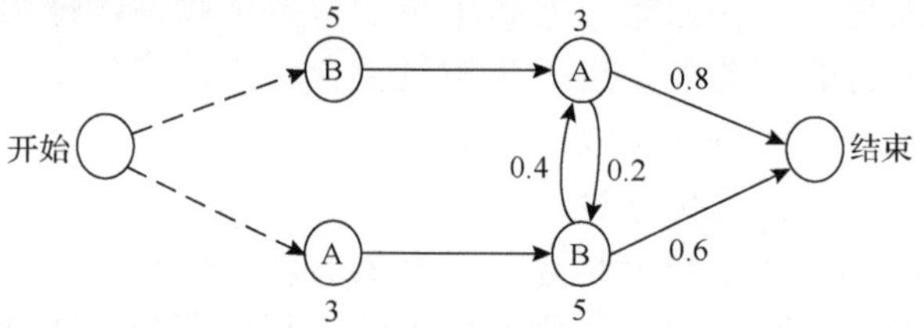

图 5.2　与图 5.1 对应的马尔可夫链模型

对于更大的系统，如果下游任务的结果与先前的结果不相容，那么在最近完成的任务与先前的任务之间可能通过返工某一个先前的任务来解决冲突。因此，可以将马尔可夫链模型用于更大系统的开发时间评估。依据任务的完成效果，可能性选择方案由矩阵中以前执行的任务组成。为了使马尔可夫链描述有效，矩阵每一列非对角线单元的概率值相加不能大于 1。

5.2.2　串行迭代模型完成工期的计算

在众多候选执行方案中选择最优的完成工期是急需解决的问题。因此，需要结合高斯消去法讨论执行的效率。以某 3×3 矩阵为例，如图 5.3 所示，按照任务执行顺序 A→B→C 计算迭代过程完成时间，建立的马尔可夫链模型如图 5.4 所示。

该链被分成三个阶段，对应于任务完成的层叠过程：

(1) 任务 A 执行，完成后进入阶段 2。

(2) 任务 B 执行，执行完后有 60%的可能性转到任务 C，另外有 40%的可能性转到任务 A。A 执行后，有 80%的可能性直接进入阶段 3 并执行任务 C，另有 20%的可能性再次执行任务 B，此时任务 A、B 之间发生迭代直到其结果相容，转入执行任务 C。

(3) 任务 C 执行，特点与阶段 2 相似，有 90%的可能性结束设计过程，但是同时有 10%的可能性在任务 A、B、C 之间发生迭代以完成项目。

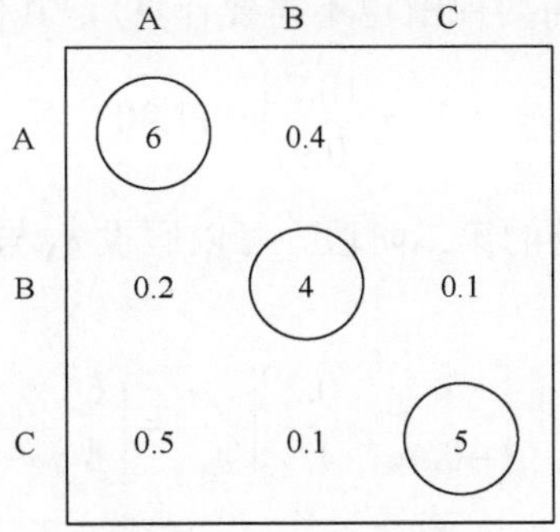

图 5.3　3×3 矩阵模型

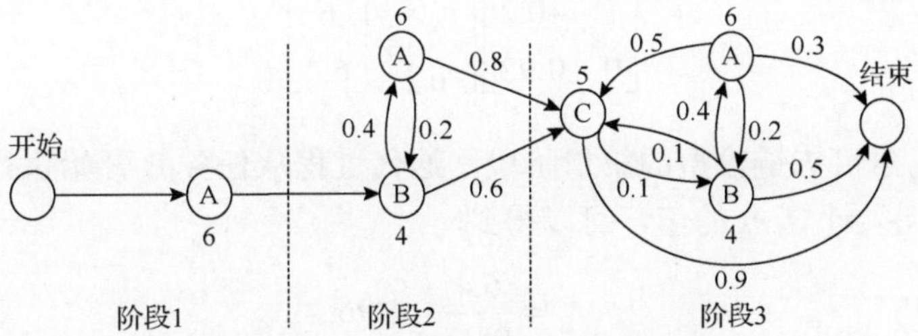

图 5.4　3×3 矩阵的马尔可夫链模型

为了计算期望的完成工期，需要计算出每个阶段的工期，然后求和。计算过程中按照倒序，即从阶段 3 到阶段 1 的顺序逐个求解各阶段相应的执行任务，即 C、B、A。以阶段 3 为例，设 T_A、T_B、T_C 分别为第三阶段任务 A、B、C 工期的数学期望，根据马尔可夫链相关理论得到如下三个线性相关方程组：

$$\begin{cases} T_A = 0.2T_B + 0.5T_C + 6 \\ T_B = 0.4T_A + 0.1T_C + 4 \\ T_C = 0.1T_B + 5 \end{cases}$$

将其转换成如下矩阵形式：

$$\begin{bmatrix} 1 & -0.2 & -0.5 \\ -0.4 & 1 & -0.1 \\ 0 & -0.1 & 1 \end{bmatrix}\begin{bmatrix} T_A \\ T_B \\ T_C \end{bmatrix} = \begin{bmatrix} 6 \\ 4 \\ 5 \end{bmatrix}$$

通过高斯消去法求解矩阵方程式可得

$$\begin{bmatrix} 1 & -0.2 & -0.5 \\ 0 & 0.92 & -0.2 \\ 0 & 0 & 0.91 \end{bmatrix}\begin{bmatrix} T_A \\ T_B \\ T_C \end{bmatrix} = \begin{bmatrix} 6 \\ 6.4 \\ 10.28 \end{bmatrix}$$

因为在第三阶段假设从任务 C 开始执行，因此 T_C 的值需要保留(而 T_A 与 T_B 由于是非开始任务，故不需要保留也不需要计算)，其值为

$$T_C = \frac{10.28}{0.91} = 11.30$$

同理，对于马尔可夫链的第二阶段，可以假设 r_A 与 r_B 为期望的执行工期，其计算过程与上面类似，即

$$\begin{bmatrix} 1 & -0.2 \\ -0.4 & 1 \end{bmatrix} \begin{bmatrix} r_A \\ r_B \end{bmatrix} = \begin{bmatrix} 6 \\ 4 \end{bmatrix}$$

通过高斯消去法对方程组进行求解，可以得到

$$\begin{bmatrix} 1 & -0.2 \\ 0 & 0.92 \end{bmatrix} \begin{bmatrix} r_A \\ r_B \end{bmatrix} = \begin{bmatrix} 6 \\ 6.4 \end{bmatrix}$$

由于在马尔可夫链模型的第二阶段，迭代过程从任务 B 开始执行，同样只保留 r_B 的值而无须计算 r_A 的值，可以得到

$$r_B = \frac{6.4}{0.92} = 6.96$$

同理，计算马尔可夫链的第一阶段，由于该阶段只包含一个任务，其任务执行工期 s_A 为

$$s_A = 6$$

整个耦合任务集串行迭代过程的工期为三个阶段的迭代值之和，即 $T_C + r_B + s_A$，其结果为 24.26。此外，通过观察可以看出，在用高斯消去法求解任务执行工期时，矩阵对角线右边的单元值影响最终的结果。这是因为早期迭代阶段是最终迭代阶段的子问题，会对最终结果产生影响。

5.2.3　串行迭代模型最短完成时间的执行顺序确定方法

对于 5.2.2 节给出的 3×3 矩阵示例，所有可能的执行顺序及其期望完工时间如表 5.1 所示，其中最短的完工时间(A→C→B)比最长的完工时间(B→C→A)少约 30%。若将执行周期较长的任务放在迭代后期执行且将返工概率较大的单元值置于矩阵对角线下方，则整个耦合任务集完工时间相对较少，下面做进一步分析。

表 5.1　耦合任务集执行顺序及其完工时间

执行顺序	A→B→C	A→C→B	B→A→C	B→C→A	C→A→B	C→B→A
完工时间	24.26	20.65	26.62	28.96	22.50	25.22

为了降低问题分析难度，对简单的 2×2 矩阵进行分析，其矩阵模型和对应的马尔可夫链模型如图 5.5 所示。此问题对应两种不同的任务执行顺序，即 A→B 与 B→A。按照上面的计算方法，计算公式如下：

$$\boldsymbol{p}=\begin{bmatrix}1 & -w\\ -z & 1\end{bmatrix},\quad b=\begin{bmatrix}x\\ y\end{bmatrix}$$

$$\boldsymbol{L}=\begin{bmatrix}1 & 0\\ -z & 1\end{bmatrix},\quad \boldsymbol{D}=\begin{bmatrix}1 & 0\\ 0 & 1-wz\end{bmatrix},\quad \boldsymbol{U}=\begin{bmatrix}1 & -w\\ 0 & 1\end{bmatrix}$$

$$\boldsymbol{D}^{-1}\boldsymbol{L}^{-1}\boldsymbol{b}=\begin{bmatrix}x\\ y+xz\end{bmatrix}$$

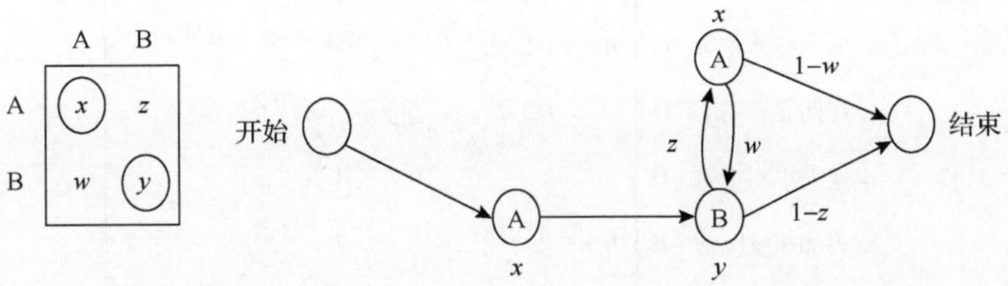

图 5.5　2×2 矩阵模型和对应的马尔可夫链模型(按照顺序 A→B)

从以上计算过程不能发现：在任务执行顺序为 A→B 时，完成整个设计迭代过程的时间可表示为

$$x+\frac{y+xz}{1-wz}$$

与此相似，当任务执行顺序为 B→A 时，迭代执行时间为

$$y+\frac{x+yw}{1-wz}$$

若$0\leqslant z<1$且$0\leqslant w<0$，那么有$1-wz>0$，故可以得到

$$x-xwz+y+xz<y-ywz+x+yw$$

对表达式进行简化，得到

$$xz(1-w)<yw(1-z)$$

进一步变换得到

$$x\frac{z}{1-z}<y\frac{w}{1-w}$$

由以上分析可知：执行周期越短的任务越先被执行且高返工概率处在对角线下方是希望的形式。此外，由于反复迭代的影响，返工概率的影响会更大。因此，对于 2×2 矩阵，长周期任务在稍后阶段执行较为有利，而相应的更高的返工概率应处于矩阵对角线的下方。

5.2.4　应用实例

以某电动汽车开发项目为例，该开发过程存在一个 8×8 的耦合系统，其对应的 DSM 如图 5.6 所示，图中进一步给出了矩阵中各任务执行时间及相应的返工概率。

		A	B	C	D	E	F	G	H
大小与动力学特性	A	7	0.1			0.1		0.3	0.2
发动机规格与重量	B	0.1	2	0.2		0.1		0.1	
整体重量	C	0.2	0.2	1		0.1		0.2	0.2
存储能量需求	D		0.3		1		0.2		
电池大小与重量	E				0.7	1			
速度与加速度比值	F	0.3		0.2			2		0.2
速度与加速度规格	G						0.6	1	
结构与支撑设计	H	0.3	0.1	0.2		0.1		0.2	5

图 5.6　原始 DSM 顺序

执行工期较长的任务应放置于矩阵的尾部；此外，在对设计开发过程调整的过程中，通常希望执行工期较长的任务所需的返工迭代较少，因而 DSM 矩阵中的最大单元应置于矩阵的对角线下方。如果采用普通枚举方法，则搜索空间为 8！次。因此，需要使用一种有效的启发式算法，不仅能够寻找到最优的耦合任务执行顺序，而且无须搜索所有可能的任务执行方式。此时，若在某一代搜索过程中，选取某一个任务进行调整，并保留其他任务的主要顺序，则不仅能有效减少搜索空间，而且能显著提高搜索效率，例如，对于任务排列(B-C-E-F-G-A-H)，其候选改进解可表示为(B-E-F-C-G-A-H)，该启发式算法步骤如下：

(1)设置耦合任务集初始的排列顺序并计算其执行周期。

(2)将任务 A 作为可移动任务，对每次迭代过程中的最优排序进行改进。

(3)依次将下一个任务作为可移动任务，对排序方法进行调整直到所有任务都已作为可移动任务。

(4)评价目前的排序方案。

(5)若改进方案比原始最优解好，则将其作为最优解保存并返回(2)，否则返回(3)。

通过计算，任务的执行顺序如图 5.7 所示，对应的最小完成时间为 29.97 个时间单位，而在任务不发生返工时，其完成时间为所有任务的执行工期之和，即 20 个时间单位。

		C	F	G	B	D	E	A	H
整体重量	C	①		0.2	0.2		0.1	0.2	0.2
速度与加速度比值	F	0.2	②					0.3	0.2
速度与加速度规格	G		0.6	①					
发动机规格与重量	B	0.2		0.1	②		0.1	0.1	
存储能量需求	D		0.2		0.3	①			
电池大小与重量	E					0.7	①		
大小与动力学特性	A			0.3	0.1		0.1	⑦	0.2
结构与支撑设计	H	0.2		0.2	0.1		0.1	0.3	⑤

图 5.7　调整后串行迭代最优执行顺序

5.3　并行迭代模型——工作转移矩阵

5.3.1　工作转移矩阵基本概念

WTM 是 DSM 的一种应用扩展，但相对于原始的 DSM，WTM 模型包含了一些额外的数值信息。它通常由两个单独的数值矩阵构成：①非对角线矩阵，描述在迭代过程中任务返工量的数值大小；②对角线矩阵，包含每个任务的执行周期。

图 5.8 为一个简单的 WTM 示例，它包含了两个任务的返工量和独立执行所需的时间周期。图 5.8(a)中的数值可描述如下：每次任务 E 完成后，任务 F 有 40%的工作需要重做；而当 F 完成后，E 有 20%的工作需要重做。从图 5.8(b)可以看出，E 独立完成第一次迭代要花 4 个工作单位；而 F 需要花 7 个工作单位。由于采用任务重复线性假设，第一次迭代后，E 需要重做的工作量为 0.8(=0.2×4)个时间单位，而 F 需要重做的工作量为 2.8(=0.4×7)个时间单位。

	E	F
E		0.2
F	0.4	

(a) 任务返工矩阵

	E	F
E	④	
F		⑦

(b) 任务周期矩阵

图 5.8　WTM 示例

5.3.2 工作转移矩阵模型的假设

WTM 模型的建立基于以下假设[7]：

(1)任务并行假设。

(2)任务返工量线性假设。

(3)任务转移系数非时变假设。

WTM 模型的假设条件表明：在耦合迭代的各个阶段，每个任务都独立并行执行一次。耦合任务集中由于任务的耦合，每一任务的进行必然引起其他任务不同程度的调整；而在迭代过程中，调整率保持不变。WTM 模型的假设在一定程度上反映了并行设计群体工作的方式，任务返工量线性假设与任务转移系数非时变假设对实际设计过程进行了一定的简化[23]。

5.3.3 任务量与任务工作总量

每一次迭代由一个工作向量 $\boldsymbol{u}_i$ 进行刻画，其描述在第 i 次迭代时每个任务需要做的工作量。初始的工作向量 $\boldsymbol{u}_0$ 是全 1 向量，表示在第一次迭代中所有任务都需要执行。在每次迭代中，依据 5.3.2 节假设(2)的线性规则，下次迭代产生的工作量为

$$\boldsymbol{u}_{t+1} = \boldsymbol{A}\boldsymbol{u}_t \tag{5.1}$$

式中，矩阵 $\boldsymbol{A}$ 是来自于图 5.8(a)的返工矩阵。

整个迭代过程中所有任务工作总量 $\boldsymbol{U}$ 表示为

$$\boldsymbol{U} = \sum_{i=0}^{T} \boldsymbol{U}_i = \sum_{t=0}^{T} \boldsymbol{u}_t \tag{5.2}$$

$$\boldsymbol{U} = [\boldsymbol{U}^1, \boldsymbol{U}^2, \cdots, \boldsymbol{U}^n]$$

任务工作总量 $\boldsymbol{U}$ 表示由于耦合迭代引起的整个设计过程任务量的增加，因而任务工作总量标识了迭代过程的收敛性，$\boldsymbol{U}^i$ 表示整个迭代过程每一任务的工作总量。WTM 通过对设计任务的任务量及工作总量变化的研究，建立由耦合而引起的设计过程迭代规律的模型，这是建立设计过程任务量和时间模型的基础。

5.3.4 工作转移矩阵模型分析

如果 WTM 的矩阵 $\boldsymbol{A}$ 为非奇异矩阵，则可将其对角化，即矩阵 $\boldsymbol{A}$ 可表示为

$$\boldsymbol{A} = \boldsymbol{S}\boldsymbol{\Lambda}\boldsymbol{S}^{-1} \tag{5.3}$$

式中，$\boldsymbol{\Lambda}$ 是以 $\boldsymbol{A}$ 的特征值为元素的对角阵，称为特征值矩阵；$\boldsymbol{S}$ 为 $\boldsymbol{A}$ 的各特征值对应的特征向量组成的矩阵，称为特征向量矩阵，且有

$$\boldsymbol{A}^t = \boldsymbol{S}\boldsymbol{\Lambda}^t\boldsymbol{S}^{-1} \tag{5.4}$$

$$\boldsymbol{U} = \boldsymbol{S}\left(\sum_{t=0}^{T}\boldsymbol{\Lambda}^t\right)\boldsymbol{S}^{-1}\boldsymbol{U}_0 \tag{5.5}$$

WTM 的对角化建立了迭代过程任务工作总量与任务转移矩阵特征值与其特征向量的关系。任务总量所代表的耦合迭代过程的收敛性可以通过矩阵 $\boldsymbol{A}$ 的特征结构矩阵的收敛性来表示。由矩阵论知识[24]有

$$\lim_{T\to\infty}\boldsymbol{U} = \lim_{T\to\infty}\boldsymbol{S}\left(\sum_{t=0}^{T}\boldsymbol{\Lambda}^t\right)\boldsymbol{S}^{-1}\boldsymbol{U}_0 \tag{5.6}$$

即

$$\lim_{T\to\infty}\boldsymbol{U} = \boldsymbol{S}\left(\lim_{T\to\infty}\sum_{t=0}^{T}\boldsymbol{\Lambda}^t\right)\boldsymbol{S}^{-1}\boldsymbol{U}_0 \tag{5.7}$$

若矩阵 $\boldsymbol{A}$ 的特征值 $\lambda_i < 1$，则有

$$\lim_{T\to\infty}\left(\sum_{t=0}^{T}\boldsymbol{\Lambda}^t\right) = (\boldsymbol{I}-\boldsymbol{\Lambda})^{-1} \tag{5.8}$$

由式(5.6)～式(5.8)可知，当 WTM 最大特征值 $\lambda_{\max}<1$ 时，耦合迭代过程是收敛的；而当 $\lambda_{\max}>1$ 时，则表示迭代过程中单位任务量的任务执行将导致其他相关任务大于单位任务量的调整，即任务的不断递增使迭代过程发散。

耦合迭代过程的发散性，导致整个设计过程的发散性，这种发散性对应为现有技术不能满足特定的需求，或者设计人员不愿意妥协以确定项目可行方案。对应大多数工程问题，通常研究设计开发过程的收敛性规律，都需假设矩阵 $\boldsymbol{A}$ 的最大特征值 $\lambda_{\max}<1$。

5.3.5　任务模态与任务工作总量

WTM 的特征值与特征向量是 WTM 的核心，反映并决定了耦合迭代过程的收敛性，因此需定义与之相关的任务模态概念，即任务模态是以 WTM 的特征值与特征向量为标识的耦合任务间相互作用的特性的表示。特征值对应耦合任务间相互作用的一种方式，特征值的大小定性地反映了相互作用的趋势，与其对应的特征向量则定量地描述了相互作用的程度，即各耦合任务在过程收敛的迭代过程

中对任务总量变化的一种影响率。

根据相关矩阵特征值理论[25]，对应任意正实数矩阵 $\boldsymbol{A}$，其最大特征值 $\lambda_{\max}$ 为正实数；同时，与 $\lambda_{\max}$ 对应的特征向量 $\boldsymbol{S}_{\lambda_{\max}}$ 的组成元素也为正值。

由式(5.8)可知，任务工作总量 $\boldsymbol{U}$ 可表示为

$$\lim_{T\to\infty}\boldsymbol{U}=\boldsymbol{S}(\boldsymbol{I}-\boldsymbol{\Lambda})^{-1}\boldsymbol{S}^{-1}\boldsymbol{U}_0 \tag{5.9}$$

式中，$\boldsymbol{I}$ 为单位矩阵，并且由

$$(\boldsymbol{I}-\boldsymbol{\Lambda})^{-1}=\mathrm{diag}((1-\lambda_1)^{-1},\cdots,(1-\lambda_n)^{-1}) \tag{5.10}$$

可得

$$\lim_{T\to\infty}\boldsymbol{U}=\boldsymbol{S}\begin{bmatrix}1/(1-\lambda_1) & & & & \\ & \ddots & & & \\ & & 1/(1-\lambda_i) & & \\ & & & \ddots & \\ & & & & 1/(1-\lambda_n)\end{bmatrix}\boldsymbol{S}^{-1}\boldsymbol{U}_0$$

式(5.10)表明任务工作总量的收敛性取决于 $1/(1-\lambda_i)(i=1,2,\cdots,n)$ 的变化规律。

1. 实特征值对任务工作总量收敛的影响

当 $\lambda\in[-1,1]$ 时，正特征值对任务工作总量的增加具有重要影响，λ 值越大，表示迭代过程收敛越慢，如图 5.9 所示。

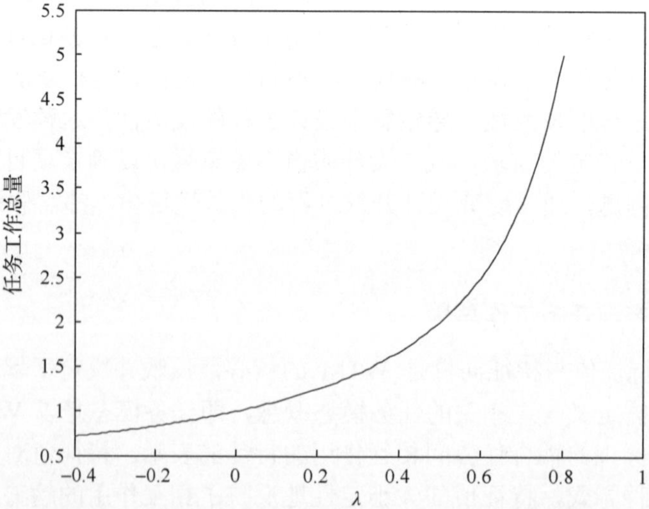

图 5.9 实特征值对任务工作总量收敛过程的影响

2. 复特征值对任务工作总量的影响

令 $\lambda = a + b\mathrm{i},\ a,b \in \mathbf{R}$，则有

$$\left|\frac{1}{1-(a+\mathrm{i}b)}\right| = \frac{1}{\sqrt{(1-a)^2+b^2}} \tag{5.11}$$

由于 $b \neq 0$ 且 $a^2+b^2<1$，可以得到

$$\left|\frac{1}{1-(a+\mathrm{i}b)}\right| < \frac{1}{1-a} \tag{5.12}$$

并且

$$\left|\frac{1}{1-(a+\mathrm{i}b)}\right| > \frac{1}{\sqrt{2-2a}} \tag{5.13}$$

通过式(5.11)～式(5.13)的变化，复特征值对任务工作总量的影响可转化为其实部的作用，如图 5.10 所示，复特征值实部的增大将使迭代过程收敛减慢。

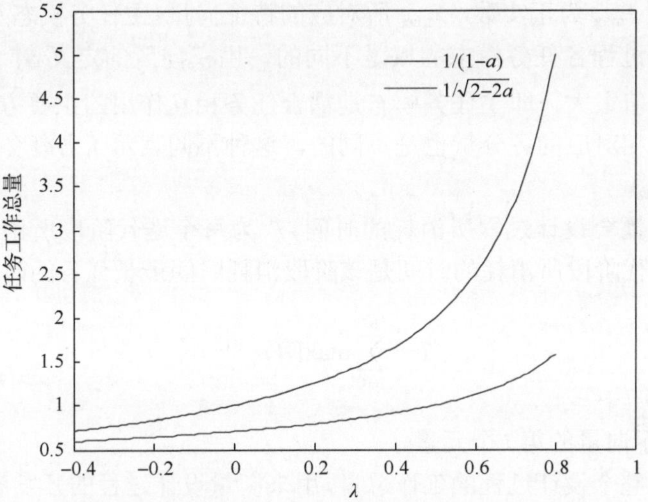

图 5.10　复特征值对任务工作总量收敛过程的影响

基于上述分析，WTM 特征值中的实数部分定性地描述了迭代过程的收敛速度，其中最大特征值的作用尤为显著。因此，由最大特征值标识的任务模态称为设计开发过程的主任务模态。

将工作总量 $\boldsymbol{U}$ 乘以对角阵 $\boldsymbol{W}$，得到完成每个设计任务所需要的时间量，用 $\boldsymbol{R}$

表示为

$$\boldsymbol{R}=\boldsymbol{W}\boldsymbol{U}=\boldsymbol{W}\sum_{t=0}^{\infty}\boldsymbol{u}_t \tag{5.14}$$

将式(5.1)代入式(5.14)，可得

$$\boldsymbol{R}=\boldsymbol{W}\sum_{t=0}^{\infty}\boldsymbol{A}^t\boldsymbol{u}_0 \tag{5.15}$$

由式(5.3) $\boldsymbol{A}=\boldsymbol{S}\boldsymbol{\Lambda}\boldsymbol{S}^{-1}$ 可知当 $\boldsymbol{A}$ 的最大特征值 $\lambda_{\max}<1$ 时，式(5.15)可以进一步简化为

$$\boldsymbol{R}=\boldsymbol{W}\boldsymbol{S}(\boldsymbol{I}-\boldsymbol{\Lambda})^{-1}\boldsymbol{S}^{-1}\boldsymbol{u}_0 \tag{5.16}$$

将式(5.16)中最后两项 $\boldsymbol{S}^{-1}\boldsymbol{u}_0$ 定义为特征向量的权，各特征向量的权构成了权向量，包括特征向量的变化方向和变化率，根据特征向量与任务模态的关系，权向量实际上是迭代过程各任务模态的权重。根据矩阵论相关知识，实特征值所对应的特征向量由实元素组成，并且该特征向量的权向量也由实元素组成。由于 WTM 的最大特征值 $\lambda_{\max}$ 为正实数，$\lambda_{\max}$ 所对应的特征向量(主任务模态及其权重)均为正。耦合迭代过程各任务模态的权是不同的，由权向量的定义 $\boldsymbol{S}^{-1}\boldsymbol{u}_0$ 可以确定主任务模态的权值最大，即主任务模态是耦合任务相互作用的主要方式。同时在主模态中与任务相对应的各分量也是不同的，这种不同表示了各任务对任务总量影响程度的差异。

完成整个耦合设计过程所消耗的时间 T 为每个迭代阶段所消耗时间的累加和；而每一迭代阶段所消耗的时间是该阶段消耗时间最长任务的时间，即

$$T=\sum_{i=0}^{\infty}\max_i[\boldsymbol{W}\boldsymbol{u}_t]^{(i)} \tag{5.17}$$

式中，$[\cdot]^{(i)}$表示向量的第 i 个元素。

用 E 表示整个设计过程的工作总量，用来衡量设计过程的开发成本(用工程时间表示)，它是各个任务所消耗的总时间，即

$$E=\sum_{i=1}^{n}R^{(i)} \tag{5.18}$$

变量 T 和 E 是管理设计过程的重要指标，其中 T 决定产品的上市时间，E 决定产品的开发成本。需要注意的是，要使耦合任务迭代收敛必须满足 WTM 的每

一行之和小于 1，否则说明开发过程中技术落后难以满足设计需求，或者存在严重的错误需要改进。

5.3.6　数值示例分析

为了使读者对 WTM 模型有进一步了解，本节以某型号照相机开发过程为例进行说明。该设计与开发过程包括功能定义(任务 A)、光圈设计(任务 H)等 8 个任务，其中快门装置设计(任务 C)、取景装置设计(任务 D)、相机体设计(任务 E)以及卷片装置设计(任务 F)等 4 个任务构成带循环信息流的耦合任务集，对应的WTM如图5.11所示，其中由于其他任务的变化而导致任务的返工量由图5.11(b)中的矩阵单元给出。例如，在某次迭代阶段，当卷片装置的设计发生 100%的变化时，在随后的迭代阶段，快门装置的设计需要额外 30%的返工。

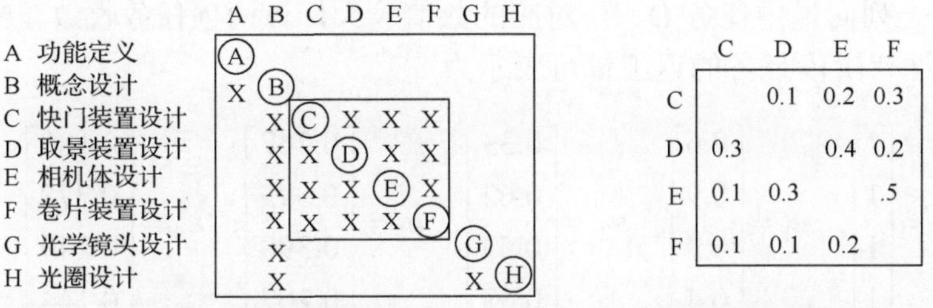

(a) 照相机开发过程(重构)　　(b) 耦合任务集信息依赖关系矩阵

图 5.11　照相机开发过程

该产品设计与开发过程的工作转移矩阵 $\boldsymbol{T}$ 如下：

$$\boldsymbol{T}=\begin{bmatrix}0 & 0.1 & 0.2 & 0.3\\0.3 & 0 & 0.4 & 0.2\\0.1 & 0.3 & 0 & 0.5\\0.1 & 0.1 & 0.2 & 0\end{bmatrix}$$

式中，行分别代表快门装置设计任务 C、取景装置设计任务 D、相机体设计任务 E 和卷片装置设计任务 F，每一列按同一顺序对应相同的任务。

在迭代开始阶段，初始工作向量 $\boldsymbol{u}_0$ 为全 1 列向量，可表示为

$$\boldsymbol{u}_0=\begin{bmatrix}1\\1\\1\\1\end{bmatrix}$$

此时，矩阵 $\boldsymbol{A}$ 的特征值矩阵 $\boldsymbol{\Lambda}$ 与特征向量矩阵 $\boldsymbol{S}$ 分别为

$$\boldsymbol{\Lambda}=\begin{bmatrix}0.674 & & & \\ & -0.392 & & \\ & & -0.141+0.060\mathrm{i} & \\ & & & -0.141-0.060\mathrm{i}\end{bmatrix}$$

$$\boldsymbol{S}=\begin{bmatrix}0.410 & -0.067 & 0.657 & 0.657 \\ 0.624 & -0.613 & 0.060-0.570\mathrm{i} & 0.060+0.570\mathrm{i} \\ 0.580 & 0.758 & -0.395+0.073\mathrm{i} & -0.395-0.073\mathrm{i} \\ 0.326 & -0.213 & -0.065+0.274\mathrm{i} & -0.065-0.274\mathrm{i}\end{bmatrix}$$

由于与最大特征值对应的特征向量为任务主模态，在本例中，矩阵 $\boldsymbol{A}$ 的最大特征值为 0.674，其对应的主模态即矩阵 $\boldsymbol{S}$ 的第一列向量；进一步分析可知，由于矩阵 $\boldsymbol{S}$ 的第一列向量中任务 D、E 对应的数值较大，该两项任务收敛较慢。通过计算，不同迭代阶段任务的返工量可表示为

$$\boldsymbol{u}_0=\begin{bmatrix}1\\1\\1\\1\end{bmatrix},\ \boldsymbol{u}_1=\begin{bmatrix}0.6\\0.9\\0.9\\0.4\end{bmatrix},\ \boldsymbol{u}_2=\begin{bmatrix}0.39\\0.62\\0.53\\0.33\end{bmatrix},\ \boldsymbol{u}_3=\begin{bmatrix}0.267\\0.395\\0.390\\0.207\end{bmatrix},\ \boldsymbol{u}_4=\begin{bmatrix}0.180\\0.278\\0.249\\0.144\end{bmatrix}$$

在所有迭代阶段，任务 C 与任务 F 返工量明显小于中间两个任务；而与之相对应，矩阵 $\boldsymbol{S}$ 的第一列中间两元素分别为 0.624、0.580，为该列中最大两个单元，这又一次说明特征值与特征向量对任务收敛性的影响。

此外，$(\boldsymbol{I}-\boldsymbol{\Lambda})^{-1}$ 表示正特征值相对于负特征值会贡献更多的迭代工作，其计算结果为

$$(\boldsymbol{I}-\boldsymbol{\Lambda})^{-1}=\begin{bmatrix}3.065 & & & \\ & 0.718 & & \\ & & 0.874+0.046\mathrm{i} & \\ & & & 0.874-0.046\mathrm{i}\end{bmatrix}$$

与特征向量矩阵对应的模态对总返工量的影响则可表示为

$$(\boldsymbol{I}-\boldsymbol{\Lambda})^{-1}\boldsymbol{S}^{-1}\boldsymbol{u}_0=\begin{bmatrix}6.513\\-0.223\\0.093-0.399\mathrm{i}\\0.093+0.399\mathrm{i}\end{bmatrix}$$

式中，矩阵 $\boldsymbol{S}$ 的第一个向量的权重最大，大多数的返工量对应于该模态，即任务的主模态。

迭代过程中，任务工作总量计算结果如下，其中任务 D 和 E 分别为 3.755 和 3.595，它们有更多的返工量：

$$\boldsymbol{U}=\boldsymbol{S}(\boldsymbol{I}-\boldsymbol{\Lambda})^{-1}\boldsymbol{S}^{-1}\boldsymbol{u}_0\begin{bmatrix}2.807\\3.755\\3.595\\2.375\end{bmatrix}$$

5.4　工作转移矩阵的扩展——多阶段模型

5.4.1　二阶段工作转移矩阵模型

WTM 模型要求所有的耦合任务同时并行执行，在实际中有可能出现其中一些任务由于资源约束或设计要求的改变等原因而需要延迟，并在稍后过程中才能执行。为了处理这种情况，Smith 等[26]进一步提出了多阶段 WTM 设计过程。下面以二阶段 WTM 模型为讨论对象，该模型将整个耦合设计任务集分为两个子集：第一阶段，在一个有限的任务集中所有任务并行执行；第二阶段，所执行的工作同时包括两个任务集，即第一个任务集的返工和所有剩下任务的工作。现实中这种二阶段设计过程可以对应于产品设计与过程设计阶段以及其他情况。类似 WTM 的计算方法，能够求出二阶段设计过程的设计时间和总工作量。但该模型同时需要满足两个假设条件[26]：

(1) WTM 中的参数不随任务从第一阶段到第二阶段转换而改变。

(2) 最后由设计过程所生产的产品质量与任务所分配的阶段无关。

这些假设非常严格，但不一定总是代表真实的设计实践。如果数据描述的是任务之间基本技术约束与相关关系，那么第一个假设是合理的，此时无论任务顺序如何改变，依赖强度的变化都不会太大。以上两个假设都是为了保证任务之间的信息需求与任务执行顺序无关，也就是说，完成某项任务所需的工作以及由此产生的输出信息并不依赖于任务顺序的变化而改变。而对于相反的情况，可参阅文献[27]和[28]。

以图 5.12[26]为例，计算包含 4 个任务的设计过程。图 5.12 (a) 表示完全并行过程，即所有的任务都同时并行工作且迭代在所有任务之间展开。而图 5.12 (b) 和 (c) 表示二阶段过程，其中图 5.12 (b) 表示过程的第一阶段：初始工作在两个任务 E、F 之间展开且返工也仅仅在它们之间进行；图 5.12 (c) 表示设计过程的第二阶段：初始工作在任务 G、H 之间展开而返工却在所有 4 个任务之间进行。

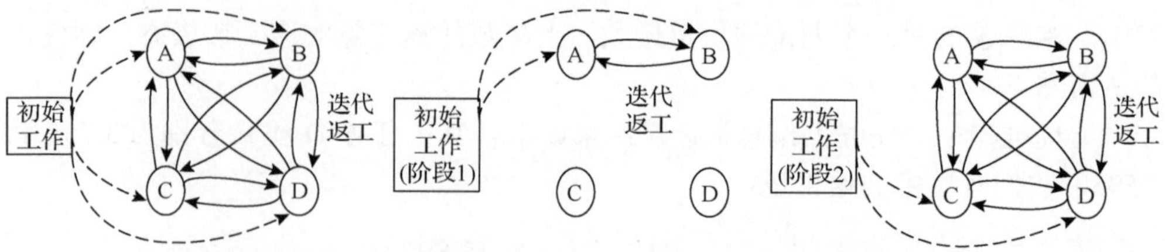

图 5.12　完全并行迭代与二阶段迭代的比较[26]

引入任务分布矩阵 $\boldsymbol{K}$ 用以表示在第一阶段中所需要考虑的返工矩阵 $\boldsymbol{A}$ 的一部分。第一阶段总共所需的时间为

$$R_1 = \boldsymbol{W}(\boldsymbol{I}-\boldsymbol{KAK})^{-1}\boldsymbol{Ku}_0 \tag{5.19}$$

式中，矩阵 $\boldsymbol{K}$ 的单元 k_{ij} 定义如下：

$$k_{ij} = \begin{cases} 1, & i=j\text{且第}i\text{个任务在第一阶段} \\ 0, & \text{其他} \end{cases} \tag{5.20}$$

在第二阶段，将要完成的初始工作仅仅是在第一阶段没有执行的任务工作；而迭代返工需要对所有任务进行，无论它们是属于第一阶段还是第二阶段。因此，该阶段总共所需时间可表示为

$$R_2 = \boldsymbol{W}(\boldsymbol{I}-\boldsymbol{A})^{-1}(\boldsymbol{I}-\boldsymbol{K})\boldsymbol{u}_0 \tag{5.21}$$

完成两阶段所需的时间 T 是每个阶段所需时间的和，即

$$T = \sum_{t=0}^{\infty}\max_i(\boldsymbol{WKA}^t\boldsymbol{Ku}_0)^{(i)} + \sum_{t=0}^{\infty}\max_i[\boldsymbol{WA}^t(\boldsymbol{I}-\boldsymbol{K})\boldsymbol{u}_0]^{(i)} \tag{5.22}$$

而二阶段过程总共所需的工作量 E 是每一独立阶段所需工作量的总和，表示为

$$E = \sum_{i=1}^{n}(R_1{}^{(i)} + R_2{}^{(i)}) \tag{5.23}$$

由式(5.22)与式(5.23)能够发现第一阶段与第二阶段任务的执行时间和开发成本。对于任意耦合任务集，可以考虑由其任意子集构成设计过程的第一阶段，然后根据式(5.22)与式(5.23)就能计算该耦合任务分布方式的执行时间与开发成本。通常对任意给定的过程，希望能够同时最小化执行时间与开发成本，但这种情况一般很难发生。因此，有时必须以增加开发成本为代价来换取执行时间的降低，反之亦然。据此，有必要识别一些好的任务分布方式来获取较优的执行时间

与开发成本。下面简要介绍如何寻找较优的任务分布方式。

5.4.2　二阶段任务分布寻优方法

由于希望同时减少执行时间与开发成本，因此通过合理选择哪些任务在第一阶段完成，哪些任务需要延迟到第二阶段完成，这就形成了多规则混合优化问题。通常可采用启发式方法求解该问题，对于一个简单的启发求解方法通过将某一个任务从一个任务集交换到另一个任务集来搜索较优的任务分布方案。虽然有可能陷入局部最优解，但对于规模较小的矩阵，由于方法简单，搜索时间短，因此应用较广。实际上，这种算法对求解目标为开发成本的问题效果较好，但对于求解目标为执行时间的问题却不太理想。该算法具体步骤如下：

(1) 随机产生一个任务分布方案。

(2) 将任务从其所在的阶段交换到其他阶段。

(3) 评估目前的分布方案是否有所改进，若没有改进，则将交换的任务放回原阶段。

(4) 返回步骤(2)直到没有更进一步的改进。

5.4.3　二阶段工作转移矩阵的扩展

由于二阶段 WTM 模型不一定代表最优设计过程，并且由于资源的限制耦合任务集中任务可能无法同时执行，可将其扩展到多阶段情况。对于 $m(m>2)$ 阶段 WTM 模型，描述如下：将任务分成 m 个工作小组，首先执行第一个小组的任务；然后继续执行第一个和第二个小组的任务，此时只有第二个小组的任务有初始工作；以此类推直到 m 个小组的任务全部执行完毕。第一阶段所需时间为

$$\mathrm{Re}_1 = \boldsymbol{W}(\boldsymbol{I} - \boldsymbol{K}_1\boldsymbol{A}\boldsymbol{K}_1)^{-1}\boldsymbol{K}_1\boldsymbol{u}_0 \tag{5.24}$$

式中，矩阵 $\boldsymbol{K}_1$ 的元素 k_1^{ij} 定义如下：

$$k_1^{ij} = \begin{cases} 1, & i = j\text{且第}i\text{个任务在第一阶段} \\ 0, & \text{其他} \end{cases} \tag{5.25}$$

第二阶段所需时间为

$$\mathrm{Re}_2 = \boldsymbol{W}(\boldsymbol{I} - \boldsymbol{K}_2\boldsymbol{A}\boldsymbol{K}_2)^{-1}(\boldsymbol{K}_2 - \boldsymbol{K}_1)\boldsymbol{u}_0 \tag{5.26}$$

式中，矩阵 $\boldsymbol{K}_2$ 的元素 k_2^{ij} 定义如下：

$$k_2^{ij} = \begin{cases} 1, & i = j\text{且第}i\text{个任务在第一和第二阶段} \\ 0, & \text{其他} \end{cases} \tag{5.27}$$

与此相似，第 m 阶段所需时间为

$$\text{Re}_m = \boldsymbol{W}(\boldsymbol{I}-\boldsymbol{A})^{-1}(\boldsymbol{I}-\boldsymbol{K}_{m-1})\boldsymbol{u}_0 \tag{5.28}$$

$$k_m^{ij} = \begin{cases} 1, & i = j\text{且第}i\text{个任务在第}1,\cdots,m\text{阶段} \\ 0, & \text{其他} \end{cases} \tag{5.29}$$

整个过程所消耗的时间和总工作量可分别表示为

$$T = \sum_{t=0}^{\infty}\max_i(\boldsymbol{W}\boldsymbol{K}_1\boldsymbol{A}^t\boldsymbol{K}_1\boldsymbol{u}_0)^{(i)} + \sum_{t=0}^{\infty}\max_i[\boldsymbol{W}\boldsymbol{A}^t(\boldsymbol{K}_2-\boldsymbol{K}_1)\boldsymbol{u}_0]^{(i)} + \cdots + \sum_{t=0}^{\infty}\max_i[\boldsymbol{W}\boldsymbol{A}^t(\boldsymbol{I}-\boldsymbol{K}_{m-1})\boldsymbol{u}_0]^{(i)} \tag{5.30}$$

$$E = \sum_{i=1}^{n}(\text{Re}_1{}^{(i)} + \text{Re}_2{}^{(i)} + \cdots + \text{Re}_m{}^{(i)}) \tag{5.31}$$

随着阶段数的增加，总成本将随之减少，这是因为更少的迭代返工的产生。阶段数的增加对完成时间的影响却很难预测。通常完全的并行策略与最好的二阶段规划相比会有一个较长的开发时间。此外，完全串行策略可以得到最小的执行时间。因此，要寻找阶段数以减少总时间，需要对问题进行重构以允许阶段数为独立的变量。

5.4.4 应用实例

汽车发动机开发是一种典型的大型复杂开发项目，零件数量多，存在大量的耦合关系，某一零件修改可能导致大量的设计迭代，因此有必要进行开发过程的系统化建模和分析[29]。发动机结构大都围绕机体、缸盖和主要运动部件展开，这里选取缸盖、凸轮轴等 20 个主要部件的设计开发作为研究发动机开发过程的分析对象。基于开发任务之间的依赖关系，建立的 DSM 模型构成了一个较为复杂的耦合模块，其中电控模块、润滑模块和冷却模块几乎与其他所有的部件之间都有紧密联系，导致了大量的设计迭代，故这三个模块构成了系统功能模块，需要通过建立系统开发团队进行处理并需随时与其他局部开发团队进行定期的信息交流。这里需要对部件进行迭代特征分析并找出影响迭代时间与成本的关键因素，因此需将系统模块从 DSM 中移除，结果如图 5.13 所示，并采用△、○、⊙分别表示强、中、弱的依赖关系。

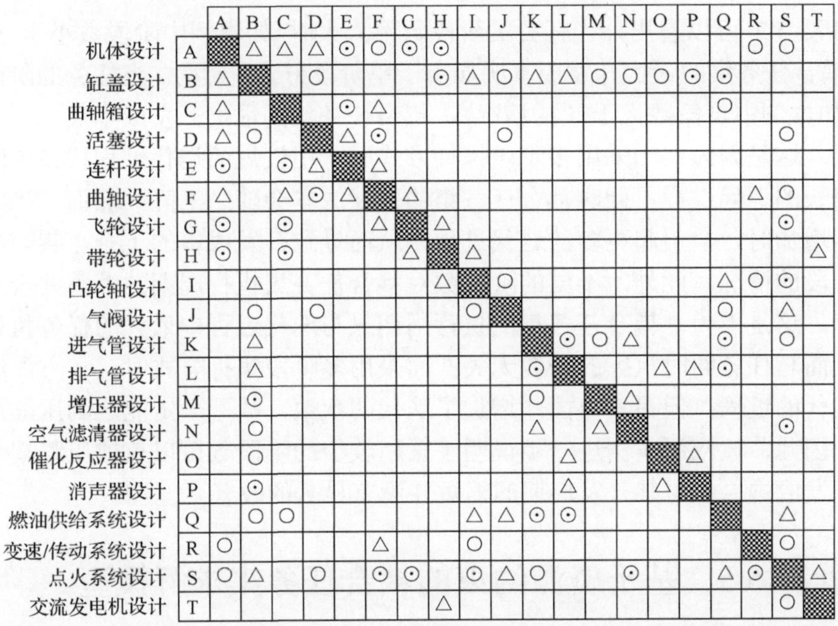

图 5.13　基于 DSM 的发动机开发系统耦合任务集模型

△. 强；○. 中；⊙. 弱

耦合任务集中各任务执行工期分别为(15, 28, 42, 20, 18, 34, 21, 14, 35, 33, 19, 18, 25, 20, 22, 18, 24, 15, 16, 23)，并令每次迭代的起始时间从零开始。根据多阶段 WTM 模型，并使用 5.4.2 节提出的任务分布寻优方法，分别以耦合任务集的完成时间与开发成本为目标函数，计算结果如表 5.2 所示，其中任务分布栏中的阿拉伯数字代表对应任务所属的执行阶段。

表 5.2　复杂耦合模块迭代结果

方法		任务分布	开发时间 T/天	开发成本 E/工程天数
WTM 模型		11111111111111111111	157.8	1346.0
基于二阶段的 WTM 模型	时间最优策略(T_{opt})	12211211221121212112	146.5	1206.5
	成本最优策略(E_{opt})	12221112222111212112	169.5	1160.1
基于三阶段的 WTM 模型	时间最优策略(T_{opt})	23322322332232313123	164.0	1233.4
	成本最优策略(E_{opt})	12322321332323223332	182.3	1205.4
基于四阶段的 WTM 模型	时间最优策略(T_{opt})	24413432442142434314	186.3	1365.4
	成本最优策略(E_{opt})	13433433343343412444	233.2	1263.1
基于五阶段的 WTM 模型	时间最优策略(T_{opt})	14552453545545435115	210.5	1422.2
	成本最优策略(E_{opt})	44544523454155545143	242.1	1364.8
基于六阶段的 WTM 模型	时间最优策略(T_{opt})	36661545654555414324	253.8	1672.5
	成本最优策略(E_{opt})	35641642555565646166	286.1	1610.5

由表 5.2 可以看出，当任务的阶段数不太大时(如本例中阶段数小于 5 的情况)，耦合任务集的最优开发成本明显小于单阶段方式；然而，当任务的阶段数过大时(如本例中阶段数大于 5 的情况)，耦合任务集的最优开发成本反而大于单阶段方式。这是因为：当采用多阶段执行方式时，用较短的迭代过程代替单阶段方式下较长的迭代过程，此时耦合任务集的开发成本会随之下降；然而，当阶段数进一步增加时，会引起更多的迭代过程，从而导致开发成本的上升，甚至超过原来单阶段的情况。此外，不同的阶段数对耦合任务集执行周期的缩短并没有明显的改善，这是因为：耦合任务集的执行周期只与迭代过程中最大的任务执行时间有关，而与任务同时执行的个数无关；而采用多阶段执行方式时，一方面缩短了每次迭代的过程，但另一方面却增加了迭代的次数，故不一定能达到压缩周期的目的。因此，该应用实例进一步说明了采用较少的阶段数可以有效压缩耦合任务集的开发成本，但对其开发周期的缩短并没有显著的改善。

5.5 基于资源约束的耦合任务集求解模型

本节针对产品开发过程中存在的资源约束，提出两种不同的带约束的耦合任务集求解模型：首先以时间总量为目标，建立基于资源约束的时间总量优化模型[21]，并通过实例对模型进行验证；然后，基于资源均衡分布思想，提出一种耦合任务集求解模型[30]，并通过实例进行验证，进而进一步讨论可行的改进方案。

5.5.1 带效率约束的工作量模型

1. 基于资源约束的时间总量优化模型

首先定义对角线矩阵

$$\boldsymbol{V} = \mathrm{diag}(v_1, v_2, \cdots, v_N)$$

式中，v_i 为对应完成 i 任务的工作小组的效率。

用 $\boldsymbol{T}$ 表示一个 $N \times 1$ 的时间向量，T_i 表示执行 i 任务的工作小组从工作开始到最终结束任务所需要的时间，有

$$\lim_{T\to\infty} \boldsymbol{U}' = \boldsymbol{WS}(\boldsymbol{I} - \boldsymbol{\Lambda})^{-1}\boldsymbol{S}^{-1}\boldsymbol{u}_0 = \boldsymbol{VT} \tag{5.32}$$

所以

$$\boldsymbol{T} = \boldsymbol{V}^{-1}\boldsymbol{WS}(\boldsymbol{I} - \boldsymbol{\Lambda})^{-1}\boldsymbol{S}^{-1}\boldsymbol{u}_0 \tag{5.33}$$

在建立优化模型时，不应该将对并行设计总体执行速度(特别是指耦合任务集

的迭代收敛速度）的追求转化为对各项子任务的工作时间之和最低的追求，而应该将优化目标定为尽量使耦合任务集中需要实际工作时间最长的那项子任务的运行时间最短。此外，由于企业受自身条件的影响，不可避免地存在这样或那样的技术优势及劣势，这导致了整个并行设计过程中承担不同任务的工作小组的运作效率 v_i 存在着各自的不同上限 $\max v_i$ 。

由式(5.33)可知

$$\boldsymbol{T}=f(\boldsymbol{V})=\boldsymbol{V}^{-1}\boldsymbol{W}\boldsymbol{S}(\boldsymbol{I}-\boldsymbol{\Lambda})^{-1}\boldsymbol{S}^{-1}\boldsymbol{u}_0$$

定义列向量元素取最大算子

$$\overline{\max}(\boldsymbol{p})=\max(p_1,p_2,\cdots,p_N)$$

式中，$\boldsymbol{p}$ 为 N 维列向量； p_i 为列向量元素。

有了以上的公式和定义，可得到下面的资源优化配置模型，目标函数为

$$F=\min(\overline{\max}(\boldsymbol{T}))=\min(\overline{\max}(f(\boldsymbol{V}))) \tag{5.34}$$

约束条件为

$$0\leqslant v_i\leqslant \max v_i,\quad i=1,2,\cdots,M$$

2. 并行设计中不同任务关键度的衡量

通过上面的数学模型，可以最终得到各任务小组的最佳运作效能值 optimal_v_i 。定义关键度参数

$$\text{important}\_v_i=\frac{\text{optimal}\_v_i}{\max v_i} \tag{5.35}$$

依据式(5.35)，便可以最终计算出不同任务的关键度。该值越高，说明其对应的任务在并行设计的实施过程中越容易形成“瓶颈”，因此该任务就成为关键任务，在下一步的解耦过程中必须将其放在优先考虑的地位。

3. 应用实例

已知在某产品的并行设计中存在着一个由 5 项任务组成的耦合任务集(该实例构造仅用于解释本节所提算法的具体运用，故不深入讨论工作转移矩阵 $\boldsymbol{A}$ 的取值方法与技巧，有兴趣的读者可参阅文献[31])，如图 5.14 所示。

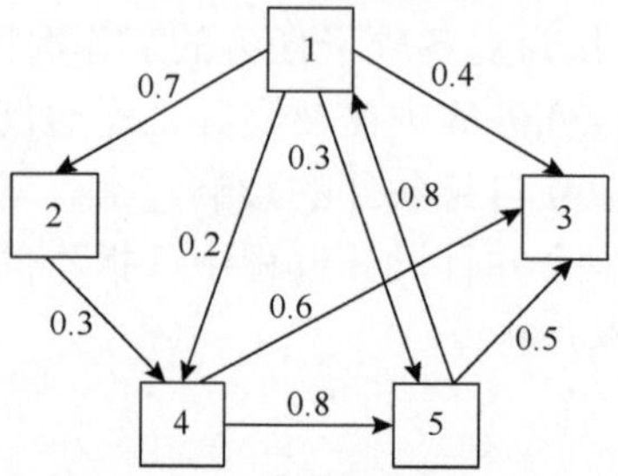

图 5.14　某产品的耦合任务集

其对应的工作转移矩阵 $\boldsymbol{A}$ 为

$$\boldsymbol{A}=\begin{bmatrix} 0 & 0 & 0 & 0 & 0.8 \\ 0.7 & 0 & 0 & 0 & 0 \\ 0.4 & 0 & 0 & 0.6 & 0.5 \\ 0.2 & 0.3 & 0 & 0 & 0 \\ 0.3 & 0 & 0 & 0.8 & 0 \end{bmatrix}$$

耦合任务集中的 4 个任务以并行方式执行。由于这种并行是依据不完整信息进行的，因而需要根据其他活动的结果进行不断调整。矩阵元素表示迭代过程的调整率，如 a_{21}=0.7 表示任务 1 进行后，任务 2 有 70%的单位工作量需要重新进行。耦合任务集中的 5 个任务所对应的单位工作量 w_i 依次为 7 人·日、4 人·日、5 人·日、6 人·日、2 人·日，即 $\boldsymbol{W}=\mathrm{diag}(7,4,5,6,2)$ 。同时，该厂拥有的专业技术人员及专用技术设备的限制，决定了这 5 个任务对应的任务小组的执行效能 v_i 分别具有以下上、下限：

$$0\leqslant v_1\leqslant 12,\quad 0\leqslant v_2\leqslant 14,\quad 0\leqslant v_3\leqslant 10,\quad 0\leqslant v_4\leqslant 7,\quad 0\leqslant v_5\leqslant 15$$

根据计算，矩阵 $\boldsymbol{A}$ 的特征值矩阵 $\boldsymbol{\Lambda}$ 和特征向量矩阵 $\boldsymbol{S}$ 分别为

$$\boldsymbol{\Lambda}=\mathrm{diag}(0.422\quad -0.619\quad -0.0839+0.518\mathrm{i}\quad -0.0839-0.518\mathrm{i}\quad -1.581\times 10^{-6})$$

$$\boldsymbol{S}=\begin{bmatrix} 0.422 & -0.597 & 0.313-0.671\mathrm{i} & 0.313+0.671\mathrm{i} & 5.551\times 10^{-17} \\ 0.375 & 0.675 & 0.95-0.27\mathrm{i} & 0.95+0.27\mathrm{i} & -1.421\times 10^{-14} \\ 0.668 & 0.142 & 0.26-0.282\mathrm{i} & 0.26+0.282\mathrm{i} & 1.42 \\ 0.250 & -0.134 & -0.337+0.484\mathrm{i} & -0.337-0.484\mathrm{i} & -5.877\times 10^{-17} \\ 0.415 & 0.463 & 0.402+0.273\mathrm{i} & 0.402-0.273\mathrm{i} & 6.661\times 10^{-6} \end{bmatrix}$$

此外，一般情况下令 $\boldsymbol{u}_0=[1,1,1,1,1]^{\mathrm{T}}$ 。

将以上数据代入式(5.33)，经计算化简可得到以下优化模型：

$$F=\min\left(\max\left(\frac{25.772}{v_1},\ \frac{14.309}{v_2},\ \frac{29.172}{v_3},\ \frac{16.857}{v_4},\ \frac{6.704}{v_5}\right)\right)$$

$$\text{s.t.}\ \ 0\leqslant v_1\leqslant 12,\ 0\leqslant v_2\leqslant 14,\ 0\leqslant v_3\leqslant 10,\ 0\leqslant v_4\leqslant 7,\ 0\leqslant v_5\leqslant 15$$

依据该优化模型，可得到以下优化结果：

$$\text{optimal\_}v_1=9.417861,\quad \text{optimal\_}v_2=4.987009,\quad \text{optimal\_}v_3=10.000000,$$
$$\text{optimal\_}v_4=6.066240,\quad \text{optimal\_}v_5=2.311344$$

依据上面的优化结果，计算出 5 项任务各自的关键度参数分别为

$$\text{important\_}v_1=0.784822,\quad \text{important\_}v_2=0.356215,\quad \text{important\_}v_3=1.000000,$$
$$\text{important\_}v_4=0.866606,\quad \text{important\_}v_5=0.154090$$

由以上数据可以看出，任务 3 的关键度最大，其对应工作小组的工作压力也最大。因此，该小组的工作效率将直接影响整个并行设计全过程的运行速度，所以该任务应该成为下一步规划中需要重点考虑的关键任务。而任务 2、5 的关键度过小，说明与其对应的任务小组设计能力过剩，存在着比较严重的资源浪费现象，需做适当调整。

使用本节的数学优化模型，设计人员可以对并行设计的结构产生深刻认识，并在这种认识的基础上，以各任务小组的执行效率 v_i 为连续变量对优化模型做非线性连续优化，最终得到在特定设计结构下各小组的最佳运作效能值 $\text{optimal\_}v_i$ 和关键度参数 $\text{important\_}v_i$。依据这些数据，项目负责人可以将各任务小组的各项资源水平(包括技术人员、设备等)调配至最佳状态，以使并行设计中复杂的多任务小组协同工作更加协调和高效。

5.5.2　基于资源均衡策略的耦合任务集求解模型

1. 基本思想

在任务执行过程中，其工作量通常与时间、资源使用量密切相关，而 WTM 模型中仅以时间作为衡量任务工作量的标准，具有一定的局限性。例如，若某任务需 2 个结构工程师花 5 天执行，则任务总共所需的工作量应表示为 10 天·人 (2×5=10)。因此，本章模型将工作量的衡量标准用任务的执行时间与其所使用资源数量的乘积表示，并通过资源的均衡配置来优化任务的执行时间。另外，当任务执行过程中出现多种不同类型资源时，任务工作量应包含各种不同类型资源的工作量。例如，若某任务的执行需 4 种不同类型资源，即机械工程师、电子工程

师、系统工程师及支持工程师，那么任务的工作量应表示为这 4 类资源量分别与任务的执行时间的乘积，而其中占用时间最长的工作量将影响任务的最终执行工期。此外，需要注意的是，由于同一类资源具有相同的工作性质，因此不同任务的同一类资源的工作量可以叠加，但不同种类资源由于其工作性质不同其工作量不能叠加。以图 5.15 所示的由 4 个任务组成的产品开发项目为例，所需资源与执行时间如表 5.3 所示。通过合理的资源优化，项目迭代时间由初始的 15 天减少到现在的 11 天，本章建立的耦合任务集求解模型正是基于这种思想。

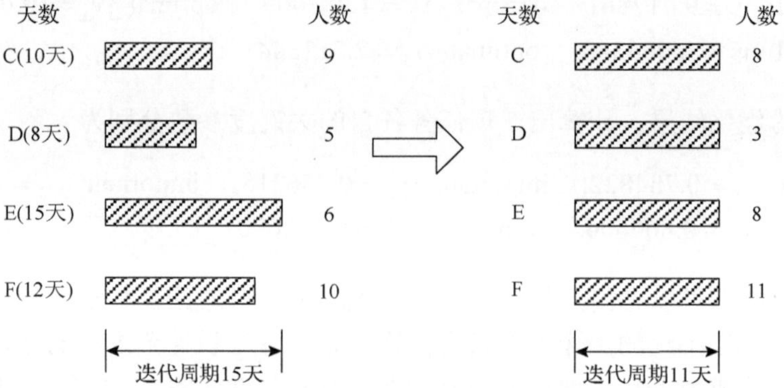

图 5.15　时间人数分配示意图

表 5.3　资源分配方案

任务	工期	人数	工作量	平均工作时间	重新分配人数
C	10	9	90		8
D	8	5	40	11	3
E	15	6	90		8
F	12	10	120		11

2. 模型的建立过程

模型所需假设条件如下：

(1) 任务返工量线性假设。

(2) 资源-工作量呈线性关系变化。

(3) 各任务必须获得所需的资源数量才能执行，即任务的执行需要一个资源下限。

(4) 预先分配给耦合任务集的资源确定后，在耦合任务集整个执行过程中不再发生变化。

(5) 任务的工期和相互依赖关系都是确定的，且任务一旦开始就不得中断。

其中假设 (2) 是对资源-工作量关系的线性简化，通常可用分段线性函数来表示非线性关系；假设(1)、(3)、(4)是出于简化模型求解过程的考虑；假设(5)是为了确保项目能在确定性环境下完成而无须进行额外的风险分析和管理。

依据以上假设条件，该模型建立过程如下，而模型中各字母、下标含义为：i (i=1,2,…,I)表示任务代号，b(b=1,2,…,B)表示迭代过程中任务所需各种资源类型的代号，t(t=0,1,2,…,T)表示迭代的次数。

在单阶段 WTM 模式下，耦合任务集的初始状态为 t=0；各任务初始执行时间为$(d_{10}, d_{20}, \cdots, d_{I0})$；所需第 b 种资源数量分别为$(r_{1b0}, r_{2b0}, \cdots, r_{Ib0})$，但需要满足不等式 $\sum_{i=1}^{I} r_{ib0} \leqslant R_b$，$R_b$ 表示第 b 种资源的可用量；每种资源的使用成本为$(c_1, c_2, \cdots, c_B)$；而当使用第 b 种资源时，任务 i 的工作量可表示为 $w_{ib0} = d_{i0} \times r_{ib0}$，此后每次迭代中任务的返工量按照假设(1)的线性规则进行计算。

根据 WTM 原理，在每次迭代过程中，只有当所有任务都并行执行完成后才能进入下一轮迭代过程。因此，每次迭代所需执行时间应由耦合任务集中工作量最大的任务决定。而在资源确定环境下，为了使耦合任务集中所有任务的执行时间近似相等，应将更多的资源分配给工作量较大的任务。具体对于第 t 次迭代过程，b 种资源的总工作时间可表示为 $\left(\sum_{i=1}^{I} w_{ibt}\right) \Big/ R_b$，而第 t 次迭代的执行时间由工作时间最长的资源确定，即

$$T_t = \max_{b \in B} \frac{\sum_{i=1}^{I} w_{ibt}}{R_b} \tag{5.36}$$

因此，第 b 种资源分配给第 i 个任务的数量可表示为

$$r_{ibt} = \frac{w_{ibt}}{\sum_{i=1}^{I} w_{ibt}} R_b \tag{5.37}$$

式(5.36)表明，由于多种资源的存在且资源数量一定，每种资源的工作时间长短不一，瓶颈资源就是被占用而执行时间长的资源。式(5.37)表明，将不同任务所具有的同种资源的工作量叠加在一起，依照任务所占工作量的百分比对资源进行分配、优化。根据这种分配策略，可以使所有任务在同一种资源下执行时间大体相等。但是，在初始迭代过程中，资源的分配策略与式(5.37)略有不同，此时通过将先结束的任务所占用的资源投入执行时间长的任务中，从而避免资源的闲置，使其执行时间减少，但其计算公式仍可按式(5.36)计算。需要注意的是，当资源为人力资源时，由于其性质总是以整数形式出现，若在模型求解过程中 r_{ibt} 出现了小数的情况，此时需对其进行圆整处理。

此外，由于 WTM 模型建立在任务迭代次数无限次基础上，这与实际过程并不相符。本章引入文献[32]的“名义信息”和“有效信息”的思想。其中，“名义信息”指上游任务提供给下游任务的全部信息，“有效信息”指名义信息所包含的真实、有效信息。在由 k 次迭代组成的任务设计过程中，虽然每次迭代求解完成后“名义信息进化度”均会达到最大值 1，但每次迭代过程均只能积累部分真实信息，而下次迭代过程则在先前迭代求解所积累的真实信息的基础上继续进行真实信息的积累。因此，信息进化度必须经过 k 次迭代求解过程才能使真实信息逐步积累而达到最大值，如图 5.16 所示。而对于任务间存在信息耦合的情况，只有当 k 逐渐增大，即迭代过程不断进行时，任务积累的有效信息才能逐步收敛于极值点 1，此时设计过程才得以收敛。但是，由于现实中不可能且没有必要进行无限次迭代求解来完成整个设计过程，可通过设定阈值的方法来结束设计过程，即当任务积累的有效信息达到一定程度，设计参数在定义域内的取值已不再影响产品的性能时，可以认为不再需要继续迭代求解，并认为此时任务有效信息进化度达到最大值 1。而有效信息的积累过程反映在产品开发中就是任务的不断迭代过程，因此可以采用相邻迭代次数间任务累积工作量变更的大小来判定任务的收敛性，即

$$\frac{T_{i,t+1}-T_{i,t}}{T_{i,t}}<\alpha \tag{5.38}$$

式中，i 表示任务代号； $T_{i,t}$ 为经过 t 次迭代任务 i 所花的时间总量；α 为预先设定的阈值。

需要注意的是，当耦合任务集中某一任务达到阈值停止迭代后，需将其从耦合任务集中移除，再对剩余任务继续进行迭代，直到所有任务都达到阈值，迭代结束。

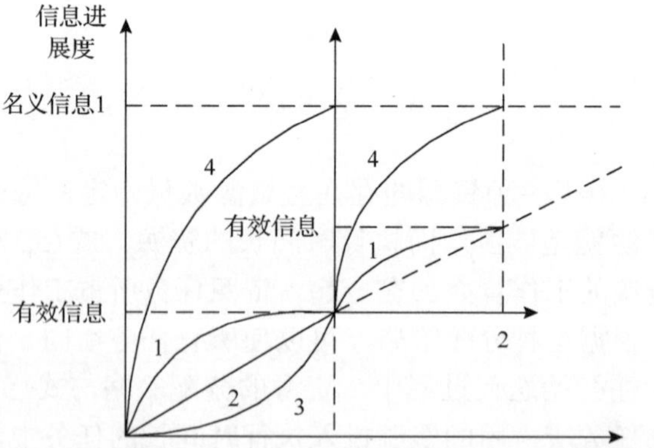

图 5.16　设计迭代中信息进化过程

1.快速有效信息进展度函数；2.匀速有效信息进展度函数；3.慢速有效信息进展度函数；4.名义信息进展度函数

此时耦合任务集所消耗的时间与成本表示为

$$T_{\text{total}} = \sum_{t=0}^{t_\alpha} \max_{b \in B} \left(\frac{\sum_{i=1}^{I} w_{ibt}}{R_b} \right) \tag{5.39}$$

$$E = \sum_{t=0}^{t_\alpha} \sum_{b=1}^{B} \sum_{i=1}^{I} c_b w_{ibt} \tag{5.40}$$

式中，t_α 为迭代的终止次数。

当 $\sum_{i=1}^{I} r_{ib0} > R_b$ 时，表明预先分配的资源量不满足耦合任务集所有任务并行执行所需资源的数量，此时需采用多阶段 WTM 方式[26]对耦合任务集中的任务进行分组，保证每一组任务所使用的资源数量不超过 R_b。

假设 $S_m \in S, m = 1,2,\cdots,n(n \geqslant 2)$，其中 m 为阶段数，S 为耦合任务集，S_m 表示第 m 个阶段的任务集合，满足 $\sum_{i \in S_m} r_{ibt} \leqslant R_b$。因此，根据多阶段 WTM 模型(式(5.37))，在第 j 阶段第 t 次迭代中，第 i 个任务获得的第 b 种资源量为 $r_{jibt} = \frac{w_{ibt}}{\sum_{i \in S_j} w_{ibt}} R_b$。耦合集的执行时间与成本为

$$T_{\text{total}} = \sum_{j=1}^{m} \sum_{t=0}^{t_{\alpha(j)}} \max_{b \in B} \left(\frac{\sum_{i \in S_j} w_{ibt}}{R_b} \right) \tag{5.41}$$

$$E = \sum_{j=1}^{m} \sum_{t=0}^{t_{\alpha(j)}} \sum_{b=1}^{B} \sum_{i \in S_j} c_b w_{ibt} \tag{5.42}$$

由以上分析，本章提出的模型可概括描述如下：

$$\begin{cases} \min T_{\text{total}} \quad \text{或} \quad \min E \\ \text{s.t.} \sum_{i \in S_j} r_{ibt} \leqslant R_b \end{cases} \tag{5.43}$$

当耦合任务单阶段执行时，T_{total} 和 E 由式(5.39)和式(5.40)决定；多阶段执行时，由式(5.41)和式(5.42)决定。

对于任务规模不太大、依赖关系不太复杂的开发过程，采用枚举法就能求出满意解；但当任务规模较大时，搜索空间很大并且难以求出满意解，因此下面采用 GA 找出资源约束下的耦合任务集中任务在多阶段方式下的最优执行方案。

5.6　基于遗传算法的多阶段耦合迭代模型求解

5.6.1　遗传算法概述

GA 思想类似于自然进化，通过作用于染色体上的基因寻找好的染色体来求解问题。与自然界相似，GA 对求解问题的本身一无所知，它所需要的仅是对算法所产生的每个染色体进行评价，并基于适应值来选择染色体，使适应性好的染色体有更多的繁殖机会。在 GA 中，通过随机方式产生若干个所求解问题的数字编码，即染色体，形成初始群体；通过适应度函数给每个个体一个数值评价，淘汰低适应度的个体，选择高适应度的个体参加遗传操作，经过遗传操作后的个体集合形成下一代新的种群。对这个新种群进行下一轮进化。

考虑到生物的进化过程主要通过染色体之间的交叉和变异来完成。与此相对应，GA 中最优解的搜索过程也模仿生物的这个进化过程，使用遗传算子作用于群体 $\boldsymbol{P}(t)$ 中，进行下述遗传操作，从而得到新一代群体 $\boldsymbol{P}(t+1)$。

1) 选择(selection)操作

根据各个体适应度，按照一定规则或方法，从第 t 代群体 $\boldsymbol{P}(t)$ 中选择出一些优良个体遗传到下一代群体 $\boldsymbol{P}(t+1)$ 中。一般来说，选择将使适应度较大(优良)的个体有较大的生存机会，而适应度小(低劣)的个体继续存在的机会也较少。简单 GA 采用赌轮选择机制，令 $\sum f_i$ 表示群体的适应度值总和，f_i 表示种群中第 i 个染色体的适应度值，它产生后代的能力正好为其适应度值所占份额 $f_i/\sum f_i$。

2) 交叉(crossover)操作

将群体 $\boldsymbol{P}(t)$ 内的各个个体随机搭配成对，对每一对个体，以某个概率(称为交叉概率)交换它们之间的部分染色体。例如，对于两个 8 位二进制父个体 $\boldsymbol{P}_1$($\boldsymbol{P}_1=[1,0,0,0,1,1,1,0]$)与 $\boldsymbol{P}_2$($\boldsymbol{P}_2=[1,1,0,1,0,0,0,1]$)，随机产生一个 1～7 的随机数 α，假如 $\alpha=4$，则将 $\boldsymbol{P}_1$ 与 $\boldsymbol{P}_2$ 的低四位进行交换得到两个子个体，即将 $\boldsymbol{P}_1$ 的高四位与 $\boldsymbol{P}_2$ 的低四位组成数串 10000001，得到 $\boldsymbol{P}_1$ 与 $\boldsymbol{P}_2$ 的一个后代个体 $\boldsymbol{Q}_1$；同理，将 $\boldsymbol{P}_1$ 的低四位与 $\boldsymbol{P}_2$ 的高四位组成数串 11011110，得到其另一个后代 $\boldsymbol{Q}_2$。

3) 变异(mutation)操作

对群体 $\boldsymbol{P}(t)$ 中的每一个个体，以某一概率(称为变异概率)改变某一个或某一些基因座上的基因值为其他的等位基因。例如，仍以最简单的二进制编码表示方式来说明，二进制编码表示的每一个位置的数码只有 0 和 1 两种可能，以某个 8 位二进制码 $\boldsymbol{M}$($\boldsymbol{M}=[1,0,1,1,0,0,1,0]$)为例，随机产生一个 1～8 的数 k，若此时 $k=3$，对从右往左的第 3 位进行变异操作，将原来的 0 变为 1。

使用上述三种遗传算子(选择算子、交叉算子、变异算子)的 GA 的主要运算过程如下所述：

(1) 初始化。设置进化代数计数器 $t \leftarrow 0$，设置进化代数 T，随机生成 M 个个体作为初始群体 $\boldsymbol{P}(0)$。

(2) 个体评价。计算群体 $\boldsymbol{P}(t)$ 中各个个体的适应度。

(3) 选择运算。将选择算子作用于群体。

(4) 交叉运算。将交叉算子作用于群体。

(5) 变异运算。将变异算子作用于群体。群体 $\boldsymbol{P}(t)$ 经过选择、交叉、变异运算之后得到下一代群体 $\boldsymbol{P}(t+1)$。

(6) 终止条件判断。若 $t \leqslant T$，则 $t \leftarrow t+1$，转到 (2)；若 $t > T$，则以进化过程中所得到的具有最大适应度的个体作为最优解输出，结束计算过程。

5.6.2　耦合迭代模型求解的遗传算法

由于多阶段并行迭代模式存在各种不同的任务分配方案，普通的启发式算法搜索效率一般都较低，考虑到 GA 是模拟生物在自然环境中遗传和进化过程而形成的一种自适应全局优化概率搜索算法，具有隐含的并行特性，无论在搜索时间还是在搜索效率上都有很大的改进。因此，本章引入 GA 求解最优开发时间和成本的方案。GA 构造过程如下：

(1) 编码方法。编码是应用 GA 时要解决的首要问题，也是设计 GA 时的一个关键步骤，目前应用较为普遍的编码方法包括二进制编码、格雷码编码、浮点数编码、符号编码、多参数级联编码等。针对本章的研究问题——讨论不同的任务分布方案对开发时间和成本的影响，可采用符号编码的方法，用一个数字序号表来代表对应任务所处的不同迭代阶段，其中每个编码位取值为 $1,2,\cdots,m$，而 m 代表阶段数，代表任务所处的不同阶段。序号表的长度为 n，表示耦合任务集所包含的任务个数。例如，对于一个数字序号表(染色体) [1,2,2,3,3,1,1,2,]，表示由 8 个任务组成的耦合任务集所构成的三阶段并行迭代模型的一种任务分布方案，其中任务 1、6、7 属于一阶段，任务 2、3、8 属于二阶段，而任务 4、5 属于三阶段。

(2) 适应度函数。适应度是用来度量群体中各个个体在优化计算中有可能达到、接近于或有助于找到最优解的优良程度。适应度较高的个体遗传到下一代的概率就较大，而适应度较低的个体遗传到下一代的概率就相对小一些。通过对问题的特征分析，可分别选取耦合任务集的执行时间和开发成本为适应度函数，即式 (5.41) 和式 (5.42)。此外，由于资源约束的存在，需选用罚函数方法对非可行解进行处理。

(3) 选择方法。选择操作建立在对个体适应度进行评价的基础之上。选择操作的主要目的是避免基因缺失、提高全局收敛性和计算效率。本章所建立的数学模型是求解最小值问题，因此可以在每代群体中首先找出函数值最大的个体，然后将其与其他个体的差值作为其他个体的伪适应度值，最后可以选取比例选择、最优保存策略、确定式采样选择等方法对伪适应度值进行选择。

(4)交叉算子与变异算子。交叉与变异算子是对个体进行操作，从而产生新个体的方法。针对问题的特征——任务随机分布到不同的执行阶段，可采用常规的单点或多点交叉算子以实现染色体的重组和进化。而变异算子采用常规的基本位变异改善算法的局部搜索能力并维持群体的多样性。

(5)设定 GA 的其他运行参数。

GA 求解流程如图 5.17 所示。

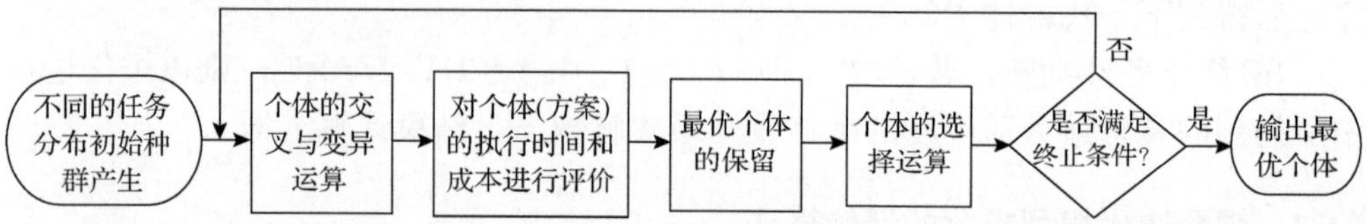

图 5.17 GA 求解流程

5.7 应 用 实 例

5.7.1 仿真实例

本节以某汽车引擎罩部件的开发过程为例说明该模型的应用。文献[33]把汽车引擎罩部件开发过程分解为 46 个子任务，其相应的任务名称和相关数据如表 5.4 所示。由于该项目涉及多个学科，需要以下 3 种类型的人力资源：机械工程师 r_1、电子工程师 r_2、支持工程师 r_3。为了方便计算，本章用每类资源使用费用的比值表示资源的使用成本以衡量项目的总成本，这里取[1, 2, 1.5]，即机械工程师、电子工程师、支持工程师的费用比例是 1∶2∶1.5。此外，可以进一步假设项目的开始时间为零并设项目的可用资源量为 $\boldsymbol{R}_b$，$\boldsymbol{R}_b=[9,5,11]$。

表 5.4 某汽车引擎罩开发项目的任务信息[33]

任务描述	资源类型			执行时间/天	后续任务
	r_1	r_2	r_3		
1. 开发过程规划	5	2	4	10	6,11,13,14,17,19,21,23,27,34
2. 确定传动系统布置	7	0	1	15	4
3. 选择系统部件材料	3	1	5	10	10,13,16,19,23,24,25,26
4. 确定比例与受力性能	7	1	1	60	5,6,9
5.确定连接点的受力性	5	0	1	40	4,6
6. 确定主截面	5	0	0	40	4,5,11,12,14,15,17,18,19,20,21,26,27,30
7. 产生结构要求	3	0	1	15	8
8. 进行概念设计	0	0	3	2	9
9. 进行计算机辅助设计(CAD)建模	3	1	1	1	6,10

续表

任务描述	资源类型			执行时间/天	后续任务
	r_1	r_2	r_3		
10. 检验功能性质	0	0	2	5	11,28
11. 利用 CAD 模型进行初始设计	5	2	4	30	5,12,14,15,16,18,19,23,27,29,30,31
12. 估计系统尺寸大小	1	1	0	1	3,18,19,27
13. 估计成本	0	0	3	1	3
14. 设计初始装配方案	4	1	1	5	4,7,11,18,19,23,27,28
15. 测量销的载重	6	0	0	5	16
16. 检查外部面板的接触面	4	0	1	10	11
17. 设计铰链	6	0	0	20	11,12,14,18,19,20,23,27,28
18. 初步估计加工和装配成本	1	1	5	5	9,19,21,27,28
19. 成本分析	1	1	4	2	3
20. 摆动研究	3	0	3	10	25
21. 内外观的确定	0	0	2	2	7,9,11,12,14,16,19,22,24,25,27,28
22. 市场定位及分析	0	0	7	15	3,19
23. 失效模式与影响分析	1	1	6	15	38
24. 工艺评估	1	2	8	5	11,12,14,17,18,19,20,21,25,26,27,28,32
25. 内外表面工艺分析	2	0	3	3	26,27,28,29,30,31
26. 修改三维模型	4	1	5	20	25,27,28,30,32,35
27. 确定加工和装配的费用	1	1	5	10	25,26,28,29,30,31,32,33,34,35
28. 系统级生产设计	0	0	8	20	29,30,31,32,34,35
29. 开发冲压工具	4	0	5	20	27
30. 开发配重工具	6	0	7	64	27
31. 开发装配工具	3	1	4	15	27
32. 确定内外表面工具	2	0	3	20	28,33,34,35,43
33. 获得最终数据	2	0	3	20	28,35,43
34. CAD 文件的修改确认	4	2	5	20	28,29,30,31,33,35,39
35. 制作装配流程表	5	5	11	80	36,39
36. 组件功能(CPs)初次测试	0	4	4	5	38,39,40,41
37. 零件及部件的可靠性分析	2	1	6	10	39,40
38. 黑箱测试	2	1	5	20	33,40,41,43,44,46
39. 确定生产装配能力	0	0	6	5	43,44,46
40. 组件结构耐用性测试	0	0	8	15	41,43,44,46
41. 组件结构变化对产品性能的影响	2	2	8	30	43,44,45,46
42. 组件结构路况测试	0	0	4	5	41,43,44,46
43. 关键部件的 J1 级设计	5	3	5	5	45,46
44. 目标满足程度分析	0	0	4	3	
45. 确认供应商对部件的支持	4	4	7	3	41
46. 制作实验工具	0	0	8	10	

首先使用 DSM 对该开发过程进行建模，并经历划分、割裂运算后，结果如图 5.18 所示。整个过程包括两个大耦合块和一个小耦合块，其中两个大耦合块分别由 20 个和 14 个子任务组成，而小耦合块由 3 个任务组成，其中各任务依赖强度用 3、4、6、9 表示，弱依赖关系已忽略不计，数值越大表明返工的可能性越大。小耦合块任务规模较少，对整个项目的完工时间和开发成本影响并不显著，因此并不做专门的讨论，而主要以两个大耦合块为对象进行分析。

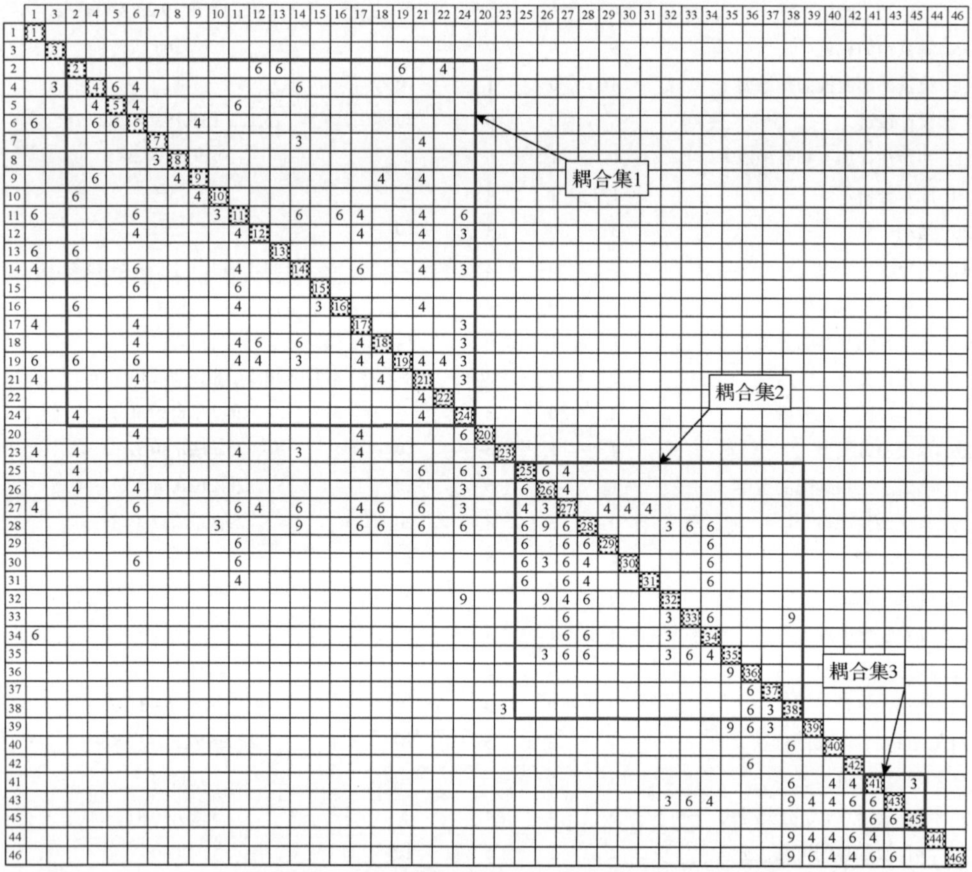

图 5.18　某汽车引擎罩部件开发过程 DSM 模型

然后，建立耦合任务集的返工矩阵。可通过仿真的方法，根据任务间的依赖强度确定任务的返工量矩阵，其结果如图 5.19 所示。

最后，按照本章提出的基于资源均衡策略的耦合任务集求解模型对以上两个耦合块进行求解，GA 采用符号编码方式，其数值序号表的长度为耦合块包含任务的个数，表中编码位用 1 到 m 的正整数来表示，m 为阶段数；适应度函数分别选取耦合任务集的周期和成本，对不满足资源约束的方案，赋予一个罚函数值 PV。

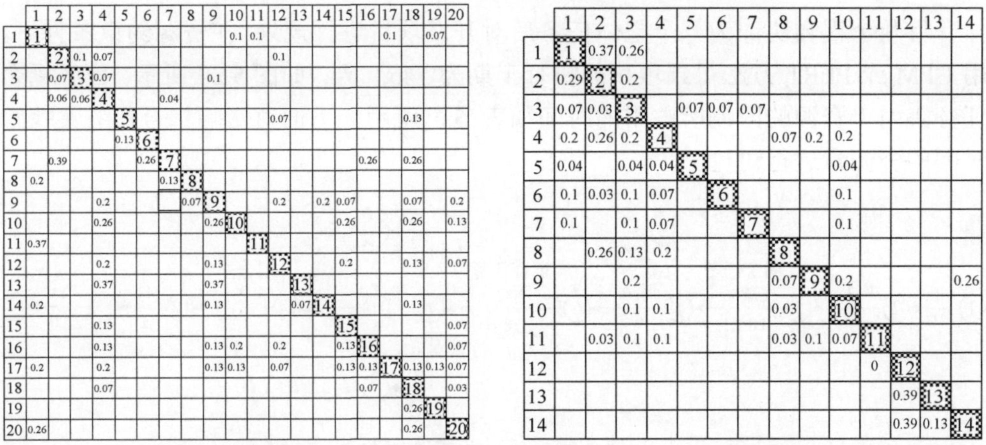

(a) 耦合块1　　(b) 耦合块2

图 5.19　耦合任务集返工矩阵

经过试算，本例时间评价函数中 PV=600，成本评价函数中 PV=5000；选择运算选用比例选择运算，交叉运算使用单点交叉算子，变异运算使用基本位变异算子。其他运行参数如下：群体大小 M=40，终止代数 T=250，交叉概率 P_c=0.9，变异概率 P_m=0.08。计算结果如表 5.5 所示，其中任务分布栏中的阿拉伯数字代表对应任务所属的执行阶段。采用多阶段执行方式有利于成本的减少，但执行时间有所增加。这是因为在一定条件下多阶段执行方式有利于任务返工的减少，进而导致成本的降低；而完全并行方式由于占用最多的资源，其执行时间最少。当在 $(7,2,8) \leqslant \boldsymbol{R}_b \leqslant (55,11,49)$ 范围内搜索最优成本时，可以得到在 $\boldsymbol{R}_b$=(16,2,8) 时，耦合任务集具有最小的开发成本 2563.7(天·人)，但执行时间比完全并行方式下有所增加。可见，资源分配过多或过少都不利于降低成本，而通过本章的模型可以找到一个相对较优的资源分配方案。若以开发时间为衡量标准，更多的资源占用量有利于时间的减少，但是由于任务间存在资源竞争的情况，耦合任务集的执行时间需受到来自其他任务的约束限制。

表 5.5　耦合任务集计算结果

耦合任务集	资源约束条件	判别标准	任务的阶段分布	成本/(天·人)	时间/天
1	(7,2,8)	最优成本	4-10-9-2-12-13-14-7-8-3-1-5-13-6-3-11-12-3-5-2	2607.8	280.9
		最优时间	6-8-5-4-6-8-7-4-3-1-1-7-2-1-9-5-4-1-9-2	3069.2	251.2
	(16,2,8)	最优成本	6-14-13-5-14-2-4-11-12-4-1-9-14-11-8-10-13-3-5-7	2563.7	171.3
		最优时间	2-7-6-1-2-3-4-6-6-7-4-2-2-5-6-8-5-5-7-1	2841.9	128.6
	(55,11,49)	完全并行	1-1-1-1-1-1-1-1-1-1-1-1-1-1-1-1-1-1-1-1	4283.7	37.7
2	(6,5,11)	最优成本	1-3-2-7-8-11-9-10-6-5-12-4-6-5	5902.7	323.5
		最优时间	9-3-5-4-8-2-6-9-1-1-7-2-8-3	7193.9	305.3
	(10,5,15)	最优成本	1-3-2-7-6-9-4-8-5-3-10-1-2-3	5878.6	237.1
		最优时间	1-6-1-7-5-7-3-4-2-1-4-5-3-6	10489	59.4
	(47,16,85)	完全并行	1-1-1-1-1-1-1-1-1-1-1-1-1-1	27301	168.6

将两个耦合块作为一个整体任务后对开发项目进行规划。在资源约束条件下，用 CPM 或 PERT 方法得到项目的执行工期为 545.9 天，如图 5.20 所示。而各耦合任务集由于资源的限制所占用的时间如表 5.6 所示。下面对影响耦合任务集执行时间的资源量进行讨论。

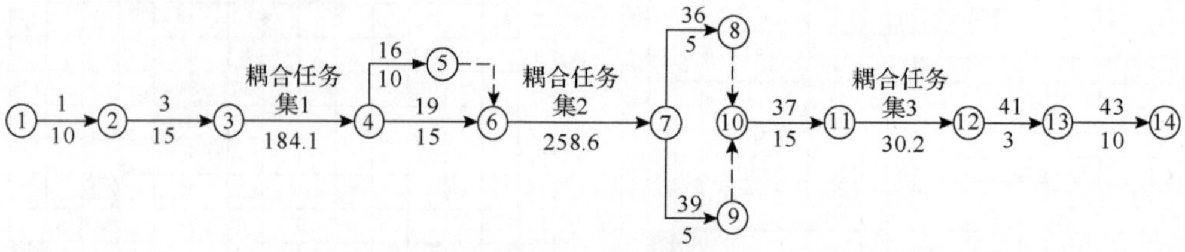

图 5.20　项目关键路线图

表 5.6　耦合任务集占用时间

耦合任务集	资源占用量	任务的阶段分布	成本/(天·人)	时间/天
1	(9,5,11)	6-2-7-3-3-4-1-8-6-1-3-1-8-5-4-2-5-7-3-1	3090.2	184.1
2	(9,5,11)	1-6-4-3-7-2-5-10-1-1-9-2-7-8	6740.3	258.6
3	(9,5,11)	2-3-1	816.3	30.2

5.7.2　分析讨论

耦合任务集执行时间占整个项目工期的 80%以上，因此需要重点加以注意。下面将对影响耦合任务集执行时间的资源量进行讨论。

考虑资源量对开发时间的影响，引入资源密度 ρ 加以衡量，由式(5.44)表示：

$$\rho_j = \int_0^T \frac{f_j(t)\mathrm{d}t}{R_j T}, \quad j = 1,2,3 \tag{5.44}$$

式中，T 为项目执行工期；R_j 为项目中第 j 种资源的约束量；$f_j(t)$ 为项目执行过程中任务实际占用的第 j 种资源量，它是一个随时间变化的函数。

ρ 值越大说明资源占用率越高，适当增加该资源数量可显著缩短项目的执行工期。由式(5.45)可求得本例各资源密度(ρ_1, ρ_2, ρ_3)的值分别为(0.907,0.879,0.939)，其中 ρ_1、ρ_3 值较大，如果适当增加其使用量将对项目工期有显著的改进作用。如表 5.7 所示，r_1 的增加可有效缩短耦合任务集 1 的执行时间；r_3 的增加可有效缩短耦合任务集 2 的执行时间；而 r_2 的增加对整个项目的执行工期影响并不显著。

为了更加方便地看出耦合任务集执行时间与资源增加量的关系，绘制时间-资源增加量曲线如图 5.21 所示。

表 5.7　不同资源下项目完工时间

序号	额外资源增加量	有效资源	耦合任务集完成时间/天			项目完成时间/天
			1	2	3	
1	0	(9,5,11)	184.1	258.6	30.2	545.9
2	额外 1 个单元 r_1	(10,5,11)	158.9	258.6	30.2	519.8
3	额外 1 个单元 r_2	(9,6,11)	175.7	254.5	29.1	532.3
4	额外 1 个单元 r_3	(9,5,12)	177.2	241.3	28.4	516.9
5	额外 2 个单元 r_1	(11,5,11)	149.5	254.3	30.2	507
6	额外 2 个单元 r_2	(9,7,11)	181.6	257.9	28.8	531.3
7	额外 2 个单元 r_3	(9,5,13)	182.5	237.9	26.7	514.8
8	额外 3 个单元 r_1	(12,5,11)	128.3	254.3	28.8	509.5
9	额外 3 个单元 r_2	(9,8,11)	173.8	254.5	27.3	513.5
10	额外 3 个单元 r_3	(9,5,14)	181.7	236.7	28.4	501.8
11	额外 4 个单元 r_1	(13,5,11)	118.8	258.5	27.9	506.2
12	额外 4 个单元 r_2	(9,9,11)	175.7	258.4	26.1	511.2
13	额外 4 个单元 r_3	(9,5,15)	173.4	213.1	27.1	483.6
14	额外 5 个单元 r_1	(14,5,11)	110.6	258.5	26.8	498.9
15	额外 5 个单元 r_2	(9,10,11)	183.9	254.3	25.2	514.4
16	额外 5 个单元 r_3	(9,5,16)	182.7	216.9	26.2	495.8

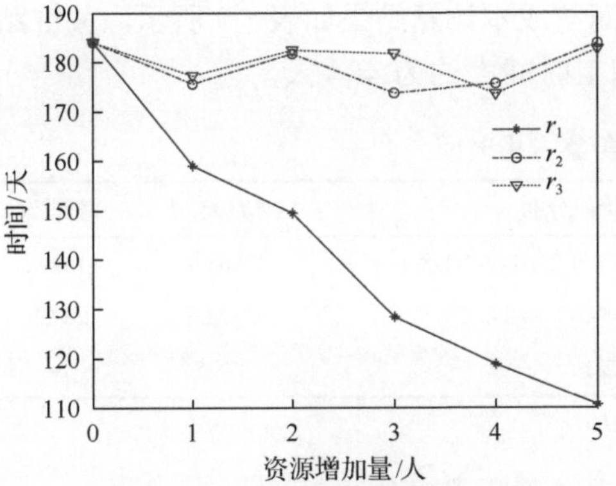

(a) 耦合任务集1

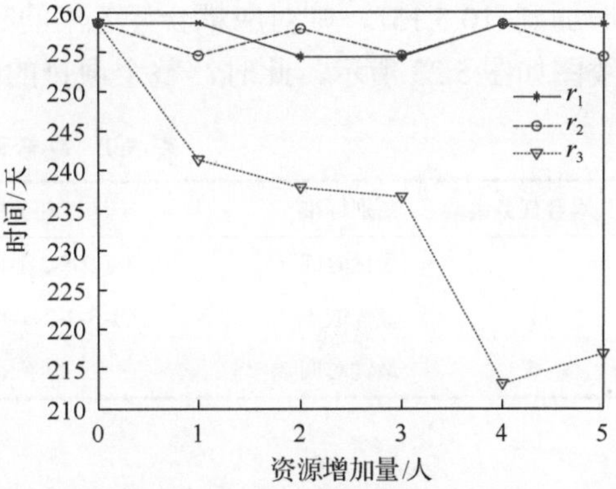

(b) 耦合任务集2

图 5.21　耦合任务集时间-资源增加量曲线

通过以上分析，对项目初始方案的改进可从降低成本和增加资源两方面考虑。

1) 方案一(降低成本)

该方案把耦合任务集作为一个整体任务处理。假设耦合任务集的执行方案均选最优成本方案，其执行时间如表 5.8 所示，而引擎罩系统的关键路线图如图 5.22 所示，得到总工期约为506天。关键路线图中，粗实箭线表示关键路线，细实箭线表示非关键路线，虚箭线表示任务执行时间为0；而箭线上方的数字表示任务代号，下方数字表示任务所需的执行时间。整个开发过程中的资源用量最高峰达到(16,5,18)。由此可见，此方案通过占用更多的资源，从而有效降低项目的开发成本。

表5.8 耦合任务集占用时间

耦合任务集	判别标准	任务的阶段分布	成本/(天·人)	时间/天
1	最优成本	6-14-13-5-14-2-4-11-12-4-1-9-14-11-8-10-13-3-5-7	2563.7	171.3
2	最优成本	1-3-2-7-6-9-4-8-5-3-10-1-2-3	5878.6	237.1
3	最优成本	1-2-3	785.7	43

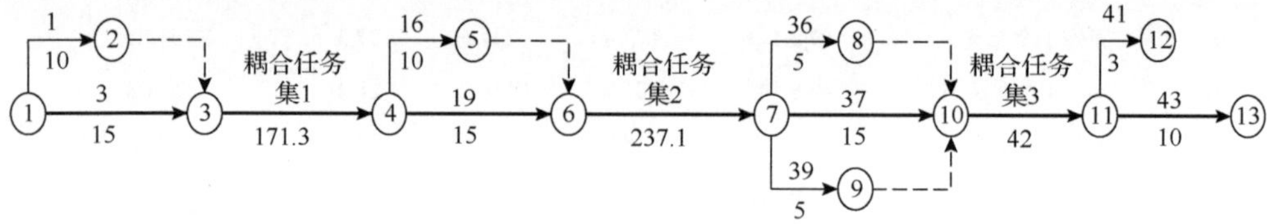

图5.22 方案一的关键路线图

2)方案二(增加资源)

由以上分析可知，r_1和r_3分别是耦合任务集1和2的瓶颈资源；同时考虑到资源用量(10,5,15)是耦合任务集2的最优成本方案，若将整个项目的资源可用量增加到(10,5,15)，则对应耦合任务集的时间与成本计算结果如表5.9所示，关键路线图如图5.23所示，此时，整个项目的完工时间大约为484天。

表5.9 耦合任务集占用时间

耦合任务集	判别标准	任务的阶段分布	成本/(天·人)	时间/天
1	最优时间	6-7-3-1-2-8-5-1-6-5-3-4-2-1-8-7-3-1-8-1	2868.9	152.9
2	最优成本	1-3-2-7-6-9-4-8-5-3-10-1-2-3	5878.6	237.1
3	最优时间	2-2-1	878.8	24

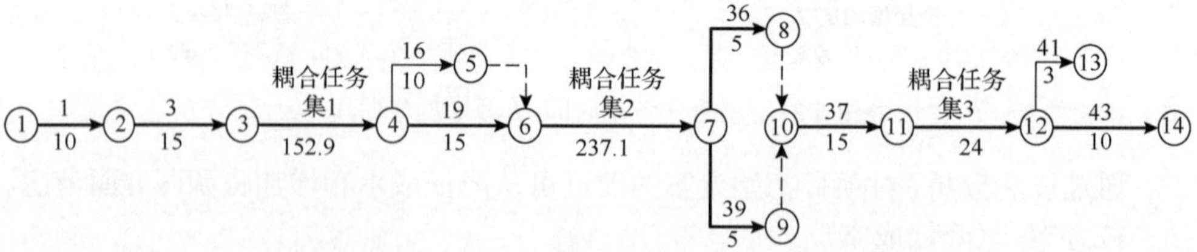

图5.23 方案二的关键路线图

初始方案与以上两种方案的比较结果如表 5.10 和表 5.11 所示。可以看出，方案二比原始方案的时间减少了 62 天，同时成本仅增加了 1020.5 工程天数；而方案一虽然在时间上比原始方案减少了 40 天，但成本却增加了 1418.8 工程天数。因此，综合考虑时间与成本的影响，方案二要明显优于原始方案和方案一。

表 5.10　各方案时间比较

方案	资源约束	耦合任务集 1	耦合任务集 2	耦合任务集 3	整个项目周期/天	时间变化/天
初始方案	(9,5,11)	184.1	258.6	30.2	546	—
方案一	(16,5,18)	171	237	43	506	–40
方案二	(10,5,15)	152.9	237	24	484	–62

表 5.11　各方案成本比较

方案	资源约束	耦合任务集 1	耦合任务集 2	耦合任务集 3	耦合任务集总成本/工程天数	成本变化/工程天数
初始方案	(9,5,11)	3090.2	6740.3	816.3	10646.8	—
方案一	(16,5,18)	2563.7	5878.6	785.7	9228	+1418.8
方案二	(10,5,15)	2868.9	5878.6	878.8	9626.3	+1020.5

5.8　本 章 小 结

本章的基本内容如下：首先介绍了较为经典的串行迭代模型与并行迭代模型，并分析了存在的问题。其次针对两种模型存在的问题，引入混合迭代模型，即模型中不仅包含并行迭代特性，同时涵盖了串行特征。进而针对以上三种模型的局限性，考虑在资源受限的情况下，以资源均衡策略为基础，建立资源约束下的耦合任务迭代模型。由于模型的非线性特性，引入 GA 对模型进行求解，并给出了 GA 求解的具体过程。为了验证本章方法的有效性，以某工程设计过程为例说明该方法在解决耦合问题过程中如何搜索可能的资源分配可行解；然后通过采用资源均衡策略的耦合任务集求解方法对汽车引擎罩的迭代设计进行分析，提出不同目标函数下资源的分配方案，该实例展示出本章方法的有效性和实用性。最后对上述耦合任务集求解方法的特征和可能的扩展进行了分析和讨论，该方法从一个新的角度来处理产品开发中的耦合问题，旨在克服传统迭代模型存在的不足。

由于本章提出的耦合任务集求解模型假设在耦合任务执行之前预先分配资源，资源一旦分配完毕，即在随后的各迭代阶段不再发生变化，而某些情况下每个迭代阶段所需的资源数量可能会发生变化，如果能够根据每个阶段任务的特点动态地分配资源，就能够更好地优化资源。因此，第 8 章将在本章基础之上深化研究不确定条件下基于反馈控制理论的设计迭代分析方法。

参 考 文 献

[1] 韩云霞, 马义中, 欧阳林寒, 等. 模型参数不确定的多响应参数和容差并行设计. 系统工程与电子技术, 2019, 41(1): 131-140.

[2] Xiao R, Si S. Research on the process model of product development with uncertainty based on activity overlapping. Integrated Manufacturing Systems, 2003, 14(7): 567-574.

[3] 陈庭贵, 肖人彬. 产品开发的多输入多输出活动重叠模型研究. 计算机集成制造系统, 2008, 14(2): 255-262.

[4] 肖人彬, 陶振武, 刘勇. 智能设计原理与技术. 北京: 科学出版社, 2006.

[5] Osborne S M. Product development cycle time characterization through modeling of process iteration[Master Thesis]. Boston: Massachusetts Institute of Technology, 1993.

[6] 杨青, 郑璐, 索尼亚. 研发项目中"团队-产品-功能"多领域集成与组织聚类研究. 系统工程理论与实践, 2018, 38(6): 1557-1565.

[7] Smith R P, Eppinger S D. Identifying controlling features of engineering design iteration. Management Science, 1997, 43(3): 276-293.

[8] 肖人彬, 曹鹏彬, 刘勇. 工程免疫计算. 北京: 科学出版社, 2007.

[9] Xiao R, Chen T, Tao Z. Information modeling and reengineering for product development process. Management Science and Engineering Management, 2007, 2(1): 64-74.

[10] 周雄辉, 李祥, 阮雪榆. 注塑产品与模具协同设计任务规划算法研究. 机械工程学报, 2003, 39(2): 113-118.

[11] Kusiak A, Wang J. Efficient organizing of design activities. International Journal of Production Research, 1993, 31(4): 753-769.

[12] Finger S, Dixon J R. A review of research in mechanical engineering design. Part I: Descriptive, prescriptive, and computer-based models of design process. Research in Engineering Design, 1989, 1(1): 51-67.

[13] Finger S, Dixon J R. A review of research in mechanical engineering design. Part II: Representation, analysis, and design of the life cycle. Research in Engineering Design, 1989, 1(2): 121-137.

[14] 金烨, 李玉家. 并行任务的组织规划综述. 制造业自动化, 2000, 22(12): 22-28.

[15] Pritsker A A B, Signal C E. Management Decision Making: A Network Simulation Approach. Englewood Cliffs: Prentice-Hall, 1983.

[16] Eppinger S D, Nukala M V, Whitney D E. Generalized models or design iteration using signal flow graphs. Research in Engineering Design, 1997, 9(2): 112-123.

[17] Smith R P, Eppinger S D. A predictive model of sequential iteration in engineering design. Management Science, 1997, 43(8): 1104-1120.

[18] Yassine A, Joglekar N, Braha D, et al. Information hiding in product development: The design churn effect. Research in Engineering Design, 2003, 14(3): 145-161.

[19] Browning T R, Eppinger S D. Modeling impacts of process architecture on cost and schedule risk in product development. IEEE Transactions on Engineering Management, 2002, 49(4): 428-442.

[20] 褚春超, 陈术山, 郑丕谔. 基于依赖结构矩阵的项目规划模型. 计算机集成制造系统, 2006, 12(10): 1591-1595.

[21] 孙晓斌, 肖人彬, 李莉. 并行设计中任务量与时间模型的探讨. 中国机械工程, 1999, 10(2): 207-211.

[22] 周明, 孙树栋. 遗传算法原理及应用. 北京: 国防工业出版社, 1999.

[23] 田启华, 梅月媛, 刘勇, 等. 基于多阶段工作转移矩阵的串行耦合设计任务分配策略. 中国机械工程, 2017, 28(5): 583-588.

[24] 丁学仁, 蔡高厅. 工程中的矩阵论. 天津: 天津大学出版社, 1985.

[25] Marcus M, Henryk M. A Survey of Matrix Theory and Matrix Inequalities. New York: Dover Press, 1964.

[26] Smith R P, Eppinger S D. Deciding between sequential and concurrent tasks in engineering design. Concurrent Engineering: Research and Applications, 1998, 6(1): 15-25.

[27] Krishnan V, Eppinger S D, Whiitney D E. Simplifying iteration in cross-functional design decision making. ASME Journal of Mechanical Design, 1997, 119(4): 485-493.

[28] Krishnan V. Modeling ordered decision making in product development. European Journal of Operation Research, 1998, 111(2): 351-368.

[29] 陈庭贵, 肖人彬. 基于内部迭代的耦合任务集求解方法. 计算机集成制造系统, 2008, 14(12): 2375-2383.

[30] Xiao R, Chen T, Chen W. A new approach to solving coupled task sets based on resource balance strategy in product development. International Journal of Materials and Product Technology, 2010, 39(3-4): 251-270.

[31] 查建中, 郭伟, 司黎明. 机械产品的并行设计. 机械设计, 1993, 7(4): 4-8.

[32] 王志亮, 张友良. 耦合任务的重叠执行问题研究. 计算机集成制造系统, 2006, 12(6): 947-954.

[33] Antonino Paolo Zambito. Using the design structure matrix to streamline automotive hood system development[Master Dissertation]. Boston: Massachusetts Institute of Technology, 2000.

第6章 基于混合解耦策略的产品开发耦合任务集求解

本章通过分析现有 WTM 模型在实际应用过程中存在的局限性，提出一种更加符合实际情况的基于混合解耦策略的产品开发耦合任务集求解方法，即综合利用有限割裂与内部迭代技术，各取所长，实现耦合任务集的求解，从而弥补上述耦合问题求解方法的不足。

6.1 引　　言

由于激烈的市场竞争，目前产品开发面临着巨大的挑战。而生产企业也从以前基于时间的竞争转变为基于时间、成本、质量等多目标的竞争。为了使企业赢取市场的竞争，大多数企业需要更快地引入具有新的竞争力的产品以占领全球市场份额。而新产品开发成为企业保持核心竞争力的关键。因此，许多企业采用并行工程技术以支持快速、低成本和更高质量产品的开发。但是耦合的存在，使产品开发过程的管理变得非常困难，特别是当设计任务的执行也许会产生新的信息或者影响其他相互依赖任务时，设计任务间的相互依赖关系产生了复杂的信息流。同时，由于信息流通常是随机的，以及耦合任务并行执行，经常使用不完备信息的设计决策需要修改，这就是设计迭代[1]。而设计迭代通常是增加产品成本、延长开发时间的关键因素，因此如何识别与建模产品开发过程中任务间的耦合成为企业需要紧迫解决的问题。

传统的项目管理工具，如甘特图、关键路径法、计划评审技术等只能表述顺序的并行关系，而不能描述任务间的耦合关系。此外，这些技术假设执行过程中所有任务的周期是可以预测的，而这对于由迭代引起新产品开发的延迟通常是不适合的。因此，Steward[2]首先提出 DSM 方法，其以矩阵的形式描述任务的依赖性和设计迭代，是一种有效的并行工程应用和管理工具。与传统项目管理工具相比，DSM 模型能够有效描述新产品开发中设计迭代和反馈循环，然而大多数文献考虑的都是有效迭代的情况，而没考虑无效甚至有害迭代的影响，这种无效甚至有害的迭代不仅不能使产品质量得以改进，而且导致迭代过程的不收敛，并进一步使整个产品设计开发过程不收敛，因此有效规避这种无效、有害迭代，使产品开发过程稳定收敛便构成本章的主要研究内容，本章正是建立新的耦合任务集混合解耦模型，将大的、复杂的耦合任务集通过割裂技术获得小的、便于管理的小耦合任务集(前提是质量损失最小)，以获取更好的迭代效果和改进措施。

本章综合利用割裂与内部迭代技术，弥补第 5 章所提耦合问题隐式求解方法的不足，主要研究内容如下：

(1) 介绍目前产品设计开发过程中耦合迭代方法存在的一些问题，指出本章的研究目的与意义。

(2) 从割裂与迭代两个方面分析目前对耦合问题的处理方法的异同，并做进一步比较分析。

(3) 根据割裂技术通常使成本最小却带来质量风险、迭代过程使质量有保障但成本最高的思路，融合割裂与迭代思想的耦合任务集求解方法，建立综合考虑成本、质量等多目标耦合任务集中任务规划与解耦模型。

(4) 引入高效的群集智能方法，即人工蜂群(artificial bee colony, ABC)算法，实现以上耦合任务集模型的求解，并对不同权重目标函数进行比较分析。

(5) 以某化学处理系统的工程设计过程作为研究对象，验证本章所提方法的合理性与有效性。

DSM 是管理新产品开发的有效工具，在过去几十年许多研究者已经证明了它的有效性。目前 DSM 已广泛应用于大型工程项目的分解和聚类[3,4]、任务迭代的识别和最小化项目周期[5,6]、项目规划[7~10]等方面。而任务的耦合与迭代是产品开发的主要特征，因此任务间耦合关系的处理成为研究的热点。

Yan 等[11,12]基于产品-过程设计活动建立了定量化的产品开发模型，描述了上游对下游的影响以及下游设计过程中发现的错误而导致的返工，并用概率方法描述了重叠活动设计中存在的迭代特性，并提出了相应的并行优化问题的数学函数进行求解，最后得出结论：项目的成本函数相对于活动间的并行度是一个凸函数关系，同时证明必定存在唯一的最小值的点。但是他们没有考虑多个活动间存在频繁信息交流的情况，并且对任务间由于信息的反馈而形成的迭代分析还不太具体。

Huang 等[13,14]基于反馈控制理论，首先将产品开发过程看成带有反馈的动态系统，并建立了动态系统模型及其 DSM 形式。然后将其进一步分为获取交互信息和设计信息的反馈。最后利用模糊评价方法对动态开发过程的性能进行衡量以期优化开发过程。但是由于产品开发的复杂性，该模型没有考虑活动间可能存在的并行性、重叠性等其他执行方式，且过程动态模型分析的不充分性以及过程评价和信息反馈的不恰当性会在一定程度上增加系统的不稳定性。

Zhang 等[15]假设任务的依赖关系仅仅受接触参数的影响，并进一步认为在所有迭代工作量中第一次迭代工作量是最大的，而这往往与真实的产品开发过程是不相符的，而且这种方法高度依赖于待解决问题的特征和领域专家的经验，并经常以产品部分质量损失为代价。此外，文献[16]和[17]采用层次分析法和模糊排序法对耦合任务集进行割裂仍然存在以上问题。

Smith 等[18,19]利用 DSM 建立了两种不同的迭代模型，即顺序迭代模型和并行迭代模型。顺序迭代模型假设所有耦合任务都顺序执行并且任务的重做概率和周期为一常数，然后用马尔可夫链方法对过程进行分析建模并计算串行情况下任务开发工期，但由于该模型建立在随机统计分析的基础上，实际应用起来比较困难；而并行迭代模型假设所有耦合任务同时并行执行且迭代工作量为一常数，并通过建立 WTM 模型来识别设计过程中迭代驱动任务，应用较广。例如，Kim[20]提出 WTM 的系统描述方法，利用离散状态空间的概念对设计过程进行描述，对并行设计过程的动态性能进行方便的调查和预测；而 Lee 等[21]指出非期望的扰动也许引起了整个开发过程的不稳定，因此提出了同类状态空间和不同类状态空间的并行模型，并认为同类分析能够预测设计迭代的次数；而非同类分析能准确监测和控制并行设计任务的稳定性和收敛性，但是这些研究大多是一些概念性的表述。

与以上这些研究不同，本章针对迭代过程可能出现的无效或有害迭代，提出一种融合割裂与内部迭代的耦合任务集求解方法，它能够帮助识别有效迭代过程和无效迭代过程，并进一步分析无效迭代过程对整个过程时间和成本的影响，通过对比分析给出相应的改进步骤和方法。

6.2　基于混合解耦策略的耦合任务集求解方法基本思想

传统 WTM 模型中，要求 WTM 中各行与各列元素之和小于 1，保证迭代过程中单位任务量任务的执行而导致其他相关任务的返工小于单位任务量的调整，即任务总量的不断递增最终会使整个迭代过程收敛。然而，实际经常会遇到现有技术不能满足特定需求或者设计人员不愿意妥协以确定可行方案的情况，此时 WTM 模型中存在某行或某列各元素之和大于 1。例如，图 6.1 中第 1 列各元素的累加和为 1.1(0.4+0.2+0.5=1.1)，采用 WTM 方法，每次迭代过程引起其他任务的返工量均大于原任务的调整量，导致整个产品设计开发过程不收敛。这种情况代表迭代过程的不收敛，即传统的 WTM 模型难以处理此类情况。

考虑到割裂技术的目的是解除耦合任务集中某两个相邻节点之间的依赖约束关系，使原先的闭合特性消失，能使初始的大耦合任务集转变为易于管理的小耦合任务集，因此若在图 6.1 所示 DSM 示例中采用割裂技术将大的耦合任务集转变为小的耦合任务集，则有可能使矩阵中各行与各列满足各元素累加和小于 1，例如，若采用割裂方法对如图 6.1 所示矩阵进行处理，可得到如图 6.2 所示矩阵，该矩阵包含两个小的耦合任务集，即由任务(A，B)与(C，D)分别构成一个小耦合任务集。此时，任务(A，B)与(C，D)构成的耦合任务集各行与各列元素累加和均小于 1，满足 WTM 模型使用的基本条件。

	A	B	C	D
A		0.2	0.2	0.4
B	0.4		0.2	0.1
C	0.2	0.3		0.3
D	0.5	0.1	0.2	

图 6.1　DSM 示例

	A	B	C	D
A		×	0.2	0.4
B	×		0.2	0.1
C	0.2	0.3		×
D	0.5	0.1	×	

图 6.2　割裂操作后 DSM 示例

由于割裂操作实际上是忽略了元素间存在的依赖关系，是建立在部分质量损失基础上的一种操作，对应于产品开发中技术或者方案的妥协，而这种妥协通常带来一些不良的后果。因此，如何尽可能降低这种妥协所带来的损失则是割裂操作必须要解决的问题。如图 6.2 所示，割裂操作实际上是不考虑图中“×”所示单元的任务依赖关系，即耦合任务集(A，B)与(C，D)的联系，这必然造成某些任务质量的损失。但若在不同地方进行割裂将得到不同的耦合任务集，如图 6.3 所示另外两种割裂结果，该耦合任务集被分成了一个小耦合任务集与一个独立任务，图 6.3 中符号“×”代表忽略的任务间的依赖关系。

	A	B	C	D
A		0.2	0.2	×
B	0.4		0.2	×
C	0.2	0.3		×
D	×	×	×	

(a) 割裂方式一

	A	B	C	D
A		0.2	0.2	0.4
B	×		0.2	0.1
C	×	0.3		0.3
D	×	×	×	

(b) 割裂方式二

图 6.3　不同割裂方式的 DSM 示例

通过以上分析，采用割裂技术可以将大耦合任务集划为小耦合任务集，但是考虑到对质量的影响，需在任务间依赖最小的地方进行割裂。此外，割裂后生成的小耦合任务集采用 WTM 模型计算其开发成本是影响割裂效果的另一个指标，即开发成本越小，割裂效果越好。因此，本章提出的基于混合解耦策略的耦合任务集求解模型需同时考虑质量与成本两个指标，且需满足割裂后的耦合任务集各行与各列各元素相加和小于 1 的约束条件，其中问题的难点是目标函数质量与成本的度量以及约束条件的满足，下面 6.4 节进一步分析模型的建立过程。

6.3 基于混合解耦策略的耦合任务集求解模型

建模的关键是对质量损失、成本等目标函数的度量，考虑到割裂的本质是基于任务间关联强度对任务执行优先级的综合评价，即对上游任务具有最小输入强度、对下游任务具有最大输出强度，或输入与输出之商最小的任务应具有比较高的割裂优先级[22]。例如，肖人彬等[23,24]应用灰色关联度、层次分析法将耦合任务之间的依赖关系量化，并结合人工免疫方法将具有最小依赖度的任务优先执行，如此反复，直到找到最优的任务执行顺序；周雄辉等[25]采用模糊排序算法对注塑产品的设计过程进行分解和重组；Kusiak 等[26]使用最高交叉频率原则找出所有耦合任务集中出现次数最高的一个串行依赖关系，并对其进行割裂，以此类推，直到所有的耦合任务集都得到解耦。总体而言，割裂处理是对耦合任务集进行操作，其目的是打破设计过程中的信息循环，使原来迭代执行的任务顺序执行，缩短设计制造过程周期，即割裂处理通过对任务间关系的分析来确定耦合任务集可行的序列化执行次序，达到减少由耦合引起的设计过程的反复和迭代的目的。目前还没有一套优化、完善的割裂算法，但一般都应满足两个评判标准：①最少的割裂数；②将割裂限制在沿主对角线上最小的子块内。根据这两个标准，现行割裂算法的基本思路是：将具有最小信息输入和最大信息输出的任务放在耦合任务集的前面执行。因此，如何判断一个设计任务的信息输入和输出是现行割裂算法的核心。

通过对现行割裂算法度量信息的方法进行分析和总结，可知存在以下问题：

(1)割裂算法笼统地从整体上考虑任务之间的关联程度，虽然任务间整体上的关联程度反映了任务的某些属性，但没有充分考虑任务之间属性的联系。

(2)算法往往从一个角度比较任务间的联系，对任务间关联程度的分析是进行耦合任务集割裂的基础，现有算法只从一两个角度比较了设计任务之间的关联程度，没有从更多更广的层面对设计任务进行分析和比较。

(3)割裂依据某一给定标准，割裂进行的判断准则是人为给定的一些标准，而不是根据设计任务本身的属性联系来进行的。

实际设计中任务有很多属性，任务间的联系也多种多样，因此根据任务的输入输出信息来割裂耦合任务集存在很大的困难。基于此，这里采用一种改进割裂方法，用于评价割裂所带来的质量损失目标函数，即采用两个评判标准，分析任务执行后信息传到下一相连任务所需的时间(传输时间)，以寻求经历每个任务一次且总传输时间最短的任务执行序列，并以此为依据来对耦合任务集进行割裂。

6.3.1 基于改进的割裂方法度量耦合任务集质量损失

通常，对于高度耦合的任务集，耦合任务集的设计制造周期由两部分时间组成，即各任务执行所消耗的时间以及任务之间传输和交互信息所消耗的时间，并将第二部分时间称为传输时间。事实上，耦合任务集中的设计任务都是很稳定和细化的设计单位，它们的设计和执行时间长短主要是由设计技术和管理水平来决定的。而设计任务间传输和交互信息所花费的时间，则涉及许多因素，包括设计技术，也包括管理技术，还必须考虑设计任务实施所消耗的时间。因此，相对于任务的设计执行时间，传输时间的可变性更大。本章就是基于缩短传输时间的目的，以传输时间最短的路径来组织任务的执行序列。这就是改进割裂算法的思路。

具体来说，改进割裂算法的思路如下：

(1) 虽然设计任务本身消耗的时间在整个设计周期中占据很大比例，但其变动相对传输时间很小。因此，只考虑设计任务间传输和交互消耗的时间。

(2) 设计任务间传输和交互信息消耗的时间与两个任务的属性、两个任务设计后的实施，以及两个任务的处理方式都有很大关系。因此，任务间传输和交互时间的度量除了与两个任务密切相关，还涉及很多其他因素。

(3) 首先对设计任务间的传输时间进行度量，然后对耦合任务集进行各种可能的割裂，并依据任务间存在的连接计算各种割裂下任务间传输和交互信息所消耗的时间，最后比较割裂后各种任务序列执行所消耗的时间，最短的时间表示最优的任务执行序列。

其中，第(1)点是一个前提条件，因为设计任务执行所需时间是设计周期的主要组成部分，而任务执行所消耗的时间又主要由设计技术来决定。所以，第(1)点中给出的假设是合理的，在此不具体讨论这个问题。第(2)点中的时间度量是整个方案的核心，它是对割裂进行评价的依据和整个改进算法得以实现的基础，同时也是问题的难点。这里重点对其进行探讨。第(3)点是割裂算法的实施，就是依据原始耦合任务集的关系和给出的时间度量，对各种割裂方案进行比较，得出较优的结果。下面详细论述第(2)点的工作。

割裂算法的对象是耦合任务集，割裂的目的是得到的任务序列对应的设计和执行时间最短。对于一个耦合任务集 C，耦合任务集的执行时间为 TT (total time) (TT 中不包括设计任务的执行时间，只考虑任务间的传输和交互消耗的时间)，割裂后的耦合任务集执行顺序为 L，则可以给出目标问题的抽象模型：

$$\min \mathrm{TT} = \theta(L) \tag{6.1}$$

式中，L 代表了一种耦合任务集割裂后可行的任务执行序列；$\theta(L)$ 表示最短的可行任务序列执行时间。

式(6.1)给出了割裂的目标：寻求一个可行的任务执行序列，使得执行时间最短。然而，式(6.1)是很抽象的，需要进一步的讨论。而每一个可行的任务执行序列都对应一个时间消耗，有如下关系：

$$T_i = \phi(L_i) \tag{6.2}$$

式中，L_i为经过对耦合任务集进行第 i 种割裂后得到的任务序列；函数$\phi(L_i)$计算对应L_i的任务序列的设计和执行所消耗的时间。

设耦合任务集的割裂有 n 种方式，结合式(6.2)，可以将式(6.1)转换为

$$\min \mathrm{TT} = \min\{T_1, T_2, \cdots, T_n\} \tag{6.3}$$

式(6.3)就是基于任务传输和交互的时间总量模型。从该模型可以看出，最短的任务传输和交互总时间代表了一条最优的任务执行序列，按照这一任务序列，使得整个耦合任务集的设计制造周期变得最短。此外，总量时间的度量实际上是计算所有任务序列的执行时间T_i。

为了求解目标问题(式(6.3))，最基本和首要的事情是计算任一任务序列中相连两任务间的传输和交互时间，然后才能计算出任务序列的执行时间总量，并进行下一步的工作。下面先来探讨如何度量任务间传输和交互的时间。

1. 任务传输和交互时间的度量

影响任务间传输时间的因素有很多，为了对这些影响因素进行定量的度量，下面先对这些因素进行分析。

显然，随着设计类型的不同，影响任务间传输时间的因素种类会有很大差异，而且这些因素对时间度量的影响程度也不同。因此，本章只讨论产品开发。割裂的目的是缩短耦合任务集的设计制造周期，不仅考虑设计过程所消耗的时间，还应考虑设计后任务的实际实施所需的时间。因此，在产品开发中，传输时间不仅与相关的任务有关，还要考虑两个任务在实施中所涉及的因素。这样，将设计过程和生产过程进行全面的考虑，可以缩短产品的设计制造周期。下面将对这些因素进行分析和讨论。

设 A 和 B 间两相连的任务关系是 A→B，记 A 到 B 的传输时间为 t。将影响 t 的因素分为两个部分：与任务 A、B 相关的因素以及与任务 A、B 无关的因素。

(1)与任务 A、B 相关的因素：任务 A 和 B 的属性对传输时间有很大的影响。例如，如果任务 A 的输出很复杂，那么信息从任务 A 传出，到任务 B 接收需要一段时间。尤其是当设计任务 A 和 B 的实施处于不同的空间位置时，这种时间消耗就更值得考虑。针对产品开发设计中的特征，下面详细讨论影响任务 A 到任务 B 的传输时间的主要因素。

①任务的输入输出复杂性。在产品开发中，一个设计任务的执行既需要信息输入，也产生输出信息。而信息的输入和输出在设计任务的实施阶段都会消耗宝贵的时间。因此，任务 A 和 B 的输入输出复杂性直接影响任务 A 到 B 的传输时间。

②任务的规模。任务的规模决定了任务在实施时的操作难度，从一个复杂的任务到另一个复杂的任务，它们之间的传输时间都是比较大的。

③任务间的关联强度。关联强度是任务间联系紧密程度的度量。如果任务 B 对任务 A 的反应很灵敏，那么任务 A 的执行将很快引起任务 B 的执行，也就是说，它们间的传输时间很小；如果任务 B 对任务 A 的反应很迟钝，那么它们间的传输时间就很长。

④任务执行时间。任务执行时间是指完成任务所需要的时间。如果任务 A 已经完成，但任务 B 还在执行中，那么 A 的输出到达 B 后不会被接收。这种情况将导致 A 重新传输出信息，延长了 A 到 B 的传输时间。

(2) 与任务 A、B 无关的因素：与任务 A 和 B 无关的因素也会影响 A 到 B 的传输时间，如空间位置、信息管理、进度安排等。

①空间位置。任务 A 和 B 的空间位置对 A 到 B 的传输时间影响很大，这种影响一般反映在设计后的任务实施上。例如，当任务 A 的实施地与任务 B 的实施地相离较远时，任务 A 执行产生的输出到达任务 B 的实施地就会消耗一段不小的时间。

②信息管理。虽然在设计流程中任务 A 和 B 是直接相连的，但在设计或实施过程中，任务 A 的输出信息可能要经过处理后才能到达任务 B，在任务 B 必须依赖任务 A 的信息才能执行的情况下，就会产生时间消耗。在大型设计中，信息管理对任务间传输时间的影响就显得尤为突出。

③进度安排。在产品开发中，任务 A 到 B 的传输时间还受进度安排的影响。例如，任务 A 执行进度超过了既定的安排，那么其应暂缓输出；同样，如果任务 B 的执行还没有达到既定的安排，那么其输入也应暂缓执行。

2. 基于灰色理论的时间度量

上面分析了影响任务间传输时间的几种主要因素，这里将从理论上分析和度量这些因素对传输时间的影响。下面先给出几个定义。

定义 6.1　影响因子是指会对目标的取值产生影响的评价指标，记为 F。

设任务 A→B 的传输时间为 t，存在 k 个影响 t 的因素 $X_1, X_2,\cdots, X_k$，则它们对应的影响因子为 $F_1, F_2,\cdots, F_k$。

各影响因子对传输时间 t 的作用是相对独立的，为了度量它们联合起来对 t 的影响，引入综合影响因子的概念。

定义 6.2　综合影响因子是指对相对独立(对目标的影响相互独立)的因子联合后对目标的影响程度的评估，记为 SF。

传输时间 t 是在现有条件下给出的两任务间的平均传输时间。考虑综合影响因子的作用，给出实际的传输时间的计算公式为

$$t_{\mathrm{r}} = \mathrm{SF} \times t \tag{6.4}$$

式中，t_{r}是实际的传输时间。

$$\mathrm{SF} = \sum_{i=1}^{m} e_i \times V_i \tag{6.5}$$

式中，m 为影响因子的个数；V_i 为 F_i 的指标量化值，可以根据具体情况选取；e_i 为 F_i 的权重。

为了得到实际的传输时间，就必须对特定的设计生产实际中的各种影响因素进行评估，给出其综合影响因子。从定义 4.1 和定义 4.2 可以看出，F 和 SF 都是对实际影响因素的评估，其中最重要的是各个 F_i 在 SF 中所占的重要性。与传统的模糊综合评判方法一样[27]，用权重系数来衡量各 F_i 的重要性。为了使权重的分配更加科学合理，本章采用基于灰色系统理论的专家群体评价方法。

设有 k 个影响因子，表示为 $e_1, e_2,\cdots, e_k$，则有因素集为

$$E = \{e_1, e_2, \ldots, e_k\} \tag{6.6}$$

现有 n 个专家分别对 k 个目标进行评价，得到其权重值并满足每行相加为 1，得到权重矩阵：

$$\boldsymbol{Q} = \begin{bmatrix} e_{11} & e_{12} & \cdots & e_{1k} \\ e_{21} & e_{22} & \cdots & e_{2k} \\ \vdots & \vdots & & \vdots \\ e_{n1} & e_{n2} & \cdots & e_{nk} \end{bmatrix} \tag{6.7}$$

由于权重自身所具有的不确定性，当评价等级细分时，评价者因获取信息的局限性，往往很难给出一个确定的权重值。因此，把权重分配在一定范围内比较符合实际，而区间灰数正适合这种要求。

定义 6.3 设 $g=\{g_1, g_2,\cdots, g_k\}$为系统中的目标集，在确定 g 中任一目标 $g_j(j=1, 2,\cdots, k)$在系统中的重要性时，给 g_j 赋予一个区间灰数 $\otimes e_j$，则称该区间灰数 $\otimes e_j$ 为目标 g_j 的权。若 e_j 是区间灰数 $\otimes e_j$ 的白化值，则有

$$\forall e_j \in [0,1], \quad \sum_{i=1}^{k} e_i = 1 \tag{6.8}$$

显然，定义 6.3 中用区间灰数表示的目标的权不是一个确定的值，而是给出了权的一个取值范围。或者说，用区间灰数表示的权是可变的，其变化范围随区间灰数而定。设评价者对目标 g 给出的变权为$[\alpha,\beta]$。对该多目标优化进行评估的

群体中，有 n 个评价者对目标 g 进行评价，则可得到 n 个变权，从而形成一个区间灰数序列$[\alpha_1,\beta_1], [\alpha_2,\beta_2],\cdots, [\alpha_n,\beta_n]$。该灰区间序列的综合评价值为

$$E(g)=\frac{1}{2}\frac{\sum_{i=1}^{n}(\beta_i^2-\alpha_i^2)}{\sum_{i=1}^{n}(\beta_i-\alpha_i)} \tag{6.9}$$

灰区间序列的方差为

$$D(g)=\frac{1}{3}\frac{\sum_{i=1}^{n}[(\beta_i-E(g))^3-(\alpha_i-E(g))^3]}{\sum_{i=1}^{n}(\beta_i-\alpha_i)} \tag{6.10}$$

相应的标准差 $S=\sqrt{D(g)}$ 。因此，目标 g 评价值的可能变化范围为$[E(g)-S, E(g)+S]$，各个评价值的有效区间为

$$[\xi_i,\eta_i]=[\alpha_i,\beta_i]\cap[E(g)-S,E(g)+S] \tag{6.11}$$

考虑一般的情况，若 n 个评价者对 k 个目标进行评价，则可得到 k 个区间灰数序列$[\alpha_{1j},\beta_{1j}], [\alpha_{2j},\beta_{2j}],\cdots, [\alpha_{nj},\beta_{nj}]$，其中 $j=1, 2,\cdots, k$。每个灰区间序列的综合评价值为

$$E(g)=\frac{1}{2}\frac{\sum_{i=1}^{n}(\beta_{ij}^2-\alpha_{ij}^2)}{\sum_{i=1}^{n}(\beta_{ij}-\alpha_{ij})},\quad j=1,2,\cdots,k \tag{6.12}$$

区间灰数方差为

$$D_j(g)=\frac{1}{3}\frac{\sum_{i=1}^{n}[(\beta_{ij}-E_j(g))^3-(\alpha_{ij}-E_j(g))^3]}{\sum_{i=1}^{n}(\beta_{ij}-\alpha_{ij})},\quad j=1,2,\cdots,k \tag{6.13}$$

第 j 个目标的各个评价值的有效值区间为

$$[\xi_{ij},\eta_{ij}]=[\alpha_{ij},\beta_{ij}]\cap[E_j(g)-S_j,E_j(g)+S_j],\quad i=1,2,\cdots,n;\ j=1,2,\cdots,k \tag{6.14}$$

第 i 个评价者对第 j 个目标的综合评价值的有效程度为

$$Q_{ij} = \frac{\eta_{ij} - \xi_{ij}}{\beta_{ij} - \alpha_{ij}} \tag{6.15}$$

第 j 个因素的综合评价值的有效程度为

$$R_{ij} = \frac{1}{n}\sum_{i=1}^{n} Q_{ij} \tag{6.16}$$

群体评价中，第 i 个评价者评价的有效程度为

$$W_i = \frac{1}{k}\sum_{j=1}^{k} Q_{ij} \tag{6.17}$$

通过以上分析，可以得到一个综合各位评价者意见的各目标的权系数 e_i，即

$$e_i = \sum_{i=1}^{n} \frac{\xi_{ij} + \eta_{ij}}{2} W_i,\quad j = 1, 2, \cdots, k \tag{6.18}$$

按照式(6.18)可以计算出各个影响因子的综合权重系数，然后就可以按式(6.5)计算综合影响因子 SF，进而按式(6.4)计算任务间实际的传输时间。

3. 时间度量的实施

上面给出了计算 t_r 的理论公式，下面用一个实例来说明具体的计算过程。

4 个因素 y_1、y_2、y_3、y_4 对任务 A→B 的传输时间有影响，3 位专家来对这 4 个因素在影响中重要性进行评估。表 6.1 给出了 3 位专家对 4 个影响因素的区间灰数序列。

表 6.1　区间灰数序列

专家编号	y_1	y_2	y_3	y_4
1	(0.4, 0.55)	(0.1, 0.35)	(0.15, 0.3)	(0.08, 0.25)
2	(0.35, 0.6)	(0.1, 0.3)	(0.1, 0.35)	(0.1, 0.3)
3	(0.4, 0.5)	(0.15, 0.25)	(0.16, 0.4)	(0.12, 0.26)

按照式(6.12)～式(6.18)逐步计算可以得到 y_1、y_2、y_3、y_4 对应的权重序列为(0.45, 0.2, 0.2, 0.15)。

如果任务 A→B 的传输时间 t=20min，4 个因素 y_1、y_2、y_3、y_4 对传输时间的影响值分别为 3、1、0、2，则时间的传输时间为

$$\text{SF}=3\times0.45+1\times0.2+0\times0.2+2\times0.15=1.85$$

$$t_r=\text{SF}\times t=1.85\times20=37\,(\text{min})$$

从计算结果上可以看出，实际的传输时间一般要比平均传输时间长。

6.3.2　基于传输时间的耦合任务集割裂问题转化求解

式(6.3)可以理解为：每一个 T_i 对应了按照第 i 种任务执行路径完成任务序列所消耗的时间，且每条路径中各任务只执行一次，min TT 就是寻求一条对应最短设计和执行时间的任务执行路径。由于两相连任务间还存在信息的流向，即两相连任务不一定是互通的(两两相互直接可达)。基于这些考虑，可以将耦合任务集的割裂问题转换成求赋权有向图的最短路径问题。

1. 赋权有向图问题简介

赋权有向图，有时也称为赋权网。赋权有向图对求解关键路径(如时间、路程、费用等，随具体问题而定)和最短路径问题是十分方便的，因此它在实际工程中的应用很广泛，如在运筹学、信息论、控制论、网络理论中。赋权有向图的关键路径是指从开始点到完成点的最长路径，如在顶点活动网(activity on vertex network, AOV)中，可以用关键路径来求完成整个工程的最短时间。赋权有向图的最短路径是指从一个给定点到另一个给定点所经历的路径的权值和最小。例如，旅客所在城市为 A，他想游览城市 B，而从城市 A 到城市 B 有多种路径，理想的当然是寻找一条从城市 A 到 B 的最短的路径。

求赋权有向图的矩阵表示主要有有向图的关联矩阵和有向图的邻接矩阵，这两个矩阵是图的数学表达形式，它们是实现程序求解赋权有向图的关键路径和最短路径的关键。

2. 问题转化整体思路及处理

式(6.3)对应的目标问题(耦合任务集割裂)实质上就是求解一个赋权有向图的最短路径，该路径要求经历所有的节点一次。耦合任务集中任务是用 DSM 来表述的，而 DSM 是邻接矩阵的转置，因此在将耦合任务集割裂问题转换成求解赋权有向图经历所有节点的最短路径时，应先将耦合任务集对应的 DSM 转换成邻接矩阵。

此外，式(6.3)对应的目标问题与求解赋权有向图的最短路径问题还存在一些差异。求赋权有向图的最短路径，一般是求从一个给定点到另一个给定点的最短路径。而在式(6.3)对应的目标问题中，最短路径要求经历每个节点一次，而且只能是一次。这个问题是求解的问题，不是转换的问题，将在后面求解转换的赋权有向图的最短路径时进行讨论。将式(6.3)对应的目标问题转换成赋权有向图来求解，首要的是给出各任务间的流向和对应权值(即传输时间)。流向可以根据耦合任务集的 DSM 来确定，权值则通过下面的几个处理来得到。

1) 对于直接相连的任务

由式(6.4)可以计算出耦合任务集中任何直接相连的任务间的传输时间，可按上面的实例进行，并规定任一任务到其自身的传输时间是零。

2) 对于不直接相连的任务

在求解赋权有向图的最短路径时，如果有这样两个节点，它们之间的直接距离比其他任意两节点之间的直接距离大得多，那么最终的遍历路径中，就不会存在直接经过这两个节点的路径。基于这样的认识，对于式(6.3)对应的耦合任务集割裂问题，将其中不直接相连的两任务间的传输时间设为一个足够大的值，该值可以在具体的问题中按情况给定大小。

通过 1)的计算和 2)的处理后，耦合任务集中任意两任务之间都存在传输时间，这样，就可以将式(6.3)对应的耦合任务集割裂问题完全转换成一个求解赋权有向图最短路径问题。

3. 转化赋权有向图最短路径求解

求解赋权有向图的最短路径已经成熟，并且有多种方法，其中公认的求最短路径较好的算法是标号法。下面给出标号法求解赋权有向图最短路径的一般流程，如图 6.4 所示。

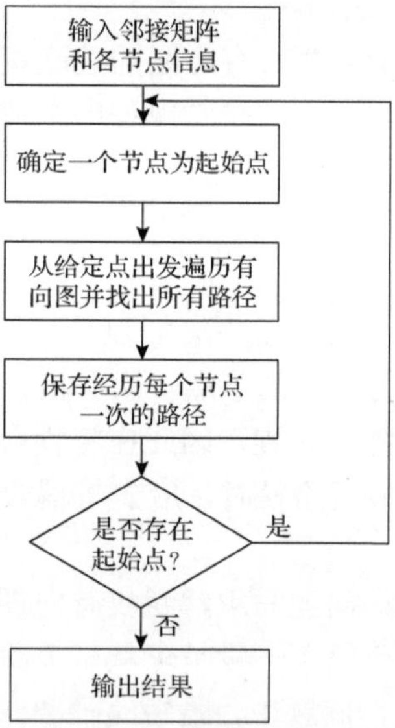

图 6.4　标号法求解赋权有向图最短路径的一般流程

为了找出经历所有节点的最短路径，需要以每一个节点为起始点对转换成的赋权有向图进行遍历。因此，在图 6.4 中，第二步确定一个节点后应记下节点序号，然后第五步判断是否已经从所有的节点出发对转换赋权有向图进行遍历。下面通过一个实例对此加以进一步分析说明。

4. 应用实例

以图 6.5 中的耦合任务集作为实例进行分析，给出待分析的耦合任务集，如表 6.2 所示。其中对任务序列号进行了重新调整。

任务名称	序号	1	2	3	4	5	6	7	8	9	10	11	12	13	14	15	16	17	18
需求分析	1	*																	
销售分析	2		*																
销售计划	3	1		*															
设计计划	4	1			*														
功能要求	5	1				*													
时间要求	6				1		*												
设计生产方	7				1			*											
新产品设计	8					1		1	*	1	1				1				
技术分析	9								1	*	1								
功能分析	10								1	1	*			1					
生产方案图	11								1			*	1						
新产品生产	12						1			1	1	1	*						
功能测试	13										1		1	*					
新产品改进	14					1			1	1				1	*				
老产品改进	15					1		1								*	1		
老产品生产	16						1									1	*		
销售方案	17		1	1														*	
市场销售	18												1				1	1	*

图 6.5　DSM 应用实例

表 6.2　待分析的耦合任务集

任务名称	序号	1	2	3	4
功能分析	1	*			1
生产方案图纸	2		*	1	
新产品生产	3	1	1	*	
功能测试	4	1	1	1	*

根据表 6.2 中给出的耦合任务集间的关系，给出它们间的平均传输时间，单位为工作日，如表 6.3 所示。其中 P_{13} 表示 1→3 的路径(余同)。

表 6.3　平均传输时间

路径	P_{13}	P_{14}	P_{23}	P_{24}	P_{34}	P_{41}	P_{32}
时间	50	10	25	20	15	12	18

1) 计算各路线的综合影响因子 SF

对路径 P_{13}，给出 3 个专家对 7 个影响因子 IOF(输入输出复杂性)、TS(任务规模)、RD(关联度)、ET(执行时间)、SD(空间位置)、IM(信息管理)和 PS(进度安排)的权值区间灰数序列，如表 6.4 所示。

表 6.4　路径 P_{13} 的区间灰数序列

专家编号	IOF	TS	RD	ET	SD	IM	PS
1	(0.03,0.06)	(0.02,0.07)	(0.09,0.12)	(0.11,0.2)	(0.15,0.25)	(0.2,0.45)	(0.09,0.25)
2	(0.04,0.06)	(0.03,0.08)	(0.05,0.15)	(0.1,0.2)	(0.12,0.26)	(0.25,0.32)	(0.12,0.2)
3	(0.02,0.08)	(0.04,0.06)	(0.07,0.12)	(0.12,0.18)	(0.18,0.23)	(0.26,0.34)	(0.1,0.2)

按灰色系统理论的专家群体评价的方法，得到各个因子对应的权值为

$$[0.04，0.06，0.08，0.16，0.22，0.28，0.16]$$

给定各因子的取值为

$$V_{IOF}=2，V_{TS}=1，V_{RD}=2，V_{ET}=3，V_{SD}=3，V_{IM}=4，V_{PS}=2$$

路径 P_{13} 的综合影响因子为

$$SF_{13}=0.04\times2+0.06\times1+0.08\times2+0.16\times3+0.22\times3+0.28\times4+0.16\times2=2.88$$

同理可以计算得到路径 P_{14}、P_{23}、P_{24}、P_{34}、P_{41}、P_{32} 的综合影响因子为

$$SF_{14}=2.62，SF_{23}=2.11，SF_{24}=2.21，SF_{34}=1.26，SF_{41}=1.56，SF_{32}=1.84$$

2) 计算各路线的实际传输时间

按式(6.4)计算各路径的实际传输时间，如从 1→3 的实际传输时间为

$$t_{r13}=SF\times t_{13}=2.88\times50=144$$

同理，

$$t_{r14}=SF_{14}\times t_{14}=2.62\times10=26$$
$$t_{r23}=SF_{23}\times t_{23}=2.11\times25=53$$
$$t_{r24}=SF_{24}\times t_{24}=2.21\times20=44$$
$$t_{r34}=SF_{34}\times t_{34}=1.26\times15=19$$
$$t_{r41}=SF_{41}\times t_{41}=1.56\times12=19$$
$$t_{r32}=SF_{32}\times t_{32}=1.84\times18=33$$

3) 求最短遍历路径

根据表 6.2 和上面的计算结果，给出耦合任务集转换成的赋权有向图，如图 6.6 所示，对应的邻接矩阵如表 6.5 所示。

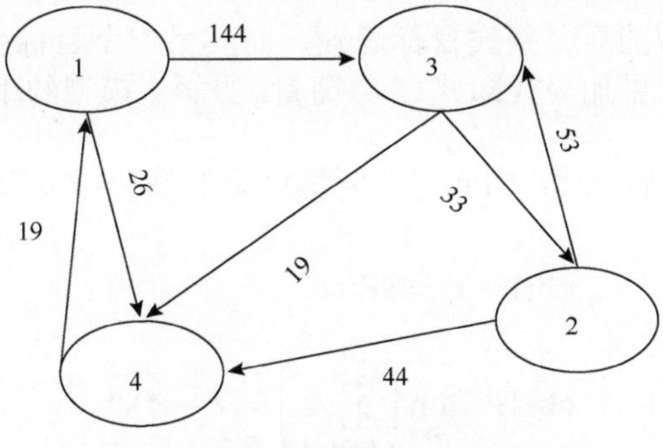

图 6.6　转换赋权有向图

表 6.5　转换赋权有向图的邻接矩阵

任务序号	1	2	3	4
1	0	∞	144	26
2	∞	0	53	44
3	∞	33	0	19
4	19	∞	∞	0

依据图 6.4 所示的标号法求解最短路径如下：

路径 1→3→2→4 对应的传输总时间为 $T_{1324}=221$；

路径 2→3→4→1 对应的传输总时间为 $T_{2341}=91$；

路径 2→4→1→3 对应的传输总时间为 $T_{2413}=207$；

路径 3→2→4→1 对应的传输总时间为 $T_{3241}=96$；

路径 4→1→3→2 对应的传输总时间为 $T_{4132}=196$。

显然，路径 2→3→4→1 对应的传输总时间最短。所以，割裂后的耦合任务集的执行顺序为 2→3→4→1，如表 6.6 所示。

表 6.6　割裂后的耦合任务集序列

任务序号	2	3	4	1
2	*			
3	1	*		
4		1	*	
1			1	*

由表 6.6 可以看出，割裂后的耦合任务集的执行顺序改变了，各任务之间只存在单一顺序执行关系而没有循环关系。按表 6.6 中的任务执行序列，缩短了设计制造周期。

6.3.3　混合解耦模型的建立

根据 6.3.1 节及 6.3.2 节所论述割裂方法所确定的目标函数即式(6.4)作为衡量

耦合任务集求解模型的质量损失目标函数，而其另一个目标函数开发成本，则可根据第 5 章所述迭代累加公式即式(5.8)衡量。此外，模型约束条件可表示为 $\Omega_j = \sum_{i=1}^{n} a_{ij} < 1(i, j \in A_k)$ 。基于此，面向混合解耦策略的耦合任务集求解模型表示如下：

$$\text{obj1}: \quad t_r = \text{SF} \times t \tag{6.19}$$

$$\text{obj2}: \quad \lim_{T \to \infty} \left(\sum_{t=0}^{T} \boldsymbol{\Lambda}^t \right) = (\boldsymbol{I} - \boldsymbol{\Lambda})^{-1} \tag{6.20}$$

$$\text{s.t.} \quad \Omega_j = \sum_{i=1}^{n} a_{ij} < 1, \quad i, j \in A_k \tag{6.21}$$

式(6.19)和式(6.20)为目标函数，分别代表耦合任务集的质量损失与开发成本。约束式(6.21)中字母 A_k 为割裂分解后的小耦合任务集，a_{ij} 为耦合任务集 A_k 的任一单元，该约束条件为保证分解后的小耦合任务集 A_k 由于某一任务调整而导致其他任务的返工过程必须收敛。

6.4 求解混合解耦模型的人工蜂群算法

6.3 节所建立的基于混合解耦策略的耦合任务集求解模型，随着耦合任务的增加，其求解难度呈几何级数增加，常规的精确求解方法很难找到问题的可行解，而启发式算法由于其简单、搜索效率高等优点被广泛应用于 NP-hard 问题，而 ABC 算法作为一种新兴的群集智能算法，由于其极强的局部与全局搜索能力，被应用于各种复杂工程优化问题，本节将该方法用于耦合问题的求解。

6.4.1 人工蜂群算法简介

ABC 算法是以自然界中蜂群的自组织模型和群智能为基础的一种仿生算法[28]。Karaboga[29]在 2005 年成功地蜂群算法应用到函数的数值优化问题中，并提出比较系统的 ABC 算法，该算法简单、鲁棒性强，目前已广泛应用于数值与工程优化问题，如 Singh[30]利用 ABC 算法在一个给出的无向带权图中成功找出具有叶子约束的最小生成树。2009 年，Karaboga 和 Akay 又将 ABC 算法与近年来流行的各种群集智能算法通过大量的测试集函数作比较，实验结果表明：在无约束性数值优化问题上，ABC 算法综合性能优于其他智能算法[31,32]。

蜜蜂是一种群居昆虫，虽然单个昆虫的行为极其简单，但是由单个简单的个体所组成的群体却表现出极其复杂的行为。真实的蜜蜂种群能够在任何环境下，以极高的效率从食物源(花朵)中采集花蜜；同时，它们能适应环境的改变。

蜂群产生群体智慧的最小搜索模型包含基本的三个组成要素，即食物源、被雇佣的蜜蜂和未被雇佣的蜜蜂；两种最为基本的行为模型，即食物源招募蜜蜂和放弃某个食物源。

(1) 食物源。食物源的价值由多方面的因素决定，如它离蜂巢的远近、包含花蜜的丰富程度和获得花蜜的难易程度。使用单一的参数、食物源的收益率等来代表以上各个因素。

(2) 被雇佣的蜜蜂。也称引领蜂，其与所采集的食物源一一对应。引领蜂存储有某一个食物源的相关信息(相对于蜂巢的距离、方向、食物源的丰富程度等)并且将这些信息以一定的概率与其他蜜蜂分享。

(3) 未被雇佣的蜜蜂。其主要任务是寻找和开采食物源。有两种未被雇佣的蜜蜂，即侦察蜂和跟随蜂，侦察蜂搜索蜂巢附近的新食物源；跟随蜂等在蜂巢里面并通过与引领蜂分享相关信息找到食物源。一般情况下，侦察蜂的平均数目是蜂群的 5%～20%。

在群体智慧的形成过程中，蜜蜂间交换信息是最为重要的一环。舞蹈区是蜂巢中最为重要的信息交换地。蜜蜂的舞蹈称为摇摆舞。食物源的信息在舞蹈区通过摇摆舞的形式与其他蜜蜂共享，引领蜂通过摇摆舞的持续时间等来表现食物源的收益率，故跟随蜂可以观察到大量的舞蹈并依据收益率来选择到哪个食物源采蜜。收益率与食物源被选择的可能性成正比。因而，蜜蜂被招募到某一个食物源的概率与食物源的收益率成正比。

初始时刻，蜜蜂以侦察蜂的身份搜索。其搜索可以由系统提供的先验知识决定，也可以完全随机。经过一轮侦察后，若蜜蜂找到食物源，则蜜蜂利用它本身的存储能力记录位置信息并开始采蜜。此时，蜜蜂将成为“被雇佣者”。蜜蜂在食物源采蜜后回到蜂巢卸下蜂蜜然后将有如下选择：

(1) 放弃食物源而成为非雇佣蜂。

(2) 跳摇摆舞为所对应的食物源招募更多的蜜蜂，然后回到食物源采蜜。

(3) 继续在同一个食物源采蜜而不进行招募。

对于非雇佣蜂有如下选择：

(1) 转变成为侦察蜂并搜索蜂巢附近的食物源，其搜索可以由先验知识决定，也可以完全随机。

(2) 在观察完摇摆舞后被雇佣成跟随蜂，开始搜索对应食物源邻域并采蜜。

蜂群采蜜工作的图形描述如图 6.7 所示。

假设有两个已经发现的蜜源 A 和 B，刚开始时，待工蜂没有任何关于蜂巢附近蜜源的信息，它有两种可能的选择。

(1) 待工蜂可以作为侦察蜂，由于某一内部激励或可能的外在因素，开始自发地搜寻在蜂巢附近的蜜源(图 6.7 中带“S”的箭线)。

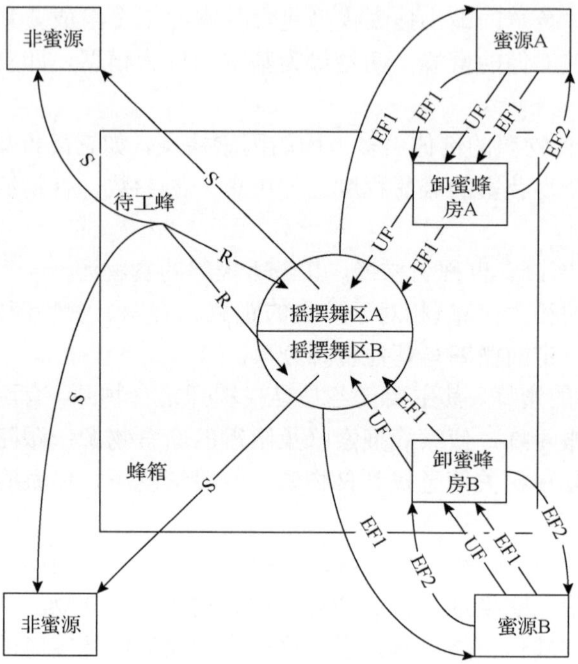

图 6.7 蜂群采蜜工作图

(2)在观察到其他蜜蜂的摇摆舞后，它可以被招募并开始按照获得的信息寻找蜜源(图 6.7 中带“R”的箭线)。

在待工蜂发现新的蜜源后，蜜蜂依靠自身的能力记住蜜源的位置，并迅速开始采蜜，因此待工蜂变成了采蜜蜂。蜜蜂采蜜回到蜂箱，在将花朵甜汁吐到一个空的蜂房中后，它有以下几种选择：

(1)放弃蜜源，成为待工的跟随蜂(UF)。

(2)在返回同一蜜源前，跳摇摆舞招募蜂巢其他伙伴(EF1)。

(3)不招募其他蜜蜂，继续采蜜(EF2)。

初始时刻，所有蜜蜂没有任何先验知识，其角色都是侦察蜂。随机搜索到食物源后，侦察蜂返回蜂巢的舞蹈区，根据食物源收益度的相对大小，侦察蜂可以转变为上述任何一种蜜蜂。转变的原则如下：

(1)当所采集食物源的收益度相对很低时，它可以再次成为侦察蜂搜寻附近的食物源。其转变结果是放弃上次采集的食物源。

(2)所采集食物源的收益度排名小于临界值(如排名在后 50%)时，它可以在观察完舞蹈后成为跟随蜂，并前往相应的食物源采蜜。

(3)所采集食物源的收益度排名高于临界值时，它成为引领蜂，继续在同一食物源采蜜，并在舞蹈区招募更多的蜜蜂采集相应食物源。

在基本 ABC 算法中，人工蜂群包含三种个体，前已叙述，即雇佣蜂、观察蜂和侦察蜂。每个雇佣蜂有一个确定的食物源并在迭代中对食物源的邻域进行搜索。在每次返回蜂巢之后，雇佣蜂将食物源的信息与观察蜂分享，观察蜂根据信息将在不同的食物源中选择一个作为目标，并进行局部搜索。食物源和雇佣蜂是一一对应的关系，即雇佣蜂数目和食物源数目相等；雇佣蜂和观察蜂各占蜂群总数的一半，食物源的位置对应优化问题的一个可行解，食物源的收益度对应该位置的适应度函数值。

初始化时，随机生成 SN 个可行解(等于雇佣蜂的数量)并计算适应度函数值。随机产生可行解的公式为

$$\boldsymbol{x}_i^j = \boldsymbol{x}_{\min}^j + \text{rand}(0,1)(\boldsymbol{x}_{\max}^j - \boldsymbol{x}_{\min}^j) \tag{6.22}$$

式中，$\boldsymbol{x}_i\,(i=1, 2,\cdots, \text{SN})$为 D 维向量，D 为优化参数的个数，$j\in\{1, 2,\cdots, D\}$。

蜜蜂记录自己到目前为止的最优值，并在当前食物源附近展开邻域搜索。产生一个新食物源替代前一个蜜源的公式为

$$v_{ij} = x_{ij} - \varphi_{ij}(x_{ij} - x_{kj}) \tag{6.23}$$

式中，$j\in\{1, 2,\cdots, D\}$；$k\in\{1, 2,\cdots, \text{SN}\}$；$k$ 随机生成且 $k\neq i$；φ_{ij} 为$[-1, 1]$区间的随机数。

基本 ABC 算法中，观察蜂选择雇佣蜂的概率为

$$P_i = \frac{\text{fit}(x_i)}{\sum_{n=1}^{\text{SN}} \text{fit}(x_n)} \tag{6.24}$$

式中，$\text{fit}(x_i)$为第 i 个解的适应度函数值对应食物源的丰富程度。蜜源越丰富，被跟随蜂选择的概率越大。

为防止算法陷入局部最优，当某食物源迭代 limit 次没有改进时，便放弃该食物源，并且将该食物源记录在禁忌表中，同时该蜜源对应的雇佣蜂转变为侦察蜂按式(6.22)随机产生一个新的位置代替原蜜源。

基本 ABC 算法的控制参数主要有三个：食物源的个数(与雇佣蜂或观察蜂相等)SN、算法终止的最大进化数 MEN 以及 limit。

基本 ABC 算法的流程如图 6.8 所示。

6.4.2　人工蜂群算法求解实现过程

6.3.3 节建立的耦合任务集求解模型是一类典型的 NP-hard 问题，一般的精确算法或启发式算法不仅计算量大，而且难以找到问题的最优解。近几十年来，诸

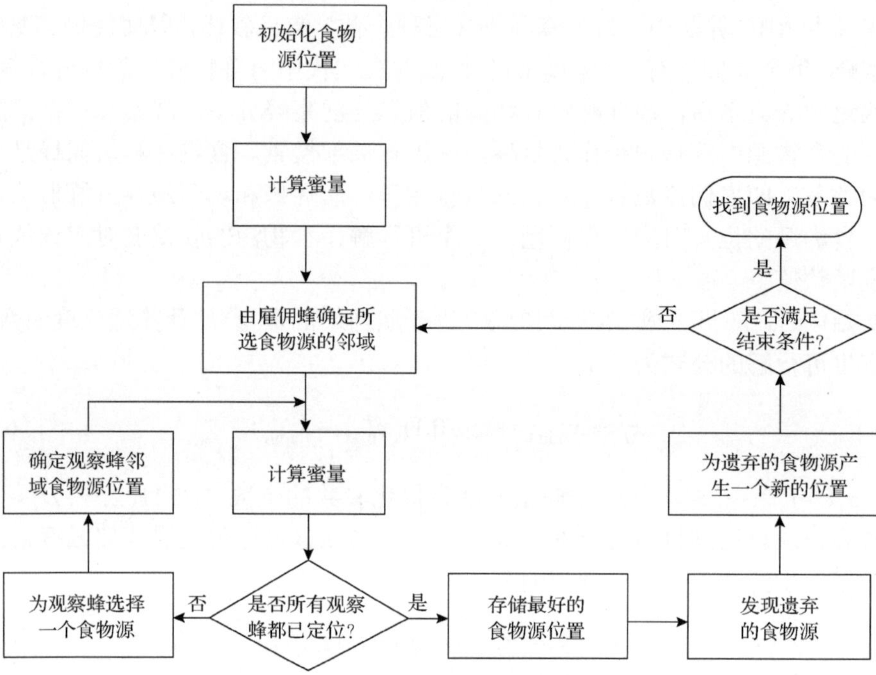

图 6.8　基本 ABC 算法流程图

如鸟群、蚁群、蜂群等社会昆虫用于搜索与优化目的的行为建模已经成为群集智能的一种重要涌现形式并已成功应用于生产实践中，其中 Karaboga[29]开发的用于优化多变量与多峰连续函数的 ABC 算法在求解组合优化问题显示出极大的优势。然而，6.4.1 节所述基本 ABC 算法最初设计用来求解连续函数优化问题，对离散问题应用较少。本节针对耦合任务集求解问题的特点，设计 ABC 算法对其进行求解，具体实现过程分析说明如下。

1) 解的描述方法

由于求解问题的特殊性，采用实数编码方式，对设计结构矩阵 $\boldsymbol{A}$ 的行号/列号进行随机排序产生大量个体。如图 6.9 所示 DSM，采用随机排列方法可生成如下不同形式的个体，由于 DSM 由 3 行 3 列组成，用实数 1、2、3 分别代表各行或各列顺序，图 6.9 为 3 种不同形式个体编码，分别代表 3 种排列形式。

2) 食物源评价

在本算法中，对食物源的评价主要从两方面进行，一是对应耦合任务集问题的质量损失函数，即式(6.19)；二是耦合任务集迭代所带来的开发成本，由式(6.20)决定。需要注意的是，这两个目标函数通常是相互排斥的，即质量损失越多开发成本越低，反之亦然。两种极端情况是开发成本最高与质量损失最大的情形，如图 6.10 所示，其中假设耦合任务集由 5 个任务组成，开发成本最大的情况即不采用割裂操作，开发过程不存在质量损失，直接可以利用 WTM 模型求解开发成本，

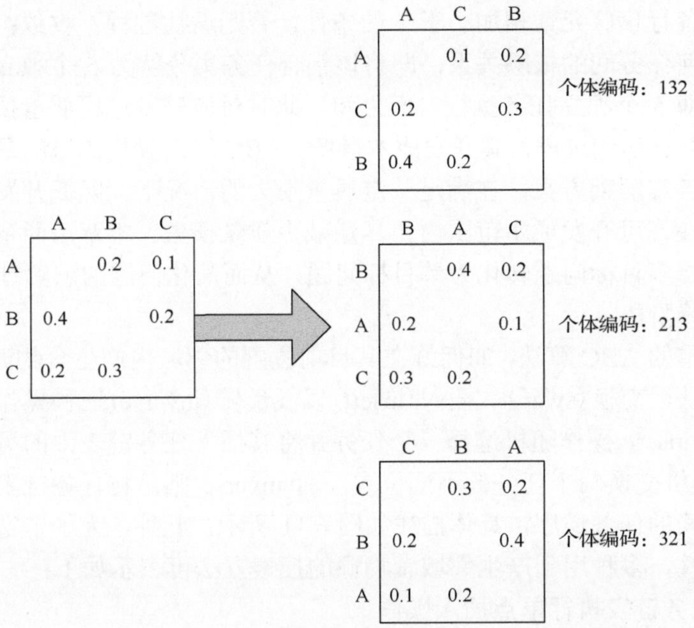

图 6.9　编码过程示例

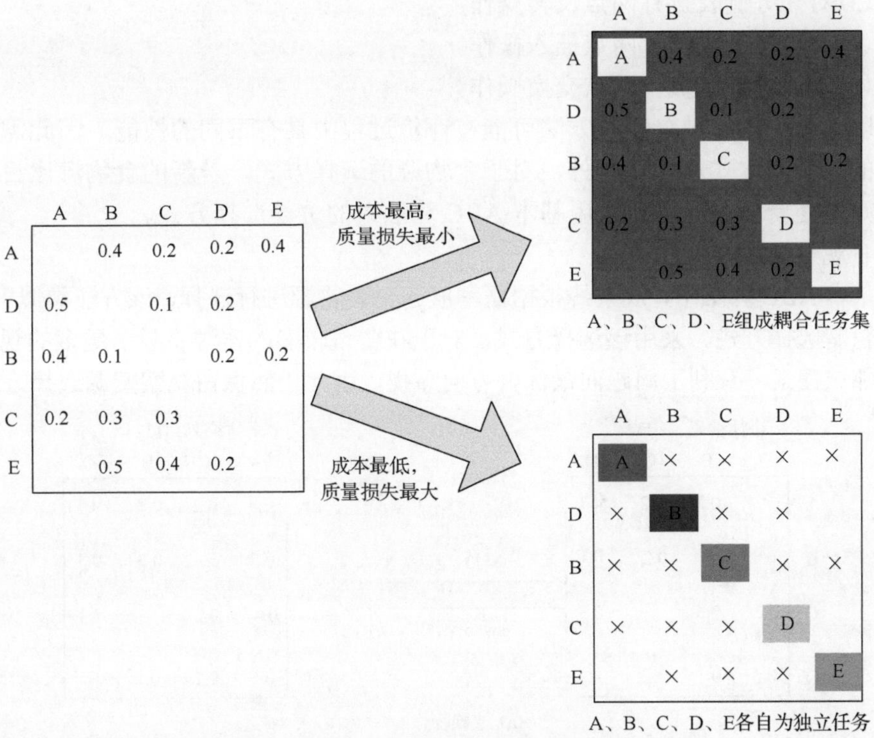

图 6.10　耦合任务集分解两种极端情况

此时需满足各行(列)元素相加小于 1 的条件，否则迭代过程不收敛；另一种情况是不考虑任何任务间的依赖关系，即将该耦合任务集分解为 5 个独立的子任务，其开发成本即 5 个独立任务执行时间之和，此时对应开发过程质量损失最大。但是，由于不存在迭代过程，其开发成本最低。ABC 算法寻优的目的是找到一种可行的耦合任务集解耦方案，在满足一定质量损失的情况下，降低开发过程的开发成本；或者在许可开发成本范围内，尽量减少质量损失。本章后面章节将通过设置权值方法将多目标问题转化为单目标问题，从而简化问题的求解过程。

3) 雇佣蜂阶段

根据基本的 ABC 算法，雇佣蜂在其目前位置的邻域内产生食物源。根据对其个体描述方法，交换(swap)、插入(insert)以及反转(inverse)三种操作用于产生邻域解，其中 insert 操作随机选择一个任务并将其插入任务链表中的另一个随机位置，swap 随机交换两个任务的不同位置，而 inverse 则是将任务链表中两个不同的随机位置间的任务逆序，具体描述如图 6.11 所示，此外，为了丰富邻域结构以及解的多样性，多种用于产生邻域食物源的搜索方法可表示如下：

(1) 对任务链表执行单点插入操作。

(2) 对任务链表执行单点交换操作。

(3) 对任务链表执行两点反转操作。

(4) 对任务链表执行两点插入操作。

(5) 对任务链表执行两点交换操作。

以上产生的邻域食物源方法可能在评价过程中具有不同的性能，因此需进行合理的自学习方式选择。此外，对于食物源的选择方式，若新的食物源比目前的好，则接受新食物源，即采用基本 ABC 算法中的贪婪选择方式。

4) 观察蜂阶段

基本 ABC 算法中，观察蜂根据概率值 p_i 对食物源进行选择，该方法类似于 GA 中的轮赌选择方式。采用该选择方式，对于花蜜量较多的蜜源将吸引更多的观察蜂进行邻域搜索，有利于问题向最优解方向靠拢，因此仍然保留观察蜜源选择方式。

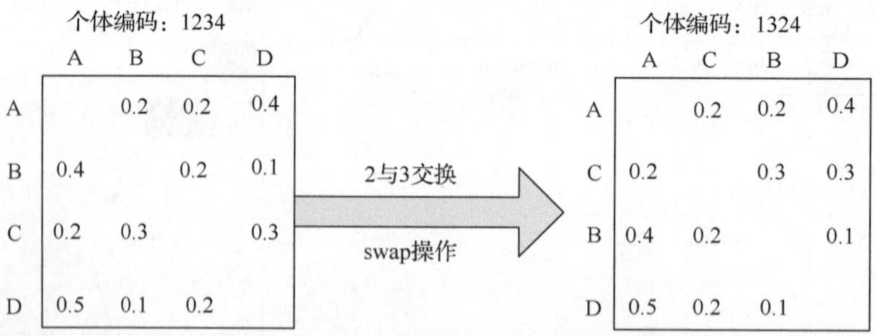

(a) 交换操作

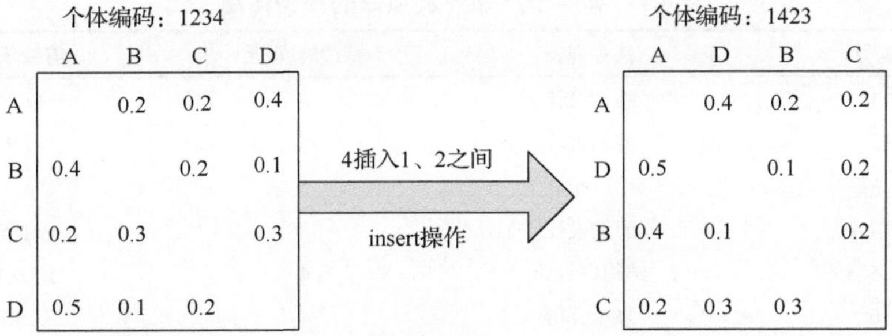

(b) 插入操作

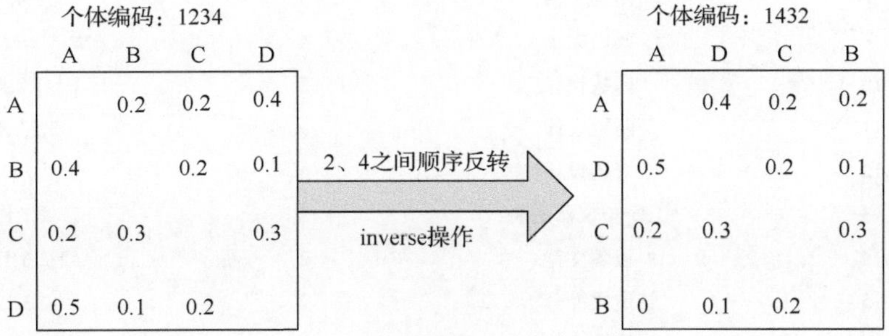

(c) 反转操作

图 6.11　邻域解产生方法

5) 侦察蜂阶段

基本 ABC 算法中，侦察蜂在预先定义的搜索空间随机产生一个食物源。然而，新产生食物源会增加算法的搜索范围，因此侦察蜂的操作会降低算法搜索的效率。基于此，本节对侦察蜂过程进行改进，其产生的食物源通过执行插入、交换与反转最优食物源产生。此外，为了避免算法陷入局部最优解，需进行多次相关操作。

6.5　应用实例

本节以某化学处理系统的工程设计过程[33]为应用实例，验证本章提出方法的有效性。该设计过程包含 20 个子任务，其相应的任务名称和相关数据如表 6.7 所示。首先需根据第 2 章所述 DSM 建模方法构建 DSM，其次采用层次分析法(AHP)将所建立的 0-1 二值矩阵转化为数值 DSM 并利用划分运算找出 DSM 中存在的耦合任务集，再次运用本章提出的混合解耦方法对存在的耦合进行解耦处理，最后进行相关分析，得到仿真结果。

表 6.7　某电子产品开发项目的任务信息[33]

编号	任务列表	持续时间/天	前续任务
1	结构设计	6	13,15
2	容器设计	12	7,9
3	工厂布局	5	
4	船舶设计	8	1,15
5	结构塔设计	4	1,7,9,12
6	降压分析	4	8,15,17
7	加工工程	3	
8	结构文档	3	3,4,5
9	阀门大小	4	3,12
10	风载设计	5	1,2,8
11	防震设计	9	3,5,7,12
12	管道设计	4	
13	工序与仪器图表	2	2,7,12
14	设备支持	2	1,2,6,7,15
15	管道柔性分析	2	2,3,12
16	设计文件	4	1,2,3,5,10,18
17	地基设计	5	4,9,13
18	绝缘结构设计	5	1,2,7,8,11
19	物料清单	6	5,10,18
20	装备设计	7	4,9,12,14

具体过程如下：建立该工程设计过程的 DSM 模型，如图 6.12 所示，其中空单元代表两任务间不存在依赖关系，而数值 1 代表任务间的输入/输出关系。例如，任务 1 的执行需要来自任务 13、15 的信息，因此这些任务必须在任务 1 之前执行。此外，任务 1 必须向任务 4、5、10、14、16、18 提供信息，否则这 6 个任务不能开始。然而，图 6.12 的任务依赖关系模型仅仅描述了任务间的输入/输出关系，难以理解其依赖结构，因而需更进一步的明确矩阵的结构。

任务间依赖关系的进一步量化有利于揭示其联系的强弱，因此这里采用双向两两比较方案[32]，对二值 DSM 进行量化。双向两两比较方案的基本思想是：引入任务的灵敏度与可变度两个指标，结合 AHP 中的两两比较技术，通过任务集的行(列)来构造任务敏感(可变度)的两两比较判断矩阵，并以行(列)比较矩阵的特征向量值来表示对应任务的敏感度(可变度)。具体实施过程如下：

(1)制定比较准则，选定任务集某行作为两两任务比较的基准，对该行中除对角线元素外所有与基准任务 T_i 存在信息关联的任务进行两两比较，判定该任务对其他任务敏感(可变)程度。

	1	2	3	4	5	6	7	8	9	10	11	12	13	14	15	16	17	18	19	20
1	1			1				1			1		1		1				1	
2		2					1		1											
3			3																	
4	1			4	1			1							1		1			
5	1				5		1		1	1	1	1					1			
6						6		1							1		1			1
7							7													
8			1	1	1			8			1							1		
9			1						9			1								
10	1	1						1		10									1	
11			1		1		1				11	1						1		
12												12								
13		1					1					1	13							
14	1	1				1	1							14	1					
15		1	1									1			15					
16	1	1	1		1					1						16		1		
17				1					1				1				17		1	
18		1					1	1			1							18		
19					1					1								1	19	
20				1					1			1		1						20

图 6.12　0-1 二值 DSM 模型

(2) 构造基准任务 T_i 的敏感度和可变度两两比较判断矩阵，形式如图 6.13 所示，其中 SC(T_i)(EC(T_i)) 为基准任务 T_i 的敏感度(可变度)比较准则，采用 AHP 的 1～9 级标度。

SC(T_i) (EC(T_i))	T_j	$\cdots$	T_k
T_j	1	$\cdots$	$x(y)$
$\vdots$	$\vdots$		$\vdots$
T_k	$x(y)$	$\cdots$	1

图 6.13　敏感度与可变度判断矩阵

(3) 计算各判断矩阵的特征向量，将此向量值作为基准任务 T_i 与其他任务之间的敏感度(可变度)。

(4) 量化双指标耦合任务集，将敏感度值按行、可变度值按列填入图 6.13 双指标任务集中的相应位置，并取其乘积的平方根，即完成了对双指标任务集的量化。

以本节工程设计过程为例：相对于任务 1，其上游任务 13、15 进展度比较矩阵如图 6.14(a) 所示，其下游任务 4、5、10、14、16、18 敏感度比较矩阵如图 6.14(b) 所示。其中比较尺度 9 代表任务 4 的进展度要大大快于任务 18；另一方面，比较尺度 1/3 则说明任务 5 的进展度略微小于任务 4。将比较矩阵最大特征值对应的特征向量按进展度与敏感度填入二值 DSM 中，此时每个矩阵都对应两个比较指标，取其算数平方根，结果如图 6.15 所示。

EC(T_1)	T_{13}	T_{15}
T_{13}	1	3
T_{15}	1/3	1

$$\begin{bmatrix} T_{13} \\ T_{15} \end{bmatrix} = \begin{bmatrix} 0.949 \\ 0.316 \end{bmatrix}$$

$\lambda_{\max}=2$

(a) 进展度比较矩阵

SC(T_1)	T_4	T_5	T_{10}	T_{14}	T_{16}	T_{18}
T_4	1	3	5	5	7	9
T_5	1/3	1	3	3	5	7
T_{10}	1/5	1/3	1	1	3	5
T_{14}	1/5	1/3	1	1	3	3
T_{16}	1/7	1/5	1/3	1/3	1	3
T_{18}	1/9	1/7	1/5	1/3	1/3	1

$$\begin{bmatrix} T_4 \\ T_5 \\ T_{10} \\ T_{14} \\ T_{16} \\ T_{18} \end{bmatrix} = \begin{bmatrix} 0.847 \\ 0.442 \\ 0.204 \\ 0.186 \\ 0.097 \\ 0.056 \end{bmatrix}$$

$\lambda_{\max}=6.25$

(b) 敏感度比较矩阵

图 6.14 双向比较矩阵

	1	2	3	4	5	6	7	8	9	10	11	12	13	14	15	16	17	18	19	20
1	1			0.23				0.48			0.32		0.54		0.53				0.11	
2		2					0.72		0.37											
3			3																	
4	0.45			4	0.45			0.14							0.55		0.25			
5	0.43				5		0.63		0.41	0.25	0.35	0.29					0.34			
6						6		0.88							0.42		0.45			0.33
7							7													
8			0.84	0.61	0.29			8			0.22							0.24		
9			0.51						9			0.37								
10	0.42	0.60						0.29		10									0.54	
11			0.67		0.61		0.2				11	0.2						0.25		
12												12								
13		0.43					0.41					0.19	13							
14	0.28	0.42				0.66	0.21							14	0.08					
15		0.29	0.28									0.14			15					
16	0.29	0.18	0.14		0.28					0.23						16		0.23		
17				0.23					0.29				0.37				17		0.25	
18		0.11					0.11	0.30			0.31							18		
19					0.13					0.12								0.25	19	
20				0.2					0.17			0.15		0.45						20

图 6.15 0-1 数值 DSM

采用第 2 章所述 DSM 划分运算，得到该化学处理的设计过程包含 5 个子过程，如图 6.16 所示。子过程 1 包含任务 3、7、12 三项任务，每个任务均无须其

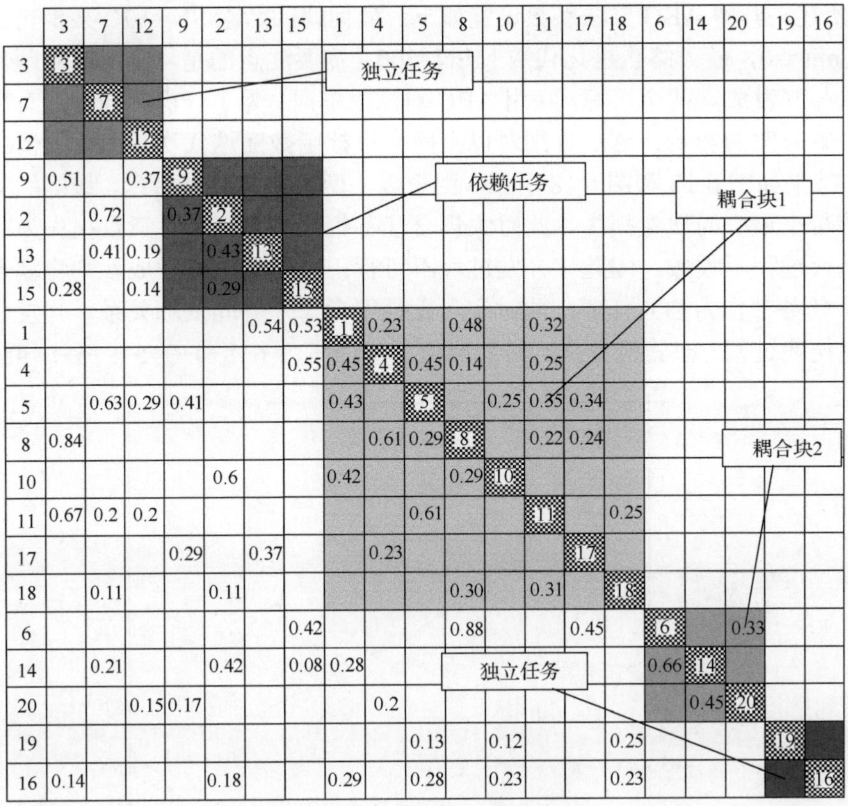

	3	7	12	9	2	13	15	1	4	5	8	10	11	17	18	6	14	20	19	16
3	3																			
7		7																		
12			12																	
9	0.51		0.37	9																
2		0.72		0.37	2															
13		0.41	0.19		0.43	13														
15	0.28		0.14		0.29		15													
1						0.54	0.53	1	0.23		0.48		0.32							
4							0.55	0.45	4	0.45	0.14		0.25							
5		0.63	0.29	0.41				0.43		5		0.25	0.35	0.34						
8	0.84								0.61	0.29	8		0.22	0.24						
10					0.6			0.42			0.29	10								
11	0.67	0.2	0.2							0.61			11		0.25					
17				0.29		0.37			0.23					17						
18		0.11			0.11						0.30		0.31		18					
6							0.42				0.88			0.45		6		0.33		
14		0.21			0.42		0.08	0.28								0.66	14			
20			0.15	0.17					0.2								0.45	20		
19										0.13		0.12			0.25				19	
16	0.14				0.18			0.29		0.28		0.23			0.23					16

图 6.16　DSM 划分运算结果

他任务的信息输入便可独立执行；子过程 2 包含任务 2、9、13、15 四项任务，需接受来自子过程 1 相关任务的信息输入，而过程内部任务间信息为顺序依赖，即按照顺序 9→2→13→15 依次执行即可；子过程 3 包含任务 1、4、5、8、10、11、17、18 八项任务，需接受来自子过程 1、2 相关任务的信息输入，此外，过程内部八项任务彼此依赖形成耦合任务集，且多行(列)各元素累加和大于 1，即若采用 WTM 模型，则该迭代过程不收敛，因此需要采用本章提出的混合解耦模型求解；子过程 4 包含任务 6、14、20 三项任务，该子过程需接收来自以上三个过程的输入信息，此外，该子过程内部任务彼此依赖形成耦合任务集，但各行(列)各元素累加和均小于 1，因此可采用 WTM 模型进行迭代求解；子过程 5 包含 16、19 两项任务，每个任务均无须其他任务的信息输入便可独立执行。

通过以上划分运算结果可以看出，问题的关键是如何处理由任务 1、4、5、8、10、11、17、18 八个任务构成的耦合任务集，此时 WTM 模型无法用于求解该问题，必须首先根据割裂方法将大耦合任务集分解为小耦合任务集，其次衡量耦合任务集分解所造成的质量损失以及所需的开发成本两个指标，具体过程按照 6.3 节、

6.4 节所述，其中 ABC 算法参数设置如下：雇佣蜂的数量 SN=10，某食物源迭代次数 limit=20，最大终止进化代数 MEN=500。需要注意的是，由于该问题包括质量损失与开发成本两个目标，在用 ABC 算法求解时，为了分析不同目标对耦合任务集分解方案的影响，这里分别对以上两个目标函数随迭代次数变化的情况进行仿真，结果如图 6.17 和图 6.18 所示。由于以上两个目标相互排斥，最好的割裂效果应该带来最少的质量损失，此时大耦合任务集不进行分解，质量损失为零，但由于迭代过程不收敛，因此该开发过程不可行；而最少的开发成本则将耦合任务集 8 个任务都作为独立任务，此时实际上是不考虑任务间依赖关系，开发成本由于没有迭代过程，即其任务执行时间所耗费的成本为 6+8+4+3+5+9+5+5=45(元)。

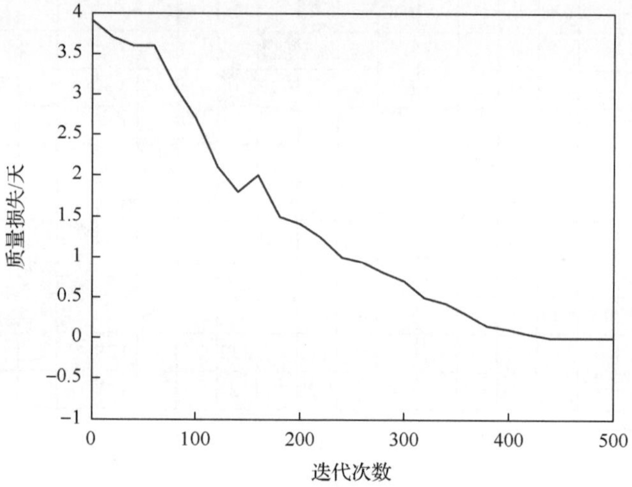

图 6.17　迭代次数与质量损失变化曲线

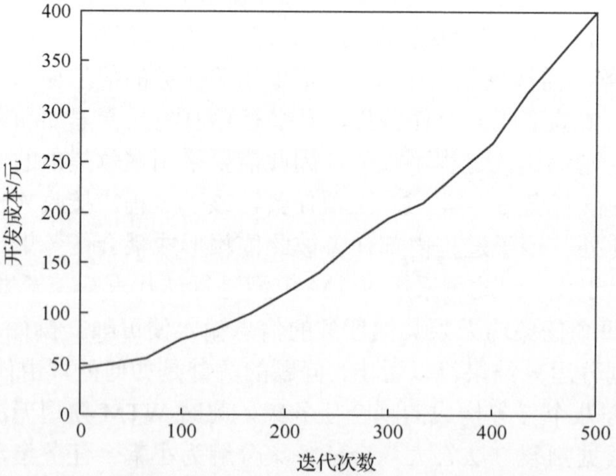

图 6.18　迭代次数与开发成本变化曲线

下面继续考虑双目标函数对耦合任务集分解方案的影响，引入帕累托最优解集的概念，绘制出包含两个目标函数的变化曲线，如图 6.19 所示。可以看出，由于两个目标函数的相斥性，不同的方案具有不同的优势，不同决策者可根据实际的产品开发需求，选择不同的设计迭代过程。例如，表 6.8 选取了不同耦合任务集分解方案所对应的开发成本与质量损失，设计工程师可根据实际需要选择不同的解决方案对复杂耦合任务集进行分析与处理。

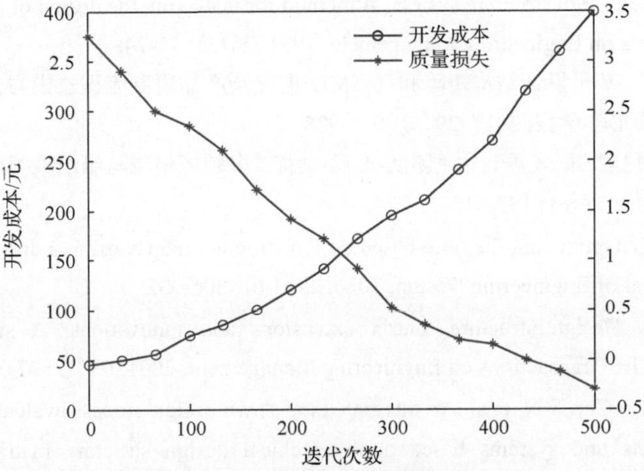

图 6.19　目标函数与迭代次数变化曲线

表 6.8　耦合任务集解耦方案

序号	分解方案	质量损失/天	开发成本/元	特点
1	8 个独立子任务	∞	45	成本最少，质量损失最大
2	耦合任务集(5,10,11)与(1,4,8,10,18)	0.32	361.5	成本最大，质量损失最小
3	耦合任务集(1,4,5,8)与(10,11,17,18)	1.71	236.1	成本适中，损失部分质量
4	耦合任务集(1,5,10,17)与(4,8,11,17)	2.59	297.6	成本适中，损失部分质量

6.6　本章小结

本章针对第 4、5 章提出的解耦方法存在的不足，根据改进的 WTM 模型，并结合割裂技术和内部迭代方法对其做进一步的完善与补充，建立了更加合理的混合解耦模型；此外，通过建立包含质量损失与开发成本的多目标数学模型并利用 ABC 算法求解，丰富和完善了其使用范围。本章融合割裂与迭代思想的耦合任务集求解方法，建立综合考虑成本、质量等多目标耦合任务集中任务规划与解耦模型；进而引入 ABC 算法实现以上耦合任务集模型的求解，并对不同权重目标函数进行比较分析；以某化学处理系统的工程设计过程作为应用实例，验证本章方法的合理性与有效性，说明该方法是一种更加符合实际情况的产品开发耦合任务集求解技术。

参 考 文 献

[1] Eppinger S D, Whitney D E, Smith R P, et al. A model-based method for organizing tasks in product development. Research in Engineering Design, 1994, 6(1): 1-13.

[2] Steward D V. The design structure system: A method for managing the design of complex system. IEEE Transactions on Engineering Management, 1981, 28(3): 71-74.

[3] 杨国辉, 刘继红. 基于设计结构矩阵和 SysML 的复杂产品研制流程建模与优化方法. 计算机辅助设计与图形学学报, 2017, 29(5): 921-928.

[4] 杨青, 郑璐, 索尼亚. 研发项目中“团队-产品-功能”多领域集成与组织聚类研究. 系统工程理论与实践, 2018, 38(6): 1557-1565.

[5] Cook I, Coates G. Optimising the time-based design structure matrix using a divide and hybridise algorithm. Journal of Engineering Design, 2016, 27(4-6): 306-332.

[6] Browning T R. Design structure matrix extensions and innovations: A survey and new opportunities. IEEE Transactions on Engineering Management, 2001, 63(1): 27-52.

[7] Huang J Q, Li Y P, Chu X N, et al. An integrated top-down design process evaluation approach of complex products and systems based on hierarchical design structure matrix. International Journal of Computer Integrated Manufacturing, 2015, 28(10): 1015-1029.

[8] Yang Q, Yao T, Lu T, et al. An overlapping-based design structure matrix for measuring interaction strength and clustering analysis in product development project. IEEE Transactions on Engineering Management, 2014, 61(1): 159-170.

[9] Danilovic M, Browning T R. Managing complex product development projects with design structure matrices and domain mapping matrices. International Journal of Project Management, 2007, 25(3): 300-314.

[10] Lin M C, Chen K, Chang W C, et al. A DSM-based project scheduling system for collaborative product development. International Journal of Simulation and Process Modeling, 2007, 3(4): 183-194.

[11] Yan H S, Wang Z, Jiang M. A quantitative approach to the process modeling and planning in concurrent engineering. Concurrent Engineering: Research and Applications, 2002, 10(2): 97-111.

[12] Wang Z, Yan H S. Optimizing the concurrency for a group of design activities. IEEE Transactions on Engineering Management, 2005, 52(1): 102-118.

[13] Huang H Z, Gu Y K. Product development process modeling based on information feedback and requirement cooperation. Concurrent Engineering: Research and Applications, 2006, 14(2): 87-98.

[14] Huang H Z, Gu Y K. Modeling the product development process as a dynamic system with feedback. Concurrent Engineering: Research and Applications, 2006, 14(4): 283-291.

[15] Zhang H P, Qiu W H, Zhang H F. An approach to measuring coupled tasks strength and sequencing of coupled tasks in new product development. Concurrent Engineering: Research and Applications, 2006, 14(4): 305-311.

[16] 肖人彬, 曹鹏彬, 刘勇. 工程免疫计算. 北京: 科学出版社, 2007.

[17] 徐赐军, 李爱平, 刘雪梅. 并行设计中耦合活动集的割裂规划. 同济大学学报(自然科学版), 2010, 38(3): 427-432.

[18] Smith R P, Eppinger S D. A predictive model of sequential iteration in engineering design. Management Science, 1997, 43(8): 1104-1120.

[19] Smith R P, Eppinger S D. Identifying controlling features of engineering design iteration. Management Science, 1997, 43(3): 276-293.

[20] Kim D. On representations and dynamic analysis of concurrent engineering design. Journal of Engineering Design, 2007, 18(3): 265-277.

[21] Ong K L, Lee S G, Khoo L P. Homogeneous state-space representation of concurrent design. Journal of Engineering Design, 2003, 14(2): 221-245.

[22] Krause F L, Kimura F, Kjellberg T, et al. Product modeling. CIRP Annals, 1993, 42(2): 695-706.

[23] 曹鹏彬, 肖人彬, 库琼. 公理设计过程中耦合设计问题的结构化分析方法. 机械工程学报, 2006, 42(3): 46-55.

[24] Xiao R B, Chen T G, Tao Z W. Information modeling and reengineering for product development process. International Journal of Management Science and Engineering Management, 2007, 2(1): 64-74.

[25] 周雄辉, 李祥, 阮雪榆. 注塑产品与模具协同设计任务规划算法研究. 机械工程学报, 2003, 39(2): 113-118.

[26] Kusiak A, Wang J. Efficient organizing of design activities. International Journal of Production Research, 1993, 31(4): 753-769.

[27] 周济, 查建中, 肖人彬. 智能设计. 北京: 高等教育出版社, 1998.

[28] Chen X, Tianfield H, Li K. Self-adaptive differential artificial bee colony algorithm for global optimization problems. Swarm and Evolutionary Computation, 2019, 45: 70-91.

[29] Karaboga D. An idea on honeybee swarm for numerical optimization. Technical Report TR06. Erciyes University, Engineering Faculty, Computer Engineering Department, 2005.

[30] Singh A. An artificial bee colony algorithm for the leaf constrained minimum spanning tree problem. Applied Soft Computing, 2009, 9(2): 625-631.

[31] Yang J Y, Jiang Q Y, Wang L, et al. An adaptive encoding learning for artificial bee colony algorithms. Journal of Computational Science, 2019, 30: 11-27.

[32] Chen T, Xiao R. A dynamic intelligent decision approach to dependency modeling of project tasks in complex engineering system optimization. Mathematical Problems in Engineering, 2013, 398123: 1-12.

[33] Chen S, Lin L. A project task coordination model for team organization in concurrent engineering. Concurrent Engineering: Research and Application, 2002, 10(3): 187-202.

第 7 章　产品族设计中的耦合问题分析与处理

本章作为第 4 章的扩展，针对产品族设计在现有条件无法完全解耦情况，探讨如何处理参数耦合设计问题，着重研究产品族设计中的耦合处理策略。

7.1　引　言

随着全球化市场的形成，企业间的竞争日益激烈，其焦点已经集中于怎样才能更好地满足多样化的客户需求。随着客户对产品个性化定制需求的增强及信息技术的快速发展，大批量定制(mass customization, MC)生产模式成为当前先进制造领域研究前沿和发展趋势[1]。大批量定制作为一种重要的产品开发理念，已经得到学术界和企业界广泛肯定，它被认为是制造业的一个新战场，但是如何成功实现大批量定制，仍是目前学术界急需解决的问题。而开发产品族作为实现大批量定制的一种有效方式已被众多企业和研究者广泛认同，如 Ford 汽车、Nippondenso 自行车、Swatch 表、Dell 计算机等均采用了这种方式。基于产品平台的产品族设计是快速响应客户个性化需求的有效技术手段，其基本思想是以产品平台战略为指导，针对细分市场中不同客户群的需求，进行产品平台和基于产品平台的系列产品设计，以低成本和快速的开发周期来满足客户的个性化需求。产品平台是产品族的基础，通过在产品平台基础上添加、删除、替换一个或多个模块可以衍生出满足客户个性化需求的不同产品，或者通过扩展平台的一个或多个设计参数实现产品的衍生。前者称为模块化产品平台，后者称为参数化产品平台。参数化产品族设计和模块化产品族设计的设计目标都是面向大批量定制，提供高效率、低成本的个性化产品。不同的是，前者通过变量值的共有和一个或多个参数数值调整达到设计目标，后者利用基础模块共享和定制模块的增、减、变化达到设计目标。

自产品族及产品平台的概念提出以来，相关的研究者围绕产品平台定义、产品族规划策略及优化方法进行了大量的研究工作。Meyer 等[2]定义产品平台为“一组共用的零部件或模块集合”，而共享同一产品平台、具有不同的特征和性能、以满足一定范围内不同客户需求的一系列产品就是产品族。Martin 等[3]提出了一种利用跨代变化指数和耦合指数两个指标来开发标准化和模块化产品结构的方法。Sered 等[4]在此基础上提出了一种过程工作量驱动的标准化和模块化设计方法，根据工作量的大小来确定哪些零部件用来标准化和模块化，从而确定产品平台。秦红斌等[5]提出了一个平台体系结构的分层构造框架及一种平台元素的获取方式——基于图论的聚类分析方法。Jiao 等[6]按照产品平台发展历程，对平台概念、应用领域和当前的研究以及学术界和业界对平台概念的扩展进行了较全面的评述。Yaday 等[7]基于 Kano 模型对客户需求信息分类，采用质量功能配置将客户满意度自顶向下分解到组件参数，提出客户满意驱动的产品平台规划方法。Hong 等[8]提出以客户为中心的产品建模和配置方法，使用与或树表达类产品模型，应用粗糙集算法进行模式约简，实现动态客户需求向产品平台信息模型映射。

关于基于参数化产品平台的第一个系统化的规划方法是 Simpson[9]提出的产品平台概念探索方法，该方法通过划分市场网格来确定合适的比例因子，由此扩展产品平台，完成产品平台和个性结构的参数化设计。Kumar 等[10]以产品族的市场定位为主要目标，使用嵌套对数选择规则来模拟客户在含有竞争产品的细分市场中如何选择产品的行为，提出了一种称为市场驱动产品族设计的方法。江屏等[11]应用 AD 分析框架，建立了产品平台及通用物理结构。程强等[12]基于 AD 方法建立了产品公共平台参数的数学条件模型，应用敏感 DSM 对公共平台参数和可调节参数进行区分。李柏姝等[13]通过探索表征产品设计域的客户需求、功能属性、结构设计参数以及过程参数之间所固有的灵敏度关系，得到确定产品平台特征和产品族规划的依据。丁力平等[14]提出了一种基于性能稳健指数的产品族稳健优化设计方法，通过分析设计参数的灵敏度来选择平台参数，使用模糊 C 均值算法对性能变化进行聚类以确定平台参数的共享策略。雒兴刚等[15]应用质量功能展开技术确定产品最优工程特性值，对每个工程特性进行敏感性分析，并根据所得的工程特性敏感性指标建立优化模型，求得最优的平台工程特性值和非平台工程特性值。Cheng 等[16]基于 DSM、AD 和可拓聚类算法提出了一种参数化产品族设计方法。参数化产品族设计更便于优化技术的应用，且模块化产品族设计在一定程度上可以转化为参数化产品族设计，因此更具一般性[17]。

随着客户需求的不断变化，单一的模块化或参数化调节不能满足复杂产品平台规划中模块更换和参数调节的集成需求，难以指导功能基本相同或相似且部分参数多变的产品设计。即难以同时支持低层次的横向定制和深层次的纵向定制，不能较好地体现大批量定制的生产理念。主要在于核心平台的适应能力不足，从而导致动态需求响应迟缓，产品系列化和组件可重用度弱。此外，当前多数研究预先指定产品平台类型存在较多的主观性，将模块与设计参数严格区分对于开发人员来说比较困难，对企业来说产品族不能很好地满足细分市场需求。因此，如何有效地规划产品族就成为企业在大批量定制生产模式下增加利润的关键问题。有研究者将可适应设计理念引入产品族设计中，如陈永亮等[18]基于相似度分析、聚类分析和变量化分析技术，建立了产品结构的优化元模型，提出了一种面向可适应性的参数化产品平台规划方法；程贤福等[19]基于优先数提出了面向适应性的起重机车轮组参数化产品族设计方法；Xu 等[20]基于方差灵敏分析技术和相似度分析，提出了一种面向可适应性的参数化产品平台构建方法；Xue 等[21]提出将客户的可变需求描述为产品生命周期时间参数的函数，采用配置技术和参数化建模及优化算法来开发可适应性产品。

产品族设计是一个比较复杂的任务，因为涉及产品族共性与个性的协调以及系列产品间的关联问题，成功开发一个平台或配置一个产品族需要多个领域的信息，这也使得产品设计越来越复杂。目前，产品族设计方法主要是基于产品功能域和物理域的映射关系得到的，通常应用功能-结构分解的方法建立产品功能-结构树，将产品总功能细化为子功能，并建立产品功能结构，通过子功能之间的能量、信息和物料之间的传递和交换确定各子功能之间的相互关系进行聚类分析。但是，产品功能和物理结构分析缺乏一种有效的指导方法来保证设计分解的合理性，对于平台设计过程中的耦合问题，也未涉及。模块化结构要求产品独立地实现其功能，即产品功能之间的实现方式或原理没有产生相互影响，这样才能保证不同功能模块组合成一个有机的整体，但是目前的产品平台设计法中缺乏一种有效的方法来保证功能模块之间的独立性。

为了更好地理解产品族的设计过程，恰当地分解选择设计参数，分析找到最能影响反复设计迭代的耦合设计子问题和设计参数，更好地处理产品族设计过程中的耦合设计问题，本章基于 AD 和 DSM 提出了一种关联参数稳健性分析方法。以 AD 指导产品设计时，首先进行需求分析和功能分解，应用层级映射选定设计参数，建立表征设计的设计矩阵，通过分析设计参数的灵敏度和差异性来选择公共平台参数，利用聚类分析以规划它们在产品平台中的共享策略，将模块化和参数化产品族统一表示为基于设计参数的产品族。通过此方法可以克服现有 AD 方法无法分析和处理耦合设计的不足，辅助进行产品的设计开发，更好地分配设计资源，提高产品的设计效率，并对产品的改进提供指导。

7.2　产品族设计基础知识

大批量定制生产模式是由多变的市场、日益激烈的竞争和技术进步等因素的推动而产生的，大批量定制的成功实施需要与之相应的设计方法学来支持。产品族设计被认为是大批量定制成功实施的关键，它通过有效地开发产品族体系结构，并在此基础上针对特定客户需求进行快速产品配置设计，来协调产品个性化需求和规模经济性之间的矛盾，以满足大批量定制生产的目标，即提供高效率、低成本的个性化产品。

7.2.1　大批量定制内涵

大批量定制的基本思想是：以类似标准化或大批量生产的成本和时间，提供满足客户特定需求的产品和服务[22]。1989 年，Davis[23]在“From future perfect: mass customizing”中首次将其正式命名为“mass customization”。1994 年，Pine[24]对大批量定制的内容进行了完整的描述和充分的讨论。1997 年，Anderson[25]在 *Agile Product Development for Mass Customization* 一书中对大批量定制进行了深层次的研究，并全面介绍了如何为特殊需求的市场或单个客户开发大量定制的产品。

大批量定制又可以称为大规模定制、大规模客户化生产等，国内外研究者对大批量定制的定义尚不统一，这种在保证企业成本和企业经济效益的前提下满足客户需求的生产方式，在制造企业的实际应用中有利于提高企业的市场竞争力，正逐渐被广大制造企业所采纳，是当今企业的主要生产方式之一。Silveira 等[26]从广义和狭义两方面归纳了文献中所出现的大批量定制的定义。广义上，大批量定制是指以大批量生产的成本和速度提供定制个性化产品和服务的能力，即可为单个客户或小批量多品种的市场定制生产任意数量的产品，满足客户真正的个性化的需求而又不牺牲效益和成本的崭新的生产模式。狭义上，将大批量定制定义为一个系统，能使用信息技术、柔性的过程和组织结构来提供一个广泛的产品和服务，以接近大批量生产的成本满足个别客户的特定需求。

文献[1]认为，大批量定制是一种集企业、客户、供应商和环境等一体，在系统思想指导下，用整体优化的观点，充分利用企业已有的各种资源，在标准化技术、现代设计方法学、信息技术和先进制造技术等的支持下，根据客户的个性化需求，以大批量生产的低成本、高质量和高效率提供定制产品和服务的生产方式。其基本思路是基于相似性原理、重用性原理和全局性原理，将定制产品的生产问题通过产品重组和过程重组转化为或部分转化为批量产品生产问题，尽可能减少产品的内部多样化，增加产品的外部多样化，实现以大批量生产的低成本、高质量和短交货期向客户提供个性化的定制产品。

大批量定制根据不同客户的不同需求，结合大批量生产的诸多优点，使企业设计出的产品真正满足客户所需，客户也愿意以合适的价格购买自己想要的产品，由于高质量低成本的产品有更高的销售额，企业效益也将随之提高。大批量定制的生产模式也是客户导向型的生产模式，随着社会的不断进步，客户的需求实时会发生改变，为满足客户的需求，需促进企业对产品及设计过程不断进行改善，进而提高竞争力。总的来说，大批量定制有如下主要特征：

(1)满足客户的个性化需求。客户与销售商之间是一种对立关系，客户希望购买的商品称心如意，销售商变着法子卖出库存产品，客户需求变化很快，所以企业的立足不仅仅考虑客户的数量，还需将客户的需求考虑在内，只有充分考虑产品质量如何提高和如何满足客户的不同需求才能降低成本，提高企业效益。

(2)以现代设计方法，零部件的标准化、系列化等为基础。传统的定制生产方式效率不高，生命周期长，而利用现代设计方法(如模块化设计、参数化设计)可在满足客户需求的前提下降低生产方式的成本和提高效率，通过适当结合现代设计方法及先进技术，提高产品的开发设计能力。

(3) 以大批量定制的三个基本原理为基础。以相似性简化产品设计和制造，以重用性提高产品性能或增加产品功能，以全局性能有效控制全局的影响，降低产品多样化成本。

(4) 低成本、高质量、高效率的产品。大批量定制的主要目的就是以大批量生产的方式，满足客户的多样化需求。大批量生产能大大降低生产商的成本，设计出的产品满足客户的需求，且大批量定制着眼于整个设计过程，考虑产品的整个生命周期。

7.2.2　产品族设计相关概念

在阐述产品族设计理论和实现方法之前，本节给出如下产品族设计的主要概念[27]：

(1) 产品族。产品族是指从一个公共产品平台上派生的、拥有特定特征或功能以满足特定客户需求的一组相似产品，即一个产品族由共享一个公共产品核心、针对一个或多个细分市场的族成员组成。产品族的概念包含以下两层含义：①族中所有产品的主要功能和主要元件相同或相似；②族表示拥有不同技术、可选零件和功能的一个产品系列。

(2) 族成员。族成员是指在一个产品族中的每一个个体产品。一个族成员就是一个派生出来的产品变型，是产品族中从公共产品平台上生成的特定的实例化产品，换句话说，一个族成员拥有加到公共产品核心上的唯一的特定成员特征，以满足一个细分市场的特定需求。当一个产品族的目标是满足某一细分市场时，所开发的每一个族成员表明了该细分市场内特定客户需求的集合。

(3) 产品平台。产品平台表示一族产品间所共享的零件、子系统、接口以及制造过程的集合，并且该集合能够在派生产品的开发成本和时间上提供优势。简单地说，在一个产品族中所有变型产品享有一些公共的结构和公共产品技术，这些形成了产品族的产品平台。

(4) 产品族设计。产品族设计是在产品的概念设计阶段就充分考虑客户的个性化需求和规模经济性，同时完成一组产品的设计(而不只是一个产品)，建立合理的产品族体系结构以及可变型的产品模型，并在此基础上针对特定客户需求进行产品配置和快速设计。产品族设计方法的最终目标是通过基本元件和生产过程的最大标准集合来获得相似产品的最大集合。设计一个好的产品族，需要对客户需求和市场、产品特征和属性以及实现过程、公司的能力和资源等有深入的理解。

7.2.3　产品族设计过程分析

从大批量生产到大批量定制生产的转变，使得相应的产品设计过程发生了变化。将产品族设计技术分为两个部分：产品族体系结构(product family architecture, PFA)开发部分和族成员定制部分。PFA 开发为族成员定制提供支持，而族成员定制的依据是 PFA 开发所提供的内容，产品族设计实质是实现对需求的定制设计。为更清楚地表达其设计过程各阶段的核心和相互关系，将产品族设计过程进一步划分为如下三大阶段(见图 7.1)，并在图中标明了每一阶段的输入和输出：

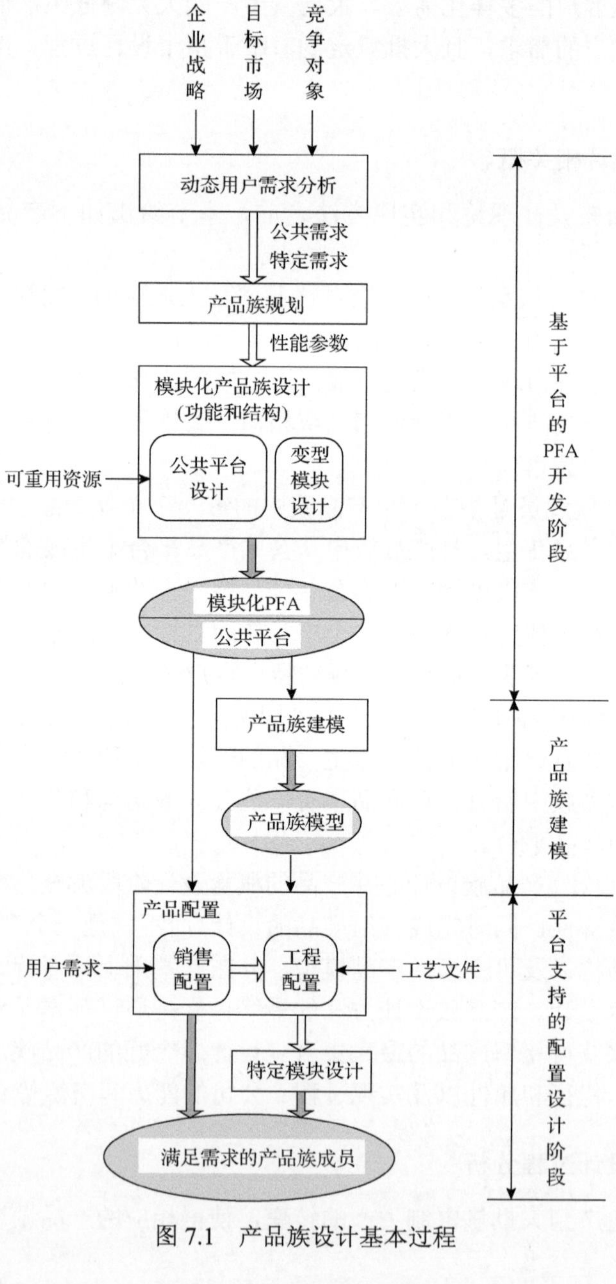

图 7.1　产品族设计基本过程

(1)基于平台的 PFA 开发阶段。从企业战略、目标市场及竞争对象等方面综合分析，研究某个细分市场的动态需求；规划产品族并确定其主要性能参数；在面向产品生命周期的环境下，实现模块化产品族的设计，核心是进行平台和产品族体系结构的开发。该阶段的设计结果表现为产品平台和基于平台的 PFA。

(2)产品族建模阶段。该阶段是在第一阶段的基础上，对产品族体系结构(平台、变型模块及约束)和产品族开发过程进行建模，产品族建模是将基于平台的 PFA 以规范的形式进行计算机表达，以便于后续的产品配置。该阶段的设计结果表现为能够覆盖一类产品的可配置的产品族模型。

(3)平台支持的配置设计阶段。该阶段是在上述两个阶段的基础上，基于平台和产品族模型进行产品配置设计：首先由客户订单驱动，进行面向销售人员的配置设计(销售配置)，指定定制产品的主要特征；然后，基于销售配置进行面向工程人员的配置设计(工程配置)，在平台的支持下通过产品族模型和配置推理机制，迅速地进行相关功能、结构或参数的匹配，并对客户要求的少量独特模块进行快速变型设计或创新设计，从而导出满足定制要求的产品族成员。

7.2.4　产品平台

从元件或子系统是否共享的角度，产品族体系可划分为三种结构，即固定式、可调节式以及平台式。固定式设计方式是指为了给市场提供多样性，产品间不共享元件，随着时间推移，每一产品是唯一的和固定的。可调节式设计方式是通过在使用中给客户柔性以适应产品，从而达到多样性。而平台式设计方式是指产品间共享公共元件，并且通过公共模块的组合以及每一产品的独特部分的设计来提供多样性。目前，基于产品平台的产品族设计已作为实现大批量定制的一种有效方式成为学术界和工业界的一个重要研究方向，并在实践中得到越来越广泛的使用：从消费品如汽车和电器，到复杂产品如飞机和卫星。平台式设计方式也是本章重点研究的产品族开发方式。

Meyer 等[2]认为产品平台是一族产品间所共享的零件、子系统、接口以及制造过程的集合。它是一个公共产品核心，从中可以有效地开发和产生一个产品族，每个族成员通过将一组成员特定的特征加到核心上来实现。产品平台在产品族开发中的优势如下：

(1)降低开发、制造和运作成本。

(2)提高产品开发速度。

(3)通过重用已证实了的零部件和技术，提高产品可靠性和质量，降低开发风险。

(4)降低企业管理复杂性。

(5)通过快速增加产品品种，增强商业策略的灵活性等。

平台方法的缺点主要有两方面：其一是将产品族作为一个整体考虑时，为了获得一个更好的全局方案，必须牺牲所创建的族成员产品的一些性能；其二是会在一定程度上降低族成员产品设计的自由度和产品变型的柔性。

开发产品平台的目的就是利用一组产品之间功能和物理结构的通用性和相似性，来降低产品的内部多样性。在提供产品外部多样性的同时减少设计量，降低生产的复杂性，从而达到大批量定制减少产品总成本和时间的目的。因此，单从操作层面通过产品族平台内部的协调来规划平台效果不会好，主要是针对产品族的局部优化，没有从全局优化的角度来考虑产品族的规划策略，难以从本质上提高平台的可适应性。从平台策略层面的角度，考虑市场分割框架下客户需求的响应、平台结构的优化、模块化、接口的柔性等方面进行平台的规划，可提高平台的可适应性。图 7.2 概括描述了产品族规划的思路，为产品族的规划策略研究提供了一个系统、明确的方向。

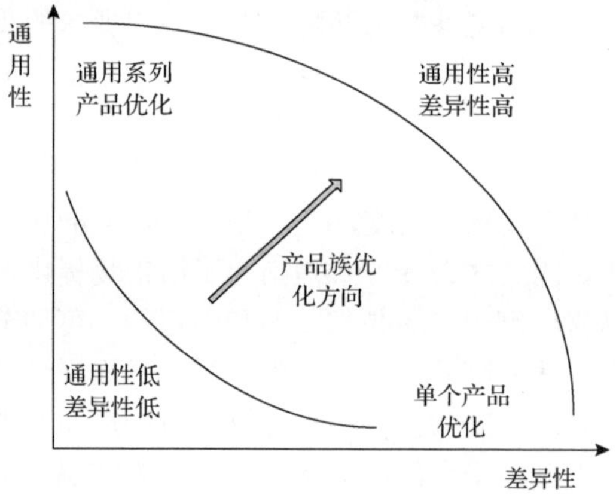

图 7.2　产品族的规划策略

7.3　基于公理设计理论和设计结构矩阵的产品平台设计原理

产品平台是产品开发的基础，根据整个市场中的产品基本功能需求就可以定义产品平台的结构。产品平台设计的基本思路是基于功能-结构映射分析，由分析客户需求、确定功能需求集并在功能域和物理域之间通过 Z 字形映射和展开，根据功能-结构映射结构，并形成结构概念空间，建立产品设计矩阵；分析各设计参数之间及其与功能需求之间的敏感性，构建量化的 DSM，然后通过变型产品关于设计参数的差异度计算，合理识别平台参数和变型参数，确定设计参数在产品平台中的共享策略。

7.3.1　功能需求分析与建模

客户需求的多样化驱动了产品功能-结构的差异性，客户需求的变化体现了产品定制程度的高低，则产品应具有不同的功能需求，通过相应的特征属性来表达。客户需求特性无法直接转换成产品结构信息，需先转化为功能需求信息。在产品开发阶段只有充分地理解产品功能需求信息，将这些功能需求信息经分析、准确描述与表达并转化为产品结构信息，才有可能使所建立的产品概念模型有效地支持后续的产品设计。产品的物理结构是响应客户需求的载体，体现了产品客观的功能需求。产品设计一旦完成后，就应具备一定的功能需求，客户对某一产品的需求归根结底是对其功能的需求，而功能需求会受客户需求和结构设计参数的共同影响。

借鉴文献[28]提出的客户满意度模型，从客户需求的角度，将产品功能需求分为基本功能需求、期望功能需求和附加功能需求。它们描述了当前市场和预测的未来市场中产品的功能类型，为产品平台当前和未来的发展指明了需求方向。

根据 AD 理论中设计域的概念，任何产品设计都是围绕用户域、功能域、物理域和过程域进行的，因此基于产品平台的产品族设计也应当围绕这四个域进行映射和展开。利用 AD 原理进行产品平台设计的目的是结合功能独立公理和产品模块化结构的特点。模块化结构要求尽可能保证其实现功能的独立性，功能独立公理要求产品是准耦合或者非耦合设计，两者目的一致。因此，利用 AD 进行产品族分析是产品平台设计的基础，以保证产品族功能结构和物理结构的合理性。

虽然 AD 理论也可以指导产品的功能分解和层次模型的建立，但不能对功能需求作进一步细化，无法对设计过程中的功能需求属性特定阶段的状态进行有效描述。Yoshikawa[29]从知识处理和操作的角度出发，提出一种设计过程规律的概念描述模型——通用设计理论。通用设计理论将设计视为从功能空间到属性空间逐步逐级转化的过程，即基于拓扑概念的功能空间向属性空间的映射。

通用设计理论认为设计是从功能空间(function space)到属性空间(attribute space)的映射过程，功能空间是设计需求的描述空间，属性空间是设计方案的描述空间，产品的设计过程实际上是一种逐步完善的过程。通用设计理论引入了元模型(metamodel)、元模型空间(metamodel space)来表示这种渐变的过程。元模型用一组有限的属性来描述设计对象在设计过程特定阶段的状态、设计对象的组成实体以及实体间相互关联与依赖的关系。元模型的集合构成的元模型空间是逐步完善的设计过程的具体反映。

按照通用设计理论，文献[30]提出了一种关于产品方案设计的 QUINT 元模型，本节在此基础上对一些概念和术语进行重新定义[31]。

定义 7.1　所有在特定领域内的概念组成的集合称为概念空间。概念空间中的所有概念，并不是杂乱的堆积，而是具有特定的秩序和层次，也就是说，概念之间存在着某种联系。概念空间记作 $\boldsymbol{C}_{\mathrm{S}}$。

定义 7.2　对设计对象功能本质的抽象描述称为功能概念，记为 FC。所有功能概念组成的集合称为功能空间，记为 $\mathbf{FC}_{\mathrm{S}}$，且 $\mathbf{FC}_{\mathrm{S}} \subseteq \boldsymbol{C}_{\mathrm{S}}$。

定义 7.3　对设计对象结构本质的抽象描述称为结构概念，记为 SC。所有结构概念组成的集合称为结构概念空间，记为 $\mathbf{SC}_{\mathrm{S}}$，且 $\mathbf{SC}_{\mathrm{S}} \subseteq \boldsymbol{C}_{\mathrm{S}}$。

定义 7.4　满足设计环境、目的和要求的功能概念称为有效功能概念，记为 VFC。所有有效功能概念组成的集合称为有效功能空间，记为 $\mathbf{VFC}_{\mathrm{S}}$，且 $\mathbf{VFC}_{\mathrm{S}} \subseteq \mathbf{FC}_{\mathrm{S}}$。

定义 7.5　满足设计环境、实现基本功能需求的功能概念称为基本功能概念，记为 BFC。所有基本功能概念组成的集合称为基本功能空间，记为 $\mathbf{BFC}_{\mathrm{S}}$，且 $\mathbf{BFC}_{\mathrm{S}} \subseteq \mathbf{VFC}_{\mathrm{S}}$。

定义 7.6　满足期望功能需求的功能概念称为期望功能概念，记为 EFC。所有期望功能概念组成的集合称为期望功能空间，记为 $\mathbf{EFC}_{\mathrm{S}}$，且 $\mathbf{EFC}_{\mathrm{S}} \subseteq \mathbf{BFC}_{\mathrm{S}}$。

定义 7.7　满足令客户意想不到的产品特征或功能的功能概念称为附加功能概念，记为 AFC。所有附加功能概念组成的集合称为附加功能空间，记为 $\mathbf{AFC}_{\mathrm{S}}$，且 $\mathbf{AFC}_{\mathrm{S}} \subseteq \mathbf{VFC}_{\mathrm{S}}$。

定义 7.8　满足设计环境、目的、要求和有效功能概念的结构概念称为有效结构概念，记为 VSC。所有有效结构概念组成的集合称为有效结构概念空间，记为 $\mathbf{VSC}_{\mathrm{S}}$，且 $\mathbf{VSC}_{\mathrm{S}} \subseteq \mathbf{SC}_{\mathrm{S}}$。

定义 7.9　实现基本功能需求且满足约束条件的结构概念称为基本结构概念，记为 BSC。所有基本结构概念组成的集合称为基本结构概念空间，记为 $\mathbf{BSC}_{\mathrm{S}}$，且 $\mathbf{BSC}_{\mathrm{S}} \subseteq \mathbf{VSC}_{\mathrm{S}}$。

定义并描述以上概念的目的是更好地分析产品平台，因为任意一个产品族其基本功能需求首先必须得到满足，然后才考虑其期望功能需求和附加功能需求的实现，而且基本功能需求除受基本结构概念影响外，应该不会因其他结构概念的变化而改变，以及基本结构概念必须对期望功能需求和附加功能需求的变化不敏感，即有

$$\frac{\partial \mathrm{BFC}_i}{\partial \mathrm{SC}_j} = 0, \quad \forall\, i, j,\ \mathrm{SC}_j \in \mathbf{SC}_{\mathrm{S}},\ \mathrm{SC}_j \notin \mathbf{BSC}_{\mathrm{S}} \tag{7.1}$$

$$\frac{\partial \mathrm{BSC}_l}{\partial \mathrm{FC}_k} = 0, \quad \forall\, l, k,\ \mathrm{FC}_k \in \mathbf{EFC}_{\mathrm{S}} \cup \mathbf{AFC}_{\mathrm{S}} \tag{7.2}$$

7.3.2　产品平台的构成

随着客户需求的不断变化，单一的模块化或参数化调节不能满足复杂产品平台规划中模块更换和参数调节的集成需求，难以指导功能基本相同或相似且部分

参数多变的产品设计[32]。本节将模块的概念拓展，由代表该结构性能的特征参数抽象表示。依据 AD 理论，“设计参数”概念概括表示为实现功能需求的物理结构或关键技术参数。因此，将模块化和参数化产品平台归纳为基于设计参数的产品平台。综合这两种平台的优点，并通过设计参数的概念表达，由公共设计参数和适应性设计参数组成的可定制的产品平台，在不改变公共参数的情况下，通过添加定制参数，调节适应性设计参数的数值，驱动生成相应的模块结构，得到一系列产品变型和产品族。其产品平台结构如图 7.3 所示[33]。

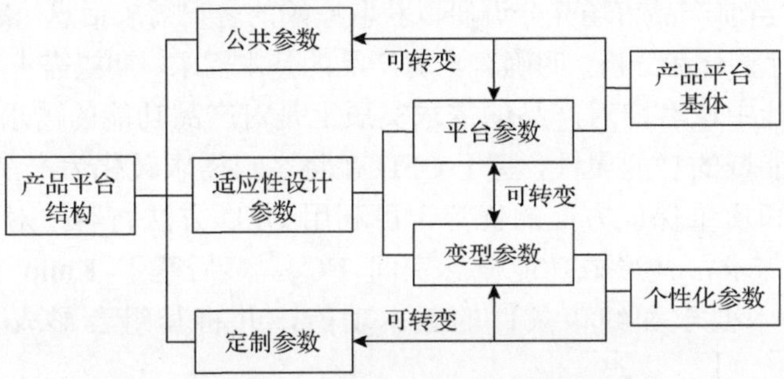

图 7.3　产品平台的结构分解

公共参数、适应性设计参数、平台参数、变型参数及定制参数的含义如下：

(1) 公共参数是指具有比较固定的拓扑结构、实现产品族基本功能需求、不受客户需求影响或影响很小，且在同一产品族中可以通用的设计参数。

(2) 适应性设计参数是指具有一定功能、结构相对独立、具有可适应性的设计参数。适应性设计参数的取值受一定范围的约束，既不能破坏产品拓扑结构，也不能超出设计参数规格的应用范围。它包含平台参数和变型参数两部分。

(3) 平台参数是指产品族内不同变型产品之间取值基本相同的或可在较小允许范围内变动的、对产品性能差异性影响较小或可以忽略不计的设计参数。

(4) 变型参数是指产品族内的变型产品在较大的允许范围内可调节的、对产品性能差异性有较大影响但不影响变型产品功能的设计参数。

(5) 定制参数是指产品族内某变型产品为满足客户特殊的需求，或实现产品特定的功能需求而设置的设计参数。这些参数或类型不一致或类型一致但取值不尽相同，它们可根据客户需求进行定制，以满足客户个性化要求。

7.3.3　产品平台参数的共享策略

以 AD 为指导进行产品平台设计时，首先应对产品进行需求分析和功能分解，建立 AD 矩阵。设计矩阵表示的是功能域中的功能需求和物理域中的设计参数之间的映射关系。如果设计矩阵是对角阵，则得到的设计方案是一种无耦合设计，表明设计参数之间没有关联；如果无法得到满足完全独立公理的功能分解方案，则得到的设计方案是一种准耦合或耦合设计，表明设计参数之间有一定的关联性，从而导致功能需求之间的耦合性。此时，可采用分解(partition)操作识别独立的设计参数以及耦合参数集，揭示它们之间的相互关系。在现有 AD 中，设计矩阵以布尔形式表示，所包含的信息太少，不能充分描述功能耦合的程度(强弱)，因而无法为耦合设计的进一步分析提供必要的信息。本节将 AD 矩阵转化为 DSM，同时考虑设计参数对功能需求的影响程度及设计参数之间的关联程度，确定平台参数，具体步骤如下：

(1)通过对当前产品市场充分调研以获取原始的客户需求信息，然后对获得的客户需求信息进行整合和分析，明确客户对产品的基本需求、期望需求和个性化需求。

在产品设计中，客户对产品的需求实质上是对产品功能的需求，而产品功能需求是表征功能域的功能属性，鉴于 QFD 在将客户需求转化为产品功能特性、指导产品的 RD 和质量保证方面的优势，可利用 QFD 方法将客户对产品的需求转化为产品功能需求，并形成功能概念空间 $\mathbf{FC}_\mathrm{S}$。然后基于 Kano 模型，在 $\mathbf{FC}_\mathrm{S}$ 中选择满足技术要求和约束条件的基本功能，并将其组合形成基本功能空间 $\mathbf{BFC}_\mathrm{S}$，可表示为 $\left\{\mathbf{FC}_\mathrm{S}, \sum_{i=1}^{m}\mathrm{BFC}_i|\mathrm{s.t.}, \mathbf{BFC}_\mathrm{S}\right\}$。同样的方法可得到期望功能空间 $\left\{\mathbf{FC}_\mathrm{S}, \sum_{i=1}^{n}\mathrm{EFC}_i|\mathrm{s.t.}, \mathbf{EFC}_\mathrm{S}\right\}$ 和附加功能空间 $\left\{\mathbf{FC}_\mathrm{S}, \sum_{i=1}^{t}\mathrm{AFC}_i|\mathrm{s.t.}, \mathbf{AFC}_\mathrm{S}\right\}$。从而确定出三类功能需求，即 $\mathbf{FR}^\mathrm{b}$、$\mathbf{FR}^\mathrm{e}$ 和 $\mathbf{FR}^\mathrm{a}$。

(2)根据前一步确定的功能概念和技术要求，从知识库和设计者大脑里存储的有关结构的知识中，选择实现相应功能的结构，并形成结构概念空间 $\mathbf{SC}_\mathrm{S}$。由 $\mathbf{FC}_\mathrm{S}$ 到 $\mathbf{SC}_\mathrm{S}$ 的映射过程遵循 AD 方法的 Z 字形层级展开，充分考虑两者之间的匹配关系，尽可能满足独立公理要求。因耦合在许多实际设计过程中有时难以避免，此时可保留该部分的耦合性；如果耦合性较强，也可将对应设计参数组合成一个耦合模块，再考虑该模块与其他模块之间的关联关系。

(3)根据功能-结构映射结构，建立产品设计矩阵。假设功能需求的数目为 n 个，令 $\boldsymbol{F}_\mathrm{R}=[\mathbf{FR}^\mathrm{b}, \mathbf{FR}^\mathrm{e}, \mathbf{FR}^\mathrm{a}]^\mathrm{T}=[\mathrm{FR}_1, \mathrm{FR}_2,\cdots, \mathrm{FR}_n]^\mathrm{T}$，其中 $\mathbf{FR}^\mathrm{b}$、$\mathbf{FR}^\mathrm{e}$、$\mathbf{FR}^\mathrm{a}$ 分别为基本功能需求、期望功能需求和附加功能需求；$\boldsymbol{D}_\mathrm{P}=[\mathrm{DP}_1, \mathrm{DP}_2,\cdots, \mathrm{DP}_n]^\mathrm{T}$，它表示决定一个产品族功能需求或性能指标的主要技术特征参数或结构设计参数集合。记 D_c、D_b、D_a 和 D_s 分别为 p 个公共参数、q 个平台参数、r 个变型参数和 s 个定制参数的集合($p+q+r+s=n$)，则 $\boldsymbol{D}_\mathrm{P}=[\boldsymbol{D}_\mathrm{c}, \boldsymbol{D}_\mathrm{b}, \boldsymbol{D}_\mathrm{a}, \boldsymbol{D}_\mathrm{s}]^\mathrm{T}$。根据 n 个设计参数值的不同，可得到一系列产品，其中前 $p+q$ 个设计参数值基本相同，它们就是公共平台参数，构成了产品平台基体。非耦合设计的产品对应的设计参数具有更大的柔性，更适应产品的定制需求。则功能需求与设计参数的关系可以写为

$$\begin{bmatrix} \mathbf{FR}^{\mathrm{b}} \\ \mathbf{FR}^{\mathrm{e}} \\ \mathbf{FR}^{\mathrm{a}} \end{bmatrix} = \begin{bmatrix} \mathrm{FR}_1 \\ \vdots \\ \mathrm{FR}_p \\ \hline \mathrm{FR}_{p+1} \\ \vdots \\ \mathrm{FR}_{p+q+r} \\ \hline \mathrm{FR}_{p+q+r+1} \\ \vdots \\ \mathrm{FR}_n \end{bmatrix} = \begin{bmatrix} a_{1,1} & \cdots & a_{1,n} \\ \vdots & & \vdots \\ a_{p,1} & \cdots & a_{p,n} \\ a_{p+1,1} & \cdots & a_{p+1,n} \\ \vdots & & \vdots \\ a_{p+q,1} & & a_{p+q,n} \\ a_{p+q+1,1} & \cdots & a_{p+q+1,n} \\ \vdots & & \vdots \\ a_{n,1} & \cdots & a_{n,n} \end{bmatrix} \begin{bmatrix} \mathrm{DP}_1 \\ \vdots \\ \mathrm{DP}_p \\ \mathrm{DP}_{p+1} \\ \vdots \\ \mathrm{DP}_{p+q+r} \\ \mathrm{DP}_{p+q+r+1} \\ \vdots \\ \mathrm{DP}_n \end{bmatrix} \tag{7.3}$$

(4) 在结构概念空间 $\mathbf{SC}_{\mathrm{S}}$ 中选择满足基本功能需求和约束条件的设计参数，并将其组合形成基本结构概念空间，表示为 $\left\{\mathbf{SC}_{\mathrm{S}}, \sum_{i=1}^{m} \mathrm{BSC}_i | \mathrm{s.t.}, \mathbf{BSC}_{\mathrm{S}}\right\}$。$\mathbf{BSC}_{\mathrm{S}}$ 被单独划分出的目的是考虑到基本功能需求是产品必须具备的，一旦对应的设计参数被选择，其几乎不受 $\mathbf{BSC}_{\mathrm{S}}$ 以外的结构概念的影响。因此，在选择其他设计参数时，应尽可能避免其对基本功能需求的影响，同时尽量与基本参数的耦合度要小。

在功能需求和设计参数分解映射过程中，根据前面的客户需求和市场定位分析，可确定满足个性化需求类型不一致的设计参数，将其定为 $\boldsymbol{D}_{\mathrm{s}}$，这些参数在产品族内不同变型产品之间是各异的，然后再对剩下的设计参数进行分析。

(5) 产品平台参数的敏感性分析。产品族中任一产品的基本功能需求是相同的，实现这些功能需求的相应设计参数是产品族内共享的，因此公共参数对应的功能需求应该不受其他设计参数的影响，且公共参数不依赖于其他设计参数，即[34]

$$\frac{\partial \mathbf{FR}^{\mathrm{b}}}{\partial \mathrm{DP}_j^{q+r+s}} = 0, \quad i=1, 2, \cdots, p; j=p+1, p+2, \cdots, n \tag{7.4}$$

$$\frac{\partial \boldsymbol{D}_{\mathrm{c}}}{\partial \mathrm{DP}_j^{q+r+s}} = 0, \quad i=1, 2, \cdots, p; j=p+1, p+2 \cdots, n \tag{7.5}$$

客户的需求特性是一个动态变化的因素，随着时间的推移，功能需求会在模型中向下移动，一部分具有共性的期望功能需求（$\mathbf{FR}^{\mathrm{e}'}$）会转变为基本功能需求，因此可将实现这部分功能需求的对应设计参数视为产品平台参数。如果某个期望功能需求（$\mathrm{FR}_i \in \mathbf{FR}^{\mathrm{e}'}$）只受对应的设计参数和公共参数的影响，即

$$\frac{\partial \mathrm{FR}_i^{\mathrm{e}'}}{\partial \mathrm{DP}_j^{q+r+s}} = 0, \quad j=p+1, \cdots, n; i \neq j \tag{7.6}$$

那么当设计满足独立公理时，利用该式容易划分公共平台参数，但是当设计存在

耦合时，按照该方法将会因难以严格满足式(7.6)使得公共平台参数过少。此时可以考虑以下条件。

当某个功能需求 FR_i 因满足客户定制需求而发生变化时，则相应的设计参数 DP_i 也应做出调整以实现对应的功能需求，同时，非对应的设计参数(DP_j, $j\neq i$)也将可能会发生改变以消除由于 DP_i 变化的影响。DP_i 变化与 DP 总的变化的比值越大，说明利用该参数进行平台调整对其他设计参数的影响较小，产品变型就相对容易，则该设计参数的适应性就越好。由此可知，非耦合的或耦合性小的设计参数及其相应的功能需求更适合大批量定制，因此它们更适合作为适应性设计参数。

适应性设计参数对应的功能需求受其他设计参数的影响较小，且该参数的变动对其他设计参数变化影响也较小。按照 AD 的“独立性与容差”定理，当开发人员设定的某个功能需求的容差大于阈值时，如式(7.7)所示，则该设计可被认为是一种近似非耦合设计[35]。此时，设计矩阵的非对角线元素相对于对角线元素可以忽略，即某一适应性设计参数主要影响其对应的功能需求，而不影响其他功能需求或影响较小以致可以忽略。

设

$$\Delta FR_i = \sum_{j=1}^{p+q+r} \frac{\partial FR_i}{\partial DP_j} \Delta DP_j = \frac{\partial FR_i}{\partial DP_i} \Delta DP_i + \sum_{\substack{j=1 \\ j\neq i}}^{p+q+r} \frac{\partial FR_i}{\partial DP_j} \Delta DP_j, \quad i=p+1, p+2, \cdots, q \tag{7.7}$$

$$\frac{\partial FR_i}{\partial DP_i} \Delta DP_i > \sum_{\substack{j=1 \\ j\neq i}}^{p+q+r} \frac{\partial FR_i}{\partial DP_j} \Delta DP_j, \quad i=p+1, p+2, \cdots, q \tag{7.8}$$

同时，适应性设计参数对应的功能需求不受定制参数的影响，即

$$\frac{\partial FR_i}{\partial DP_j^s} = 0, \quad i=p+1, p+2, \cdots, p+q+r; j=p+q+r+1, p+q+r+2, \cdots, n \tag{7.9}$$

此步骤从功能需求的角度初步判断平台参数，因为设计矩阵是一般的布尔形式矩阵，不能精确描述设计参数对功能需求的影响程度，且不能表示设计参数之间的依赖关系，因此需要进一步分析。

(6)构造 DSM。将设计矩阵转换成 DSM(具体转换过程见 7.5.1 节)。传统 DSM 中的元素用“×”标识信息依赖关系，或者用布尔变量标识“0”和“1”来表示，只是定性地表示各设计参数之间是否存在耦合，而不能从量的角度进行分析及详细地描述各设计参数间的关联程度，给设计过程的优化管理造成了影响。文献[36]以关联程度及其导致的变化为量化参照基础，将每个结构的设计参数引入关联的量化示意图中，构造量化的 DSM，如图 7.4 所示。

DP	A	B	C	D	E	行汇总
A	—	B-A	C-A	D-A	E-A	A_r
B	A-B	—	C-B	D-B	E-B	B_r
C	A-C	B-C	—	D-C	E-C	C_r
D	A-D	B-D	C-D	—	E-D	D_r
E	A-E	B-E	C-E	D-E	—	E_r
列汇总	A_s	B_s	C_s	D_s	E_s	

图 7.4　量化的 DSM[36]

对量化的 DSM 的行、列汇总并进行分析。行排序表示对应的设计参数对其他设计参数的依赖程度，数值越大，说明其依赖性越高，对其他设计参数的变化越敏感；列排序表示对应设计参数对其他设计参数影响程度的大小，数值越大，说明其影响越大，其他设计参数对其的变化越敏感。最小的行汇总所对应的设计参数对其他设计参数的变化具有最大的不敏感性，最大的列汇总所对应的设计参数对其他设计参数的影响最大。因此，可以将满足此条件的设计参数作为平台参数。

重新构造 DSM，应用聚类算法进行聚类，生成聚类模块。这些模块可以是耦合集或几个独立参数的组合体，其设计流程如图 7.5 所示。在此基础上，对那些

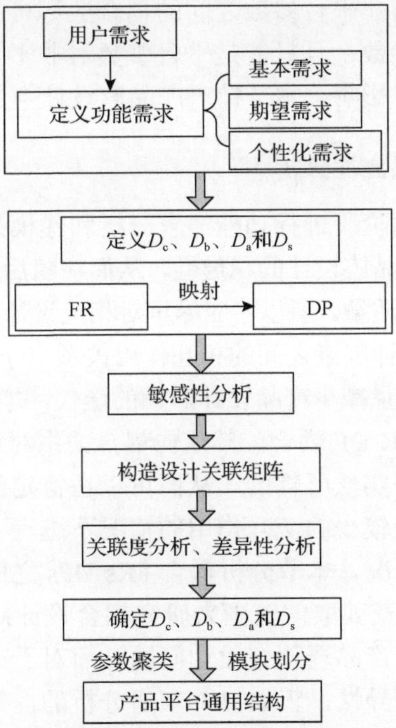

图 7.5　产品平台设计流程图

相似的产品配置结构进行整合，并对当前配置结构中接口参数进行规范化处理，利用已有模块的配置或变型参数的调节或添加、修改、删除定制参数可快速设计出适应市场多样化需求的产品族。

7.4 产品族设计中的耦合问题分析

产品族设计是一个比较复杂的任务，因为不仅涉及产品族共性与个性的协调以及系列产品间的关联问题，而且产品族内各模块之间可能存在耦合关联关系，这也使得产品设计越来越复杂，故而设计耦合应尽量予以避免。然而，在实际的产品设计中，由于技术或其他条件的限制，要想得到无耦合设计是非常困难的。因此，产品设计耦合问题已成为工程和工业界亟待解决的关键问题。

对于产品族设计耦合问题，其不仅具有单一产品设计的特征，还包括产品族内各模块/参数间的耦合关联及族中成员之间的关联关系。产品平台设计也遵循一般产品的设计规律，只不过它是针对产品族的设计而已。在前面章节的叙述中多次提及过，按照 AD 原理，任何一种产品的设计，无耦合设计是最令人满意的。然而，在实际的产品设计中，完全无耦合的设计比较少见，绝大多数的产品设计或多或少存在耦合，只是耦合的强弱程度不同。产品族设计也不例外，但根据其含义和特点，平台参数与非平台参数之间的耦合应尽可能避免，耦合强的设计参数就不太适合作为平台参数，且只能是平台参数对非平台参数的弱影响，而不能非平台参数对平台参数有影响。本节针对产品族设计中的弱耦合问题进行分析。

7.4.1 产品族功能需求耦合性分析

在产品族设计的早期阶段进行功能需求分析和建模是至关重要的，其可以减弱设计的耦合性，提高产品族设计的稳健性，从而在随后的整个产品生命周期中减少失误，大大地提高设计质量。所以，应尽早对相关设计活动和组织计划进行合理规划，了解和分析产品设计因素之间的相互作用关系，分析功能需求的类型，合理建立功能需求模型，以尽量减少产品设计后期的迭代，增强产品族设计的稳健性。

在第 4 章中，针对 FR-DP 耦合，某些弱耦合关系对设计结果的影响很小，因此这种情况可以被认为是实质解耦的，从而可以在特定的条件下先忽略这些弱耦合关系，使得设计可以在较少的交互作用的情况下进行下去，从而达到加快设计过程的目的。针对这种情况，本节分析耦合 FRs-DPs 之间的实质解耦的条件，基于设计参数 DPs 的变化及其取值范围来研究耦合设计问题的解耦条件和处理方法，该方法比较适合单一产品弱耦合设计问题。而对于产品族，族内各变型产品的功能需求具有一定的差异性，正如 7.3 节所分析的，定义并描述三类功能需求概念的目的是更好地分析产品平台，因为产品平台是产品族共性元素所组成的产品拓扑结构，因此它比单一的产品设计对功能需求的耦合性更敏感。对于任意一个产品族设计，首先必须满足基本功能需求，然后才考虑实现期望功能需求和附加功能需求，而且基本功能需求仅受基本结构概念影响，以及基本结构概念必须对期望功能需求和附加功能需求的变化不敏感。本节主要分析三种类型功能需求之间的耦合性，由于产品平台不是一般的完整性产品，而是一种产品族框架，因此其概念也更为抽象。但是产品平台各类功能需求内部的耦合性分析可以利用第 4 章的方法。

AD 与通用设计理论均从设计目标的功能需求出发，努力寻求满足功能的属性或物理结构实体，解决问题的思路有相似之处。本节将 AD 的独立公理融入通用设计理论中，在设计过程由需求至最终设计方案的逐级映射过程中，尽量满足独立公理，但同时保留耦合设计模型，形成可行设计方案，其目的是在产品平台初期就开始合理规划，分析产品平台功能需求的影响因子。本节将功能需求建模过程分解成 5 个步骤进行。

1. 建立有效功能概念空间

根据设计任务、客户提供的环境、目的和技术要求，从设计师大脑里存储的所有功能概念中，选择出有效的功能概念。例如，对于门座起重机，需要起升、变幅、回转、运行等功能，显然就不需要飞行、潜水等功能。此时可以不考虑功能概念之间的逻辑关系，只考虑所设计的产品应具有的功能概念。

有效功能概念的求解过程可以用式(7.10)表示：

$$\mathrm{STEP1}=\left\{\mathbf{FC}_{\mathrm{S}},\ \sum_{i=1}^{n}\mathrm{VFC}_i \mid \mathrm{s.t.},\ \mathbf{VFC}_{\mathrm{S}}\right\} \tag{7.10}$$

式中，s.t.表示客户提出的技术要求或约束条件，该式的含义是在 $\mathbf{FC}_{\mathrm{S}}$ 中，选择满足 s.t.的 VFC_i，并将其组合为 $\mathbf{VFC}_{\mathrm{S}}$。

2. 建立有效结构概念空间

根据第一步确定的有效功能和技术要求，从设计师大脑里存储的有关结构的知识中，选择实现该功能的有效结构。显然功能和结构之间的关系并不是“一对一”的映射，而是“多对多”的映射，如图 7.6 所示，也就是说，一种功能可以由多种结构来实现；反之，一种结构也可以具有多种功能。例如，起重机的变幅功能可以通过液压缸、齿条、螺杆或绳索滑轮组等结构实现。而如采用齿条，它除了驱动变幅以外，还具有双向传力的功能。这种“多对多”的映射关系，造成了设计模式的复杂性和多样性，一种设计模式就是一种设计方案。如果设计模式多于一个，那么就存在方案优劣的问题；如果没有产生设计模式，那么存在创新设计问题，即现有的结构都不能满足有效功能的要求，需设计新的结构。产品平台规划是对产品族内各变型产品的共性元素提炼，一般不存在创新设计问题，因此该步骤主要是通过映射找出有效的结构概念，为后续步骤提供支持。

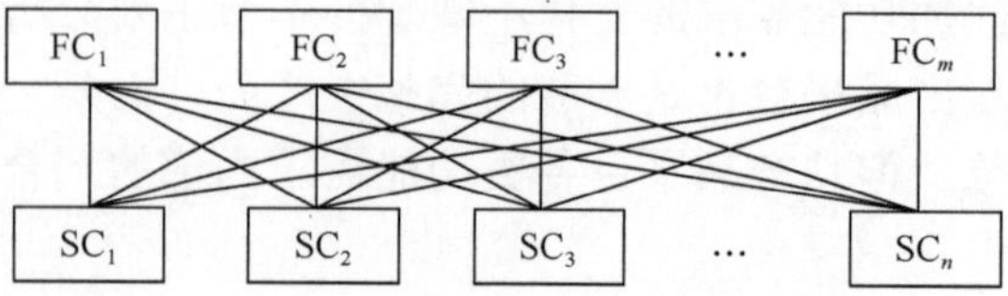

图 7.6 功能和结构之间的“多对多”映射

有效结构概念空间求解过程可以用式(7.11)表示：

$$\text{STEP2} = \left\{ \mathbf{SC}_\text{S},\ \sum_{i=1}^{n} \text{VSC}_i \mid \text{s.t.},\ \mathbf{VSC}_\text{S} \right\} \tag{7.11}$$

式(7.11)的含义是在 $\mathbf{SC}_\text{S}$ 中，选择满足 s.t.和 VFC_i 的 VSC_i，并将其组合为 $\mathbf{VSC}_\text{S}$。

3. 分解基本功能概念、期望功能概念和附加功能概念

根据前面确定的有效功能和技术要求，通过对当前产品市场充分调研所获取到的客户需求信息并将其进行整合和分析，明确客户对产品的基本需求、期望需求和个性化需求，将有效的功能概念分解，从中选择出基本功能概念、期望功能概念和附加功能概念。

三种类型功能概念的求解过程可以用式(7.12)～式(7.14)表示：

$$\text{STEP3\_1} = \left\{ \mathbf{VFC}_\text{S},\ \sum_{i=1}^{p} \text{BFC}_i \mid \text{s.t.},\ \mathbf{BFC}_\text{S} \right\} \tag{7.12}$$

$$\text{STEP3\_2} = \left\{ \mathbf{VFC}_\text{S},\ \sum_{i=1}^{p} \text{EFC}_i \mid \text{s.t.},\ \mathbf{EFC}_\text{S} \right\} \tag{7.13}$$

$$\text{STEP3\_3} = \left\{ \mathbf{VFC}_\text{S},\ \sum_{i=1}^{p} \text{AFC}_i \mid \text{s.t.},\ \mathbf{AFC}_\text{S} \right\} \tag{7.14}$$

式(7.12)～式(7.14)的含义是在 $\mathbf{VFC}_\text{S}$ 中，分别选择满足 s.t.的 BFC_i、EFC_i 和 AFC_i，并将其各自组合为 $\mathbf{BFC}_\text{S}$、$\mathbf{EFC}_\text{S}$ 和 $\mathbf{AFC}_\text{S}$。

4. 确定设计参数

根据第 2 步分解后的三种类型的功能概念，基于独立公理，从有效结构概念

空间中选择合适的设计参数。在第 2 步产生有效结构概念时，功能和结构之间形成“多对多”的映射关系。但在该步，只能是“一对一”或“一对多”的映射，正如第 3 步所分析，产品平台本身不属于创新设计问题，它是产品族的各变型产品的共性的拓扑结构，为产品的变型提供一种平台，而且不能因产品的差异性影响平台本身。如果功能-参数是“一对多”的映射，则说明有多个方案满足要求，还需进行评价。

设计参数的求解过程可以用式(7.15)表示：

$$\mathrm{STEP4}=\left\{\sum_{i=1}^{n}\mathrm{DP}_i,\mathrm{OPM},\ \sum_{i=1}^{n}\mathrm{DP}_i\right\} \tag{7.15}$$

式中，OPM 表示对模型操作；DP_i 表示设计参数。

5. 综合评价设计方案

第 4 步分析中如果功能-参数是“一对多”的映射，说明产生的设计方案不是唯一的，通过对每个设计方案进行分析，从设计师头脑里的指标库中寻找合适的评价指标体系，利用综合数学模型对每个设计方案进行综合评价，从中选择最佳方案。求解过程可以用式(7.16)表示：

$$\mathrm{STEP5}=\left\{\sum_{i=1}^{m}\mathrm{DP}_i,\mathrm{OE},\ \mathrm{DP}^*\right\} \tag{7.16}$$

式中，OE 表示综合评价操作。

式(7.16)表示，通过综合评价操作 OE，从所有 m 个可行设计模式中选择出一个最佳的设计方案。

通过以上功能需求建模过程，逐一建立了产品平台的基本功能概念、期望功能概念和附加功能概念，基于三种功能需求类型之间的耦合关系分析，可以合理规划平台设计活动和组织计划，从而为平台参数的选择提供支持，可以大大改善平台设计的耦合性。

7.4.2　产品族平台参数耦合性分析

在 7.3.3 节中，通过步骤(1)～(5)的分析，提取公共参数和适应性设计参数；再依据步骤(6)，适应性设计参数的量化 DSM 中同时满足“数值较小的行参数和数值较大的列参数”条件。当设计参数的耦合性较大，有时难以满足这两个条件时，可以考虑分析变型产品之间的差异性。

相似度是衡量两系统之间相似元的相似程度。在产品平台设计中，相似度计算主要涉及的系统是客户需求和产品结构单元。结构是通过属性来描述的，属性与属性之间的相似度是计算产品结构相似度的基础[18]。相似度的分析需要对多个产品的设计参数进行相似分析，差异度作为一种衡量相似度的量，差异度大的元素则其相似度小；反之，差异度小的元素则其相似度大。在基于产品平台的产品族设计中，关于多个变型产品对某个设计参数是否具有共性可以考虑以差异性来衡量。假设某一产品族中两个变型产品 A 和 B 的设计参数 DP_i 相似，其数值分别为 $U\left(\mathrm{DP}_i^{\mathrm{A}}\right)$，$U\left(\mathrm{DP}_i^{\mathrm{B}}\right)$，则两个设计参数值的相似度为

$$S_{\mathrm{AB}}(\mathrm{DP}_i)=\frac{\min\left(U\left(\mathrm{DP}_i^{\mathrm{A}}\right),U\left(\mathrm{DP}_i^{\mathrm{B}}\right)\right)}{\max\left(U\left(\mathrm{DP}_i^{\mathrm{A}}\right),U\left(\mathrm{DP}_i^{\mathrm{B}}\right)\right)} \tag{7.17}$$

差异度为

$$d_{\mathrm{AB}}(\mathrm{DP}_i)=\frac{\left|U\left(\mathrm{DP}_i^{\mathrm{A}}\right)-U\left(\mathrm{DP}_i^{\mathrm{B}}\right)\right|}{\max\left(U\left(\mathrm{DP}_i^{\mathrm{A}}\right),U\left(\mathrm{DP}_i^{\mathrm{B}}\right)\right)} \tag{7.18}$$

m 个产品关于设计参数 DP_i 的差异度构成的差异矩阵可以表示为

$$\boldsymbol{D}(\mathrm{DP}_i)=\begin{bmatrix} 0 & d_{12}(\mathrm{DP}_i) & \cdots & d_{1m}(\mathrm{DP}_i) \\ d_{21}(\mathrm{DP}_i) & 0 & \cdots & d_{2m}(\mathrm{DP}_i) \\ \vdots & \vdots & & \vdots \\ d_{m1}(\mathrm{DP}_i) & d_{m2}(\mathrm{DP}_i) & \cdots & 0 \end{bmatrix} \tag{7.19}$$

差异度矩阵 $\boldsymbol{D}(\mathrm{DP}_i)$ 表明了产品族中各变型产品关于某设计参数的差异程度，变型产品对某个设计参数的差异度越小，说明该设计参数对产品的变型越不敏感，即其更适合作为平台参数。

产品平台参数确定后，可将设计矩阵转换为 DSM，然后重新构造 DSM，将其先分成两大块，一块是关于公共平台的设计参数，另一块是个性化设计参数，如图 7.7 所示。以公共平台设计参数为核心，应用聚类算法进行聚类，生成聚类模块(具体过程见 7.5 节)，进而对各模块进行耦合性分析，找到一种具有最小依赖度的耦合设计方案。

这些模块可以是耦合集或几个独立参数的组合体。这样，系统结构就被划分成几个相互之间具有较小依赖度的耦合模块，从而使产品平台具有较强的稳健性，根据 AD 理论，遵循两条公理的设计更易实现设计的稳健性，耦合弱的设计是更稳健的设计。由此得到的矩阵称为系统稳健关联矩阵，如图 7.8 所示。

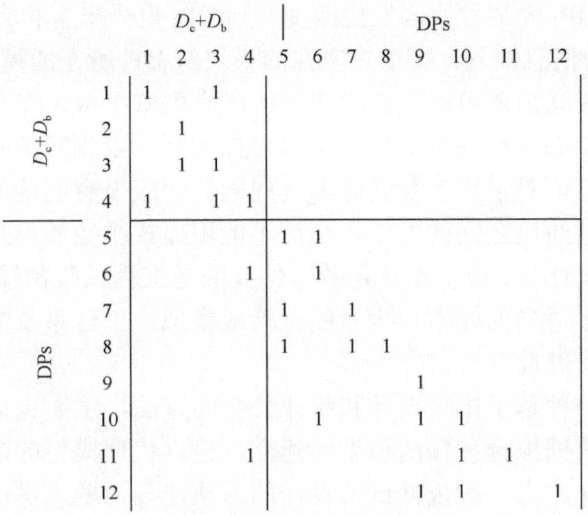

图 7.7　DSM 分块示意图

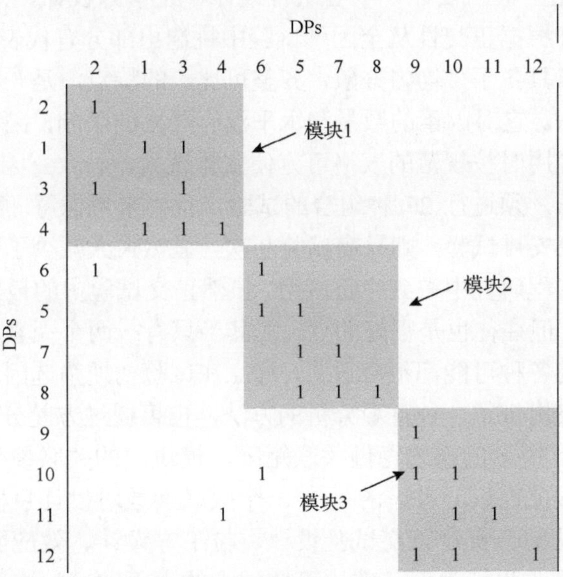

图 7.8　系统稳健关联矩阵

系统稳健关联矩阵中每个聚类模块可以视为一个子系统或子结构，聚类模块之外的元素意味着子结构间有关联，使得各模块相互之间不能完全独立，即存在耦合性，从而影响系统的稳健性。如图 7.8 中的 DP(6,2)、DP(10,6)和 DP(11,4)，分别表示模块 1 与模块 2 之间通过设计参数 DP_6 和 DP_2、模块 2 与模块 3 之间通过 DP_{10} 和 DP_6 以及模块 1 和模块 3 之间通过 DP_{11} 和 DP_4 进行关联。其中 DP(6,2)表示模块 1 对模块 2 的影响，更具体地说，是模块 1 中的 DP_2 对模块 2 中的 DP_6

施加影响，如果 DP_2 因某种原因发生改变，则 DP_6 也会产生相应的变化。$DP(i,j)$ 表示 DP_j 对 DP_i 的信息输入，即 DP_i 所在的模块对 DP_j 所在的模块的信息依赖。

由系统稳健关联矩阵可以确定模块间的所有关联参数，在产品系统稳健性分析中，这些关联参数可作为参数设计中的可控因素，以判断关联参数的变化对功能需求的影响程度。对于大多数实际工程问题，一般没有明确的公式来反映关联参数与系统响应及约束之间的关系，从而不能用显式函数的形式来表达，只能用试验或数值模拟来计算。由于不管是数值仿真或是工程试验都较费时，因此在 RD 中一般可通过采集适当的样本、少量的试验或模拟、拟合系统响应方程来建立代理模型，再进行稳健性分析。

代理模型是一种基于试验设计和统计分析的方法，主要包括两方面的内容：①试验设计；②数据拟合和预测模型的建立。建立代理模型的前提是有一定数量的样本数据，而样本点一般依据试验设计的方法选择，要求尽可能全面反映设计空间特性。试验设计方法是有关如何科学合理地安排试验的数学方法，常用的有正交试验设计、完全析因设计、中心组合设计、拉丁方设计、效应面设计等。

正交试验设计根据正交性从全因子试验中挑选出部分有代表性的点进行试验，这些有代表性的点具备了“均匀分散，齐整可比”的特点，是一种高效、快速、经济的试验设计方法。它对因素的数量和水平没有严格的限制，因素之间有、无交互作用均适用，在使用时按规范的表格可方便安排试验，一个三因素三水平的试验，按全因子试验要求，须进行 27 种组合的试验，且尚未考虑每一种组合的重复数。若按 $L_9(3^4)$ 正交表安排试验，则只需试验 9 次，显然大大减少了试验工作量，因此正交试验设计在工程研究中得到广泛应用。虽然正交试验中的最好点不一定是全因子试验的最好点，但往往也是很好的点，尤其当只有一两个因素起主要作用时，它可保证主要因素的各种可能都不会遗漏，这点在试验初期筛选因素时非常重要。正交试验通过正交表提供了一种直观分析的方法，也可通过方差分析得出最优组合。

对于如图 7.8 所示的系统稳健关联矩阵，模块间的关联参数为 DP_2、DP_4 和 DP_6，即有 3 个可控因素。考虑的是这 3 个关联参数对设计目标的影响，根据以上对试验设计方法的分析，正交试验设计、拉丁方设计、效应面设计等方法都可以采用。以正交试验设计为例，安排可控因素的水平和试验次数，由于需观察各因素的影响关系，每个因素可取 3 水平，选正交表 $L_9(3^4)$，如表 7.1 所示。表 7.1 中的“0”、“–1”和“1”分别表示可控因素变动范围的中心值、下限值和上限值。

对于一些比较简单的问题，可以通过对试验结果的直观分析或利用方差分析技术，了解每个关联参数对设计目标影响的重要程度，确定最小耦合方案。对目标影响较大的关联参数，应对其进行控制与调整，从而提升机械产品系统的稳健性。对于需要较深精确分析响应与参数关系的问题，一般情况下可采用能够准确洞察设计参数和响应之间关系的代理模型。

表 7.1　正交试验安排

试验序号	可控因素		
	DP(6,2)	DP(10,6)	DP(11,4)
1	–1	–1	–1
2	–1	0	0
3	–1	1	1
4	0	–1	0
5	0	0	1
6	0	1	-1
7	1	–1	1
8	1	0	–1
9	1	1	0

7.5　产品族平台参数与非平台参数的耦合处理方法

一旦产品族平台参数和非平台参数都确定下来，且按设计参数类型进行了DSM的重构，那么产品平台基体(包括公共参数和平台参数)内部以及个性化参数(包括变型参数和定制参数)内部之前的耦合关系就可以确定了。尽管平台参数和个性化参数之间是弱耦合的或无耦合的，而各自内部之间也可以是弱耦合的或无耦合的，甚至是较强耦合的。对于内部的耦合关系，从平台的适应性角度出发，就是将其进行模块化处理。产品的差异性可以通过对构成产品满足基本功能需求的模块进行添加、替换、删除、扩展操作来实现。通过添加、删除、替换一个或多个模块实现产品的功能差异性；通过扩展操作(放大/缩小一个或多个设计参数)实现产品的性能差异性。产品平台就是通过确定相应模块的基本结构、特征参数和取值范围以及基于功能-性能拓展操作进行构建。

模块是实现产品功能需求的物理载体，是具有一定功能的子结构、部件、零件或者是能表征产品某种性能特征参数的通称。产品模块化设计技术，不仅能通过产品结构、设计过程的重组，配置一系列通用的零部件及子装配体向客户提供及时、满意的多样化产品，使产品在规格与成本、性能之间找到最佳平衡点，从而缩短产品开发时间，降低产品族的装配和管理成本；更能根据客户个性化的需求，通过扩展产品的功能/结构实现“一物多用”，延长产品的服务期，有效地提高资源的利用率。模块划分是构建产品平台的基础，模块划分的合理性将影响产品的功能、性能、开发时间、成本和维修方便性等。模块划分粒度越细，越有利于客户参与产品定制设计，但由于组成产品的模块数增多，装配变得复杂，产品配置成本高；模块划分粒度越粗，越有利于产品装配，但客户的个性化需求又较难满足，客户满意度下降。一般来说，产品族设计是在产品的基本功能需求不变的情况下，通过进行添加、删除、替换模块或者零部件的变型设计获得不同的产品性能，以满足客户多样化需求。

在传统的基于 DSM 的产品模块设计中，矩阵元素只是定性地表示各设计参数之间是否存在耦合，而不能从量的角度进行分析及详细地描述各设计参数间的关联程度，从而降低了设计过程模块划分的精确性和可操作性，给设计过程的优化管理造成了影响。因此，本节采用能详细描述设计参数之间关联程度的 DSM 进行产品模块划分，可以准确地描述某一类设计参数之间物质、能量、信息、结构、作用力等相互关系，能较为完整地反映与预见产品设计中潜在的问题，为产品设计中的工程变更以及优化产品结构(如产品设计分解与模块化)提供规划和分解的基础。同时在设计关联矩阵中仅考虑设计参数之间的耦合度而无须考虑设计参数之间的影响程度，因为设计参数之间的影响如 A-B 与 B-A 可能是不一样的，但它们之间的关联耦合度是相同的。

针对 DSM 的运算方法主要有分解、割裂、聚类、绑定、仿真和特征值分析 6 种，本节要应用到的是分解和聚类。分解是对 DSM 的行列元素重新排序，通过分解使所得到的 DSM 中信息反馈尽可能少，即使矩阵通过行列元素的重新排列尽可能地成为下三角阵；聚类则是把 DSM 中具有紧密联系的行、列元素划分到同一类，从而使每个聚类中各元素之间的关联度较强，而类与类之间的关联度较弱。

7.5.1　设计关联矩阵

AD 为描述设计目标提供了框架，能很好地解释做出的设计决策，是一种有利于创新设计的理论与方法。AD 矩阵虽然很好地解释了两个不同域之间的相互关系，但是不能描述同一域(如物理域、过程域)中设计因素之间的相互关系。AD 理论方法提倡创新性的新设计，却不支持以经验为基础的设计活动。因此，一个作为复杂系统建模和分析的工具 DSM 被提出，其为支持设计、开发方案的集成和分解问题提供了一种简单、紧凑和形象化的描述方法。系统各组成之间的关系可以通过 DSM 用具有相同行和列标识的矩阵以直观、形象的分析形式表示出来。现阶段只能在设计开发过程中的详细设计阶段，通过设计人员查阅设计资料等方式获取信息来构建 DSM，但缺乏在设计的早期阶段构建 DSM 的机制，因此可以融合设计矩阵和 DSM 以描述设计过程局部和动态的求解进程[37]。

基于参数的 DSM 主要用于建立设计过程中低层次的零部件参数之间相互依赖关系的模型，其主要目的有压缩产品开发周期和减少设计中上游决策影响下游选择而产生的质量损失[38]。因此，在产品模块划分中主要应用基于参数的 DSM，但是该类 DSM 中，矩阵元素只是单纯地反映各个系统元素之间是否存在耦合关系，而不能详细地描述各设计参数间的关联程度，因此采用能详细描述设计参数之间关联程度的 DSM 进行产品模块划分。其准确地描述了某一类设计参数之间物质、能量、信息、结构、作用力等相互关系，能较为完整地反映与预见产品设计中的潜在问题，为产品设计中的工程变更以及优化产品结构(如产品设计分解与模块化)提供规划和分解的基础，补充了 AD 理论方法不能描述同域中设计因素之间关系这一不足。

同时设计关联矩阵可以很方便地修改矩阵元素以满足工程中随时可能出现的工程变更，大大提高了产品设计效率。产品设计关联矩阵构造步骤如下：

(1) 在产品设计的概念阶段，明确客户需求并建立需求模型，基于独立公理分析，根据产品功能需求与设计参数的层级映射关系，建立功能需求与设计参数之间的设计矩阵，重排设计矩阵使之尽可能成为三角阵。

(2) 在设计矩阵的每一行中，选取对功能需求影响程度最大的某个设计参数作为输出参数，即可表达出各设计参数与功能需求之间的函数表达关系，并根据这些函数关系构造相应的过渡矩阵。在产品设计中，每个设计参数 DP_i 的确定主要是为了满足与其对应的功能需求 FR_i，因此一般都是对角线元素作为输出参数。如果设计矩阵不是方阵，而是冗余的，即 DPs 的数目大于 FRs 的数目，则可以采取增加功能哑元的方法使过渡矩阵变为方阵。

(3) 删掉过渡矩阵中的功能需求，并对过渡矩阵的行和列做相应的变换，使得相同的设计参数对应的元素处于矩阵的对角线位置，有耦合关系的设计参数对应元素尽可能处于下三角的位置，得到产品设计参数(物理结构)耦合关系的 DSM。

(4) 对步骤(3)获得的 DSM 进行分析，判断各设计参数之间的关联性，以及是否满足设计要求和各种约束条件。然后计算出 DSM 中各元素对应的零部件关联度值，将其填入矩阵对应的位置，从而得到设计关联矩阵。

因为设计关联矩阵描述的是各设计参数(物理结构)之间的关联程度，所以得到的设计关联矩阵应该是对称阵，其构建过程如图 7.9 所示[39]。

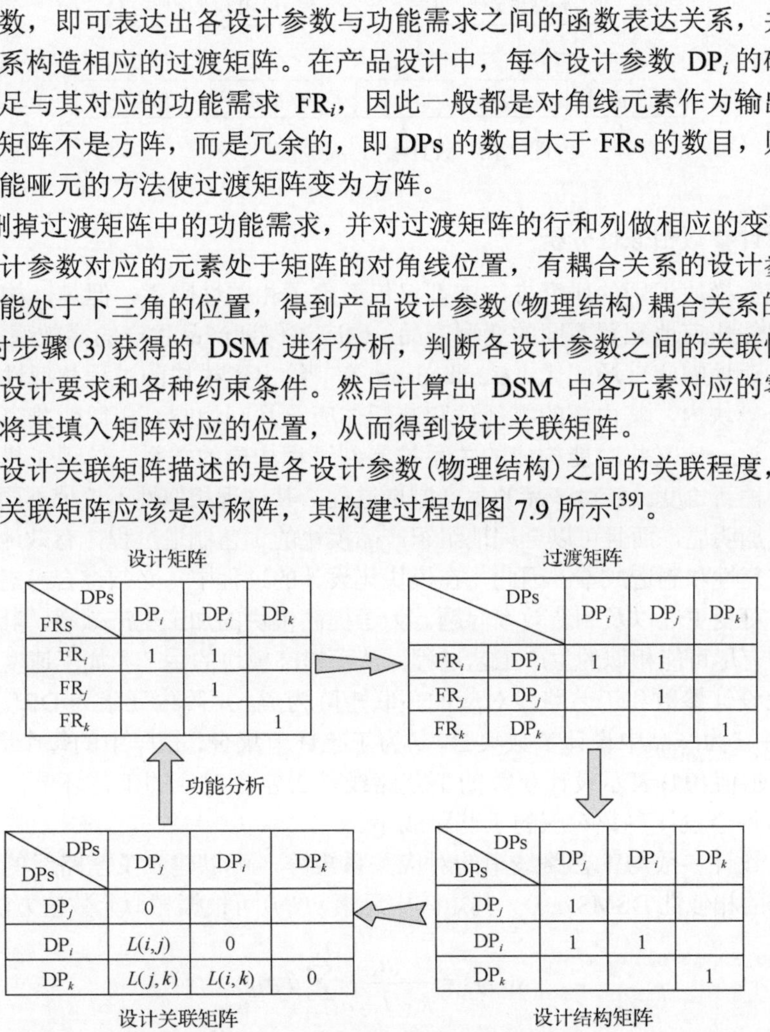

图 7.9　设计关联矩阵构建过程[39]

在设计关联矩阵的构建过程中，为了合理地确定设计参数之间的关联性，必须全面考虑设计参数在功能、结构、工艺过程等方面的交互关系。设计参数在结构上也都不是孤立存在的，相互之间存在着一定的关系，具体表现为一个零部件与一个或多个零部件存在装配关系或虽无装配关系但它们之间的相对位置有着较严格的要求。设计参数之间的结构相关性主要分为物理相关性和几何相关性，如图 7.10 所示[40]。

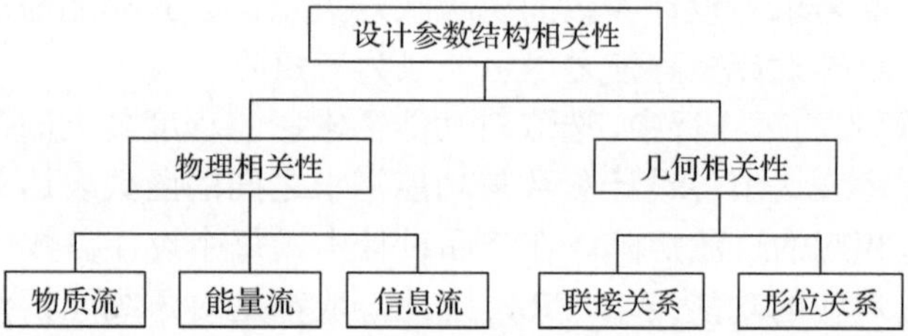

图 7.10　设计参数结构相关性[40]

7.5.2　设计参数相似性分析

大多数模块识别的研究方法中都仅仅考虑了相关性因素，但是，构成产品的模块不仅能快速地配置不同的变型产品，也应该保证产品生产的高效率、低成本，以力争迅速地响应市场变化。Gershenson 等[41]给出了模块的过程相似性定义，指出在一个模块内，其内部的零部件和装配体应该具有相同、相似或兼容的生命周期过程。这一定义将功能构成的关系扩展到过程构成的关系，体现了模块划分过程中的一种新角度。针对产品的生产制造过程，其过程相似性不仅使不同的模块之间区别更加明显，而且可以合理地组织产品模块的工艺制造过程，有效地减少工艺过程的重复性和制造成本。因此，在模块化设计的过程中，必须综合考虑模块的可配置性、可变更性以及制造效率问题。为了提高模块的加工生产效率，其内部零部件应该具有尽可能相似的生产工艺过程，从而提高模块的生产和加工速度。

假设设计参数和工艺路线对应的关联矩阵为 P，矩阵内元素为 DP(i,j)，$i\in I$，$j\in J$，其中 I 为产品中设计参数集合，J 为工艺环节集合，矩阵中的每个元素 DP(i,j) 通过布尔值$\{0,1\}$表示设计参数的工艺路线是否包含对应的工艺环节，这样可以建立起与每个设计参数对应的工艺路线串。

通过设计参数与工艺路线串的对应关系矩阵，可以建立工艺路线的不同设计参数之间的相似性 DSMS(i,j)，其矩阵中元素 $s(i,j)$ 可根据相似元数值方法确定[42]：

$$s(i,j)=\frac{n}{k+l-n}\sum_{j=1}^{n}d_j r_{klj} \tag{7.20}$$

式中，k 和 l 分别为设计参数 i 与 j 的工艺路线串中工艺的数目；n 为两个设计参数相似的工艺数目；r_{klj} 为第 j 个相似工艺的相似特征值比例系数，可在 0～1 取值；d_j 为第 j 个相似工艺的权重系数，可通过层次分析法确定，且 $0\leqslant d_j\leqslant 1$，$\sum d_j=1$。

为了方便对工艺相似性 DSM 进行分析计算，采用规格化方法对其进行处理。

7.5.3　设计参数模块优化模型

通过前面的分析，至此已经得到了设计参数的关联矩阵 DSM 和制造工艺的相似性矩阵 DSM，假定基于 AD 的域间层级分解，产品共有 n 个底层设计参数，则设计关联矩阵 DSM 和相似性矩阵 DSM 均为 $n \times n$ 矩阵。

综合考虑设计参数关联性和相似性的模块化设计，是一种多目标的决策问题。多目标优化同时实现往往非常困难，大多数多目标决策方法利用对不同目标属性进行权重设置，综合考虑对目标属性的偏好取值进行分析。Gershenson 等[41]指出，模块是由许多与模块之外其他零部件之间具有最小关联度和相似性的零部件组成的。因此，对于模块划分，考虑到关联性和相似性具有相同的偏好属性，为了得到更合理的分析结果，采用偏好法对两个指标进行聚集：

$$\mathrm{DSM}_{\mathrm{opt}} = w_l l(i,j) + w_s s(i,j) \tag{7.21}$$

式中，$\mathrm{DSM}_{\mathrm{opt}}$ 全面反映了设计参数之间的耦合关系值；w_l、w_s 分别表示关联性和相似性的不同权重值，不失一般性，权重值假定为正值且可以规格化；$l(i,j)$、$s(i,j)$ 分别是待聚类的关联性和相似性规格化数值。

7.5.4　产品模块划分

基于 AD 的产品模块划分是指在保持功能需求独立性的前提下，应用 AD 的功能域-物理域的分析框架，通过 FR-DP 之间的 Z 字形映射变换对产品进行模块划分，并建立设计矩阵，通过设计矩阵判断每一层中各个功能和结构的独立性。在每一级分解完成时都要利用独立公理对功能和结构的独立性进行评判，即当建立的设计矩阵是对角阵时，产品的功能和结构的分解才能够满足各自的独立性。该“功能-结构”的分解过程可视为模块划分的过程，只要满足各子结构在功能和结构上相互独立，就可以作为该级别的模块。不同类型的产品，其模块划分的层次有所不同。因此，模块划分的层次需要结合产品实际情况而定。

对于产品的模块化设计，关键在于怎样形成模块。由零部件聚合成模块，主要方法是在功能分析的基础上，用模糊数学中等价矩阵或传递闭包设定其截距 λ 来获得零部件聚类树。λ 降得越低，则被忽略的相关性就越低，模块数量越少，每个模块包含的零部件就越多。产品模块数多少取决于 λ 值的大小，实际上是对 λ 水平以下的相关性的忽略。λ 值表现了模块划分的粒度，λ 值大粒度细，λ 值小粒度粗。

通过聚类实现模块划分是模块化设计的主要手段。目前，已提出了多种对产品结构进行模块聚类划分的方法，以往主要采用启发式聚类方法对其结构进行模块分解，或者仅对聚类算法原理和方法进行改进。因此，以往的系统模块化分解或聚类方法应用于实际复杂的产品设计与开发项目中存在一定的局限性。文献[43]

所提的计算机辅助聚类算法，通过对设计任务进行模块化分解、识别和优化设计迭代，进而定量地分析和计算各个任务的设计迭代总量，从而实现结构的聚类。

目前，传统的聚类方法有相似系数法、排序法、路径搜索法等，这些方法一般用于有向图等其他特征描述方法，应用于 DSM 的聚类效果不太理想，尤其在群组大小未知的前提下。很多研究者专门针对此进行了研究，其中最具代表性的工作有 Thebeau[44]运用竞标评价的思想对其进行研究和完善。

竞标评价的思想主要涉及竞标值和协调成本。竞标值是对所选取的元素和各群组之间依赖关系密度的度量，它与依赖关系密度成正比，用来决定所选元素应该分配到哪个群组，可定义如下：

$$B_i = \frac{\left(\sum I_i\right)^{\lambda_d}}{(S_i)^{\lambda_b}} \tag{7.22}$$

式中，i 为群组编号；B_i 为群组 i 对所选元素的竞标值；$\sum I_i$ 为所选元素与群组 i 中元素依赖关系总量；S_i 为群组 i 中元素数量；λ_b 为群组竞标指数；λ_d 为依赖关系权重指数。

协调成本是竞标评价方法的目标函数，它综合描述了任务间的依赖关系及所属群组的大小。根据文献[27]的分析，可将协调成本分为组内协调成本、组外协调成本和整体协调成本，可表示为

$$C_I = [DSM(j,k) + DSM(k,j)]S_y^{\lambda_c} \tag{7.23}$$

$$C_E = [DSM(j,k) + DSM(k,j)]S_D^{\lambda_c} \tag{7.24}$$

$$C_T = \sum C_I + \sum C_E \tag{7.25}$$

式中，C_I 为组内协调成本（如任务 j 与 k 在同一组群内）；C_E 为组外协调成本（任务 j 与 k 不属于同一群组）；C_T 为整体协调成本（即组内与组外协调成本总和）；DSM(j, k)、DSM(k, j) 为任务 j 与 k 的依赖关系；S_y 为群组 y 中包含任务的数量；S_D 为 DSM 中所有任务的数量；λ_c 为竞标群组权重指数。

一般情况下，对包含 N 个任务、M 个群组的 DSM 聚类问题，将产生 M^N 种可能的组合方案，因此绝大多数情况下手动优化的效率很低，甚至难以实现。现有优化算法主要包括爬山（hill-climbing, HC）法、模拟退火（simulated-annealing, SA）算法、遗传算法（GA）等。考虑到问题的特征，这里采用启发式方法，步骤如下：

(1) 问题初始化，每一任务都作为一个独立的群组。

(2) 随机选择某一任务 i，计算其他群组对它的竞标值，通过循环计算将任务 i 分配到竞价值高的组内。

(3) 删除空群组、子群组及相同的群组。

(4)选取新任务重复上述过程，直到遍历所有任务并使系统达到稳定状态，算法结束。

聚类算法流程如图 7.11 所示。

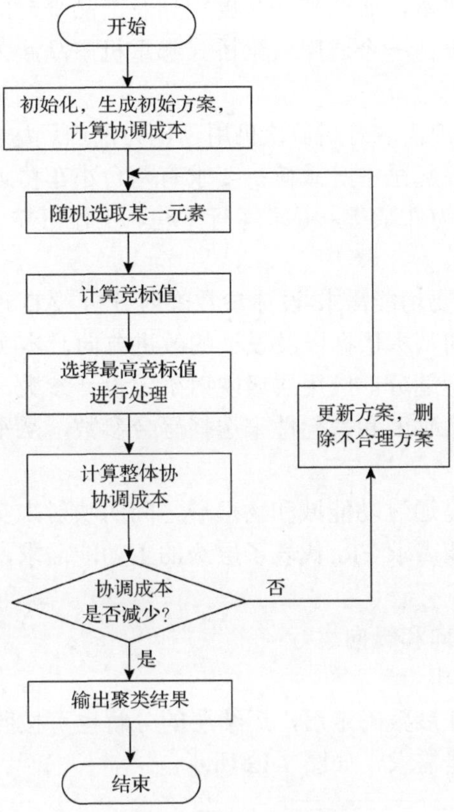

图 7.11　聚类算法流程图

7.6　应 用 实 例

桥式起重机是现代工业生产和起重运输中实现生产过程机械化、自动化的重要工具和设备，广泛应用在工矿企业、铁路交通、港口码头以及物流周转等部门和场所。它具有结构较复杂、系列化分级特性不明显、客户定制性强等特点，其设计模式一般是根据客户的个性化需求驱动执行，一般都是单件小批量设计模式，而且过多依赖设计人员的经验，不能很好地以低成本快速地响应客户个性化需求。其变型主要根据起质量、工作速度、工作级别及使用工况等决定，但这些变型产品往往都是在已有机型上进行改进与变型。如果利用一般的参数化或模块化产品平台设计方法，则难以满足其模块替换和参数调节的集成需求，不利于设计知识的重用。目前起重机的模块化设计思想已引起许多企业的重视，通过不同模块的组合，或调节一些设计参数，形成不同规格和系列的起重机，从而降低制造成本，提高通用化程度，满足客户的多样化需求。为快速响应市场变化，缩短起重机设计和生产周期，降低成本，研究其产品族规划及产品平台的建立，实现快速配置是有必要的。本节以设计一个通用双梁桥式起重机产品族为例，分析其产品平台构建过程及变型方式。

(1)设计要求及客户需求分析。该机用于电力部门厂房内，不太经常使用，有时起吊较大载荷，一般起吊中等载荷；要求有两台小车协调工作，其中主小车起重能力 32t、货种规格为件杂货，要求运行平稳、工作可靠、有保护装置等；跨度 31.5m，起升高度 22m。

(2)桥式起重机主要功能需求-设计参数映射分析。AD 理论中的独立公理提供了判断设计是否成功的基本依据以及设计的改进方向。本实例以 AD 为指导，进行功能需求分析及类型划分，应用层级映射确定设计参数，分析功能需求与设计参数及设计参数间的敏感度和差异性来选择平台参数，从平台规划策略层面减弱产品族设计的耦合性[45]。

在 AD 中，分解是通过功能域和物理域之间的映射来实现的。对于桥式起重机设计，最高层的功能需求 FR_0 代表了层级的主功能需求，对应所映射的主设计参数，如下：

FR_0——起升，横向和纵向运行；

DP_0——桥式起重机。

总功能需求和设计参数确定后，后续层的分解也可按照该方法继续，直到所有的设计参数满足功能需求，如图 7.12 所示。

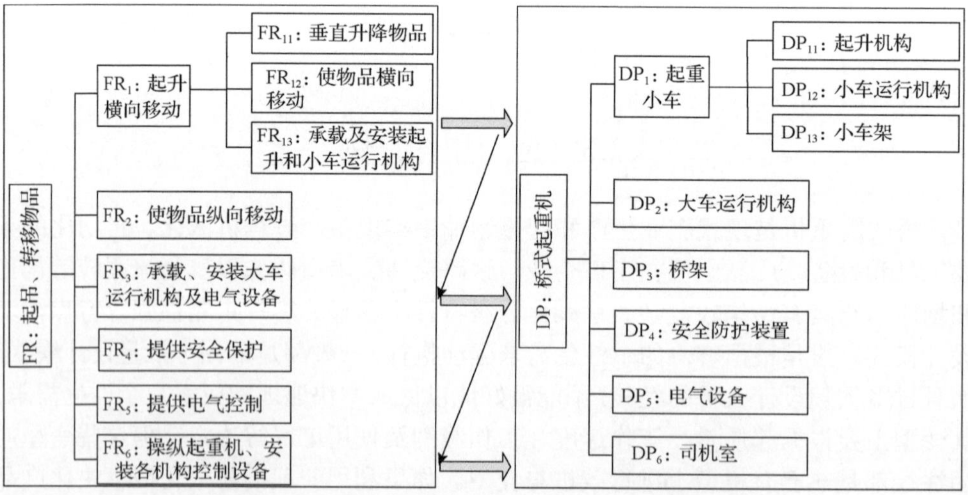

图 7.12　桥式起重机的主要功能需求-设计参数映射图

基于 AD 和设计者经验，FRs 和 DPs 之间的映射关系可以表示为

$$\begin{bmatrix} FR_1 \\ FR_2 \\ FR_3 \\ FR_4 \\ FR_5 \\ FR_6 \end{bmatrix} = \begin{bmatrix} 1 & & & & & \\ & 1 & & & & \\ & & 1 & & & \\ 1 & 1 & 1 & 1 & & \\ 1 & 1 & 1 & 1 & 1 & \\ 1 & 1 & 1 & 1 & & 1 \end{bmatrix} \begin{bmatrix} DP_1 \\ DP_2 \\ DP_3 \\ DP_4 \\ DP_5 \\ DP_6 \end{bmatrix} \tag{7.26}$$

由式(7.26)可知，总体上功能需求之间不存在耦合但有关联，这是一种准耦合设计，需按一定的次序进行设计展开。每一层级可以继续展开，直到所有设计参数列出。然后确定基本功能需求对应的设计参数，如 FR_3-DP_3，双主梁-端梁-双轨是桥架基本结构形式，主梁和端梁的截面可以改变；大车运行电机-制动-大车车轮组、起升电机-制动-卷绕、小车运行电机-制动-小车车轮组分别是大车运行机构、起升机构、小车运行机构的基本形式，它们是实现桥式起重机运行的基本功能需求的公共参数。限于篇幅，本节仅以起重小车及其安全保护装置进行详细分析。小车结构如图 7.13 所示[46]。

图 7.13　起重小车结构示意图[46]

(3)起重小车设计计算任务。设计计算任务是：根据客户要求和目的、使用环境、工作条件及现有设计规范，建立客户需求；确定起重机和机构工作级别，合理选择起重小车结构形式，确定小车机构的传动方案；通过计算、选择和确定驱动、传动、制动装置，使之满足起重机主要工作性能的要求，安全可靠地工作；同时要求结构简单、自重轻、维修保养方便等。起重小车的主要客户需求如表 7.2 所示。

表 7.2　起重小车客户需求

功能	技术指标	客户需求 1	客户需求 2
起升机构工作级别	M3	起升可调速度	运转平稳
小车运行机构工作级别	M3	小车运行速度可调	动作准确
起升速度	0.32～3.2m/min	小车高度适当小些	制动可靠
小车运行速度	1.2～12m/min	有过载保护	价格适中
倍率	4	小车要防撞	质量尽可能轻

(4)起重小车 FR-DP 映射分解。通过对客户需求、现有技术及企业资源的分

析，由设计人员产生所有的功能概念。起重机械的主要任务是起重，另外是扩大工作范围、提升速度和效率、保证安全操作。客户对起重机的性能和品质需求是有一定差异性的，如超载限制、高度限位、质量显示、环境温度较低场合需要更换油液等要求。但从统计学的角度来看，客户对部分性能参数的要求是具有一定共性的，如小车的驱动、制动、传动、承载提升、超载限制、运行缓冲等，其中驱动、制动和承载提升是起重小车的基本要求。在形成功能空间 $\mathbf{FC_S}$ 的同时，应用 AD 指导框架，采用 Z 字形映射方法对起重机进行功能分解，得到如图 7.14 所示的功能分解图。

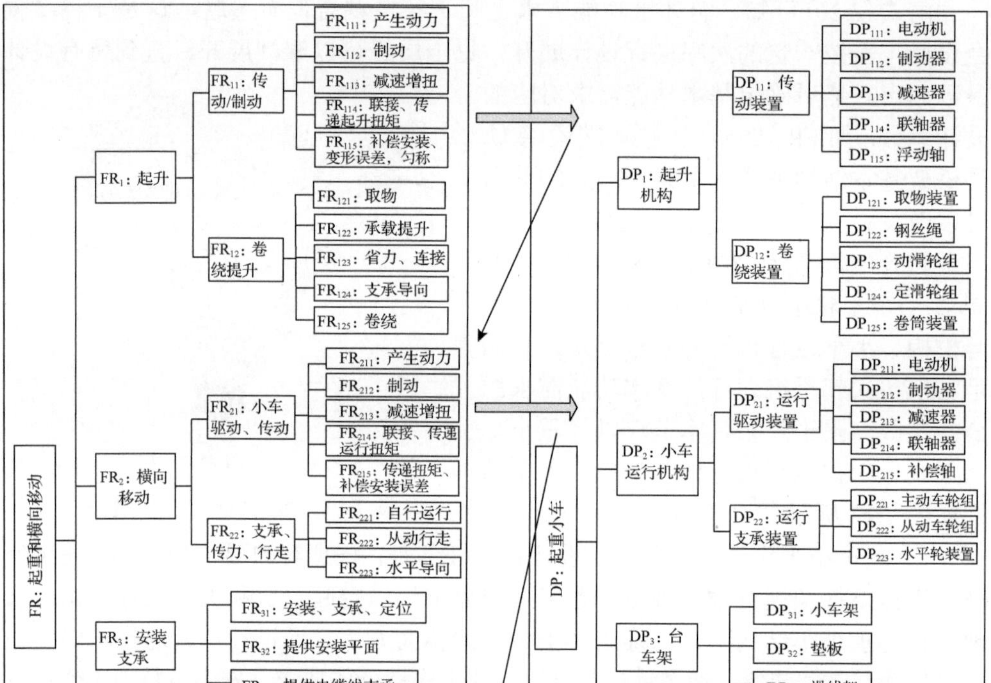

图 7.14　起重小车功能分解图

图 7.14 中，左半部分表示的是功能需求 FRs 的层次结构，右半部分表示的是

相对应的设计参数 DPs 的层次结构，在分解过程中每一层级都需进行功能独立性分析。由于针对系统设计，对具体的参数在功能分解过程中没有具体阐述，如电动机、制动器、减速器等都未给出规格型号。

(5)确定功能需求类型。基于客户需求的角度，通过市场调研和行业调研等方式，根据产品使用情况及客户反馈意见来归纳客户对产品的功能需求，确定各个功能需求在实现过程中的重要程度，分析相互之间的关联性及对产品功能共性需求问题，判断各个功能需求的动态变化特性。由起重小车功能需求分解图(见图 7.15)，可将产品功能需求具体划分为以下三类。

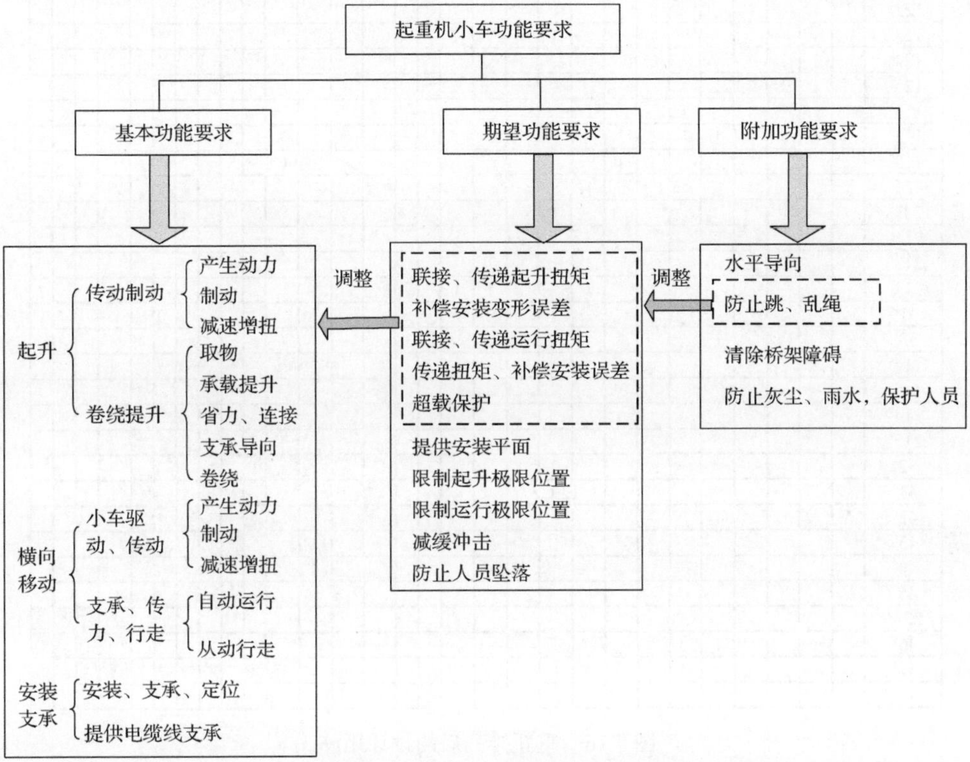

图 7.15　起重小车功能需求分类图

①基本功能需求：$\mathbf{FR}^{b}=[FR_{111}, FR_{112}, FR_{113}, FR_{121}, FR_{122}, FR_{123}, FR_{124}, FR_{125}, FR_{211}, FR_{212}, FR_{213}, FR_{221}, FR_{222}, FR_{31}, FR_{33}]^{T}\in \mathbf{BFC}_{S}$，这些功能需求是起重小车必须具备的。

②期望功能需求：$\mathbf{FR}^{e}=[FR_{114}, FR_{115}, FR_{214}, FR_{215}, FR_{32}, FR_{41}, FR_{42}, FR_{43}, FR_{44}, FR_{45}]^{T}\in \mathbf{EFC}_{S}$，这些功能需求是众多客户期待产品拥有的，但不是必须具备的，其中 FR_{114}、FR_{115}、FR_{214}、FR_{215}、FR_{41}、FR_{42} 和 FR_{44} 是目前客户期望产品具有一定的共性需求，在某种程度上也可以归纳为基本功能需求。

③附加功能需求：$\mathbf{FR}^{a}$=[FR_{223}, FR_{46}, FR_{47}, FR_{48}]$^{T} \in \mathbf{AFC}_{S}$，此部分可以满足不同客户的个性化需求。当然，除此之外，还有其他一些附加功能需求，如微速功能等。

(6) 建立设计矩阵。根据起重小车各层级的功能需求和设计参数之间的关系，建立设计矩阵，经重新排列后的设计矩阵如图 7.16 所示。其中，在功能需求列中标记“b”为基本功能需求，标记“e”为期望功能需求，标记“a”为附加功能需求。

FRs \ DPs	121	122	123	124	125	111	113	112	221	222	211	213	212	31	33	114	115	214	215	32	41	42	43	44	45	223	46	47	48
121^{b}	1																												
122^{b}	1	1																											
123^{b}		1	1																										
124^{b}		1		1																									
125^{b}		1	1		1																								
111^{b}						1																							
113^{b}					1	1	1																						
112^{b}					1		1	1																					
221^{b}									1																				
222^{b}										1																			
211^{b}									1	1	1																		
213^{b}									1	1	1	1																	
212^{b}									1			1	1																
31^{b}														1															
33^{b}															1														
114^{e}																1													
115^{e}																	1												
214^{e}																		1											
215^{e}																			1										
32^{e}														1						1									
41^{e}																					1								
42^{e}					1																	1							
43^{e}																							1						
44^{e}																								1					
45^{e}																									1				
223^{a}																										1			
46^{a}					1																						1		
47^{a}																												1	
48^{a}																													1

BFCS　EFCS　ASCF

图 7.16　重新排列后的设计矩阵

(7) 平台参数的确定。由功能需求分解图和设计矩阵及产品客户需求与技术现状分析，可确定设计参数 $\boldsymbol{D}_{s}$=[DP_{223}、DP_{45}、DP_{46}、DP_{47}]^{T} 为实现起重小车附加功能需求的定制参数，这些设计参数不会影响小车的基本功能需求，可满足当前客户的个性化需求。

同时，设计参数 $\boldsymbol{D}_{c}$=[DP_{111}, DP_{112}, DP_{113}, DP_{121}, DP_{122}, DP_{123}, DP_{124}, DP_{125}, DP_{211}, DP_{212}, DP_{213}, DP_{221}, DP_{222}, DP_{31}, DP_{33}]^{T} 可视为公共参数，因为这些参数为起重小车的基本设计参数，只影响其基本功能需求，而且它们不依赖于其他设计参数，在变型产品中数值基本保持不变。然后对剩下的设计参数进行分析。

具有共性的期望功能需求 FR_{41} 只受对应的设计参数 DP_{41} 的影响，即

$$\frac{\partial FR_{41}}{\partial DP_j}=0\text{，}\quad DP_j\in \mathbf{BFC}_S\text{，}DP_j\in \mathbf{EFC}_S\text{，}DP_j\neq DP_{41} \tag{7.27}$$

利用式(7.27)可以容易地将 DP_{41} 作为平台参数。再对除 DP_{41} 以外的 $\mathbf{EFC}_S$ 中的设计参数 DSM 进行量化处理，如图 7.17 所示。可以看出，DP_{114} 和 DP_{214} 的列汇总值较大，说明其改变对其他设计参数有很大影响；DP_{115} 和 DP_{215} 的列汇总值次之，但其行汇总值也较大，说明它们对其他设计参数有一定的依赖程度；DP_{42}、DP_{43}、DP_{44}、DP_{45} 行、列汇总值均为零，说明它们既不影响也不依赖其他设计参数。再结合设计参数的差异度分析，可以将 DP_{114}、DP_{115}、DP_{214}、DP_{215} 加入公共平台参数集，即 $D_b=[DP_{114}, DP_{115}, DP_{214}, DP_{215}\ DP_{41}]^T$，剩下的设计参数可视为变型参数 $D_a=[DP_{32}, DP_{42}, DP_{43}, DP_{44}, DP_{45}]^T$。

设计参数	DP_{114}	DP_{115}	DP_{214}	DP_{215}	DP_{32}	DP_{42}	DP_{43}	DP_{44}	DP_{45}	行汇总
DP_{114}	—	3	0	0	0	0	0	0	0	3
DP_{115}	6	—	0	0	0	0	0	0	0	6
DP_{214}	0	0	—	3	0	0	0	0	0	3
DP_{215}	0	0	6	—	0	0	0	0	0	6
DP_{32}	0	0	6	0	—	0	0	0	0	6
DP_{42}	0	0	0	0	0	—	0	0	0	0
DP_{43}	0	0	0	0	0	0	—	0	0	0
DP_{44}	0	0	0	0	0	0	0	—	0	0
DP_{45}	0	0	0	0	0	0	0	0	—	0
列汇总	6	3	12	3	0	0	0	0	0	

图 7.17　桥式起重小车设计参数关联矩阵

一旦公共参数、平台参数、变型参数和定制参数确定以后，就可以利用 7.5 节的方法进行模块划分。通过将设计矩阵转化为设计关联矩阵并进行模块聚类分析，可获得各参数之间的耦合块，得到如图 7.18 所示的系统稳健关联矩阵。

(8) 关联参数的影响分析。从图 7.18 的系统稳健关联矩阵可以看出，DP(111,123)、DP(113,125)、DP(114,125)、DP(31,125)和 DP(215,31)是游离于各模块外的元素，其数值的改变会引起相关模块内设计参数的变化，因此它们是影响系统稳健性的主要因素。特别是设计参数：定滑轮 DP_{125} 影响多个模块，其直径大小(DP(113,125)、DP(114,125))会影响扭矩和传动比，长度(DP(31,125))影响台车架的宽度，后者引起小车轨距变更，进而影响小车运行机构补偿轴的长度。卷筒的直径和长度不是相互独立的，两者有关联，由直径可推出长度。此外，小车车轮组在计算中也受起升机构各零部件的影响，但单独零部件的变化对其影响较小。鉴于此，主要对以上这些各模块间的关联参数进行稳健性分析，判断其对

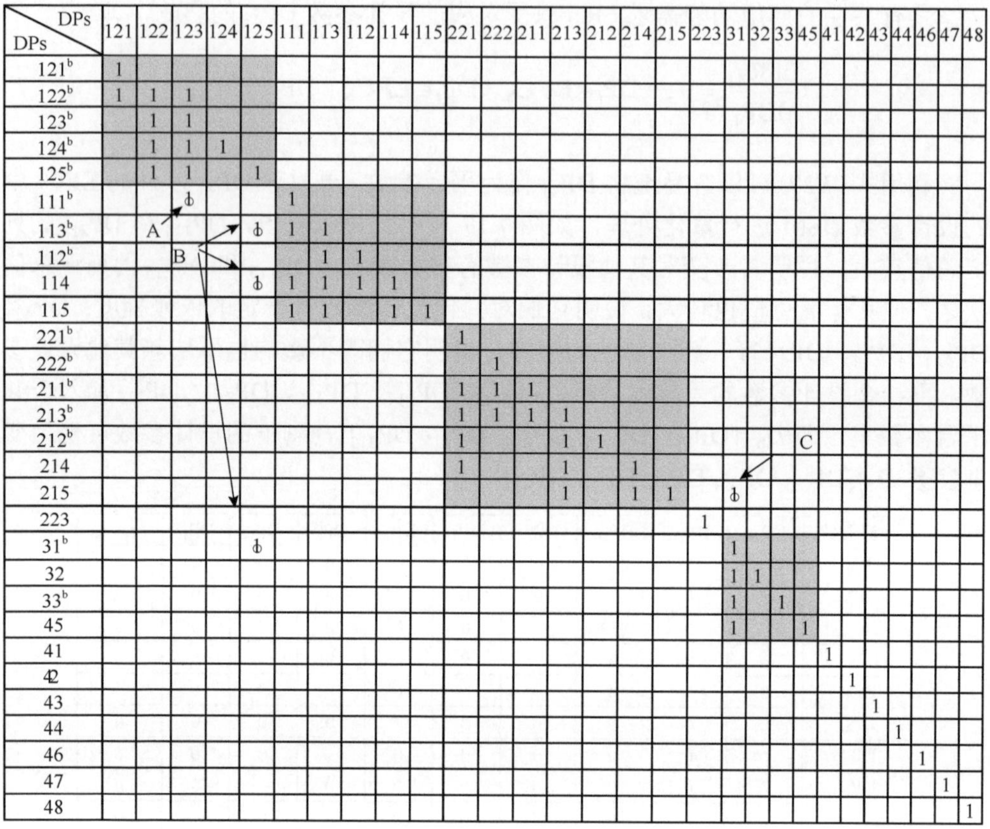

图 7.18　起重小车的系统稳健关联矩阵

聚类模块影响的重要程度。这样总共有 3 个关联参数，即 DP_{123}、DP_{125} 和 DP_{31}，分别标记为 *A*、*B* 和 *C*。因为卷筒直径根据钢丝绳直径和绳径比来确定，取值有一定的规范性，针对起重机的工作条件，每个因素可取 3 水平，因关联参数与响应之间的关系为近似线性，且水平值较严格，应选用正交试验设计，如表 7.3 所示。

表 7.3　起重小车关联参数水平表

水平	*A*/kg	*B*/mm	*C*/mm
−1	440	400	3200
0	480	450	3400
1	520	500	3600

(9) 试验设计目标与结果。试验设计的目标是保证满足技术要求的前提下使得小车的结构紧凑、质量轻。结构紧凑体现为小车架的尺寸、整体高度及轨距。轨距的增大主要会引起桥架端梁重量增加；整体高度对大型起重机影响较大，因本

章实例为中小型起重机的起重小车，暂可以不考虑整体高度的影响；小车架的尺寸直接影响小车质量，它可以归到小车自重目标中。所以本章选择小车自重和轨距为目标，以考察关联参数的变化对目标的影响程度，其数值越小越好。进行正交试验，选正交表 $L_9(3^4)$，试验结果如表 7.4 所示，其中 y_{I} 和 y_{II} 是两个试验目标，分别代表轨距和质量。

表 7.4　试验结果

试验序号		可控因素			y_{I}/mm	y_{II}/kg
		A	B	C		
1		–1	–1	–1	3200	6830
2		–1	0	0	3000	7000
3		–1	1	1	2800	7170
4		0	–1	0	3250	6980
5		0	0	1	3050	7110
6		0	1	–1	2700	7070
7		1	–1	1	3300	7050
8		1	0	–1	2950	7010
9		1	1	0	2750	7180
y_{I}/mm	水平均值	3000	3250	2950	y_{I}的均值 3000	
		3000	3000	3000		
		3000	2750	3050		
	极差	0	500	100		
y_{II}/kg	水平均值	7000	6953	6970	y_{II}的均值 7044.44	
		7053	7040	7053		
		7080	7140	7110		
	极差	80	187	140		

(10)因关联参数较少且与响应之间的关系为近似线性，可以通过对试验结果的直观分析来了解每个关联参数对设计目标影响的重要程度。试验结果直观分析如表 7.4 的下部分所示。画出各因素与试验结果的关系图，以每个因素的水平值为横坐标，该因素的水平和均值为纵坐标，即可以看出各因素水平值对试验结果的影响趋势如图 7.19 和图 7.20 所示。极差越大说明该因素对试验结果 y 值影响越大，则该因素越重要。由图可以看出，卷筒直径对两个目标的影响都是最大的，台车架的横向尺寸影响次之，吊钩滑轮组只对小车质量有轻微影响。进一步计算分析：对于目标 y_{I}，卷筒的极差与均值的比值可达 16.67%，这说明其数值变化会导致 y_{I} 的显著变化；对于目标 y_{II}，3 个因素的极差与均值的比值分别为 1.14%、2.65%和 1.99%，整体影响都不算大，这是因为小车的质量与小车上所有设计参数

都有关，三个关联参数的变化影响不突出，但对成本影响较大。因为卷筒直径变大，虽然使其长度缩短，从而引起轨距和端梁尺寸减小，但造成减速器等零部件的增大，这个成本会更高。卷筒直径的变化对两个指标的影响是不一致的，综合考虑，卷筒直径取 450mm，另外两个关联参数就可以作为调节参数以满足客户需求，从而使起重小车平台具有更弱的耦合性。

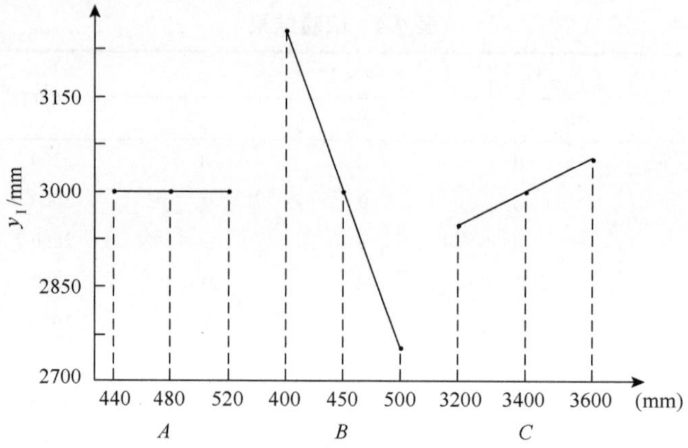

图 7.19　因素水平变化对指标 y_{I} 的影响趋势图

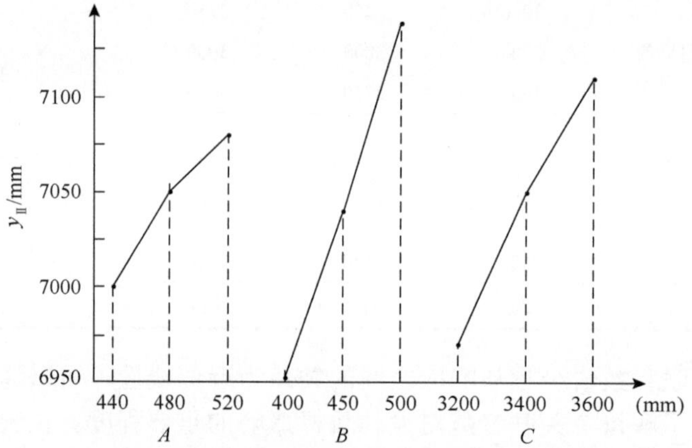

图 7.20　因素水平变化对指标 y_{II} 的影响趋势图

(11)起重机设计耦合分析与处理方法。模块 1 和模块 2 的关联元素 DP(111, 123)：模块 1 和模块 2 之间的关联关系如图 7.21 所示。DP_{123} 表征了起重量和起升速度，从而可以决定起升电动机 DP_{111} 的功率。减弱耦合的方法是：①控制起重量和起升速度的变化范围，可减少对起升电动机的影响；②电动机自身对起升载荷有一定的过载能力，具有适应起升载荷一定范围内变动的能力。

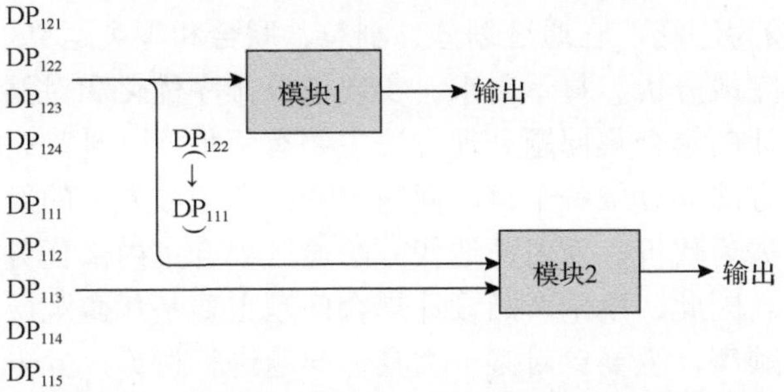

图7.21　模块1和模块2之间的关联关系示意图

模块2和模块3有2个关联元素DP(113,125)和DP(114,125)：卷筒直径如改变，则转速和扭矩产生相应变化，从而减速器传动比也跟着变化，进一步影响制动器，同时卷筒与减速器间的联轴器也需调整。一种有效的解耦方法就是集成设计参数，即采用一种低速大扭矩永磁电机，安装在卷筒内部，省去减速器，但成本在中小型起重机偏高；另一种解耦方法是合理匹配卷筒与减速器，而受减速器影响的制动器DP_{112}和联轴器DP_{114}本身有较大的适应性。

模块1和模块5的关联元素DP(31,125)：卷筒长度影响小车架宽度，进而影响小车轮距。减弱耦合的方法：①控制卷筒的变化范围，可减少对小车架的影响；②设计参数集成，按照关联元素DP(113,125)和DP(114,125)处理方法，采用低速大扭矩永磁电机，这样整个起升机构总长就缩短了，而小车架宽度由于小车轮距及结构限制不能过小，此时对卷筒长度变化不敏感。

模块4和模块5的关联元素DP(215,31)：DP_{31}表征小车架的承载能力，而小车架的宽度会影响小车运行机构补偿轴 DP_{215} 的长度。减弱耦合的方法：①控制载荷的变化范围，可减少对小车架截面的影响；②提高小车架的适应性，在设计时就考虑载荷一定范围内的变化；③小车架使用强度更高的材料，降低对载荷的敏感度；④利用补偿轴对小车架参数的非线性特性，补偿轴长度不与小车架宽度同步变化，前者为了适应小车轮距和补偿效果，后者适应结构布置和小车轮距需要。

7.7　产品族设计耦合与产品设计耦合的分析比较

对于单一产品设计，从产品功能-参数角度，其耦合问题可以分成两类：功能耦合和参数耦合。针对功能耦合，可以利用AD的独立公理，以AD框架的相邻域之间的Z字形映射过程为指导，对设计问题进行功能分解及设计矩阵的调整，并揭示FRs-DPs之间的交互作用来辨识独立设计任务集以及耦合设计任务集，在此基础上对耦合FRs-DPs进行解耦。针对参数耦合，可以利用有向图、关键路径法、工程评审技术、集成定义法、Petri 网、DSM 等进行耦合分析处理，尤其是

DSM 方法应用较为广泛，它通过划分、割裂、联合和聚类运算，使得基于 DSM 的设计任务能够完成分析、显示需求、实现任务排序优化和对循环进行分解和控制。对于产品设计的耦合集问题处理方法主要有两种：一是割裂方法，二是内部迭代方法。割裂方法高度依赖于解决问题的特征和领域专家的经验，而且经常以产品部分质量损失为代价。而内部迭代方法通过耦合集内部任务的不断迭代过程来改进设计质量。因此，单一产品设计耦合问题主要是从微观层面确定参数或任务的属性或迭代顺序，主要针对某一类具体问题进行讨论，并未从产品设计的一般性上进行展开。

对于产品族设计耦合问题，不管是基于模块化平台的产品族还是基于参数化平台的产品族，其不仅具有单一产品设计的特征，还包括产品族中各变型产品之间的关系。产品族设计基于公共产品平台派生系列产品，公共平台参数(包括公共参数和平台参数)体现产品平台的通用性，个性化参数(包括定制参数和变性参数)对应产品平台的差异性。产品平台的通用性和差异性始终是一对矛盾，公共平台参数共享越多，平台通用性越好，设计成本越低，但其个性化定制会变差，不能较好地满足客户的多样化需求。公共平台参数共享越少，平台差异化越大，个性化需求更容易满足，但平台的通用性会降低，成本将提高。而从整体上看，不仅产品族各设计参数之间可能存在耦合关系，而且公共平台参数与个性化参数之间往往也存在关联关系和主从层次关系，因为公共平台参数不能依赖于个性化参数，且个性化参数不能影响基本功能需求。如果忽略产品族公共平台参数与个性化参数之间的主从和关联关系，则不能准确描述问题的本质，从而产品族的规划就不能令人满意。

因此，通过研究产品族设计本身的特点发现，无论是基于模块化平台的产品族设计还是基于参数化平台的产品族设计，都存在交互关系，如共性与个性之间、模块与模块之间、参数与参数之间等。产品族设计包括平台的设计和族成员的设计，平台的设计更多的是从宏观层面来衡量产品族整体的最优性，单一的产品设计就相当于产品族一族成员设计的特例，且应在产品族整体目标和约束内，更多面向的是以设计参数为单位的技术层面优化。

产品族规划可以分两步，从策略层面和操作层面展开。

(1) 基于平台策略层面的角度，考虑市场分割框架下客户需求的响应，借鉴 Kano 模型，从客户需求的角度，将产品功能需求分为基本功能需求、期望功能需求和附加功能需求；以 AD 理论为指导，进行产品功能需求-设计参数的映射，建立设计矩阵，分析各设计参数之间及其与功能需求之间的敏感性，构建设计关联矩阵并对其进行关联度分析；通过变型产品关于设计参数的差异度计算，合理识别平台参数和变型参数；将设计矩阵转换为 DSM 并对其进行重构，生成几个相互之间具有较小依赖度的聚类耦合模块，得到系统稳健关联矩阵；再将各个模块之间的关联参数作为可控因素，通过试验设计分析其对目标影响的重要程度并实施针对性的控制与调整，从而提升机械产品系统的稳健性，减弱产品族设计的耦合性。

(2) 基于平台操作层面的角度，进行平台通用性和差异性的权衡，确定参数的优化值。产品族平台设计问题实质上是一个公共平台参数与个性化参数的关联协调优化问题，而其中的公共平台参数一般具有公共核心的作用，与个性化参数相比处于主导地位，从而形成了以平台为主、个性化为从的主从关联的层次结构。上层为主模型，进行平台参数的决策；下层为从模型，是面向产品族中变型产品的，用于个性化参数的优化决策。产品族规划的双层模型如图 7.22 所示。上下层分别控制自己的策略并优化相应的目标。上层具有优先决策的权力，下层要在上层策略制约的条件下决定自己的策略。产品族平台优化为主优化问题，因先进行决策而处于主导地位，变型产品优化为从优化问题，处于从属地位。在赋予上层参数值后，下层每个子规划可进行各自的独立优化，但各个子规划之间存在耦合变量。

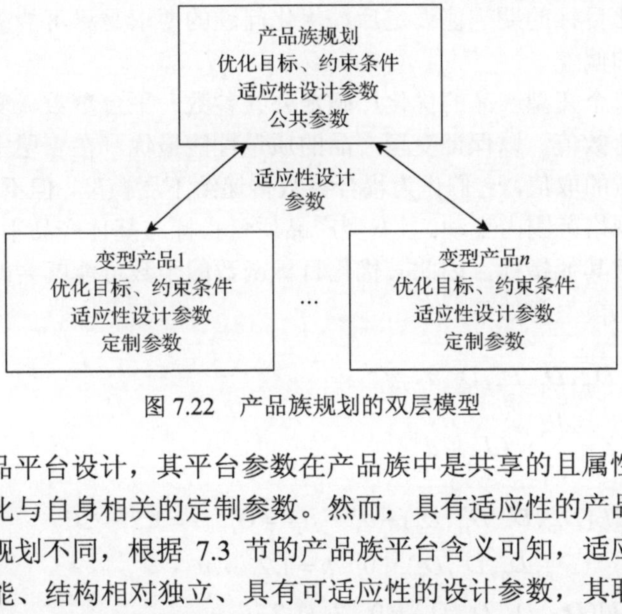

图 7.22　产品族规划的双层模型

一般的产品平台设计，其平台参数在产品族中是共享的且属性值保持不变，变型产品只优化与自身相关的定制参数。然而，具有适应性的产品族规划，与一般的产品平台规划不同，根据 7.3 节的产品族平台含义可知，适应性设计参数是指具有一定功能、结构相对独立、具有可适应性的设计参数，其取值可以变动但受一定范围的约束；平台参数是指产品族内不同变型产品之间取值基本相同的或可在较小允许范围内变动的、对产品性能差异性影响较小或可以忽略不计的设计参数。因此，适应性设计参数在平台基体与变型产品之间以及各个变型产品之间不是保持固定的，它们作为耦合参数在模型的上下层之间传递。

上层是对产品平台进行优化，确定公共参数和平台参数的合理取值，其优化模型 I 如下：

$$\begin{cases} \text{find } D_{\mathrm{m}}, D_{\mathrm{p}}, d_i^-, d_i^+ \\ \min Z = \sum_{i=1}^{U} w_i (d_i^- + d_i^+) \\ \text{s.t. } \ f_i(D_{\mathrm{m}}, D_{\mathrm{p}}) + d_i^- - d_i^+ = G_i, \quad i = 1,2,\cdots,U \\ \qquad g_k(D_{\mathrm{m}}, D_{\mathrm{p}}) \leqslant 0, \quad k = 1,2,\cdots,u \\ \qquad hl(D_{\mathrm{m}}, D_{\mathrm{p}}) = 0, \quad l = 1,2,\cdots,v \\ \qquad d_i^-, d_i^+ \geqslant 0, \quad d_i^- \cdot d_i^+ = 0, \quad i = 1,2,\cdots,U \\ \qquad [D_{\mathrm{m}}, D_{\mathrm{p}}]^{\min} \leqslant [D_{\mathrm{m}}, D_{\mathrm{p}}] \leqslant [D_{\mathrm{m}}, D_{\mathrm{p}}]^{\max} \end{cases} \tag{7.28}$$

式中，$f_i(D_{\mathrm{m}}, D_{\mathrm{p}})$为优化目标函数；$d_i^-$ 、d_i^+ 为第 i 个目标函数值$f_i(D_{\mathrm{m}}, D_{\mathrm{p}})$与目标设定值 G_i的偏差变量；$g_k(D_{\mathrm{m}}, D_{\mathrm{p}})\leqslant 0$ 为产品平台需满足的第 k 个不等式约束；$h_l(D_{\mathrm{m}}, D_{\mathrm{p}})=0$ 为产品平台需满足的第 l 个等式约束；$[D_{\mathrm{m}}, D_{\mathrm{p}}]^{\min}$、$[D_{\mathrm{m}}, D_{\mathrm{p}}]^{\max}$ 分别为设计参数取值范围的最小值和最大值。

当每个优化目标的期望值设定后，优化问题的要求是尽可能缩小目标函数值与目标设定值的偏差。

下层是对单个变型产品的优化，确定公共参数、平台参数、变型参数和定制参数的规格变化数值，以保证变型产品的质量性能最优。在上层中已确定出公共参数和平台参数的取值，它们作为耦合参数传递给下层模型，但不是一成不变的，可以在一定的规格范围内变动。且变型产品质量指标与基体产品不一定完全一致，有可能尚需考虑其他指标，因此其优化目标函数的个数可能就会改变，则某单个变型产品的优化模型 II 如下：

$$\begin{cases} \text{find } D_{\mathrm{m}}, D_{\mathrm{p}}, D_{\mathrm{r}}, D_{\mathrm{s}}, d_i^-, d_i^+ \\ \min Z = \sum_{i=1}^{U} w_i (d_i^- + d_i^+) \\ \text{s.t. } \ f_i(D_{\mathrm{m}}, D_{\mathrm{p}}, D_{\mathrm{rr}}, D_{\mathrm{s}}) + d_i^- - d_i^+ = G_i, \quad i = 1,2,\cdots,V \\ \qquad g_k(D_{\mathrm{m}}, D_{\mathrm{p}}, D_{\mathrm{r}}, D_{\mathrm{s}}) \leqslant 0, \quad k = 1,2,\cdots,u \\ \qquad hl(D_{\mathrm{m}}, D_{\mathrm{p}}, D_{\mathrm{r}}, D_{\mathrm{s}}) = 0, \quad l = 1,2,\cdots,v \\ \qquad d_i^-, d_i^+ \geqslant 0, \quad d_i^- \cdot d_i^+ = 0, \quad i = 1,2,\cdots,V \\ \qquad [D_{\mathrm{m}}, D_{\mathrm{p}}, D_{\mathrm{r}}, D_{\mathrm{s}}]^{\min} \leqslant [D_{\mathrm{m}}, D_{\mathrm{p}}, D_{\mathrm{r}}, D_{\mathrm{s}}] \leqslant [D_{\mathrm{m}}, D_{\mathrm{p}}, D_{\mathrm{r}}, D_{\mathrm{s}}]^{\max} \\ \qquad [D_{\mathrm{m}}, D_{\mathrm{p}}] \in [D'_{\mathrm{m}}, D'_{\mathrm{p}}] \pm \Delta[D'_{\mathrm{m}}, D'_{\mathrm{p}}] \end{cases} \tag{7.29}$$

式中，$[D'_{\mathrm{m}}, D'_{\mathrm{p}}]$、$\Delta[D'_{\mathrm{m}}, D'_{\mathrm{p}}]$ 为上层模型计算求得的公共参数与平台参数的数值及其允许变动范围。

由以上分析可知，产品族设计的耦合分析应兼顾策略层面和操作层面，如图 7.23 所示。从平台策略层面的角度，要考虑市场分割框架下客户需求的响应、功能需求的分析与建模以及平台的可适应性规划；从平台操作层面的角度，要进行平台通用性和差异性的权衡、设计参数聚类分析及确定设计参数的优化值，由此提升产品族设计的稳健性，减弱设计的耦合度。

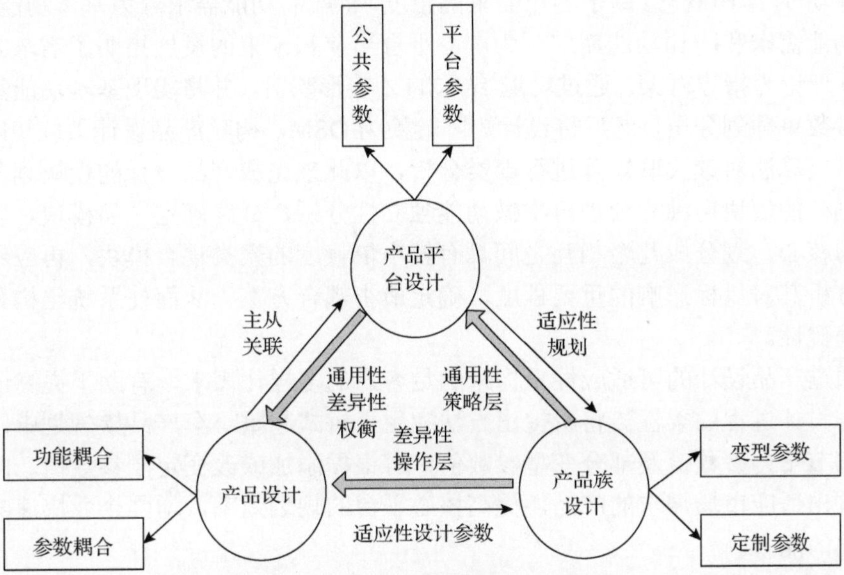

图 7.23　产品族设计的耦合分析模型

例如，对于 7.6 节的起重小车，如果只考虑某一具体特定产品，则不必考虑功能需求的类型划分，只要根据设计要求及客户需求进行设计。其耦合问题是局部的，如减速器和卷筒装置往往存在耦合，因为卷筒大小会影响传动比，反之，减速器也会影响卷筒大小；又如，卷筒直径和长度也是关联的，当起升高度一定时，卷筒长度和直径是成反比的。

对于开发系列产品，单个产品设计内部耦合固然要考虑，但更应该整体考虑产品族的规划问题。首先进行产品族功能需求的类型划分，确定产品族的基本功能需求，选择对应的设计参数并将其作为公共参数。非耦合的或耦合性小的设计参数及其相应的功能需求更适合大批量定制，因此它们更适合作为可适应设计参数。即公共平台参数与个性化参数之间的耦合性要尽可能小，而对于公共平台参数与个性化参数各自内部的耦合关系，可以通过聚类形成模块，再分析模块之间的关联关系。

7.8 本章小结

本章针对产品族设计，探讨如何处理参数耦合问题，着重研究产品族设计的耦合处理策略。在分析目前产品平台特点的基础上，将基于模块化和参数化的产品平台方式统一于基于设计参数的产品平台，提出了面向可适应性的产品平台规划方法。立足于客户需求，分析了产品功能需求，基于通用设计理论元模型描述了设计功能-结构概念。基于客户需求的角度，将产品功能需求分为基本功能需求、期望功能需求和附加功能需求，为产品平台当前和未来的发展指明了需求方向。以 AD 理论为指导框架，通过功能-结构的 Z 字形映射，并将实现基本功能需求的设计参数单独划分出，然后将设计矩阵转换为 DSM，构建产品设计关联矩阵，并利用聚类算法对该关联矩阵进行聚类分析，以此来完成产品设计的模块划分；并将所划分的模块用独立公理再次做功能独立性分析，最终确定产品模块。以设计参数为核心，划分成几个相互之间具有较小依赖度的聚类耦合模块，再应用正交试验分析其对目标影响的重要程度，确定最小耦合方案，从而使系统结构具有较强的稳健性。

通过产品设计的可适应性重构来满足客户的多样化需求，有助于提高该产品开发与设计过程的柔性。将所提出方法应用于桥式起重小车产品族规划中，只需柔性调节平台参数值及部分变型参数值，再根据添加或改变定制参数值，即可快速配置出适应市场需求的产品，提高核心平台的规划效率，增强企业快速响应市场变化的能力。

参考文献

[1] 祁国宁, 顾新建, 谭建荣, 等. 大批量定制技术及其应用. 北京: 机械工业出版社, 2003.

[2] Meyer M H, Lehnerd A P. The Power of Product Platforms-building Value and Cost Leadership. New York: The Free Press, 1997.

[3] Martin M V, Ishii K. Design for variety: Developing standardized and modularized product platform architectures. Research in Engineering Design, 2002, 13(4): 213-235.

[4] Sered Y, Reich Y. Standardization and modularization driven by minimizing overall process effort. Computer-Aided Design, 2006, 38(5): 405-416.

[5] 秦红斌, 肖人彬, 陈义保, 等. 面向公共产品平台通用化的聚类分析方法研究. 计算机辅助设计与图形学学报, 2004, 16(4): 518-522.

[6] Jiao R, Simpson T W, Siddique Z. Product family design and platform-based product development: A state-of-the-art review. Journal of Intelligent Manufacturing, 2007, 18(1): 5-29.

[7] Yaday O P, Goel P S. Customer satisfaction driven quality improvement target planning for product development in automotive industry. International Journal of Production Economics, 2008, 113 (2): 977-1011.

[8] Hong G, Xue D Y, Tu Y L. Rapid identification of the optimal product configuration and its parameters based on customer-centric product modeling for one-of-a-kind production. Computers in Industry, 2010, 61 (3): 270-279.

[9] Simpson T W. A Concept Exploration Method for Product Family Design. Georgia: Georgia Institute of Technology, 1998.

[10] Kumar D, Chen W, Simpson T W. A market-driven approach to the design of platform-based product families. International Journal of Production Research, 2009, 47 (1): 71-104.

[11] 江屏，张换高，陈子顺，等. 基于公理设计的产品平台设计方法. 机械工程学报，2009, 45 (10): 216-221.

[12] 程强，刘志峰，蔡力钢，等. 基于公理设计的产品平台规划方法. 计算机集成制造系统，2010, 16 (8): 1987-1996.

[13] 李柏姝，雒兴刚，唐加福. 基于灵敏度分析的产品族规划方法. 机械工程学报，2010, 46 (15): 117-124.

[14] 丁力平，冯毅雄，谭建荣，等. 基于性能稳健指数的产品族稳健优化设计. 计算机集成制造系统, 2010, 16 (6): 1121-1130.

[15] 雒兴刚，王福斌，Kwong C K. 可伸缩产品平台优化设计的质量功能展开方法. 机械工程学报, 2011, 47 (12): 175-184.

[16] Cheng X, Lan G, Zhu Q. Scalable product platform design based-on design structure matrix and axiomatic design. International Journal of Product Development, 2015, 20 (2): 91-106.

[17] 夏一，杜纲，支华炜. 产品族平台与定制化关联设计的主从优化模型. 计算机集成制造系统, 2013, 19 (11): 2704-2713.

[18] 陈永亮，褚巍丽，徐燕申. 面向可适应性的参数化产品平台设计. 计算机集成制造系统，2007, 13 (5): 877-884.

[19] 程贤福，兰光英，朱启航，等. 面向可适应性的桥式起重机车轮组参数化产品族设计方法. 机械设计, 2014, 31 (11): 13-17.

[20] Xu Y, Chen Y, Zhang G, et al. Adaptable design of machine tools structures. Chinese Journal of Mechanical Engineer, 2008, 21 (3): 7-15.

[21] Xue D, Hua G, Mehrada V, et al. Optimal adaptable design for creating the changeable product based on changeable requirements. Journal of Manufacturing Systems, 2012, 31 (1): 59-68.

[22] 阿尔温·托夫勒. 未来的冲击. 蔡伸章，译. 北京：新华出版社, 1996.

[23] Davis S. From future perfect: mass customizing. Planning Review, 1989, 17 (2): 16-21.

[24] Pine B J. Mass customization: The new frontier in business competition. The Academy of Management Review, 1994, 19 (3): 588-592.

[25] Anderson D M. Agile Product Development for Mass Customization. Chicago: Irwin Professional Publishing, 1997.

[26] Silveira G D, Borenstein D, Fogliatto F S. Mass customization: Literature review and research directions. International Journal of Production Economics, 2001, 72(1): 1-13.

[27] 秦红斌. 基于公共产品平台的产品族设计技术研究[博士学位论文]. 武汉: 华中科技大学, 2006.

[28] 姚海, 金烨, 严隽琪. 产品功能需求的定性及定量分析. 机械工程学报, 2010, 46(5): 191-198.

[29] Yoshikawa H. General design theory and a CAD system//The IFIP Working Group Working Conference on Man-Machine Communication in CAD/CAM, Kyoto, 1980.

[30] 肖人彬, 陶振武, 刘勇. 智能设计原理与技术. 北京: 科学出版社, 2006.

[31] 程贤福, 李骏, 徐尤南, 等. 基于公理设计的机械系统稳健性分析及应用. 中国机械工程, 2015, 26(6): 721-728.

[32] 李中凯, 朱真才, 程志红, 等. 基于联合分析和定量指数的柔性产品平台多目标规划方法. 计算机集成制造系统, 2011, 17(8): 1757-1765.

[33] 程贤福. 面向可适应性的产品平台设计参数规划方法. 工程设计学报, 2014, 21(2): 140-146.

[34] 肖人彬, 程贤福, 陈诚, 等. 基于公理设计和设计关联矩阵的产品平台设计新方法. 机械工程学报, 2012, 48(11): 93-103.

[35] Suh N P. Axiomatic Design: Advances and Applications. New York: Oxford University Press, 2001.

[36] 王爱民, 孟明辰, 黄靖远. 基于设计结构矩阵的模块化产品族设计方法研究. 计算机集成制造系统, 2003, 9(3): 214-219.

[37] 唐敦兵, 钱晓明, 王晓勇, 等. 公理设计矩阵与设计结构矩阵同步演化机制研究. 计算机集成制造系统, 2007, 13(8): 1465-1475.

[38] Krishnan V, Eppinger S D, Whitney D E. Simplifying iterations in cross-functional design decision making. ASME Journal of Mechanical Design, 1997, 119(4): 485-493.

[39] 程贤福, 陈诚. 基于设计关联矩阵与可拓聚类的产品模块划分方法. 机械设计, 2012, 29(1): 5-9.

[40] 潘双夏, 高飞, 冯培恩. 批量客户化生产模式下的模块划分方法研究. 机械工程学报, 2003, 39(7): 1-6.

[41] Gershenson J K, Prasad G J, Allamneni S. Modular product design: A life-cycle view. Society for Design and Process Science, 1999, 3(4): 13-26.

[42] 程强. 面向可适应性的产品模块化设计方法与应用研究. 武汉: 华中科技大学, 2009.

[43] 陈平, 杨文玉. 复杂产品结构的模块化聚类及设计迭代量计算. 中国机械工程, 2007, 18(11): 1346-1350.

[44] Thebeau R. Knowledge management of system interfaces and interactions for product development process. Cambridge: Massachusetts Institute of Technology, 2001.

[45] Xiao R, Cheng X. A systematic approach to coupling disposal of product family design (part 1): Methodology. Procedia CIRP, 2016, 53: 21-28.

[46] Cheng X, Qiu H, Xiao R. A systematic approach to coupling disposal of product family design (part 2): Case study. Procedia CIRP, 2016, 53: 29-34.

第8章　不确定条件下基于内部迭代的耦合任务集求解

第4～6章以AD理论和DSM方法为基础，讨论如何通过耦合任务的割裂和内部迭代以及两者的综合来消除信息间的循环关系，从而为产品开发过程中的耦合复杂性提供了一系列处理方法，但它们都是针对静态环境的。现实世界充满了不确定性，进而可导致产品开发过程的动态性。基于此，本章从统计思想与反馈控制思想两个方面对不确定条件下的耦合任务集进行处理，探讨对产品开发过程进行有效规划和管理的方法。

8.1　引　　言

受全球经济危机的影响，企业的发展受到越来越多外在因素的制约，而产品开发成为企业获取竞争优势的关键[1]。为提高市场份额，在有限的资源下尽可能减少产品所需时间和成本并尽量压缩其上市时间成为企业能否成功的关键。而来自企业内部人员、设备、资金等方面的约束，原来可以执行的任务因资源的受限而发生延迟现象，客户喜好的转变以及竞争对手开发能力的提升都将导致产品开发过程处于动态环境中。在实际项目中，每个产品开发项目本质上都是不同的，产品开发过程包含多方面的创造性活动，其复杂性集中体现在过程的动态性及不确定性、任务之间的支持和约束关系与资源的冲突、多学科团队协作等方面，本质上属于动态环境下的设计迭代过程。在项目初始阶段，设计工程师经常面对不能精确给出任务执行工期的情况，除非产品开发项目与以前的项目相似，否则以前的经验对其影响非常有限。因此，对于任务工期的不确定性采用经验的方法并不合适[2]；另外，任务执行完后，可能触发多个后续任务同时执行，也可能是从多个后续任务中进行唯一性选择，或者返回上游任务的迭代执行，即任务的输出分支具有不确定性[3]；最后，任务工期及任务输出分支的不确定性进一步导致资源分配方式的不确定性。这几种情况说明产品开发过程处于一种动态环境下，产品开发中设计任务之间的耦合是引起过程复杂性的主要原因，并使设计过程出现反复与迭代，因此有必要研究不确定环境下耦合任务集求解问题。

不确定的、动态的设计开发环境表现为突然的、激进的扰动，无论这种扰动是由外部还是内部产生的，都可能造成整个设计开发过程稳定性的破坏。外部的扰动，如竞争者的转换、在技术方面的提升以及客户喜好的转变将导致整个设计开发过程的重新检查使其成本上升和开发周期延长。而资源也不得不在多个设计任务间进行重新分配以减少开发时间和成本。目前，一些研究者考虑到 DSM 方法是一种有效的系统建模工具，并已成功应用于过程分析[4,5]、改进[6,7]和管理[8,9]，因此可以结合 DSM 建立不确定条件下耦合任务集迭代模型，并用统计的方法对设计开发过程中不确定因素进行仿真分析，这是本章采用的研究方法之一。

此外，如果从控制的角度，特别是用反馈控制方法对系统的不确定性进行自适应调节具有较大的现实意义，国内外一些研究者也进行了一些尝试。例如，Huang 等[10]将产品开发过程看作带反馈信息的动态系统并结合 DSM 获取设计信息的相互作用和反馈，同时指出过程动态分析的不足以及过程评价和信息反馈的不准确性会在很大程度上增加系统的不稳定性。Ong 等[11]则采用现代控制理论中的状态空间概念建模设计迭代过程，并使用状态空间中的连续状态微分方程分析系统的稳定性以及设计任务的收敛率，同时识别出最慢的收敛任务。该方法从控制的角度对 WTM 模型进行分析，有利于揭示其内部动态特性。不过，现有的研究很少使用较为完备的控制工程分析技术，而且不恰当的分析技术的采用甚至会带来误解和迷惑。因此，Kim[12]提出利用离散状态空间描述方法建立 WTM 的系统表达，通过基于离散系统分析和控制综合技术，设计开发过程的动态特性能够被方便地分析和预测。此外，Lee 等[13]针对意料之外的扰动可能导致整个产品开发过程的不稳定，提出齐次和非齐次状态空间的概念，对并行执行的耦合设计任务进行建模，同时分析和控制任务的稳定性和收敛性。其中，齐次状态空间方法分析和预测在设计任务结束之前设计迭代所经历的次数并且识别那些可能消耗大量不成比例的资源和时间才能结束的任务；非齐次状态空间方法则通过状态反馈控制精确监测和控制并行设计任务的稳定性和收敛率。但是，以上研究仅仅考虑了系统本身内部迭代的动态特性而没有考虑任务工期和执行方式的不确定性等，因此还需要做进一步研究。本章采用的第二种方法正是从反馈控制角度考虑了任务工期不确定性、执行方式不确定性以及资源分配方式不确定性对设计迭代所产生的影响，并通过某起重机变幅系统设计开发实例阐述了这种方法如何在不确定条件下，通过资源的自动调节功能管理和控制设计迭代过程的稳定性和收敛速度。

本章首先对动态环境下产品开发过程中主要存在的三种不确定性(任务执行工期的不确定性、任务输出分支的不确定性以及资源分配方式的不确定性)进行有关分析。其次，基于统计分析方法并结合 DSM，建立基于资源约束的混合迭代耦合任务集求解模型[14]，并给出模型的仿真步骤，通过应用实例，以计算机仿真方法给出不确定环境下产品开发过程相应的时间、成本分布直方图。再次，基于反馈控制方法来分析不确定环境下的设计迭代问题，并通过某起重机变幅系统设计开发实例论述该方法的有效性与适用性[15]。最后，对所提方法的有效性进行验证。

8.2 产品开发过程的不确定性分析

本节围绕动态环境下产品开发过程中存在的不确定性进行分析，讨论任务执行工期的不确定性、任务输出分支的不确定性以及资源分配方式的不确定性，阐述其对产品开发过程的重要影响作用。

8.2.1 任务执行工期的不确定性

产品开发过程中，由于资源数量的限制，各执行任务之间存在着对资源的竞争。对于某一任务，如果分配的资源较多，相应地，其执行工期将会缩短。产品开发任务是一个涉及客户需求、人员经验、设计资源等多方面因素的智力型任务，因此任务执行工期很难用一个准确的数字表达，通常可以采用三点估计法，即 (a,m,b)（最小资源值，最可能值，最大资源值）进行描述，从而得到一个以 $\mu=(a+4m+b)/6$ 为均值、以 $\sigma^2=(b-a)^2/6$ 为方差的正态分布函数[16]，其概率密度 $y_d = f(x\,|\,\mu,\sigma)=\dfrac{1}{\sigma\sqrt{2\pi}}\exp\left[\dfrac{-(x-\mu)^2}{2\sigma^2}\right]$，而累计概率密度 $y_F = F(x\,|\,\mu,\sigma)=\dfrac{1}{\sigma\sqrt{2\pi}}\int_{-\infty}^{x}\exp\left[\dfrac{-(t-\mu)^2}{2\sigma^2}\right]\mathrm{d}t$。用[0,1]内产生的随机数表示累计概率密度 y_F，满足其表达式的变量 x 可作为任务工期抽样值进行仿真计算（见式(8.1)），其图形如图 8.1(a)所示。需要说明的是：本章假设任务抽样工期不受迭代引起的返工时间和其他额外增加时间的影响。

$$x = F^{-1}(y_F\,|\,\mu,\sigma)=\{x : F(x\,|\,\mu,\sigma)=y_F\} \tag{8.1}$$

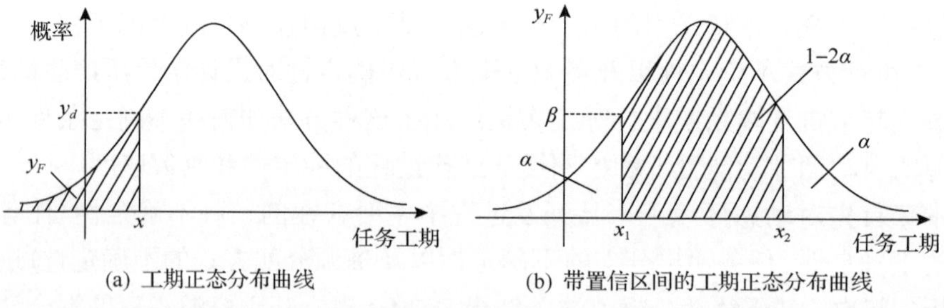

(a) 工期正态分布曲线　　(b) 带置信区间的工期正态分布曲线

图 8.1 任务工期正态分布曲线

此外，在图 8.1(a)正态分布曲线中会出现一些工期取负值的情况，这与实际情况是不相符的；而且，在产品开发过程中，工程师通常能够根据自己的工作经验估计任务工期最可能发生的一个置信区间，即可选择一个小于 1 的满意度值 β，使任务工期的累计概率密度 y_F 在$[\alpha,1-\alpha]$区间，此时既避免了工期小于 0 的情况，又使工期的取值加入了一些人为的经验因素，有利于迭代过程的尽快收敛，如图 8.1(b)所示。此时，累计概率密度 y_F 取值可由式(8.2)确定：

$$y_F = \alpha + (1-2\alpha)\text{rand}(\cdot) \tag{8.2}$$

式中，rand(·)为[0,1]内的随机数；α 为工程师根据经验设置的任务工期置信值。

8.2.2　任务输出分支的不确定性

任务输出分支的不确定性是由于一个任务执行完后，可能触发多个后续任务同时执行，也可能是从多个后续任务中进行唯一性选择执行，或者是返回上游任务迭代执行。Smith 等建立的串行[17]与并行[18]迭代模型分别考虑了两种极端的情况，而实际产品开发过程中经常伴随着既有并行也有串行的迭代过程，这正是造成整个产品开发项目工期不确定性的主要原因。由于耦合任务集中任务的频繁交互，这种情况尤为突出，因此需要重点分析此时耦合任务集中任务的执行状态。

通常，耦合任务的迭代过程包括任务返工概率和返工量两个方面，其中返工概率指任务以一定的概率引起其他任务的返工从而构成循环；而返工量是指在循环中的任务以其某一返工比例再次执行的工作量。以图 8.2 中三个任务组成的开发过程为例，任务 A 完成后有 50%的概率要重新执行任务 B，而重做工作量为 2.8 个时间单位(7×40%=2.8)。同时，任务 A 完成后也有 20%的概率需重新执行任务 C，而重做工作量为 4 个时间单位(8×50%=4)；与此相似，当任务 B 完成后，有 30%的概率要重新执行任务 A，同时有 60%的概率需要重做任务 C，而重做工作量分别为 0.8 个时间单位(4×20%=0.8)和 3.2 个时间单位(8×40%=3.2)；而任务 C 完成后，有 40%的概率要重新执行任务 A，有 10%的概率需重新执行任务 B，而重做工作量分别为 1.2 个时间单位(4×30%=1.2)和 0.7 个时间单位(7×10%=0.7)。对于这类问题，可由计算机随机产生一个[0,1]内的随机数，逐个判断是否会引起后续任务的返工，若引起返工则按照返工量矩阵计算任务的返工量，如此反复直到整个迭代过程收敛。

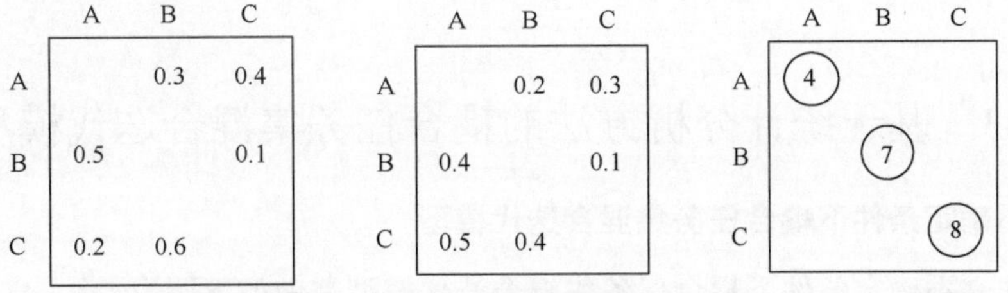

(a) 任务返工概率矩阵　(b) 任务返工量矩阵　(c) 任务工期矩阵

图 8.2　耦合任务集迭代过程矩阵描述

8.2.3 资源分配方式的不确定性

产品开发过程中，由于每个耦合任务的执行时间不相等，任务完成时间总会有先后，先完成的任务必须等待后完成的任务，这就造成了资源的闲置，这些闲置的资源势必要重新分配给其他任务。而任务工期的不确定性，会导致在任务执行中对各项任务的初始资源分配只能是根据以往的经验来继续分配；此外，由于任务输出分支的不确定性，其中一些任务可能发生返工，其他的则不发生返工，因此需要将资源进行重新分配，以提高资源使用率，但是这同时导致资源分配方式的不确定性。由此可见，任务工期及任务输出分支的不确定性会进一步导致资源分配方式的不确定性。

文献[19]中建立的 WTM 模型仅以时间作为衡量任务工作量的标准而没有考虑资源数量，但工作量通常与时间、资源数量有密切联系。本节假设资源与工作量呈线性关系变化，例如，某任务需 3 个结构工程师花 10 天完成，则任务总共所需的工作量应为 30 天·人(3×10=30)，如果参与此任务的有 6 个结构工程师，那么只需要 5 天就能完成此工作。

根据资源分配方式的不确定性，引入一个资源分配矩阵 $\boldsymbol{K}$，表示满足资源分配的返工任务原有资源与其重新分配后的资源比值。$\boldsymbol{K}$ 的取值如下：

$$\left|\boldsymbol{K}\right| = \frac{r_{\text{current}}}{r_{\text{original}}} \tag{8.3}$$

式中，r_{original} 为任务上一次迭代所分配的资源量；r_{current} 为返工任务所获得的闲置资源量。

对于不执行返工的任务，其占用的资源将重新分配给其他执行返工的任务，为了简化模型，资源重新分配的原则是：返工任务按照上一次迭代的资源量与总资源量的比例来获得不返工任务的资源量，即

$$r_{\text{current}} = \frac{r_{\text{original}}}{\sum r} \sum r_{\text{without\_rework}} \tag{8.4}$$

8.3 基于统计分析方法的耦合任务集混合迭代模型

8.3.1 不确定条件下耦合任务集混合迭代模型

在建立不确定条件下耦合任务集混合迭代模型需做如下假设：

(1) 任务以一定的概率返工到其他任务。

(2) 任务所需资源充分，不会因资源受限而发生延迟现象。

(3) 每项任务所需资源量均小于资源的最大供应量。

(4) 资源与工作量呈线性关系。

(5) 返工次数的增加会引起返工概率发生变化，相应的返工量也会有所变化，但对于快速收敛的迭代过程，返工概率在第一次返工后不发生太大变化，因此可以假设在第一次迭代之后的返工比例不变。

(6) 假设第一次迭代时所有任务同时并行执行，而在随后的迭代过程中按照返工概率选择执行。

(7) 不考虑任务间可能存在的重叠[20]、时间窗口依赖[21]等其他一些依赖关系。

其中，假设(1)和(5)是出于对模型简化的考虑，为了便于求解由于迭代而引起任务的返工量；假设(2)和(3)排除了由于资源冲突而引起任务执行时间延迟的现象，使后续任务的执行具有随机性；假设(4)简化了资源与任务工作量之间的关系；假设(6)确保所有任务至少执行一次迭代过程；假设(7)忽略了任务间重叠、时间窗口依赖关系对耦合任务集执行时间的影响，是对现实产品开发过程中的一种简化处理。根据以上假设，不确定条件下基于混合迭代的耦合任务集求解模型建立过程如下：

(1) 通过 DSM 划分运算[22]识别产品开发过程中的耦合任务集，通过咨询相关领域工程师获取各耦合任务的悲观值、最可能值和乐观值，建立相应的正态分布曲线随机抽样获取任务工期矩阵 $\boldsymbol{W}$。

(2) 根据任务工期矩阵计算得到每个任务执行所分配的资源数量矩阵。以 q_i 表示任务 i 的计划资源用量，q_i' 为任务 i 的资源需求量的极限值，Δt 为任务工期 i 变动的最大范围，这里为最大任务工期与最小任务工期之差，即

$$\Delta t = b - a \tag{8.5}$$

设 δ_i 为任务 i 资源与工期的相关系数，表示单位资源量对工期的影响程度，有

$$\delta_i = \frac{\Delta t}{|q_i - q_i'|} \tag{8.6}$$

由假设(4)可得某任务实际所占用的资源量 r_i 为

$$r_i = \frac{t_i}{\delta_i} \tag{8.7}$$

式中，r_i 为任务 i 的资源量；t_i 为任务 i 的任务工期。

(3) 确定耦合任务集的任务返工概率矩阵 **RE** 和任务返工量矩阵 **RI**。其中任务返工概率矩阵 **RE** 从信息传递的角度决定了耦合任务集迭代的次数，它主要受上游信息的进展度和下游信息的敏感度影响，Su 等[23]利用 AHP 建立的包含信息进展度和敏感度两个因素的任务返工概率矩阵可以加以借鉴。建立 **RE** 后，采用随机选择方法，通过在[0,1]内产生一个随机数判断是否引发后续任务的迭代。而

任务返工量矩阵 **RI** 可转化为描述任务依赖强度的关系矩阵，通过模糊综合评价[24]、灰色关联度等[25]方法并结合多个工程师的意见进行客观评价。对于强、中等及弱相关关系可以分别赋予一定比例的数值，如 0.5、0.25、0.05 等。在实际中，该数值可按比例扩大或缩小，通常依赖关系越小，返工迭代时间越少，此时可通过以下方法使依赖强度比例缩小：①计算机辅助设计系统能够加速任务的完成，使任务间依赖关系减小；②工程分析工具，如仿真技术能够减少一些实际造型的需要从而降低依赖联系；③从迭代中移除不必要的任务从而使依赖度下降；④多功能团队的组建使小组间信息的交流更加顺畅，减小了任务间的依赖关系。

(4)引入布尔向量 $\boldsymbol{B}$ 表示每项任务是否处于执行状态，如果某项任务对应的布尔向量 $\boldsymbol{B}$ 中的值为 0，则表示该项任务在此次迭代中不执行，否则为执行。将每一次迭代由一个工作向量 $\boldsymbol{u}_t$ 进行衡量，其描述在第 t 次迭代时每个任务需要做的工作量。初始工作量 $\boldsymbol{u}_0$ 是全 1 向量，表示在首次迭代中所有任务都需要执行。而后续迭代中，依据概率规则，只有那些被随机选择选中的任务才发生迭代，而返工量则按线性规则计算，第 t+1 次迭代产生的返工量可表示为

$$\boldsymbol{u}_{t+1} = \mathbf{RI}^{(t+1)}\boldsymbol{u}_t - \boldsymbol{K}\boldsymbol{u}_t \tag{8.8}$$

$$\mathbf{RI}^{(t+1)}(i,j) = \begin{cases} \mathbf{RI}(i,j), & \boldsymbol{B}^{(t+1)}(j)=1, \mathbf{RE}(i,j) \geqslant \mathrm{rand}(\cdot) \\ \mathbf{0}, & \text{其他} \end{cases} \tag{8.9}$$

式中，$\mathbf{RI}^{(t+1)}(i,j)$ 为第 t+1 次迭代时由发生返工任务组成的返工量矩阵，它由式(8.4)确定，即若任务 j 当前状态为执行状态（$\boldsymbol{B}^{(t)}(j)=1$）且其后续任务 i 即将发生返工（$\mathbf{RE}(i,j) \geqslant \mathrm{rand}(\cdot)$，其中 $\mathbf{RE}(i,j)$ 由式(8.3)确定），则 $\mathbf{RI}^{(t+1)}(i,j)=\mathbf{RI}(i,j)$，否则 $\mathbf{RI}^{(t+1)}(i,j)=\mathbf{0}$。

而整个迭代过程中的工作时间总量 $\boldsymbol{U}$ 为

$$\boldsymbol{U} = \sum_{t=0}^{\infty} \boldsymbol{u}_t \tag{8.10}$$

在相同任务工作量情况下，资源重新分配后，任务工期矩阵与资源的对应关系为

$$\boldsymbol{W}^{(t+1)}(i,j) = \boldsymbol{W}^{(t)}(i,j)\frac{r^{(t)}}{r^{(t+1)}} \tag{8.11}$$

式中，

$$r^{(t+1)} = r^{(t)} + r_{\mathrm{current}}$$

将工作时间总量 $\boldsymbol{U}$ 乘以任务工期矩阵 $\boldsymbol{W}$ 便得到每个任务所需的工程时间。整

个过程所需开发成本 E 即各个任务开发成本的总和，可表示为

$$E=\sum_{i=1}^{n}\boldsymbol{WU}=\sum_{i=1}^{n}\left(\boldsymbol{W}\sum_{t=0}^{\infty}\boldsymbol{u}_t\right) \tag{8.12}$$

式中，n 为任务个数；t 为迭代次数。

完成整个耦合设计过程所需的时间 T 为每个迭代阶段所需时间的累加和；而每一迭代阶段所需时间是该阶段最长任务的执行时间，即

$$T=\sum_{t=0}^{\infty}\max_{i}[\boldsymbol{W}\boldsymbol{u}_t]^{(i)} \tag{8.13}$$

式中，$[\cdot]^{(i)}$表示向量的第 i 个元素。

(5) 确定任务迭代返工的终止条件。由于任务的迭代过程就是有效信息的积累过程，当任务积累的有效信息达到一定程度，设计参数在定义域内的取值已不再影响产品的性能时，可以认为不再需要继续迭代求解。而有效信息的积累过程反映在产品开发中就是任务的不断迭代过程，因此随着迭代次数中工作量的逐渐减少，迭代的影响也逐渐降低。当 k 次迭代后相邻迭代次数间任务累积工作量的变更小于某一给定阈值ε时，迭代停止，即

$$\frac{T_{i,k}-T_{i,k-1}}{T_{i,k-1}}<\varepsilon,\quad k\geqslant 1 \tag{8.14}$$

式中，k 为迭代终止次数；ε 为预先设定的阈值，通常可取ε=0.01。

需要注意的是，由于要通过模拟仿真的方法获取稳定的耦合任务集完工时间与开发成本的分布曲线，仿真次数 r 既不能取得过小也不能取得太大，取得过小得不到稳定的时间和成本分布曲线；而取得太大不仅对输出结果没有明显的改进，而且会耗费大量的仿真运算时间，经过试算，通常可取 r=1000。

另外，对于任务返工概率矩阵，若每列仅有一个单元值为 1，其余均为 0，如图 8.3(a) 所示，此时任务必须一个接一个地顺序执行，这就是串行迭代模型；与此相反，若每列所有单元值均为 1，如图 8.3(b) 所示，此时所有任务需同时并行执行，这就是并行迭代模型。可以看出，串行迭代模型与并行迭代模型是本节所提模型的特例，因此混合迭代模型更具一般性。

8.3.2　模型仿真计算步骤

综上所述，整个仿真过程可以用以下步骤实现：

(1) 向系统录入初始化信息，包括任务关系 DSM、任务返工概率矩阵、任务返工量矩阵、各资源数目、各任务工期三点估计值(a,m,b)以及置信区间$[\alpha,1-\alpha]$，

并设置当前模拟仿真次数 $r=0$。

	A	B	C
A		0	1
B	1		0
C	0	1	

(a) 串行迭代模型

	A	B	C
A		1	1
B	1		1
C	1	1	

(b) 并行迭代模型

图 8.3 不同返工概率值对应的不同迭代模型

(2) 由式(8.1)、式(8.2)计算得到所有任务的抽样工期。生成[0,1]间的随机数，根据任务返工概率矩阵判断引起返工的任务，按照式(8.5)～式(8.7)计算任务的初始资源量。

(3) 由式(8.3)、式(8.4)、式(8.8)和式(8.9)计算分配的资源量以及资源分配矩阵 $\boldsymbol{K}$ 值和任务的返工量。

(4) 按式(8.13)将每次迭代过程中最长的任务执行时间加到累计时间中，而按式(8.12)将所有任务的执行时间叠加作为其开发成本，分别赋予耦合任务集完工时间 T 和开发成本 E 并将其记录下来。

(5) 由式(8.14)判断任务是否收敛，若是，则该任务退出迭代过程；否则，继续迭代，直到所有任务都退出迭代过程，此次仿真过程结束，将仿真次数 r 加 1，若 $r>1000$，则执行(6)；否则，转到(2)。

(6) 模拟过程结束，输出仿真计算的统计结果。

8.3.3 应用实例

智能割草机器人是集环境感知、路径动态规划和行为控制等多种功能于一体的综合机器人系统。其主体包括割草机器人车架体、车轮、减速器、驱动电机、蓄电池、传感系统、控制系统和割草机构等主要部分。此外，为了实现割草机器人预定的工作要求，还需要对割草机器人的运动学模型进行分析和讨论，以指导机械设计的过程。

某用户需求一台智能割草机器人，用于在球场等大型草坪场合工作，要求能自行识别外部的工作环境并进行作业，且能返回预定地点而不需要人工干预或仅需少量人工干预，此外，还要求具有较高的安全性，不会带来因疲劳而造成的意外事故，根据不同条件按一定的策略控制自身的各个元件，来最大限度地降低伤害的可能性。

本节通过简化处理后确定出满足上述要求的割草机器人产品开发项目由 11

个任务组成一个耦合任务集，并根据经验，确定各任务工期三点估计值、计划资源用量 q、资源需求量的极限值 q' 以及任务间依赖关系 DSM，如表 8.1 所示，任务返工概率矩阵和任务返工量矩阵如图 8.4 所示。

表 8.1　项目 DSM 及任务工期估计

	A	B	C	D	E	F	G	H	I	J	K	工期(a,m,b)/天			q	q'	α
A 技术方案设计	12								1			9.50	12.00	14.7	4	6	0.35
B 机器人车体结构设计		9.8										7.70	9.80	11.40	2	4	0.20
C 车体驱动机构设计	1		12									9.00	12.00	14.50	3	5	0.30
D 割草机构设计	1		1	13		1		1				10.30	13.00	17.60	2	5	0.45
E 割草机构驱动设计	1				10.5							9.00	10.50	12.20	3	5	0.20
F 控制系统设计	1					22						18.50	22.00	26.00	5	8	0.25
G 传感系统设计						1	11					8.70	11.00	13.40	4	7	0.35
H 机器人动力学分析	1		1	1				10				7.00	10.00	13.00	2	4	0.30
I 机器人平衡分析				1		1	1	1	13		1	9.20	13.00	17.80	2	5	0.45
J 路径规划方案设计						1	1	1		15		14.10	15.00	26.50	1	2	0.45
K 评估与制造计划	1					1	1			1	13.6	9.30	13.60	18.40	7	10	0.35

注：对角线元素为任务工期三点估计值中的最可能值，在实际每次仿真计算中，采用的是正态分布随机抽样值。

	A	B	C	D	E	F	G	H	I	J	K
A									0.2		
B				0.5							
C	0.3										
D	0.4		0.5			0.1		0.1			
E	0.1										
F	0.4										
G						0.5					
H	0.4		0.5	0.5							
I				0.1		0.5	0.2	0.1			0.4
J						0.5	0.5	0.5			
K	0.4					0.4	0.5			0.5	

(a) 任务返工概率矩阵

	A	B	C	D	E	F	G	H	I	J	K
A									0.1		
B				0.5							
C	0.4										
D	0.1		0.1			0.1		0.1			
E	0.1										
F	0.5										
G						0.5					
H	0.3		0.3	0.3							
I				0.1		0.5	0.4	0.3			0.3
J						0.5	0.5	0.3			
K	0.5					0.3	0.5			0.5	

(b) 任务返工量矩阵

图 8.4　耦合任务集迭代过程 DSM 描述

运用 MATLAB 7.0 编制仿真程序，在经过 1000 次仿真运算后，得到耦合任务集完工时间 T 和开发成本 E 的累计频次分布直方图如图 8.5 所示。从图中可以看出：耦合任务集完工时间限定在 30～39 天，并且在 30～35 天内形成峰值，说明该耦合任务集最有可能在该时间段内完成；而耦合任务集开发成本限定在 70～180 个工程时间，并且在 100～150 个工程时间内形成峰值，仿真结果绝大部分属于这一范围，达到了 712 次，占总数的 71.2%。因此，当投入 130 个工程时间时，整个耦合任务集完工概率为 79.7%，具有较高的保障率。

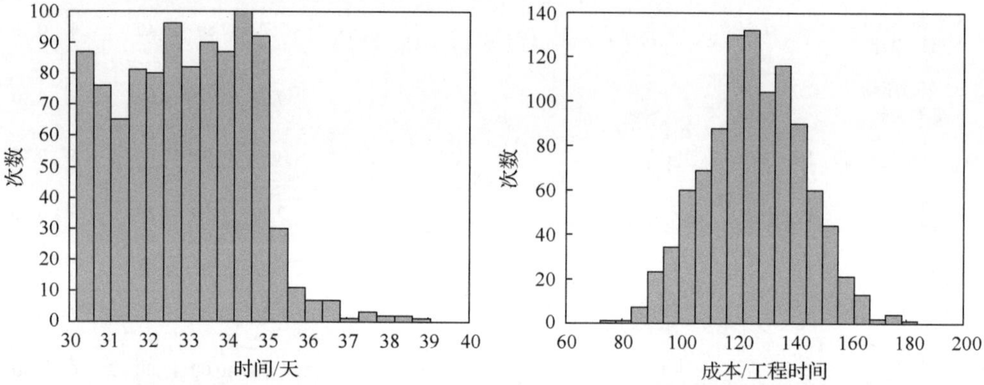

(a) 耦合任务集完工时间累计次数统计　(b) 耦合任务集开发成本累计次数统计

图 8.5　耦合任务集时间与成本频次分布直方图

8.3.4　分析讨论

由于 8.3.1 节的模型是建立在任务执行工期不确定性、任务输出分支不确定性以及资源分配方式不确定性的动态环境下，有必要讨论这三种不确定性对耦合任务集完工时间和开发成本的影响。而本节结合 8.3.3 节的应用实例，分析以上三种不确定性的影响作用。

1. 任务执行工期不确定性的影响

为了研究任务执行工期不确定性对耦合任务集时间和成本的影响，可将各任务工期分别取悲观值 a、最可能值 m 和乐观值 b，经过计算机仿真运算后，耦合任务集时间和成本分布直方图如图 8.6 所示。可以看出，无论是工期分布图还是成本分布图，在任务工期确定的条件下，其分布更加集中，例如，图 8.6(a) 中取悲观值为任务工期时，耦合任务集在 58 天时完工的次数有 461 次，占总次数的 46.1%，可见确定的任务工期有利于整个耦合任务集分布的集中。此外，随着任务工期的增大，耦合任务集时间和成本会同时增大，因此采用有效的信息交流工具、适当的计算机辅助工具可有效减少整个耦合任务集完工时间和开发成本。

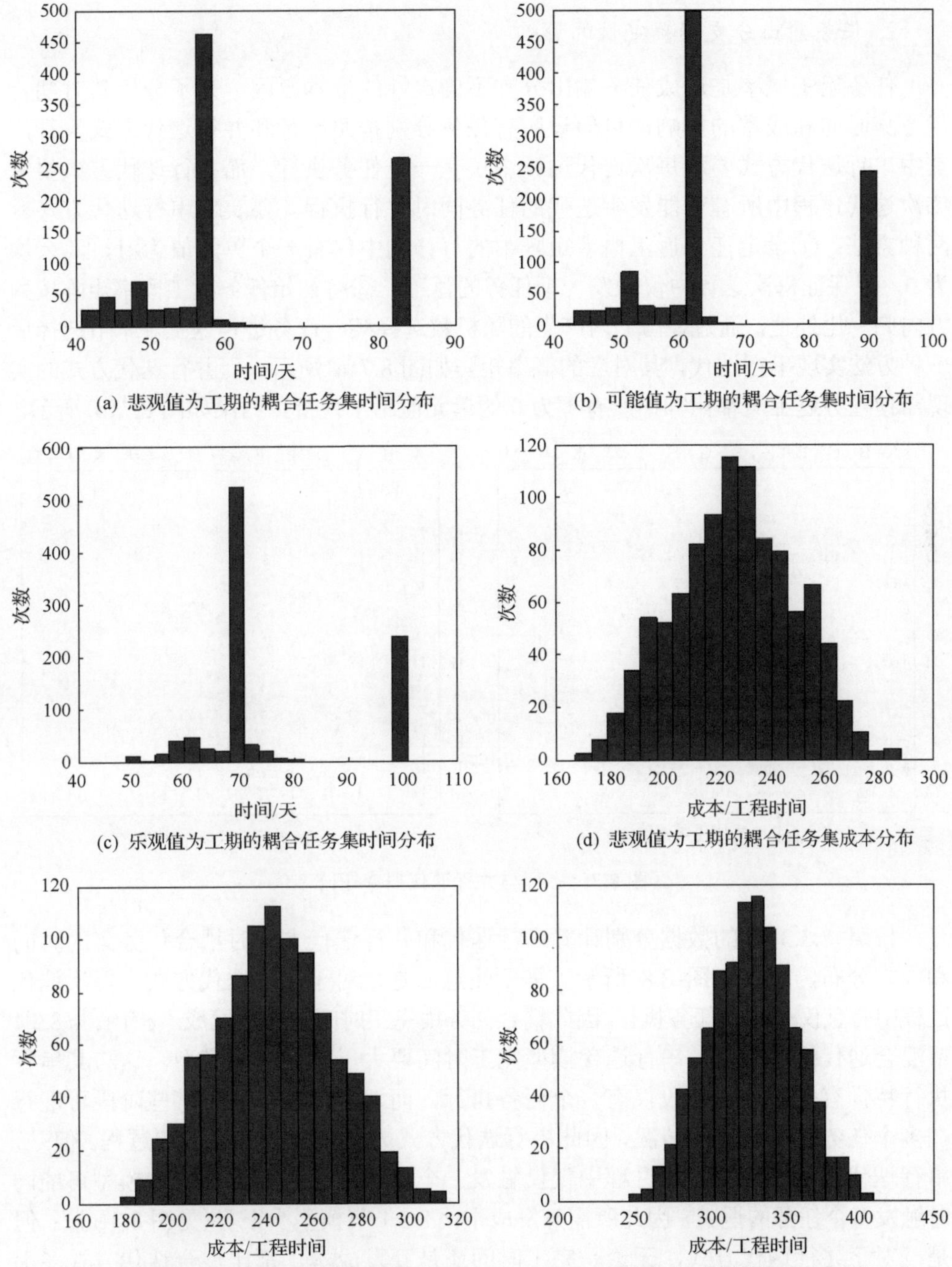

(a) 悲观值为工期的耦合任务集时间分布　(b) 可能值为工期的耦合任务集时间分布

(c) 乐观值为工期的耦合任务集时间分布　(d) 悲观值为工期的耦合任务集成本分布

(e) 可能值为工期的耦合任务集成本分布　(f) 乐观值为工期的耦合任务集成本分布

图 8.6　任务工期不确定时耦合任务集时间与成本分布直方图

2. 任务输出分支不确定性的影响

任务返工概率是造成任务输出分支不确定性的根本原因，为了分析其对耦合任务集时间和成本的影响，可假设所有任务分别按照串行和并行迭代方式执行，其中串行迭代方式要求每次迭代过程中仅有一个任务执行；而并行迭代方式要求每次迭代过程中所有可能发生迭代的任务同时并行执行。要实现串行迭代方式有两种方法：①设定任务返工概率矩阵中的每一列中仅有一个单元值为 1，其余均为 0，以保证每次迭代中仅触发一个任务的返工；②将初始任务返工概率矩阵按列方向归一化处理，通过在[0,1]内产生的随机数选择某一任务进行返工。本节选择后一种方法实现串行迭代，其对应的概率矩阵如图 8.7(a)所示。而并行迭代方式的实现需使任务返工概率矩阵中所有不为 0 的单元值用 1 代替，结果如图 8.7(b)所示。

	A	B	C	D	E	F	G	H	I	J	K	L	M
A									0.333				
B													
C	0.107												
D	0.143		0.357			0.042		0.091				0.250	1.00
E	0.036												
F	0.143												
G						0.208						0.417	
H	0.143		0.357	0.500									
I				0.100		0.208	0.125	0.091			0.500		
J						0.208	0.3125	0.454					
K	0.143					0.167	0.3125			0.556			
L	0.178				0.556								
M	0.107	1.00	0.286	0.400	0.444	0.167	0.250	0.364	0.667	0.444	0.500	0.333	

(a) 串行迭代概率矩阵

	A	B	C	D	E	F	G	H	I	J	K	L	M
A									1				
B				1									
C	1												
D	1		1			1		1				1	1
E	1												
F	1												
G						1						1	
H	1		1	1									
I				1		1	1	1			1		
J						1	1	1					
K	1					1	1			1			
L	1				1								
M	1	1	1	1	1	1	1	1	1	1	1	1	

(b) 并行迭代概率矩阵

图 8.7　串行与并行迭代概率矩阵

按照 8.3.3 节的数据分别计算串行迭代和并行迭代方式时耦合任务集的时间和成本分布，结果如图 8.8 所示。需要注意的是，对于串行迭代方式，每次迭代过程中有且仅有一个任务执行，因此耦合任务集完工时间与其开发成本相同。与 8.3.1 节混合迭代模型相比，串行迭代模型完工时间要大于混合迭代模型，这与其串行执行特性有关，即每阶段仅有一个任务执行，而混合迭代模型在某些阶段可能存在多个任务并行执行的情况，因此串行迭代方式无疑延长了整个迭代过程。但是，串行迭代模型在每次迭代过程中仅仅触发一个任务返工，而混合迭代模型可能同时触发多个任务的返工，因此所需开发成本比 8.3.1 节模型少很多(见图 8.8(a))；但是，对于并行迭代方式，无论是完工时间还是开发成本，都比混合迭代方式多很多，这是因为并行迭代方式假设一切潜在的、可能的返工都同时发生，所以大幅增加了项目完工时间和开发成本，这实际上是一种在特定情况下以消耗时间和成本为代价来换取产品更高设计质量的方法。

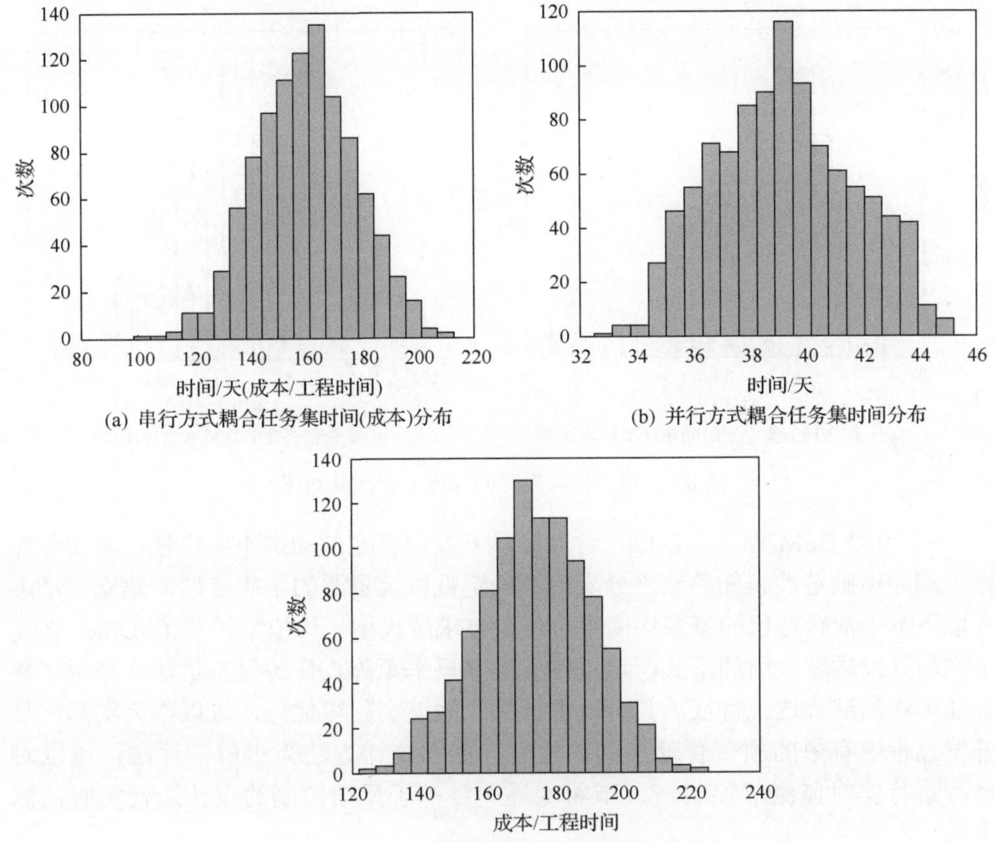

(a) 串行方式耦合任务集时间(成本)分布　　(b) 并行方式耦合任务集时间分布

(c) 并行方式耦合任务集成本分布

图 8.8　串行与并行迭代方式下耦合任务集时间与成本分布直方图

3. 资源分配方式不确定性的影响

已有研究方法较少考虑迭代过程中资源分配的不确定性，为了研究资源分配方式不确定性对任务耦合任务集执行时间和成本的影响，经过计算机仿真运算，给出不考虑迭代过程的资源重新分配策略，任务耦合任务集执行时间和成本分布直方图如图 8.9 所示。对比图 8.5 和图 8.9 可以看出，无论是工期分布图还是成本分布图，考虑资源分配条件下，其分布更加集中，例如，图 8.5 中耦合任务集完工时间限定在 30～39 天，并且在 30～35 天形成峰值；而耦合任务集开发成本限定在 70～180 个工程时间，并且在 100～150 个工程时间形成峰值。图 8.9 中耦合任务集完工时间限定在 37～138 天，并且在 50～70 天形成峰值；而耦合任务集开发成本限定在 150～370 个工程时间，并且在 210～280 个工程时间形成峰值。因此，资源分配方式不确定性对耦合任务集执行时间和开发成本有很大的影响，任务执行过程中对资源进行重新分配可以减少任务执行时间和任务开发成本。

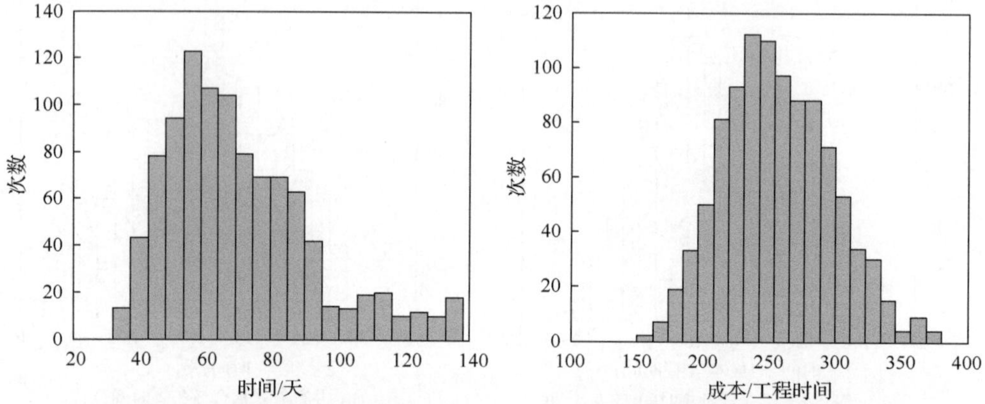

(a) 耦合任务集完工时间累计次数统计　　(b) 耦合任务集开发成本累计次数统计

图 8.9　耦合任务集时间与成本频次分布图

8.3 节以 DSM 理论为基础，针对产品开发中存在的动态不确定性，即任务执行工期的不确定性、任务输出分支的不确定性以及资源的不确定性，建立了动态环境下基于混合迭代的资源均衡耦合任务集求解模型。该模型扩展了 DSM 在复杂产品开发领域应用的形式，通过任务返工概率矩阵、任务返工量矩阵分析了耦合任务集的混合迭代特征，具有便于计算、贴近实际等优点，可以作为实际产品开发过程中有效的项目管理工具。然而，由于统计方法为事后估计法，难以对过程进行实时监测与控制，8.4 节将论述一种基于反馈控制的设计迭代实时监测方法。

8.4　不确定条件下基于反馈控制的设计迭代模型

8.4.1　研究思路

在产品设计与开发项目中，通常希望整个项目的完工时间能够在某一较小的时间区间内波动，过大的扰动量一方面使项目的开发成本难以预测，导致过多的风险管理成本，另一方面使整个过程难以控制和监测，因此需要在过程中加入某种自动调节装置，对其中存在的各种不确定因素进行有效的调节。基于这种思想，引入资源调节矩阵 $\boldsymbol{K}$，通过对系统存在的不确定性因素的状态反馈来实现系统的自动调节功能。其中 $\boldsymbol{K}$ 表示为了使整个设计开发项目达到希望的结果而额外分配给各个任务的资源量矩阵，这些额外的资源可以通过加班、雇佣新的员工、外购、技术创新等方法实现。此外，需要注意的是，从简化模型方面考虑，本节假设资源不能在不同任务间共享，即资源仅能供单个任务使用，而不能同时供多个任务使用。基于以上分析，耦合任务的返工迭代过程可由式(8.15)表示：

$$\boldsymbol{u}(t+1)=\mathbf{RA}^{(t+1)}\boldsymbol{u}(t)-\boldsymbol{BKu}(t) \tag{8.15}$$

式中，$\boldsymbol{K}$ 为资源调节矩阵；$\boldsymbol{u}(t)$ 为第 t 次迭代的工作向量；$\mathbf{RA}^{(t+1)}$ 为第 $t+1$ 次迭代时由发生返工任务组成的返工量矩阵，它是一个随时间变化的矩阵；$\boldsymbol{B}$ 为在多个任务间共享资源的比例矩阵，前文假设各个任务间不存在资源的共享，因此 $\boldsymbol{B}$ 为单位矩阵。

由式(8.15)可以看出，$\boldsymbol{K}$ 通过调整任务的返工量，使整个开发项目的完工时间向希望的结果靠近，起到了一个自适应调节的作用。

8.4.2　确定条件下设计迭代反馈模型

WTM 模型虽然从矩阵论角度讨论了系统设计迭代的稳定性问题，但没有揭示其内部固有特征。考虑到状态空间描述法能够反映动态系统的变化规律，下面将用状态空间概念对设计迭代过程进行分析。

根据 WTM 原理，当矩阵特征根小于 1 时，迭代过程收敛，此时剩余的工作量将随着迭代次数的增加而递减，如图 8.10 所示，其中 $\boldsymbol{u}_k$ 与 $\boldsymbol{u}_{k-1}$ 之间的时间间隔为 ΔT，则有

$$\dot{\boldsymbol{u}}=\frac{\boldsymbol{u}_k-\boldsymbol{u}_{k-1}}{\Delta T}=\frac{\mathbf{RI}\times\boldsymbol{u}_{k-1}-\boldsymbol{u}_{k-1}}{\Delta T}=\frac{(\mathbf{RI}-\boldsymbol{E})\times\boldsymbol{u}_{k-1}}{\Delta T} \tag{8.16}$$

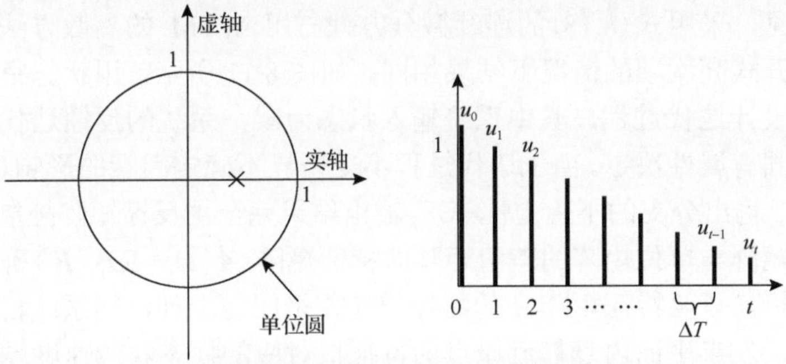

图 8.10　特征根与设计迭代过程

如果假设 ΔT 趋近于单位时间 1，即每次设计迭代过程在单位时间内发生，此时式(8.16)可简化为

$$\dot{\boldsymbol{u}}=(\mathbf{RI}-\boldsymbol{E})\boldsymbol{u} \tag{8.17}$$

若令矩阵 $\boldsymbol{A}=\mathbf{RI}-\boldsymbol{E}$，则式(8.17)可进一步改写为

$$\dot{\boldsymbol{u}}=\boldsymbol{Au} \tag{8.18}$$

进一步分析式(8.18)和 $\boldsymbol{u}_{t+1}=\mathbf{RI}\times\boldsymbol{u}_t$，有如下关系：

一阶微分方程(8.18)的通解为

$$\boldsymbol{u}_t=\mathrm{e}^{\boldsymbol{A}t}\boldsymbol{u}_0 \tag{8.19}$$

将矩阵系数用泰勒级数展开式展开，有

$$\mathrm{e}^{\boldsymbol{A}t}=\boldsymbol{E}+\boldsymbol{A}t+\boldsymbol{A}^2\frac{t^2}{2!}+\boldsymbol{A}^3\frac{t^3}{3!}+\cdots \tag{8.20}$$

当 t=1 时，二次项及更高次项对 $\mathrm{e}^{\boldsymbol{A}t}$ 的影响较小，因此可忽略不计，式(8.20)可简化为

$$\mathrm{e}^{\boldsymbol{A}}=\boldsymbol{E}+\boldsymbol{A} \tag{8.21}$$

将式(8.21)代入式(8.18)可得

$$\boldsymbol{u}_t=(\boldsymbol{E}+\boldsymbol{A})\times\boldsymbol{u}_0=(\boldsymbol{E}+\mathbf{RI}-\boldsymbol{E})\times\boldsymbol{u}_0=\mathbf{RI}\times\boldsymbol{u}_0 \tag{8.22}$$

同理，当 t=k 时，有

$$\boldsymbol{u}_k=\mathrm{e}^{\boldsymbol{A}k}\boldsymbol{u}_0=(\mathrm{e}^{\boldsymbol{A}})^k\boldsymbol{u}_0=(\boldsymbol{E}+\boldsymbol{A})^k\boldsymbol{u}_0=(\boldsymbol{E}+\mathbf{RI}-\boldsymbol{E})^k\boldsymbol{u}_0=\mathbf{RI}^k\times\boldsymbol{u}_0 \tag{8.23}$$

由此可见，采用式(8.18)的连续微分方程与用 WTM 的离散方法求解在忽略泰勒级数展开式高次项的情况下结果相同。如图 8.11 所示，用状态空间的系统方块图描述该设计迭代过程，其中系统输入状态为零，系统的反馈迭代过程完全由初始状态和固有属性决定。由于迭代过程不受外界不确定因素的影响(如任务周期的不确定性、输出分支的不确定性等)，输出结果完全由反馈矩阵控制，即耦合任务集返工量矩阵与单位矩阵的差值矩阵即特征矩阵 $\boldsymbol{A}$($\boldsymbol{A}=\mathbf{RI}-\boldsymbol{E}$)确定。按照系统稳定性分析，只要特征矩阵 $\boldsymbol{A}$ 的特征值在复平面左半部，则系统稳定，否则不稳定。此外，左半平面内越靠近原点的特征根对应的模态收敛速度越慢，这与用 WTM 方法分析的结果一致。因此，用状态空间表达式的方法来分析设计迭代过程，具有直观、形象、便于控制等优点，为理解产品开发过程中的设计迭代现象提供了一种新的思路。

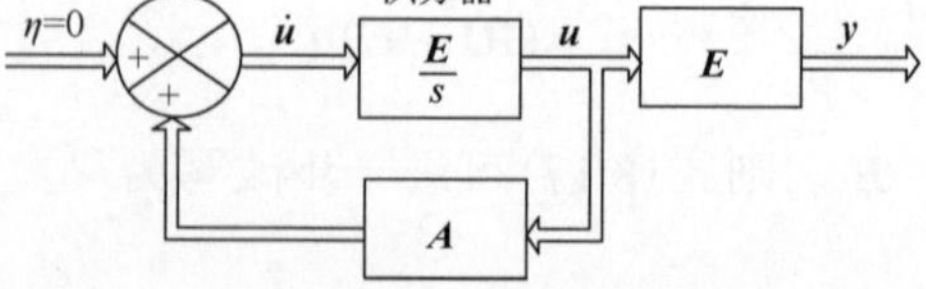

图 8.11　确定条件下状态空间系统方块图

由于产品开发活动经常在不确定的环境中进行，主要表现在项目初始阶段任务执行工期难以准确估计，任务发生返工时引起其他任务迭代的不确定性，造成整个产品开发过程难以控制和预测，管理方式过于复杂，因此如何在这种动态的环境下从事产品开发活动需要进一步研究。而本节将产品开发过程中的这些不确定因素作为整个系统的扰动输入，通过引入资源监测矩阵作为系统的状态反馈来实时调整资源的分配方式使整个系统趋于稳定，从而使系统输出在许可的小范围内波动，达到自适应调节的作用。

8.4.3　不确定条件下设计迭代反馈模型

本节针对产品开发过程中存在的不确定性，首先引入资源调节矩阵 $\boldsymbol{K}$ 并建立基于反馈控制的设计迭代分析模型，然后阐述矩阵 $\boldsymbol{K}$ 的计算原理与方法，最后总结设计迭代分析方法的实施步骤。

1. 模型建立过程

建立不确定条件下基于反馈控制的设计迭代分析模型需做如下假设：

(1) 任务以一定的概率返工到其他任务。此外，返工次数的增加会引起返工概率发生变化，相应的返工量也会有所变化，但对于快速收敛的迭代过程，返工概率在第一次返工后不发生太大变化，因此可以假设在第一次迭代之后的返工比例不变。

(2) 任务所需资源充分，不会因资源受限而发生延迟现象。

(3) 假设第一次迭代时所有任务同时并行执行，而在随后的迭代过程中按照返工概率选择执行。

(4) 不考虑任务间可能存在的重叠[26]、时间窗口依赖[27]等其他一些依赖关系。

其中假设(1)是出于对模型简化的考虑，为了便于求解由于迭代而引起任务的返工量；假设(2)排除了由资源冲突而引起任务执行时间延迟的现象，使后续任务的执行具有随机性；假设(3)确保所有任务至少执行一次迭代过程；假设(4)忽略了任务间重叠、时间窗口依赖关系对耦合任务集执行时间的影响，是对现实产品开发过程中的一种简化处理。根据以上假设，不确定条件下设计迭代反馈模型如下。

8.2 节论述了产品开发过程中存在的不确定因素，这里从控制论中状态空间描述方法入手，将任务工期的不确定性和任务输出分支的不确定性作为系统的扰动因素，建立相应的线性时变系统的状态空间描述方法。由于控制系统的性能主要取决于系统极点在根平面上的分布，作为综合系统性能指标的一种形式，往往根据时域指标转换成一组等价的期望极点。而极点配置问题可以通过选择反馈增益矩阵，将闭环系统的极点恰好配置在根平面上所期望的位置，以获取所希望的动态性能。在经典控制理论中所介绍的根轨迹法就是一种极点配置法，不过它只是通过改变一个参数使闭环系统的极点沿着某一组特定的根轨迹曲线配置而已。因此，广义地说，不论综合系统的性能指标怎样不同，究其实质都是运用各种技术手段(特别是反馈)来实现系统极点、零点的重新配置，以期获得所期望的性能。这里，采用状态反馈方法，通过资源调节矩阵 $\boldsymbol{K}$ 的反馈作用，对系统进行自适应调节，一方面使系统在干扰信号的作用下尽快趋于稳定，另一方面使系统在某一期望的状态下达到稳定平衡，其状态反馈闭环系统模型如图 8.12 所示。

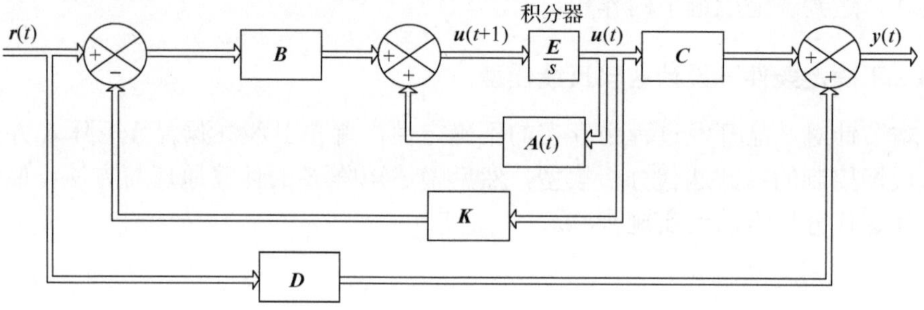

图 8.12　状态反馈闭环系统模型

图 8.12 中，$\boldsymbol{\eta}(t)$ 代表由于任务初始工期的不确定性而造成的输入扰动信号，由式(8.1)和式(8.2)确定。矩阵 $\boldsymbol{B}$ 为式(8.15)提到的控制或输入共享资源的比例矩阵。矩阵 $\boldsymbol{A}(t)$ 反映的是任务的返工量和返工概率，在状态反馈模式中作为系统的状态矩阵，它由式(8.4)确定。此外，矩阵 $\boldsymbol{C}$ 为输入矩阵，它反映了在每次迭代阶段所有任务的执行时间。资源调节矩阵 $\boldsymbol{K}$ 就是模型中的反馈增益矩阵，用于调整由 $\boldsymbol{\eta}(t)$ 和 $\boldsymbol{A}(t)$ 所引起的扰动信号。矩阵 $\boldsymbol{D}$ 为前馈矩阵。工期扰动信号 $\boldsymbol{\eta}(t)$ 并不直接作用于输出信号 $\boldsymbol{y}(t)$，因此矩阵 $\boldsymbol{D}$ 为零矩阵。根据控制原理，状态反馈闭环系统的稳定性依赖于矩阵 $\boldsymbol{A}(t)-\boldsymbol{K}$ 的特征值，通过对 $\boldsymbol{K}$ 矩阵的调整使系统向期望的性能靠近，从而加速任务的迭代收敛过程。进一步分析可知，在图 8.12 中，由于在 $t+1$ 次迭代阶段任务的返工量 $\boldsymbol{u}(t+1)$ 既与前一阶段的返工量 $\boldsymbol{u}(t)$ 有关，又与调节矩阵 $\boldsymbol{K}$ 相关，当前一阶段任务的返工量由于系统存在的扰动因素(包括任务工期、执行方式等)而偏离期望值时，可通过矩阵 $\boldsymbol{K}$ 的调节作用来修正这种偏离现象。

但是，在实际开发过程中，不必要也不可能将开发项目完成时间限制在某一精确的数值上。通常，将完成时间确定在某一可行区间内就能令人满意。因此，这里引入满意度的概念来描述这种情况。但是，评价过程本身受很多复杂因素的影响，并且众多因素还具有随机性、模糊性和不确定性等特点，通常只能用“很好”“好”“一般”“较差”“差”等模糊概念来形容，因此需要用模糊数学中基于满意度的隶属度函数来表达。其中隶属度是[0,1]区间的实数，用以表达方案对模糊语言形成不同程度评语的隶属程度，而隶属函数则表示不同条件下的隶属度变化规律的函数[28]，通常选择合适的隶属度函数对模糊概念进行表达是其关键。隶属度的获得目前采用较多的方法是通过统计法或选择合适的隶属度函数求得。对于不同类型的问题，隶属度函数可选取各种不同的形式，其中主要包括梯形、三角形、钟形、棒形等[29]，形式如图 8.13 所示。由于形状简单、易于理解和计算以及具有较强的问题描述能力，三角形与梯形隶属度函数目前应用较广。因此，这里主要采用以上两种隶属度函数来讨论整个开发项目的稳定性。

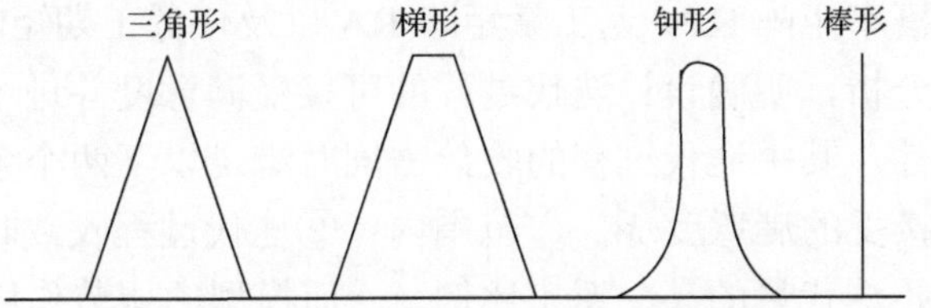

图 8.13　各种不同形状隶属度函数曲线

例如，若以某型号照相机开发过程为例，在由快门装置设计(任务 C)、取景装置设计(任务 D)、相机体设计(任务 E)以及卷片装置设计(任务 F)等四个任务所组成的耦合任务集中，如果所有任务在第一次迭代后都不再执行，那么得到迭代过程最小完成时间 M_{min}。与此相反，如果在每次迭代阶段，所有任务都同时并行执行，即完全并行执行状态，那么将得到迭代过程的最大完成时间 M_{max}。此时，整个迭代过程的完成时间 M 波动范围应在最大值 M_{max} 与最小值 M_{min} 之间($M_{min} \leqslant M \leqslant M_{max}$)。通常，基于市场竞争的考虑，在不影响设计质量的前提下，更少的迭代时间是设计者所希望看到的。因此，可以给定某一可行的迭代完工时间的取值区间用以表示可接受的设计过程。引入 γ 表示 M 的满意度容许范围，图 8.14 描述了该照相机开发的满意度函数。在图 8.14 中，若假设 M_{min} 和 M_{max} 分别等于 19 个时间单位和 64.5 个时间单位。而可接受的迭代过程完成时间不能大于 40 个时间单位，那么，图 8.14 中 M_{accept} 对应于 40。这意味着，任何大于 40 个时间单位的设计迭代过程都是不期望的和不可接受的。

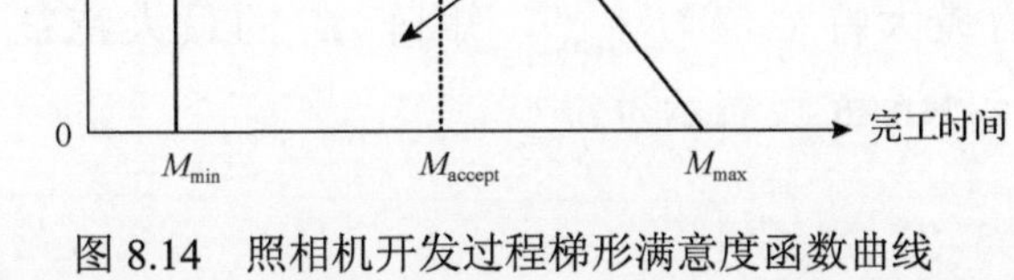

图 8.14　照相机开发过程梯形满意度函数曲线

2. 资源调节矩阵 $\boldsymbol{K}$ 的计算

通过资源调节矩阵 $\boldsymbol{K}$ 的调节作用，重新配置系统的极点分布，使其在期望的状态下达到稳定状态。但是由于系统所处环境的不同，如何正确选择矩阵 $\boldsymbol{K}$ 则是问题的关键，本部分将重点阐述矩阵 $\boldsymbol{K}$ 的计算原理与方法。

首先根据 8.4.2 节建立的基于反馈控制的设计迭代模型，确定与模型相对应的耦合任务集返工概率矩阵 **RP**、返工量矩阵 **RA** 以及任务工期矩阵 **TM**；然后通过对耦合任务集的分析，明确设计迭代过程的可接受满意度并进一步确定其迭代收敛过程的收敛条件，其中迭代过程的收敛需同时满足以下两个条件：①迭代设计过程应收敛于可接受的满意度 M_{accept} 范围内；②迭代过程收敛时，任务迭代返工量应不超过其初始迭代量的某一返工比例 ε。而模型的调节作用体现在通过选取恰当的矩阵 $\boldsymbol{K}$ 和迭代终止次数 n 使其同时满足满意度条件和任务迭代返工量条件，如式(8.24)和式(8.25)所示。最后，根据矩阵 $\boldsymbol{K}$ 的结果，制订详细的资源分配方案。

$$\sum_{i=0}^{n}\max_{i}[\mathbf{TM}(\mathbf{RA}^{(t+1)}-\boldsymbol{K})^{n}\boldsymbol{u}_0]^{(i)} \leqslant \sum_{i=0}^{n}\max_{i}[\mathbf{TM}(\mathbf{RA}-\boldsymbol{K})^{n}\boldsymbol{u}_0]^{(i)} \leqslant M_{\text{accept}} \tag{8.24}$$

$$\max_{i}[(\mathbf{RA}-\boldsymbol{K})^{n}\boldsymbol{u}_0]^{(i)} \leqslant \varepsilon \tag{8.25}$$

对于规模较大的耦合任务集，由于迭代终止次数 n 未知且矩阵 $\boldsymbol{K}$ 由多个元素组成，可能存在无穷多个 n 与矩阵 $\boldsymbol{K}$ 同时满足上面给出的迭代收敛条件。由于最大的极点能够决定系统的稳定性，且在增加资源加快设计迭代的过程中，系统的内部属性未发生任何变化，在采用反馈控制策略前后，系统状态矩阵的模态和对应特征向量均未发生变化，故可假设矩阵 **RA** 与 $\boldsymbol{K}$ 具有相同的特征向量，但其对应最大特征值不同。此外，根据矩阵论的相关知识[30]，当具有不相同的特征值时，矩阵 **RA** 可表示为

$$\mathbf{RA} = \boldsymbol{S}\boldsymbol{\Lambda}\boldsymbol{S}^{-1} \tag{8.26}$$

式中，$\boldsymbol{S}$ 为矩阵 **RA** 的特征向量矩阵。

资源调节矩阵 $\boldsymbol{K}$ 与矩阵 **RA** 具有相同的特征向量，仅其对应最大特征值不同，若令矩阵 **RA** 的最大特征值为 $\lambda_{\max}$，矩阵 $\boldsymbol{K}$ 的最大特征值为 $\lambda_{\max}^{*}$，由于 $\boldsymbol{K}=\boldsymbol{S}\boldsymbol{\Lambda}^{*}\boldsymbol{S}^{-1}$，那么 **RA**–$\boldsymbol{K}$ 可表示为

$$\mathbf{RA}-\boldsymbol{K}=\boldsymbol{S\Lambda S}^{-1}-\boldsymbol{S\Lambda}^{*}\boldsymbol{S}^{-1}=\boldsymbol{S}(\boldsymbol{\Lambda}-\boldsymbol{\Lambda}^{*})\boldsymbol{S}^{-1}=\boldsymbol{S}\begin{bmatrix}\lambda_{\max}-\lambda_{\max}^{*} & & & \\ & 0 & & \\ & & 0 & \\ & & & 0\end{bmatrix}\boldsymbol{S}^{-1} \tag{8.27}$$

用式(8.27)简化矩阵 $\boldsymbol{K}$，即可求得满足迭代收敛过程不等式条件的最小矩阵 $\boldsymbol{K}$ 和迭代次数 n。

为了对矩阵 $\boldsymbol{K}$ 的具体计算方法做更详细的阐述，仍以上面提到的某型号照相机开发过程为例，其返工量矩阵 **RA** 可表示为

$$\mathbf{RA}=\begin{bmatrix}0 & 0.1 & 0.2 & 0.3\\ 0.3 & 0 & 0.4 & 0.2\\ 0.1 & 0.3 & 0 & 0.5\\ 0.1 & 0.1 & 0.2 & 0\end{bmatrix}$$

在迭代开始阶段，初始工作向量 $\boldsymbol{u}_0$ 为全 1 列向量，可表示为

$$\boldsymbol{u}_0=\begin{bmatrix}1\\1\\1\\1\end{bmatrix}$$

该迭代设计过程满意度曲线如图 8.14 所示，如果完工时间 M 大于 40，那么反馈控制策略将被应用，调节矩阵 $\boldsymbol{K}$ 将对过程进行实时调整，此时迭代设计过程应收敛于可接受的满意度范围内，可由式(8.28)表示：

$$\sum_{i=0}^{n}\max_{i}[\mathbf{TM}(\mathbf{RA}^{(t+1)}-\boldsymbol{K})^{n}\boldsymbol{u}_0]^{(i)}\leqslant\sum_{i=0}^{n}\max_{i}[\mathbf{TM}(\mathbf{RA}-\boldsymbol{K})^{n}\boldsymbol{u}_0]^{(i)}\leqslant 40 \tag{8.28}$$

式中，**RA** 为任务返工量矩阵，$\mathbf{RA}^{(t+1)}$由式(8.4)确定；**TM** 为任务工期矩阵，其中任务工期的取值由式(8.1)和式(8.2)计算得到；$[\cdot]^{(i)}$代表向量的第 i 个元素；n 为迭代的终止次数。

本例中，如果假设当所有任务剩余返工量不大于初始时的 10%，那么该耦合任务集停止迭代，或设计任务都已达到设计目标的要求，其迭代过程将不再发生，根据迭代返工量收敛条件，n 由式(8.29)决定：

$$\max_i [\mathbf{TM}(\mathbf{RA}-\boldsymbol{K})^n \boldsymbol{u}_0]^{(i)} \leqslant 0.1 \tag{8.29}$$

式中，向量 $\boldsymbol{u}_0$ 为全 1 的初始向量。

由式(8.28)、式(8.29)可求得满足不等式条件的矩阵 $\boldsymbol{K}$ 以及迭代次数 n，然而矩阵 $\boldsymbol{K}$ 包含有 16 个未知数,因此存在无穷多个不同的矩阵 $\boldsymbol{K}$ 满足式(8.28)和式(8.29)。此时，若矩阵 $\mathbf{RA}$ 与 $\boldsymbol{K}$ 具有相同的特征向量，而矩阵 $\mathbf{RA}$ 的最大特征值为 0.674，那么 $\mathbf{RA}-\boldsymbol{K}$ 可表示为

$$\mathbf{RA}-\boldsymbol{K}=\boldsymbol{S\Lambda S}^{-1}-\boldsymbol{S\Lambda}^{*}\boldsymbol{S}^{-1}=\boldsymbol{S}(\boldsymbol{\Lambda}-\boldsymbol{\Lambda}^{*})\boldsymbol{S}^{-1}=\boldsymbol{S}\begin{bmatrix}0.674-\lambda_{\max}^{*} & & & \\ & 0 & & \\ & & 0 & \\ & & & 0\end{bmatrix}\boldsymbol{S}^{-1} \tag{8.30}$$

将式(8.30)代入式(8.28)和式(8.29)，即可求得满足不等式条件的最小矩阵 $\boldsymbol{K}$ 和迭代次数 n。例如，若选择由式(8.1)、式(8.2)随机产生的 3 组任务执行工期，对应的计算结果如表 8.2 所示，其中包含了任务工期、矩阵 $\boldsymbol{K}$ 及迭代次数 n。

表 8.2　三组数据计算结果列表

数据	C	D	E	F	$\boldsymbol{K}$	n
1	8	10	9	6	$\begin{bmatrix}0&0&0&0\\0&0&0&0\\0&0&0&0\\0&0&0&0\end{bmatrix}$	7
2	10	15	12	8	$\begin{bmatrix}-0.091&-0.001&0.062&0.127\\0.162&-0.153&0.190&-0.063\\-0.029&0.158&-0.195&0.256\\0.028&0.020&0.091&-0.137\end{bmatrix}$	5
3	12	18	15	10	$\begin{bmatrix}-0.079&0.013&0.081&0.151\\0.180&-0.133&0.218&-0.028\\-0.011&0.177&-0.169&0.289\\0.038&0.031&0.105&-0.119\end{bmatrix}$	4

在表 8.2 中，矩阵 $\boldsymbol{K}$ 中的每个单元代表其他任务对某一指定任务的资源使用的影响。例如，表 8.2 中单元数值(0.162)表示当任务 C 在某一迭代阶段的工作量为 100%时，任务 D 需要额外初始资源的 16.2%完成额外的工作量。单元值中负值代表占用更少的资源和更少的额外工作。而对角线单元的负值代表任务自身的

自循环迭代过程，它将有利于减少引起其他任务的迭代量，这与实际经验是相符合的。此外，“0”代表并不需要使用额外的资源。例如，当任务 C、D、E 和 F 的执行工期分别取 8、10、9 和 6 时，此时并不调用反馈控制方法，而矩阵 $\boldsymbol{K}$ 为零矩阵如表 8.2 中第 2 行第 6 列所示，这意味着迭代过程的完成时间在期望的范围内，无需额外的资源对过程进行调节。因此，通过计算资源调节矩阵 $\boldsymbol{K}$，能够确定每个任务所对应的额外资源需求量。需要注意的是，由于返工概率的影响，由式(8.28)和式(8.29)计算得到的迭代次数 n 为最大的可能值。通常在实际开发中，由于经验与技术水平的提高，迭代过程在 n 次迭代阶段前就已经完成。

3. *方法实施步骤*

根据以上分析及 8.2 节的相关讨论，不确定条件下基于反馈控制的设计迭代分析方法的实施步骤如下：

(1) 建立产品开发过程中描述设计任务间信息依赖关系的 DSM 并识别由于耦合任务的存在导致的设计迭代，进一步确定对设计迭代产生影响的耦合任务集返工概率矩阵 **RP**、返工量矩阵 **RA** 以及任务工期矩阵 **TM**。

(2) 按照前面所述的假设建立基于状态反馈闭环系统模型，确定模型中各矩阵的对应关系。

(3) 识别问题的满意度，用以表示在具体的设计迭代情况下可接受的设计开发过程。

(4) 针对不满足满意度的开发过程，使用资源调节矩阵 $\boldsymbol{K}$ 进行实时调节，从而使其稳定在可接受的范围内，其中矩阵 $\boldsymbol{K}$ 的计算原理根据上面所提方法进行计算、求解。

(5) 对结果进行分析与讨论，制定详细的控制策略。

8.5 节将通过应用实例，对上述确定条件与不确定条件下方法的具体实现过程进行详细阐述。

8.5　应用实例

本节以某型号照相机开发过程与某门座起重机开发过程为例，分别研究基于反馈控制的设计迭代分析方法在确定条件与不确定条件下的具体应用，其中前者为了解释与说明基于控制理论的设计迭代技术的一般应用过程并与现有方法的异同进行比较分析；后者则通过某个复杂产品开发实例论述本章所提方法在复杂工程领域中的具体应用。

8.5.1 照相机设计开发过程

某型号照相机开发过程中，快门装置设计(任务 C)、取景装置设计(任务 D)、照相机体设计(任务 E)以及卷片装置设计(任务 F)等 4 个任务构成带循环信息流的耦合任务集，如图 8.15 所示，其中由于其他任务的变化而导致任务的返工由箭头上的百分数给出。例如，在某次迭代阶段，当卷片装置的设计发生了 100%的变化，那么在随后的迭代阶段，快门装置的设计需要额外 30%的返工。

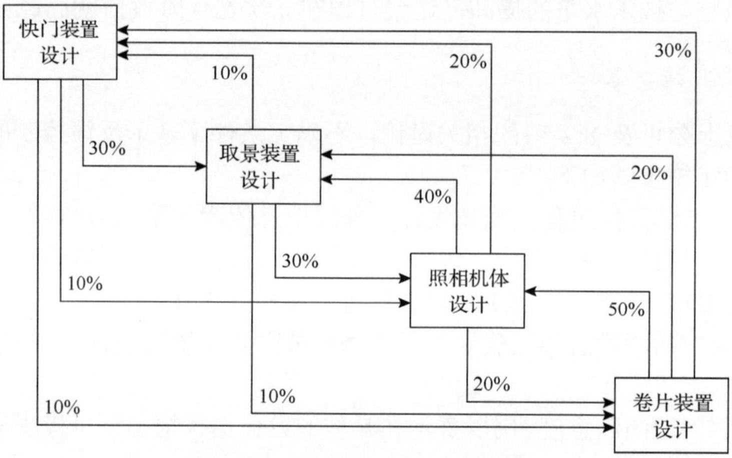

图 8.15　照相机设计实例过程图

该产品设计与开发过程的 WTM 为

$$\boldsymbol{T}=\begin{bmatrix} 0 & 0.1 & 0.2 & 0.3 \\ 0.3 & 0 & 0.4 & 0.2 \\ 0.1 & 0.3 & 0 & 0.5 \\ 0.1 & 0.1 & 0.2 & 0 \end{bmatrix}$$

式中，行分别代表快门装置设计、取景装置设计、照相机体设计和卷片装置设计等设计任务，每一列按同一顺序对应相同的任务。

在迭代开始阶段，初始工作向量 $\boldsymbol{u}_0$ 为全 1 列向量，代表每个任务都为开始执行，因此可表示为

$$\boldsymbol{u}_0=\begin{bmatrix} 1 \\ 1 \\ 1 \\ 1 \end{bmatrix}$$

由 8.4.2 节可知，工作向量 $\boldsymbol{u}$ 是并行设计迭代的状态空间描述法的状态向量，而状态矩阵 $\boldsymbol{A}$ 为工作转移矩阵 $\boldsymbol{T}$ 与单位阵 $\boldsymbol{E}$ 之差，因此有

$$\boldsymbol{A}=\begin{bmatrix} -1 & 0.1 & 0.2 & 0.3 \\ 0.3 & -1 & 0.4 & 0.2 \\ 0.1 & 0.3 & -1 & 0.5 \\ 0.1 & 0.1 & 0.2 & -1 \end{bmatrix} \tag{8.31}$$

采用控制反馈模型求解图 8.15 所示的照相机设计开发迭代过程，即求解公式 $\boldsymbol{u}_t=\mathrm{e}^{\boldsymbol{A}t}\boldsymbol{u}_0$。而 $\mathrm{e}^{\boldsymbol{A}t}$ 求法由矩阵论知识可知，当矩阵 $\boldsymbol{A}$ 具有 n 个不同的特征根 $\lambda_1,\lambda_2,\cdots,\lambda_n$ 时，$\mathrm{e}^{\boldsymbol{A}t}$ 可表示为

$$\mathrm{e}^{\boldsymbol{A}t}=\boldsymbol{S}\begin{bmatrix} \mathrm{e}^{\lambda_1 t} & & & \\ & \mathrm{e}^{\lambda_2 t} & & \\ & & \ddots & \\ & & & \mathrm{e}^{\lambda_n t} \end{bmatrix}\boldsymbol{S}^{-1} \tag{8.32}$$

式中，变换矩阵 $\boldsymbol{S}$ 由状态矩阵 $\boldsymbol{A}$ 的特征向量 $\boldsymbol{S}_1,\boldsymbol{S}_2,\cdots,\boldsymbol{S}_n$ 构成，使 $\boldsymbol{S}^{-1}\boldsymbol{A}\boldsymbol{S}=\boldsymbol{\Lambda}$，而 $\boldsymbol{\Lambda}$ 为对角线矩阵，分别求得状态矩阵 $\boldsymbol{A}$ 的特征值和特征向量，有

$$\boldsymbol{\lambda}=\begin{bmatrix} -0.326 & & & \\ & -1.392 & & \\ & & -1.141+0.060\mathrm{i} & \\ & & & -1.141-0.060\mathrm{i} \end{bmatrix} \tag{8.33}$$

$$\boldsymbol{S}=\begin{bmatrix} 0.410 & -0.067 & 0.657 & 0.657 \\ 0.624 & -0.613 & 0.060-0.570\mathrm{i} & 0.060+0.570\mathrm{i} \\ 0.580 & 0.758 & -0.395+0.073\mathrm{i} & -0.395-0.073\mathrm{i} \\ 0.326 & -0.213 & -0.065+0.274\mathrm{i} & -0.065-0.274\mathrm{i} \end{bmatrix} \tag{8.34}$$

不同的特征值对应于特征向量矩阵 $\boldsymbol{S}$ 中相对应的特征向量 $[0.410,0.624,0.580,0.326]^{\mathrm{T}}$。按照自动控制原理，影响系统稳定性的关键极点是离原点最近的极点，即 λ_1=0.326。与它相对应的特征向量是矩阵 $\boldsymbol{S}$ 中的第一列向量，它们对应于整个设计迭代过程的关键设计模态，其中取景装置设计任务和照相机体设计任务的分量较大(0.624, 0.580)，因而与这两个任务相关的设计参量可作为设计过程控制的关键参数。这两个任务对任务迭代总量增加的影响较大，即成为设计开发过程的重要任务，也称为设计驱动力。另外，根据系统稳定性条件：系统只具有负实部

极点时系统稳定，该照相机设计与开发过程中所有特征值均小于零，因此整个设计迭代过程收敛，这与用 WTM 模型分析的结果相一致。

然后，用微分方程(8.19)求解不同迭代阶段设计任务的迭代工作量，其结果与 WTM 模型的计算结果比较如表 8.3 所示。

表 8.3 反馈模型与 WTM 模型计算结果比较

序号	WTM 模型				反馈模型			
	C	D	E	F	C	D	E	F
0	1	1	1	1	1	1	1	1
1	0.6	0.9	0.9	0.4	0.6799	0.8421	0.8248	0.5910
2	0.39	0.62	0.53	0.33	0.4732	0.6515	0.6232	0.3877
3	0.267	0.395	0.390	0.207	0.3346	0.4853	0.4576	0.2682
4	0.180	0.278	0.249	0.144	0.2388	0.3553	0.3325	0.1901
5	0.1208	0.1822	0.1733	0.0955	0.1714	0.2580	0.2407	0.1361
6	0.0815	0.1246	0.1145	0.065	0.1233	0.1867	0.1739	0.0979
7	0.0548	0.0832	0.078	0.0435	0.0899	0.1349	0.1256	0.0706
8	0.037	0.0564	0.0522	0.0294	0.0641	0.0974	0.0906	0.0509
9	0.0168	0.0256	0.0237	0.0133	0.0462	0.0703	0.0654	0.0367
10	0.0113	0.0172	0.016	0.009	0.0333	0.0507	0.0472	0.0265
11	0.076	0.0116	0.0108	0.0061	0.0241	0.0366	0.0341	0.0191
12	0.0051	0.0078	0.0073	0.0041	0.0174	0.0264	0.0246	0.0138
13	0.0035	0.0053	0.0049	0.0027	0.0125	0.0191	0.0177	0.0100
14	0.0023	0.0036	0.0033	0.0019	0.0090	0.0138	0.0128	0.0072
15	0.0016	0.0024	0.0023	0.0013	0.0065	0.0099	0.0092	0.0052

根据表 8.3 的计算结果，绘制 WTM 模型和反馈模型描述照相机设计与开发过程 4 个设计任务的设计模态比较图，如图 8.16～图 8.19 所示。可以看出，由反馈模型求解的结果与 WTM 的结果非常接近，并且随着迭代次数的增加，两种模型的结果越来越逼近。这是由高阶指数函数的迅速衰减过程造成的。此外，状态空间模型相对于 WTM 模型要略显保守，即其迭代衰减过程相对较慢，这可能是考虑了开发过程中存在的某些突发因素的影响，如设计工程师的生病、辞职等现象。例如，对于快门装置设计任务 C，采用 WTM 模型经过 11 次迭代过程，剩余的迭代工作量将下降到 1%以下；而与此相反，当采用状态空间描述模型时，需要 14 次迭代过程，其剩余迭代工作量才下降到 1%以下。这说明在实际产品开发设计迭代过程中通常需要更多的迭代过程使任务的设计质量达到技术的要求。

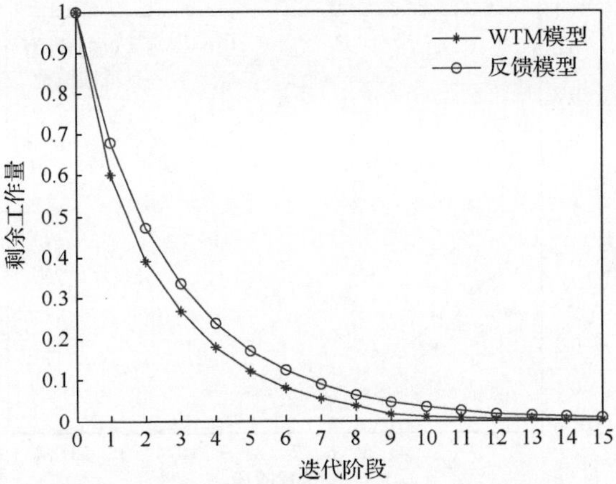

图 8.16　快门装置设计任务 C 的设计迭代过程

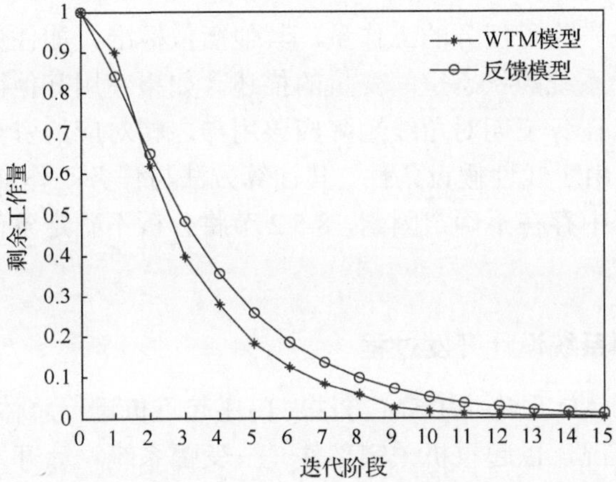

图 8.17　取景装置设计任务 D 的设计迭代过程

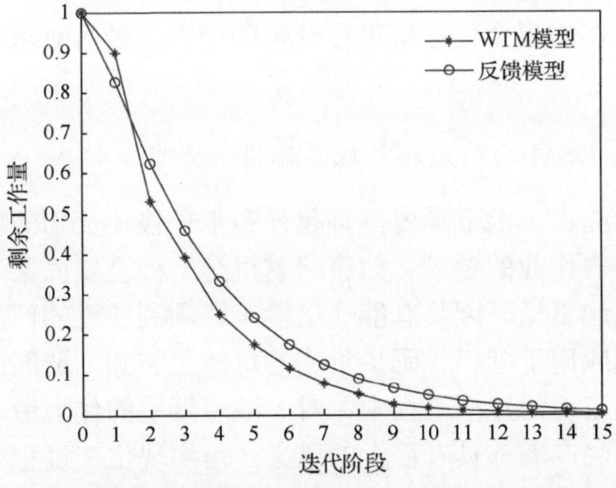

图 8.18　照相机体设计任务 E 的设计迭代过程

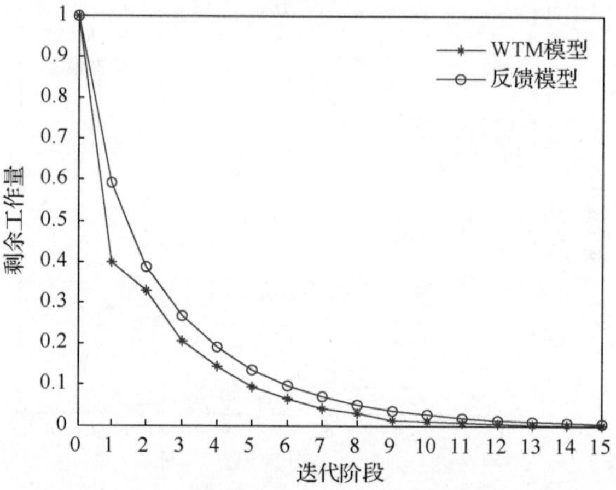

图 8.19　卷片装置设计任务 F 的设计迭代过程

需要注意的是，除了任务的工作量，其他衡量标准，如任务的资源使用量和使用成本都能用于系统的状态空间变量的描述。如果使用其他衡量标准作为系统的状态变量，那么任务工期对角线矩阵应该用与之相对应的资源使用矩阵或成本消耗矩阵代替，而由于线性假设条件，其计算方法与任务工作量求法相似。此外，由于产品开发过程中存在不确定因素，8.5.2 节将分析不确定条件下耦合任务集求解方法。

8.5.2　起重机变幅系统设计开发过程

本节综合运用 AD 理论与 DSM 方法对门座起重机进行总体方案设计；进而考虑市场需求变化情况，以起重机关键部件——变幅系统设计开发为例，给出基于反馈控制的设计迭代分析方法的具体应用。下面在简要介绍问题研究背景的基础上，首先对门座起重机进行总体方案设计，然后应用基于反馈控制的设计迭代方法对变幅系统中存在的耦合任务集进行分析和处理，最后对求解结果进行相关分析和讨论。

1. 基于 AD 与 DSM 的门座起重机总体设计方案

起重机是一种能在一定范围内垂直起升和水平移动货物的机械，以满足货物装卸、转载、安装与作业的要求。门座起重机是一种重要而又具有代表性的旋转类型的有轨运行式起重机，因具有能让运输车辆顺利通过的门架结构而得名。现代门座起重机广泛应用于港口、码头货物的机械化装卸，造船厂船舶的施工、安装以及大型水电站工地的建坝工程中，对于减轻繁重的体力劳动，改善工人的操作条件，提高劳动生产率都具有很大的意义，是实现生产过程机械化不可缺少的重要设备。

门座起重机的构造大体上可以分为两大部分，即上部旋转部分和下部运行部分。上部旋转部分相对于下部运行部分可以实现整周旋转，包括臂架系统、人字架、回转平台、司机室等，同时还安装有起升机构、变幅机构和旋转机构。通过起升、变幅、旋转三种运动的组合可以在一个环形圆柱空间实现物品的升降。下部运行部分主要由门架和运行机构组成，运行机构可以实现货物一定水平距离的移动。根据所有门座起重机工作条件的不同，门架一般可以跨越 1～3 条铁路，其净空尺寸应满足车辆顺利通行要求。门架底部装有行走车轮或运行台车，运行机构使整台起重机可以沿着地面或建筑物上的轨道运行。为了防止起重机在风力作用下滑行，在运行部分装有防风抗滑装置(夹轨器)。

通常根据对客户需求的分析，需采用港口用门座起重机。考虑到港口、码头场地的制约，起重机的设计与开发应力求外形尺寸小，司机室有足够的高度且视野开阔；通过计算、选择和确定驱动、制动、传动装置，使之满足起重机高速灵活、安全可靠的装卸要求；同时要求结构简单、自重轻、维修保养方便、故障率低等。

根据以上具体需求，明确起重机各工作机构的设计开发过程，进而确定各机构的工作速度：起升速度为 19m/min，变幅速度为 21m/min，旋转速度为 1.18r/min，运行速度为 25m/min。

根据客户需求分析和起重机主要功能需求，对起重机总体设计任务进行描述，确定设计任务间相应的信息约束关系。

根据 AD 中 Z 字形映射方法对产品进行功能分解，得到如图 8.20 所示的功能分解图，其中上半部分表示的是功能需求的层次结构，下半部分表示的是相对应的设计参数的层次结构，具体的映射过程可参阅文献[31]，其中对于变幅机构已根据信息公理和稳健优化方法进行了方案选择并将其展开为对应的设计参数。由图 8.20 可知，起重机被分解为 4 级，其最底层的功能需求与设计参数之间的映射关系，即设计矩阵，如图 8.21 所示，其中矩阵单元“1”代表设计参数对相应的功能需求的实现产生影响，反之代表无影响。考虑到 AD 本身存在以下缺点：①公理化设计矩阵只能解释两个不同域之间的相互关系，并不能描述同一域中各设计因素之间的相互关系；②公理化设计原理提倡进行创新性的新设计，而在实际设计中，设计过程是一种以经验为基础的活动，设计人员在进行设计时往往会利用以前的设计案例，此时 AD 不支持这种经验性的设计行为[32]。如何弥补 AD 的这些不足，使以往的设计经验在新产品设计与开发中发挥重要的作用，需要进一步研究。

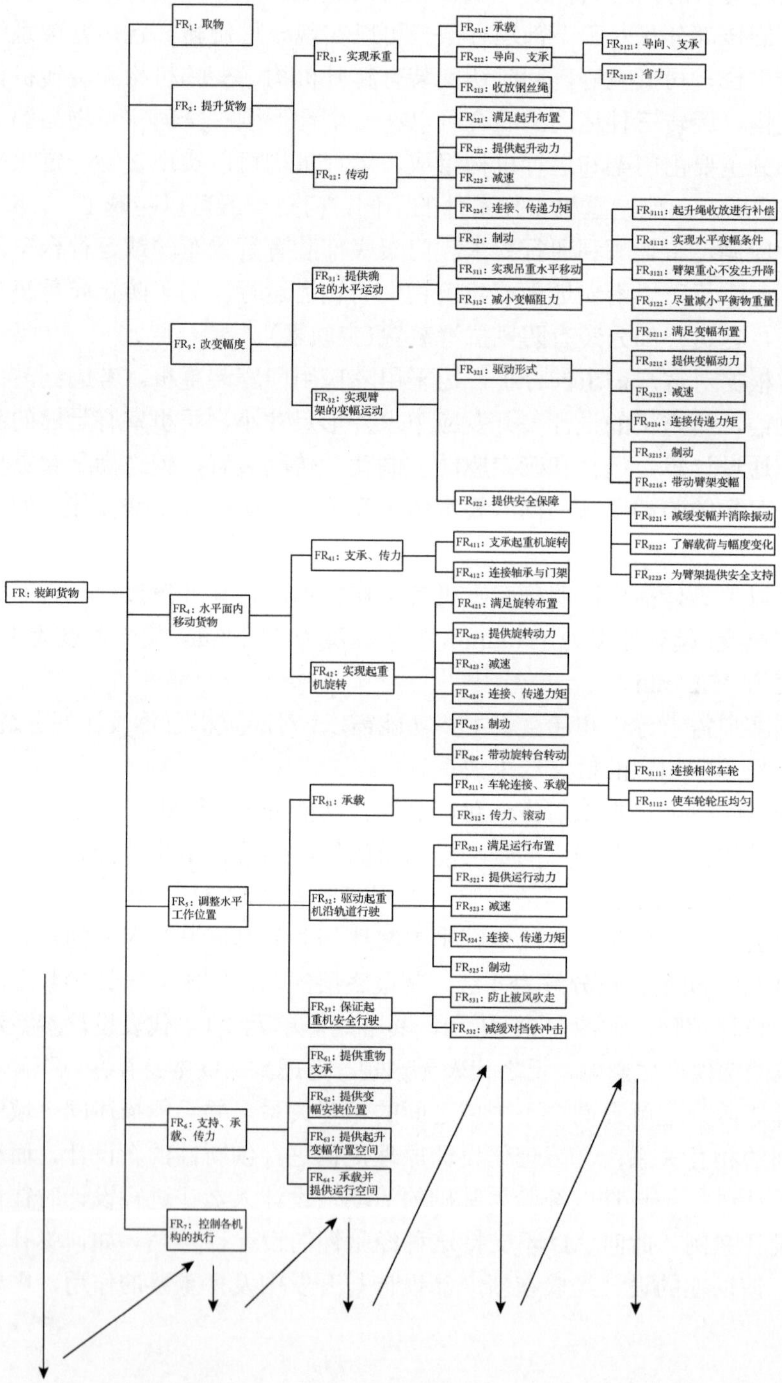
FR：装卸货物
FR_1：取物
FR_2：提升货物
FR_{21}：实现承重
FR_{211}：承载
FR_{212}：导向、支承
FR_{2121}：导向、支承
FR_{2122}：省力
FR_{213}：收放钢丝绳
FR_{22}：传动
FR_{221}：满足起升布置
FR_{222}：提供起升动力
FR_{223}：减速
FR_{224}：连接、传递力矩
FR_{225}：制动
FR_3：改变幅度
FR_{31}：提供确定的水平运动
FR_{311}：实现吊重水平移动
FR_{3111}：起升绳收放进行补偿
FR_{3112}：实现水平变幅条件
FR_{312}：减小变幅阻力
FR_{3121}：臂架重心不发生升降
FR_{3122}：尽量减小平衡物重量
FR_{32}：实现臂架的变幅运动
FR_{321}：驱动形式
FR_{3211}：满足变幅布置
FR_{3212}：提供变幅动力
FR_{3213}：减速
FR_{3214}：连接传递力矩
FR_{3215}：制动
FR_{3216}：带动臂架变幅
FR_{322}：提供安全保障
FR_{3221}：减缓变幅并消除振动
FR_{3222}：了解载荷与幅度变化
FR_{3223}：为臂架提供安全支持
FR_4：水平面内移动货物
FR_{41}：支承、传力
FR_{411}：支承起重机旋转
FR_{412}：连接轴承与门架
FR_{42}：实现起重机旋转
FR_{421}：满足旋转布置
FR_{422}：提供旋转动力
FR_{423}：减速
FR_{424}：连接、传递力矩
FR_{425}：制动
FR_{426}：带动旋转台转动
FR_5：调整水平工作位置
FR_{51}：承载
FR_{511}：车轮连接、承载
FR_{5111}：连接相邻车轮
FR_{5112}：使车轮轮压均匀
FR_{512}：传力、滚动
FR_{52}：驱动起重机沿轨道行驶
FR_{521}：满足运行布置
FR_{522}：提供运行动力
FR_{523}：减速
FR_{524}：连接、传递力矩
FR_{525}：制动
FR_{53}：保证起重机安全行驶
FR_{531}：防止被风吹走
FR_{532}：减缓对挡铁冲击
FR_6：支持、承载、传力
FR_{61}：提供重物支承
FR_{62}：提供变幅安装位置
FR_{63}：提供起升变幅布置空间
FR_{64}：承载并提供运行空间
FR_7：控制各机构的执行

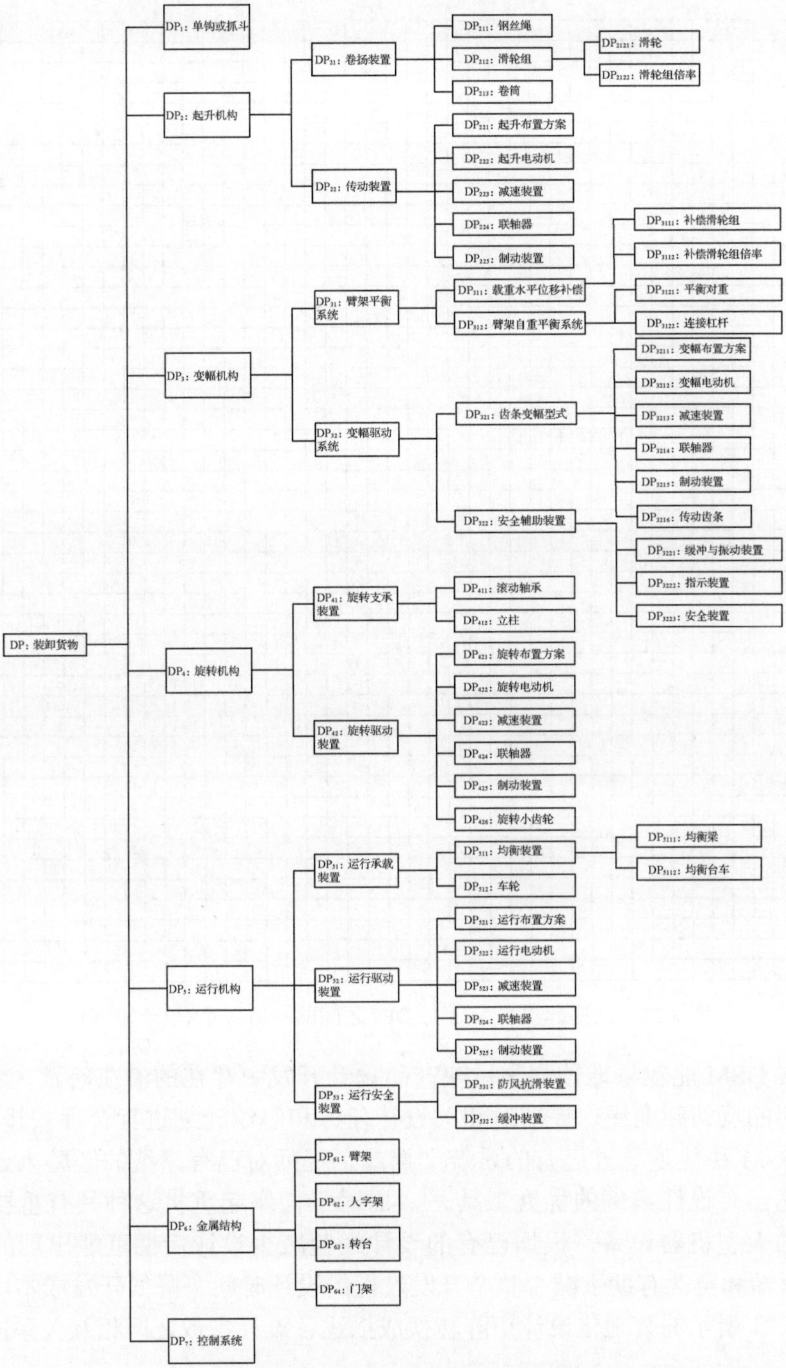

图 8.20　门座起重机的功能分解图

FRs \ DPs	1	211	2121	2122	213	221	222	223	224	225	3111	3112	3121	3122	3211	3212	3213	3214	3215	3216	3221	3222	3223	411	412	421	422	423	424	425	426	5111	5112	512	521	522	523	524	525	531	532	61	62	63	64	7
1	1																																														
211		1	1	1	1																																				1				
2121			1																																							1				
2122			1	1																																										
213					1																																									
221					1	1																																					1		1
222			1	1			1																																					1		1
223			1	1		1	1	1																																			1		
224						1	1	1	1																																					
225						1	1	1		1																																				
3111											1																																	1			
3112											1	1																																1			
3121											1	1	1	1																													1				
3122														1																													1				
3211											1	1			1																												1	1	1		1
3212																1																													1		1
3213															1	1	1																												1		
3214															1	1	1	1																												
3215															1	1	1		1																											
3216											1	1	1	1	1	1	1			1																						1	1		
3221													1	1	1						1																								
3222															1							1																							
3223															1								1																		1				
411																								1																				1		
412																									1																				1	
421																								1		1																			1		1
422																												1																			1
423																								1		1	1	1																			1		
424																										1	1	1	1																	
425																										1	1	1		1																
426																								1		1	1	1			1															1		
5111																																1	1												1	
5112																																	1													1	
512																																1	1	1												
521																																1	1	1	1										1	1
522																																				1											1
523																																		1	1	1	1										
524																																			1	1	1	1									
525																																			1	1	1		1								
531																																			1				1	1						
532																																			1				1		1					
61																																										1				
62																																										1	1			
63																																										1	1	1		
64																																												1	1	
7																																														1

图 8.21　门座起重机 FRs 与 DPs 之间的映射关系(设计矩阵)

通常 DSM 能较早地预测和反映产品设计开发中存在的潜在问题，减少产品设计后期的反馈和变更，提前对相关设计任务和组织计划进行合理安排和规划；此外，DSM 往往是通过已有的系统文档或工程师对已有系统的经验来建立的，它是描述已有设计案例的优秀工具[33]。而对于门座起重机这种具有重要工业应用价值的大型机器设备，根据已有的设计经验减少设计后期可能出现的不必要的信息反馈和更改有助于减少整个开发过程的设计时间、降低开发成本，因此需要将图 8.21 所示的公理化设计矩阵转换成描述各设计参数之间相互关系的 DSM，一方面有利于发现可能存在的信息循环回路，另一方面也对整个开发过程的优化打下基础。

具体来说，将公理化设计矩阵转化为 DSM 的方法可借鉴文献[34]提出的复合矩阵的方法，其实现步骤如下[34]：

(1) 根据功能需求与设计参数之间的联系关系，建立相应的从功能域到物理域的设计矩阵 **DM**。

(2) 由于在 AD 中，对于某一设计层次，功能域中一系列的功能需求组成 $\boldsymbol{F}_{\mathrm{R}}$ 与物理域中相对应的设计参数组成{DPs}之间的对应关系可由一个方程组 $\boldsymbol{F}_{\mathrm{R}}=\mathbf{DM}\boldsymbol{D}_{\mathrm{P}}$ 表示，如果从所有与功能需求相关的设计参数中选择对其影响最大的某主要设计参数作为输出参数，那么就能描述各设计参数 DPs 与功能需求 FRs 之间的函数关系，并根据这些函数关系构造相应的 DSM。

(3) 对得到的 DSM 进行检验，根据以往的设计经验和专业知识判断各设计参数之间的相互关系是否合理，若符合设计要求，则进入下一步的设计方案调度和规划；否则，重新选择或更改主要设计参数并构造相应的 DSM，直到满足设计要求。

详细的实现过程可通过图 8.21 中起升机构承载功能需求 FR_{211} 为例进行说明。首先，根据不同域之间的映射关系有 $\mathrm{FR}_{211}=f(\mathrm{DP}_{211},\mathrm{DP}_{2121},\mathrm{DP}_{2122},\mathrm{DP}_{213},\mathrm{DP}_{61})$，其中 $f(\cdot)$ 代表设计参数与实现某种功能需求之间的对应函数关系；其次，在各设计参数中找出影响功能需求实现的主要设计参数。由于功能需求 FR_{211} 代表起升机构卷扬装置的承载实现问题，通过分析与之相关的五个设计参数，即钢丝绳设计(DP_{211})、滑轮设计(DP_{2121})、滑轮组倍率设计(DP_{2122})、卷筒设计(DP_{213})以及臂架设计(DP_{61})中，钢丝绳的抗拉极限直接决定着起升机构的承载能力，是其主要影响参数，而滑轮与滑轮组倍率的设计都应根据钢丝绳拉力以及弯绕次数进行合理的选择，卷筒的直径 D 与钢丝绳直径 d 的比值 e ($e=D/d$) 应不小于允许值，从而确定卷筒的大小，至于臂架的设计，则根据起重量大小可分别采用单臂架系统或组合臂架系统来满足不同的起重要求和钢丝绳的抗拉要求，通过以上分析，DP_{211}(钢丝绳设计)是影响 FR_{211} 实现的主要设计参数并且影响着其他相关设计参数，因此需将 DP_{211} 作为输出参数，则描述各设计参数 DP 与功能需求 FR 之间的函数关系可表示为 $\mathrm{DP}_{211}=g(\mathrm{FR}_{211},\mathrm{DP}_{2121},\mathrm{DP}_{2122},\mathrm{DP}_{213},\mathrm{DP}_{61})$，其中 $g(\cdot)$ 表示主要设计参数与其他设计参数之间对应的某种函数关系。其中，DP_{211} 接受来自 DP_{2121}、DP_{2122}、DP_{213}、DP_{61} 的设计信息，其对应矩阵单元应为“1”；最后，通过以上方法分别确定其他设计参数之间的相互关系得到对应的 DSM 并进行检验，判断其是否合理，其结果如图 8.22 所示。

DPs

DPs	1	211	2121	2122	213	221	222	223	224	225	3111	3112	3121	3122	3211	3212	3213	3214	3215	3216	3221	3222	3223	411	412	421	422	423	424	425	426	5111	5112	512	521	522	523	524	525	531	532	61	62	63	64	7
1	1																																													
211		211																																												
2121		1	2121	1																																										
2122		1		2122																																										
213		1			213																																									
221					1	221																																								
222			1	1			222																																							
223			1	1		1	1	223																																						
224						1	1	1	224																																					
225						1	1	1		225																																				
3111											3111	1																																		
3112												3112																																		
3121											1	1	3121	1																																
3122														3122																																
3211											1	1			3211																															
3212																3212																														
3213															1	1	3213																													
3214															1	1	1	3214																												
3215															1	1	1		3215																											
3216											1	1	1	1	1	1	1			3216																										
3221													1	1	1						3221																									
3222															1							3222																								
3223															1								3223																							
411																								411																						
412																									412																					
421																								1		421																				
422																											422																			
423																								1		1	1	423																		
424																										1	1	1	424																	
425																										1	1	1		425																
426																								1		1	1	1			426															
5111																																5111	1	1	1											
5112																																	5112	1	1											
512																																		512	1	1										
521																																			521											
522																																				522										
523																																			1	1	523									
524																																			1	1	1	524								
525																																			1	1	1		525							
531																																			1				1	531						
532																																			1				1		532					
61		1	1										1	1	1					1			1																			61				
62											1	1			1					1																						1	62			
63						1	1	1							1	1	1							1		1		1			1											1	1	63		
64																									1							1	1		1									1	64	
7						1	1								1	1										1	1								1	1										7

图 8.22　门座起重机 DPs 之间的映射关系(DSM)

再经过后续的详细设计，可得到如图 8.23 所示的门座起重机总体设计开发结构图。由于采用了公理化设计矩阵和 DSM 方法对设计参数进行选择、分析，有利于尽早发现设计参数间可能存在的耦合设计，使得早期的设计与开发活动更趋于合理化。

2. 组合臂架式变幅系统的耦合设计

1) 应用背景

在产品设计与开发过程中，经常会遇到市场需求发生变化的情况。例如，若

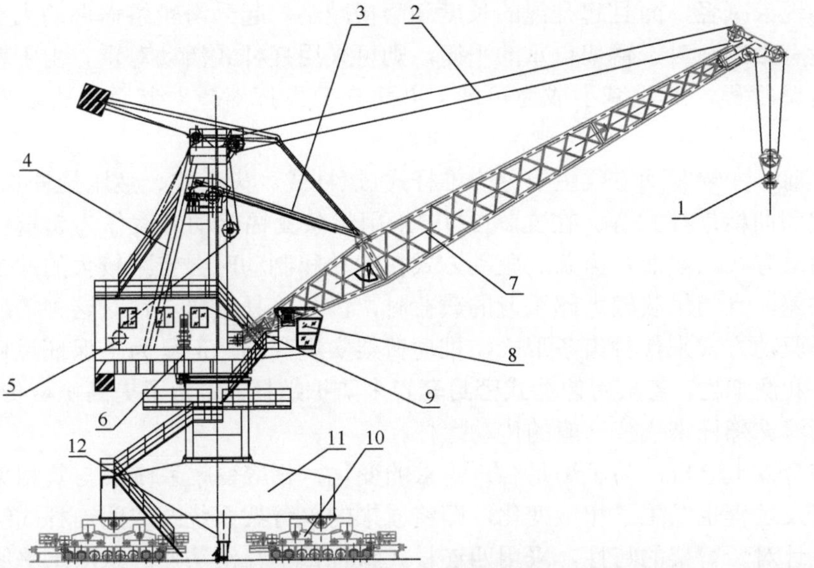

图 8.23　门座起重机总体结构图

1. 吊钩组；2. 起升绳系统；3. 变幅机构；4. 人字架；5. 起升机构；6. 回转机构；7. 臂架；8. 司机室；9. 机器房；10. 运行机构；11. 门架；12. 防爬锚定装置

客户需求发生改变，希望提高起重机的工作效率、缩短装载时间，那么要求起重机的起重量应由原来的 45t 提高到现在的 80t；此外，考虑到市场竞争的因素，客户仍要求能够在原定的时间内完成整个起重机的设计开发过程。此时，为了满足客户需求的变化，原起重机设计方案的一些设计参数要进行必要的修改，从而在开发过程中可能从非耦合的设计变成耦合设计，故需要分析出现耦合情况时，如何对其进行处理。

为了满足起重机起重能力的变化，整个设计方案都需发生较大变化。但是，由于臂架系统是把货载传递到旋转平台的主要构件，直接决定着起重机的承载能力，而变幅系统直接与臂架相连接，驱动臂架水平移动，这里只分析臂架系统与变幅系统的设计方案，而对其他组成结构的变化不做讨论。

在起重机设计开发过程中，单臂架系统虽然构造简单，制造安装方便，自重较轻，但存在容易磨损、有效空间小等缺陷，而组合臂架系统特别是四连杆式组合臂架弥补了上述缺点，已广泛应用于门座起重机中。四连杆式组合臂架由象鼻梁、刚性拉杆、臂架以及机架通过铰轴组合构成四连杆机构，以实现变幅过程中物品的水平移动。

此外，由于客户对起重机起重量要求的提高，当采用四连杆式组合臂架系统时，通常使用一般四连杆式组合臂架补偿法进行补偿。当臂架摆动时，若臂架尺寸选择得合适，则象鼻梁的端点将沿接近于水平线的轨迹移动。该方案不仅使物品摆动现象减轻，而且起升绳的长度和磨损减小，起升滑轮组倍率的大小对补偿系统没有影响。对于臂架自重的平衡，则可采用杠杆式活动对重。由于增大了对重的升降行程，对重减小成为可能，并可充分发挥对重对起重机稳定性所起的作用。

目前，变幅驱动方式主要分为推杆式(螺杆式、齿条式、液压推杆式)、扇形齿轮式和曲柄连杆式等。在文献[31]中采用齿条变幅驱动方案作为起重机的最佳变幅驱动方式。然而，齿条式驱动方式在起动和制动时会带来较大的冲击力、工作条件差，且当吊载较大起重量的载荷时，齿条较易磨损。针对这种情况，可采用螺杆驱动方式来代替齿条形式，推动臂架实现变幅。但是为了保证螺杆传动的密封性和润滑性，需采用伸缩式密封套管来防护螺杆。而为了提高螺杆传动效率，可采用滚珠螺杆来代替一般的传动螺杆。

综合以上分析，为了满足客户需求的变化，相应变幅系统及与其相关系统的设计开发过程也发生了相应变化，即将原来的单臂架系统改成四连杆式组合臂架系统；针对新臂架的特性，采用四连杆式组合臂架补偿法使载重沿水平线或接近水平线的轨迹运动；用螺杆变幅方式替代齿条方式。下面根据组合臂架式变幅机构的设计参数，利用 DSM 对设计开发过程进行优化。

2) 问题求解过程

根据上面的相关分析，将组合臂架式变幅机构分解为规模较小、功能相对独立的子系统模块，即四连杆式组合臂架系统以及变幅系统，其中变幅系统又包括载重水平位移补偿系统、臂架自重平衡系统、变幅驱动系统以及变幅安全辅助装置。四连杆式组合臂架系统包括象鼻梁设计、刚性拉杆设计、臂架设计以及机架设计；而由于直接采用四连杆式组合臂架使物品水平变幅，只需合理选择臂架系统尺寸便可实现水平变幅功能；臂架自重平衡系统采用杠杆式活动对重形式，主要包括对重小拉杆设计和对重设计；变幅驱动系统采用螺杆变幅驱动方式，包括变幅传动布置方案设计、变幅电动机设计、变幅减速器设计、制动器设计、联轴器设计、螺杆传动设计；变幅安全辅助装置包括缓冲与减振装置设计(如木质缓冲减振器设计、橡胶缓冲减振器设计等)、指示装置设计以及安全装置设计(如起重量限制器设计、载重力矩限制器设计等)。此外，由于变幅系统对起升绳设计、导向滑轮及定滑轮组的定位以及人字架的选择都将产生一定的影响，在对变幅系统进行设计开发时需同时考虑对以上三个设计参数的影响。

按照如下步骤建立组合臂架式变幅机构 DSM 模型：①识别变幅机构各子系统模块主要包含的 18 个设计参数，建立矩阵的行列元素；②确定各设计参数之间信息输入输出依赖关系，从而得到布尔型 DSM，如图 8.24(a)所示；③对得到的 DSM 各元素及其相互间依赖关系进行检查，去除不必要的关系，增加遗漏的联系；④采用划分算法对 DSM 进行划分，找出可能存在的耦合任务集，对设计开发过程进行优化，其结果如图 8.24(b)所示。可以看出，由于该变幅机构选择不同的臂架系统和变幅驱动方式，在设计开发过程中出现了由 8 个任务形成的耦合任务集，因此需要对耦合任务集进行处理。

		1	2	3	4	5	6	7	8	9	10	11	12	13	14	15	16	17	18
起升绳设计	1	1			1		1												
导向滑轮及定滑轮组设计	2	1	2		1														
人字架设计	3			3	1	1	1		1		1			1		1			1
象鼻梁设计	4				4		1									1			
刚性拉杆设计	5				1	5	1												
臂架设计	6				1		6				1					1			
机架设计	7					1		7								1			
对重小拉杆设计	8						1		8		1					1			
对重设计	9						1		1	9	1					1			
变幅传动布置方案设计	10								1	1	10								
变幅电动机设计	11										1	11							
变幅减速器设计	12										1	1	12						
制动器设计	13					1					1	1	1	13					
联轴器设计	14					1					1	1	1		14				
螺杆传动设计	15				1		1		1	1	1	1	1			15			
橡胶缓冲减振器设计	16								1	1	1						16		
指示装置设计	17										1							17	
起重量限制器设计	18	1					1				1								18

(a) 初始DSM

		4	6	8	9	10	11	12	15	1	2	5	13	14	16	17	18	3	7
象鼻梁设计	4	4	1						1										
臂架设计	6	1	6			1			1										
对重小拉杆设计	8		1	8		1			1										
对重设计	9		1	1	9	1			1										
变幅传动布置方案设计	10			1	1	10													
变幅电动机设计	11					1	11												
变幅减速器设计	12					1	1	12											
螺杆传动设计	15	1	1	1	1	1	1	1	15										
起升绳设计	1	1	1							1									
导向滑轮及定滑轮组设计	2	1								1	2								
刚性拉杆设计	5	1	1									5							
制动器设计	13					1	1	1				1	13						
联轴器设计	14					1	1	1				1		14					
橡胶缓冲减振器设计	16			1	1	1									16				
指示装置设计	17					1										17			
起重量限制器设计	18		1			1				1							18		
人字架设计	3	1	1	1		1			1			1	1				1	3	
机架设计	7								1			1							7

耦合任务集

(b) 划分重组后DSM

图 8.24　组合臂架式变幅机构 DSM 模型

采用本章提出的不确定条件下基于反馈控制的设计迭代分析方法对图 8.24(b)所示的耦合任务集进行分析。首先建立反映耦合任务迭代过程的返工量矩阵 **RA** 和返工概率矩阵 **RP**，其中返工量矩阵 **RA** 根据文献[18]所提的方法，可将其转化为描述任务依赖强度的关系矩阵，通过模糊综合评价方法并结合工程师的相关意见确定依赖强度，并用数值 0.3、0.2、0.1 分别代表强、中、弱依赖关系，结果如图 8.25(a)所示；返工概率矩阵 **RP** 主要受上游信息进展度和下游信息敏感度的影响，根据文献[23]提出的基于 AHP 的双向因素比较法可确定相应的 **RP**，结果如图 8.25(b)所示；此外，设计任务的执行工期由于受客户需求、设计人员经验、设计资源等多方面因素的影响，难以用一个精确的数值表示，这里仍然采用三点估计法(a,m,b)，并通过与相关设计工程师的交流，根据以往的设计经验以及对历史数据的分析可确定其估计值，如图 8.25(c)所示。

	4	6	8	9	10	11	12	15
4	4	0.30						0.20
6	0.20	6			0.10			0.30
8		0.30	8		0.30			0.20
9		0.20	0.30	9	0.10			0.10
10			0.20	0.20	10			
11					0.30	11		
12					0.20	0.30	12	
15	0.10	0.10	0.10	0.10	0.10	0.10	0.30	15

(a) 任务返工量矩阵**RA**

	4	6	8	9	10	11	12	15
4	4	0.80						0.35
6	0.59	6			0.18			0.90
8		0.39	8		0.37			0.19
9		0.30	0.90	9	0.12			0.15
10			0.46	0.71	10			
11					0.74	11		
12					0.72	0.55	12	
15	0.25	0.57	0.16	0.25	0.52	0.39	0.70	15

(b) 任务返工概率矩阵**RP**

任务列表	工期(a, m, b)/周		
4-象鼻梁设计	1.5	2	2.5
6-臂架设计	2	3	3.5
8-对重小拉杆设计	0.5	1	2
9-对重设计	0.5	1	1.5
10-变幅传动布置方案设计	3	5	6
11-变幅电动机设计	1	1.5	2
12-变幅减速器设计	2	3	4
15-螺杆传动设计	2.5	4	5

(c) 任务工期三点估计值

图 8.25 组合臂架式变幅机构耦合任务集迭代过程描述

然后根据客户要求确定可接受的耦合任务集迭代时间 M_{accept}，若耦合任务集实际迭代时间 M 超过 M_{accept}，那么启动资源调节矩阵 $\boldsymbol{K}$，同时根据实际情况，任务不再发生迭代返工的条件是剩余需要返工的工作量不多于原始工作量的 5%，因此矩阵 $\boldsymbol{K}$ 需要满足式(8.35)和式(8.36)，其中式(8.35)保证迭代过程在指定的时间内完成，式(8.36)确定了迭代过程的终止迭代次数，M_{accept} 值为 10 周，n 为任务迭代次数。

$$\sum_{i=0}^{n}\max_{i}[\mathbf{TM}(\mathbf{RA}^{(t+1)}-\boldsymbol{K})^{n}\boldsymbol{u}_0]^{(i)} \leqslant \sum_{i=0}^{n}\max_{i}[\mathbf{TM}(\mathbf{RA}-\boldsymbol{K})^{n}\boldsymbol{u}_0]^{(i)} \leqslant 10 \tag{8.35}$$

$$\max_{i}[(\mathbf{RA}-\boldsymbol{K})^{n}\boldsymbol{u}_0]^{(i)} \leqslant 0.05 \tag{8.36}$$

由于迭代过程的收敛速度与 **RA** 的最大特征值 $\lambda_{\max}$ 相关，当 $\lambda_{\max}$ 趋于–1 时，迭代收敛较快；而当 $\lambda_{\max}$ 趋于 1 时，迭代收敛较慢[18]。因此，通过对最大特征值 $\lambda_{\max}$ 的调整可加快迭代过程，进而求出矩阵 $\boldsymbol{K}$。选取不同的任务执行时间可求得相应的矩阵 $\boldsymbol{K}$ 与迭代终止次数 n，如表 8.4 所示。

表 8.4　选取不同任务时间时对应矩阵 $\boldsymbol{K}$ 的计算结果

任务代号		4	6	8	9	10	11	12	15	矩阵 $\boldsymbol{K}$	n
任务执行时间/周	1	1.5	2	0.5	0.5	3	1	2	2.5	$\begin{bmatrix}0&0&0&0&0&0&0&0\\0&0&0&0&0&0&0&0\\0&0&0&0&0&0&0&0\\0&0&0&0&0&0&0&0\\0&0&0&0&0&0&0&0\\0&0&0&0&0&0&0&0\\0&0&0&0&0&0&0&0\\0&0&0&0&0&0&0&0\end{bmatrix}$	7
	2	2	3	1	1	5	1.5	3	4	$\begin{bmatrix}-0.043&0.214&-0.072&-0.048&-0.103&-0.035&-0.043&0.113\\0.151&-0.098&-0.082&-0.055&-0.018&-0.041&-0.049&0.200\\-0.063&0.173&-0.106&-0.071&0.148&-0.052&-0.063&0.071\\-0.063&0.073&0.194&-0.071&-0.052&-0.053&-0.063&-0.029\\-0.041&-0.083&0.131&0.154&-0.099&-0.034&-0.042&-0.085\\-0.020&-0.041&-0.034&-0.023&0.251&-0.017&-0.020&-0.042\\-0.023&-0.047&-0.039&-0.026&0.144&0.281&-0.024&-0.048\\0.043&-0.015&0.004&0.036&-0.038&0.053&0.243&-0.117\end{bmatrix}$	6
	3	2.5	3.5	2	1.5	6	2	4	5	$\begin{bmatrix}-0.038&0.223&-0.064&-0.043&-0.092&-0.032&-0.038&0.122\\0.157&-0.088&-0.073&-0.049&-0.005&-0.036&-0.044&0.211\\-0.056&0.187&-0.094&-0.063&0.165&-0.047&-0.056&0.085\\-0.056&0.087&0.206&-0.063&-0.035&-0.047&-0.057&-0.015\\-0.037&-0.074&0.139&0.159&-0.089&-0.031&-0.037&-0.075\\-0.018&-0.036&-0.030&-0.020&0.257&-0.015&-0.018&-0.037\\-0.021&-0.042&-0.035&-0.024&0.150&0.283&-0.021&-0.043\\0.049&-0.003&0.015&0.043&-0.023&0.058&0.249&-0.104\end{bmatrix}$	5

3) 结果分析与讨论

在表 8.4 中，当任务时间选择乐观值时，矩阵 $\boldsymbol{K}$ 为零矩阵，表示无须调用反馈机制，任务迭代变化规律如图 8.26 所示，此时迭代过程属于自然迭代过程；而在其他两种情况下 $\boldsymbol{K}$ 均不为零，表示需要采用反馈控制策略调用额外的资源，图 8.27 和图 8.28 分别描述了对应于最可能值与乐观值的任务取样周期，采用反馈控制策略后任务的迭代变化规律，将其与图 8.26 对比，可以看出本章方法在加速

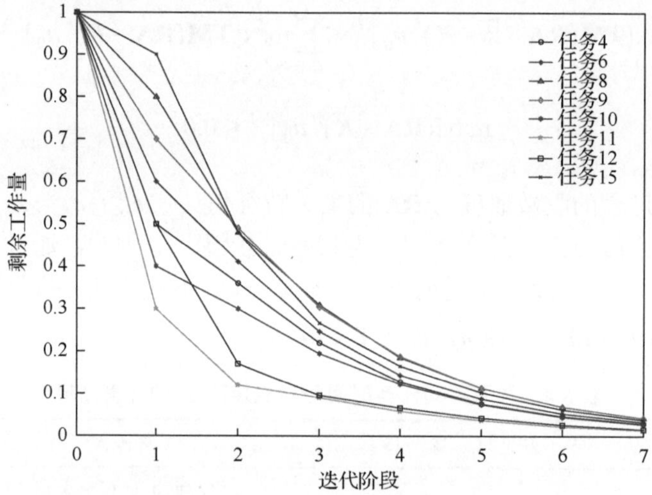

图 8.26　任务周期为乐观值时任务迭代收敛过程

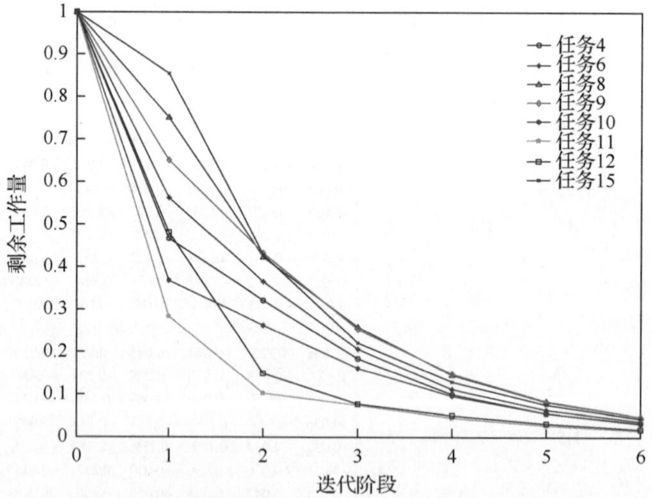

图 8.27　任务周期为最可能值时任务迭代收敛过程

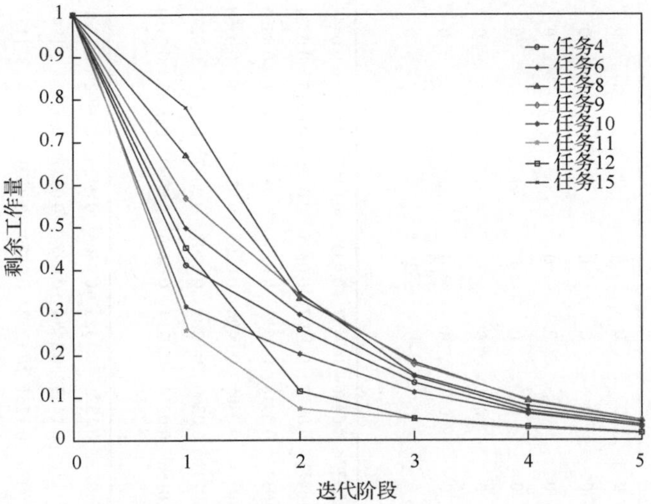

图 8.28　任务周期为悲观值时任务迭代收敛过程

设计迭代与保持迭代收敛稳定性方面的效果。因此，通过计算矩阵 $\boldsymbol{K}$，能够帮助管理者决定迭代过程中是否需要调用额外的资源，表 8.5 给出了该耦合任务集每次迭代的返工量和所需的额外资源量。对应不同的任务取样周期，整个迭代过程的完成时间经计算分别为 7.37 周、10.05 周和 10.49 周，虽然后两者略微大于可接受的完成时间 M_{accept}，但是考虑到任务返工概率的影响，迭代过程通常会在 n 次迭代以前结束，因此其值仍然是可接受的。另外，从表 8.5 可以看出：对应第 2 组和第 3 组数据，如果采用反馈控制仅仅对其中一个任务进行加速，那么其他任务的收敛过程都得以加快，这是因为所有任务都是相互耦合的；同时也说明即使只对某一个任务进行调节，也将影响其他相耦合的任务。而对于额外资源量的调用方法，该机构采用如下三种策略实现：①鼓励设计人员利用业余休息时间加班，同时给予一定的物质和精神奖励；②临时聘用一些有相关设计开发经验的技术人员辅助工程师进行设计开发活动；③通过引进计算机辅助技术、仿真工具提高开发人员的工作效率，同时建立多功能开发团队使小组间信息的交流与传递变得更加及时、顺畅。

在采用基于反馈控制的设计迭代分析方法前，通常起重机设计开发主要根据任务的返工量对耦合任务进行迭代求解，不仅增加了任务的迭代次数，而且延迟了任务的完工时间；而采用反馈控制策略后，耦合任务集执行时间缩短到 10 周，任务迭代返工次数降低到 7 次以下，由此产生了较好的经济与社会效益。

表 8.5　带反馈控制的耦合集任务返工量与额外资源使用量

任务周期/周	序号	任务返工量								额外资源使用量							
		W_4	W_6	W_8	W_9	W_{10}	W_{11}	W_{12}	W_{15}	R_4	R_6	R_8	R_9	R_{10}	R_{11}	R_{12}	R_{15}
(1.5,2,0.5,0.5,3,1,2,2.5)	0	1	1	1	1	1	1	1	1	0	0	0	0	0	0	0	0
	1	0.5	0.6	0.8	0.7	0.4	0.3	0.5	0.9	0	0	0	0	0	0	0	0
	2	0.36	0.41	0.48	0.49	0.30	0.12	0.17	0.48	0	0	0	0	0	0	0	0
	3	0.219	0.246	0.309	0.304	0.194	0.090	0.096	0.267	0	0	0	0	0	0	0	0
	4	0.1272	0.1433	0.1854	0.1880	0.1226	0.0582	0.0658	0.1650	0	0	0	0	0	0	0	0
	5	0.0760	0.0872	0.1128	0.1130	0.0747	0.0368	0.0420	0.1022	0	0	0	0	0	0	0	0
	6	0.0466	0.0533	0.0690	0.0690	0.0452	0.0224	0.0260	0.0626	0	0	0	0	0	0	0	0
	7	0.0285	0.0326	0.0421	0.0421	0.0276	0.0135	0.0158	0.0383								
(2,3,1,1,5,1.5,3,4)	0	1	1	1	1	1	1	1	1	0.0330	0.0377	0.0486	0.0487	0.0319	0.0157	0.0181	0.0442
	1	0.4670	0.5623	0.7514	0.6513	0.3681	0.2843	0.4819	0.8558	0.0391	0.0447	0.0577	0.0577	0.0378	0.0185	0.0215	0.0524
	2	0.3209	0.3653	0.4223	0.4323	0.2622	0.1015	0.1485	0.4276	0.0348	0.0397	0.0513	0.0513	0.0336	0.0165	0.0191	0.0466
	3	0.1842	0.2063	0.2577	0.2527	0.1604	0.0735	0.0769	0.2204	0.0275	0.0314	0.0405	0.0406	0.0265	0.0130	0.0151	0.0368
	4	0.0997	0.1119	0.1449	0.1474	0.0961	0.0452	0.0507	0.1282	0.0204	0.0233	0.0300	0.0301	0.0197	0.0097	0.0112	0.0273
	5	0.0556	0.0639	0.0827	0.0830	0.0550	0.0271	0.0308	0.0749	0.0145	0.0166	0.0214	0.0214	0.0140	0.0069	0.0080	0.0194
	6	0.0321	0.0367	0.0476	0.0476	0.0312	0.0155	0.0180	0.0432								
(2.5,3.5,2,1.5,6,2,4,5)	0	1	1	1	1	1	1	1	1	0.0896	0.1025	0.1321	0.1323	0.0866	0.0425	0.0492	0.1200
	1	0.4104	0.4975	0.6679	0.5677	0.3134	0.2575	0.4508	0.7800	0.1006	0.1150	0.1483	0.1484	0.0971	0.0477	0.0552	0.1347
	2	0.2594	0.2950	0.3317	0.3416	0.2029	0.0723	0.1148	0.3453	0.0849	0.0970	0.1251	0.1252	0.0820	0.0403	0.0466	0.1137
	3	0.1341	0.1490	0.1839	0.1788	0.1120	0.0497	0.0494	0.1533	0.0638	0.0730	0.0941	0.0942	0.0616	0.0303	0.0350	0.0855
	4	0.0634	0.0703	0.0913	0.0938	0.0610	0.0279	0.0308	0.0795	0.0451	0.0516	0.0665	0.0666	0.0436	0.0214	0.0248	0.0604
	5	0.0309	0.0356	0.0463	0.0465	0.0311	0.0154	0.0172	0.0418								

8.6 本章小结

本章以 DSM 方法为基础，从统计思想与反馈控制思想两个方面对不确定条件下的耦合任务集进行分析：首先，分析了产品开发中存在的不确定因素，即任务执行工期的不确定性、任务输出分支的不确定性以及资源分配方式的不确定性，并进一步讨论了这些不确定因素对产品开发过程的影响；其次，基于统计分析的思想，建立了不确定条件下基于混合迭代的资源均衡耦合任务集求解模型，并通过事后概率统计分析，对耦合任务集的执行时间与开发成本进行评估，具有便于计算、贴近实际等优点，可以作为实际产品开发过程中有效的项目管理工具；再次，结合控制理论中的状态反馈理论，通过引入资源调节矩阵 $\boldsymbol{K}$ 建立了基于反馈控制的设计迭代分析模型，并给出了不同动态环境下矩阵 $\boldsymbol{K}$ 的具体计算原理与方法；最后，以某起重机变幅系统耦合任务集设计开发实例研究了该方法的具体应用过程。应用实例表明，该方法不仅扩展了 DSM 在复杂产品开发领域应用的形式，通过任务返工概率矩阵、任务返工量矩阵、任务工期三点估计法、反馈控制原理、满意度等方法分析了耦合任务集在不确定条件下的迭代特征，而且具有便于计算、贴近实际、实时控制等优点，可以作为实际产品开发过程中有效的过程规划和管理工具。

本章用反馈控制理论对设计迭代进行分析时，虽然通过对状态矩阵最大特征值的调整使系统趋于稳定具有较大的理论和应用意义，但其研究还有待进一步深入，例如，需要讨论状态矩阵非最大特征值对系统稳定性的影响等。此外，对于非线性系统，其数学分析方法比线性系统要复杂得多，而对随时间变化的非线性设计任务的建模和分析也需要进一步研究。

参考文献

[1] 檀润华. 产品创新设计若干问题研究进展. 机械工程学报, 2003, 39(9): 11-16.

[2] Wang J. Function integration for lightweight chassis based on axiomatic design and design structure matrix. International Journal of Automotive Technology, 2018, 19(6): 969-979.

[3] Son H, Kwon Y, Park S C. Using a design structure matrix to support technology roadmapping for product-service systems. Technology Analysis & Strategic Management, 2018, 30(3): 337-350.

[4] 张西林, 谭跃进, 杨志伟. 多重不确定因素影响的高端装备研制任务仿真建模. 系统工程与电子技术, 2018, 40(6): 1265-1273.

[5] Huang E, Chen S J. Estimation of project completion time and factors analysis for concurrent engineering project management: A simulation approach. Concurrent Engineering: Research and Applications, 2006, 14(4): 329-341.

[6] 王蕾, 夏绪辉, 熊颖清, 等. 再制造服务资源模块化方法及应用. 计算机集成制造系统, 2016, 22(9): 2204-2216.

[7] 张卫, 田景红, 唐任仲, 等. 制造物联环境下基于结构矩阵的智能服务功能模块化设计. 中国机械工程, 2018, 29(18): 51-58.

[8] Yang Y, Chen D, Gu R. Consumers' Kansei needs clustering method for product emotional design based on numerical design structure matrix and genetic algorithms. Computational Intelligence and Neuroscience, 2016, Article ID: 5083213.

[9] Maheswari J U, Varghese K, Sridharan T. Application of dependency structure matrix for activity sequencing in concurrent engineering projects. ASCE Journal of Construction Engineering and Management, 2006, 132(5): 482-490.

[10] Huang H Z, Gu Y K. Modeling the product development process as a dynamic system with feedback. Concurrent Engineering: Research and Applications, 2006, 14(4): 283-291.

[11] Ong K L, Lee S G, Khoo L P. Homogeneous state-space representation of concurrent design. Journal of Engineering Design, 2003, 14(2): 221-245.

[12] Kim D. On representations and dynamic analysis of concurrent engineering design. Journal of Engineering Design, 2007, 18(3): 265-277.

[13] Lee S G, Ong K L, Khoo L P. Control and monitoring of concurrent design tasks in a dynamic environment. Concurrent Engineering: Research and Applications, 2004, 12(1): 59-66.

[14] 陈卫明, 陈庭贵, 肖人彬. 动态环境下基于资源均衡的耦合集求解方法. 计算机集成制造系统, 2010, 16(12): 271-279.

[15] Xiao R, Chen T, Ju C. Research on product development iterations based on feedback control theory in a dynamic environment. International Journal of Innovative, Information and Control, 2011, 7(5B): 2669-2688.

[16] Browning T R, Eppinger S D. Modeling impact of process architecture on cost and schedule risk in product development. IEEE Transactions on Engineering Management, 2002, 49(4): 428-442.

[17] Smith R P, Eppinger S D. A predictive model of sequential iteration in engineering design. Management Science, 1997, 43(8): 1104-1120.

[18] Smith R P, Eppinger S D. Identifying controlling features of engineering design iteration. Management Science, 1997, 43(3): 276-293.

[19] 褚春超, 陈术山, 郑丕谔. 基于依赖结构矩阵的项目规划模型. 计算机集成制造系统, 2006, 12(10): 57-61.

[20] Qiao J, Hu B Q. On generalized migrativity property for overlap functions. Fuzzy Sets and Systems, 2019, 357: 91-116.

[21] Wang W C, Demsetz L. A model for evaluating networks under correlated uncertainty—NETCOR. Journal of Construction Engineering and Management, 2000, 126(6): 458-466.

[22] 高琦, 王昊, 伍英杰. 基于设计结构矩阵的变型设计过程动态规划. 农业机械学报, 2017, 48(4): 390-398.

[23] Su J C, Chen S J, Lin L. A structured approach to measuring functional dependency and sequencing of coupled tasks in engineering design. Computer & Industrial Engineering, 2003, 45(1): 195-214.

[24] 张挺, 陈华志, 张恒, 等. 基于模糊综合评价方法的内河河网流量分配模型. 水力发电学报, 2016, 35(6): 67-73.

[25] 肖人彬, 陶振武, 刘勇. 智能设计原理与技术. 北京: 科学出版社, 2006.

[26] Xiao R, Si S. Research on the process model of product development with uncertainty based on activity overlapping. Integrated Manufacturing Systems, 2003, 14(7): 567-574.

[27] 施国强, 李伯虎, 柴旭东. 基于设计结构矩阵的复杂产品开发项目规划模型. 计算机集成制造系统, 2007, 13(11): 2105-2210.

[28] 杨纶标, 高英仪. 模糊数学原理及应用. 3 版. 广州: 华南理工大学出版社, 2002.

[29] 刘开第, 庞彦军, 栗文国. 多指标决策中隶属度转换算法及其应用. 自动化学报, 2009, 35(3): 315-319.

[30] 徐仲, 张凯院, 陆全, 等. 矩阵论简明教程. 北京: 科学出版社, 2001.

[31] 程贤福, 从言言. 基于知识重用的门式起重机快速设计方法. 机械设计与研究, 2016, 32(4): 145-153.

[32] Ma G, Zhu T. Application of DSM in process management of a PE commercial real estate development project. Property Management, 2018, 36(1): 20-36.

[33] Wang M, Beeh E, Höfer A, et al. Function integration for lightweight chassis based on axiomatic design and design structure matrix. International Journal of Automotive Technology, 2018, 19(6): 969-980.

[34] 唐敦兵, 钱晓明, 王晓勇, 等. 公理化设计矩阵与设计结构矩阵同步演化机制研究. 计算机集成制造系统, 2007, 13(8): 1465-1470.

索　引